中华美学精神丛书

中华多民族美学研究

⊙ 李祥林 著

朱志荣 主编

时代出版传媒股份有限公司
安徽教育出版社

图书在版编目（CIP）数据

中华多民族美学研究 / 李祥林著. —合肥:安徽教育出版社,2022.12
 ISBN 978-7-5336-9904-8

Ⅰ.①中… Ⅱ.①李… Ⅲ.①少数民族－美学－研究－中国 Ⅳ.①B83

中国版本图书馆CIP数据核字（2022）第240572号

中华多民族美学研究
ZHONGHUA DUOMINZU MEIXUE YANJIU

| 出 版 人:费世平
| 策划编辑:徐　鹏
| 责任编辑:陶忠娣　祝　筠　朱　矾
| 装帧设计:朱　锦　朱嫣然
| 美术编辑:张鑫坤
| 技术编辑:陈善军

出版发行:安徽教育出版社
地　　址:合肥市经开区繁华大道西路398号　邮编:230601
网　　址:http://www.ahep.com.cn
营销电话:(0551)63683012,63683013
排　　版:安徽时代华印出版服务有限责任公司
印　　刷:安徽新华印刷股份有限公司

开　本:710 mm×1010 mm　1/16
印　张:33
字　数:355千字
版　次:2022年12月第1版
印　次:2022年12月第1次印刷
定　价:118.00元

（如发现印装质量问题,影响阅读,请与本社营销部联系调换）

目录

前　言 　　　　　　　　　　　　　　　　　　　　001

第一章　中华美学研究的视域拓展　　　　　　　　011
　第一节　美学史论书籍检视　　　　　　　　　　013
　第二节　汉族以外族群美学　　　　　　　　　　022
　第三节　超越中原中心观念　　　　　　　　　　036

第二章　中华美学研究的观念转换　　　　　　　　045
　第一节　文本：从书面到口头　　　　　　　　　047
　第二节　事象：从文字到器物　　　　　　　　　054
　第三节　立场：从精英到民间　　　　　　　　　065

第三章　中华美学艺术的融合发展　　　　　　　　077
　第一节　地域视角下的文化融汇　　　　　　　　079
　第二节　族群视角下的文化互动　　　　　　　　089
　第三节　中外视角下的文化交通　　　　　　　　096

第四章　中华美学艺术的易学精神　　　　　　　　107
　第一节　《易》兼"六艺"　　　　　　　　　　　109

第二节　华夏美学智慧 … 120
第三节　易学之多民族观 … 135

第五章　三个基元性审美范畴管窥 … 147
第一节　"妙"之底蕴探视 … 149
第二节　"道"及知识考古 … 158
第三节　"美"的文化原型 … 163

第六章　一个艺术化审美符号考察 … 171
第一节　美术考古案例 … 174
第二节　民俗中的投影 … 178
第三节　也是多民族话题 … 184

第七章　观音及中华佛教审美气质 … 191
第一节　观音形象的审美选择 … 193
第二节　菩萨造像的柔美化倾向 … 202
第三节　"拈花微笑"的禅学精神 … 207

第八章　哪吒神话意象及其多源性 … 215
第一节　神话传说及民间信仰 … 217
第二节　道门元帅和佛门护法 … 222
第三节　古老原型的跨文化分析 … 229

第九章　藏族《格萨尔》口头遗产 … 237
第一节　英雄故事在青藏高原东缘 … 239
第二节　从史诗唱述到戏剧搬演 … 249
第三节　独具特色的文化遗产 … 260

第十章　艺术人类学目光下的藏戏　265
第一节　从载入志书的藏戏说起　267
第二节　多样化地域呈现中的藏戏　272
第三节　藏戏作为民俗艺术与仪式戏剧　282

第十一章　黑水"卡斯达温"之多面观　291
第一节　村寨中的歌舞艺术　293
第二节　意味深长的符号显示　301
第三节　相通的色彩审美和身体律动　308

第十二章　羌族石敢当崇拜的意象呈现　317
第一节　石敢当在羌族地区　319
第二节　身世由来和意象羌化　327
第三节　如今作为典范化羌符号　335

第十三章　彝族文艺美学及文化传统　343
第一节　举奢哲和阿买妮　345
第二节　审美范畴异同　352
第三节　其他话题　361

第十四章　火把节的审美人类学透视　369
第一节　"火"为标志的彝族节日　371
第二节　"人本精神"的表述及张扬　377
第三节　"圣""俗"之间的行为实践　382

第十五章　侗族村寨的戏剧审美文化　389
第一节　湘西侗寨有傩戏　391

第二节　侗戏作为非遗项目　　　　　　　　　396
　　第三节　有审美特色的侗乡戏台　　　　　　403

第十六章　尔苏藏族文化及比较分析　　411
　　第一节　节日"古扎子"　　　　　　　　　413
　　第二节　尚白的审美风习　　　　　　　　　418
　　第三节　尔苏与尔玛之对读　　　　　　　　424

第十七章　古典戏曲中的多民族语言　　433
　　第一节　多染胡语的元曲　　　　　　　　　435
　　第二节　戏文中的蒙古词汇　　　　　　　　444
　　第三节　多民族语言的艺术化运用　　　　　451

第十八章　从多民族贡献看戏曲艺术　　457
　　第一节　从《西游记》剧作者说起　　　　　459
　　第二节　元杂剧中的女真族作家　　　　　　466
　　第三节　其他作家、艺术家　　　　　　　　473

第十九章　中华傩文化之多民族巡礼　　481
　　第一节　"傩源"多面观　　　　　　　　　483
　　第二节　从南到北说"傩艺"　　　　　　　493
　　第三节　从"傩俗"看多元融合　　　　　　503

参考文献　　　　　　　　　　　　　　　　513

后　记　　　　　　　　　　　　　　　　　520

前言

"多民族融合视野中的中华美学与艺术"属于国家社科基金艺术学重大项目"中华美学与艺术精神的理论与实践研究"(项目编号：16ZD02)的子课题，由笔者独立承担，历时三年完成。眼下这本《中华多民族美学研究》，即是在此课题成果基础上调整、充实、完善后形成的，书中凝结着笔者多年研究美学的思考。

古往今来，多民族色彩绘就了中国版图。五十六个民族的文化既"和而不同"又"不同而和"，既"你中有我"又"我中有你"，在漫漫历史长河中汇通、融合成为中华文化整体。整体言之，中华美学与艺术的多民族研究，涉及多民族中国统一国家意识下多边参与、区域交流、族群互动、文化混血等问题，对这些问题的审视、梳理、思考亦呼应着当今中国社会发展的国情需要，有历史意义也有现实意义。着眼区域交流和文化混血，大致以400毫米等降水量线为分界的中国南北地理环境差异决定着审美意识差异，由此影响到南北文学、艺术、美学、文化的差异。在这九百六十万平方公里的辽阔土地上，有南北差异，也有东西划分。从东到西，从东南沿海到青藏高原，层层递增的三级阶梯式中国地貌决定着文化的多样存在和丰富呈现。纵观中华审美意识发展史，东西文化、南北趣味又不断交流、渗透及融合，在各自主流中也吸纳、融入对方某些元素，这种充满活力的互动融合推动着中华美学与艺术向前发展。着眼内外互动和族群往来，中原审美趣味与周边其他民族审美趣味的交流、融合，乃至包括在更广阔空间里中外文化、美学、艺术的交流、融合，也推动了中华审美意识发展并铸造着中华美学体系。关注整体的同时留意个案，考察个案的同时重视整体，这对本课题研究是一体之两面，缺一不可。费孝通先生视汉族和其他民族构成的中华民族为"多元一体"，称各民族之间同中有异、异中有同，你影响我、我影响你。他倡导的"美美与共，天下大同"及"美美与共，和而不同"，为我们研究既多元一体又一体多元的中华美学提供了参考。

神话研究也是目前笔者用力较多的课题，为此，寻古迹访民间，常常东行西走。2019年春节，笔者去了七彩云南，到了澜沧拉祜族自治县，对拉祜族文化有了更多了解。《牡帕密帕》是拉祜族创世史诗，其中对该族信奉的"葫芦生人"神话有完整唱述。全诗从"造天造地""造太阳和月亮""造江河湖海"等唱起，再唱到"播种葫芦""比氏依松（人类）出世""猎虎分族"等，以"战争与迁徙"结束。在"猎虎分族"篇中，人类祖先比氏和依松在天神指点下结合，生下十二个孩子，繁衍下去，"比氏人氏满九山""依松人氏满九凹"，于是"比氏依松想分族"。怎么分呢？他们捕猎到一只大老虎，剥虎分肉，"比氏分成九群坐，分得猎物有九份；依松分成九群坐，分得猎物有九堆"，相继分得虎肉的人群便分别成为拉祜族、阿佤人、哈尼族、海八（汉人）、老缅人、比搓（傣族）、彝族、帕细（回族）、白族、景颇族、布朗族、蒙古族的祖先……"群群人们得虎肉，群群人们得族称"。根据天神指引，各族分得各自的地盘，有的住平原（汉族），有的住半山腰（拉祜族），有的住山背后（哈尼族），有的住山凹（白族），有的住山脚（景颇族），有的住在大草原（蒙古族），等等。由此我们看到，关于中华民族"一体多元"和"多元一体"的观念，在洋溢着诗性光辉的少数民族神话中有质朴且生动的表述。类似叙事也见于瑶、壮、侗、彝、布朗、哈尼等族的口头文学中。如彝族古歌《三子分三处》，唱的是"武吾生三子，三子分三处"，武吾拉易是汉人，武吾格治是彝人，武吾期沙是藏人，三子分别住在坝子上、高山上和草原上。又如羌族民歌《麻撒觉窝楚格》，是建房造屋时唱的，曰："三种云在蓝天上相聚，是为把蓝天点缀得更美；羌汉藏三兄弟相聚在羌山上，要为羌人修房造屋。房内应当怎样修？房外应当怎样筑？房外应当怎样平？羌汉藏三兄弟，围着篝火细商量。"

多民族中华文化有很强的整合精神，善于在多元汲取中发扬光大。笔者读科技与文史结合的集体研究成果《鉴古证今——传统工艺与科技考古文萃》时，对其中"冶铸篇"印象较深，该篇考究的是具体器物，论述的是造物技艺，观照的是多元因素，涉及的是宏阔文化。其中，从金属制造工艺切入，结合考古实物观察腹心地带华夏文化，在铜、铁器方面有两点可注意，一是青铜器，一是镔铁剑。见于中原的商周时期青铜器，数量不少，器型精美，大有国之重器，小有生活用品。青铜器的成分主要是铜、锡、铅，三元高合金是青铜器的主流，但中原青铜器的锡料来源向来是学界关心的问题。有人分析了宝鸡西周时期的墓葬青铜器1800多件，指出当地没有发现锡矿，而我国锡的产地主要在粤、湘、桂、滇、赣等省，因此该地以锡制作青铜，锡料应有较充分和固定的来源，可能是通过贸易和其他手段从南方或西南获得的。剑是兵器，佩剑亦是古代士大夫的身份标志，《考工记》对之有上、中、下层次的记载。说到铁剑铸造，历史上有"干将莫邪"的著名故事，见《搜神记》《吴越春秋》等。有研究者指出，二剑其实是铁碳合金的花纹钢剑,也就是镔铁剑。所谓镔铁,是"以诸铁和合"(慧琳《一切经音义》),即以含碳量不同的各种铁碳合金进行锻合、焊合。以镔铁制剑,经千锤百炼而成,锋利无比。京剧有剧目叫《镔铁剑》。研究中外交通史可知,镔铁原产地在波斯(今伊朗)、罽宾(今克什米尔一带)等地,前者主产锻焊型花纹钢料,后者生产的花纹型钢料既有锻焊型也有铸造型。从地理空间看,这两个事例涉及北与南、东与西、中与外的交通与融汇,漫漫时间长河里中华文化正是在跨地域、跨族群的多元吸纳中不断充实自身、成长壮大起来的。

长城内外,大江南北,四面八方,五十六个民族有机地维系着中华民族大家庭,因多民族交汇融合而铸就了中华文化的整体格局,中华美学与艺术的全部丰富性和完整性正是在其他各民族美学与汉民族美学的多元互补、共同发展中呈现出来的。尊重历史又面对现实,在此双重层面把握中华民族文化共同体,这种理念绝不可少也务必坚守。立足当下,面向未来,不能不看到在此多元互补、兼容并蓄、协调发展的共同体文化中,蕴含着当今中华美学体系建设可借鉴的宝贵思想资源。这些资源博大深厚且源远流长,有待我们积极探索和深入研究。基于这种理念,本书在既"和而不同"又"不同而和"、既"一体多元"又"多元一体"、既"你中有我"又"我中有你"的中华文化大格局中,结合传统与当代、主流与民间、文献与田野,对中华美学与艺术的思想、概念、命题、符号、事象等进行多角度和多层面的考察、梳理、辨识和探讨。既有整体观照也有个案研究,既有理论思考也有事象考察,既尊重"人所已言"又追求"人所未发"。国情使然，研究中华美学理论与艺术实践，离不开多民族观念和多民族视野，务必重视多民族并置立场，始终秉持当代人类学所倡导的"文化平等观"。这种平等观，不是以某种刻板尺度裁定所有对象，而是以尊重人类"文化多样性"为前提的。

从立项算起，笔者接手本课题时间不长，但从多民族视角关注和研究中华美学及艺术已有多年。以论文发表为例，美学及文论方面有《谈当代少数民族美学研究》（1999年）、《世纪反思：当今中国的少数民族美学研究》（2002年）、《全球化·少数民族·中华美学》（2006年）、《性别、民族、中国文艺批评》（2008年）、《多民族·小传统·形而下——对中国美学研究视野拓展的再思考》（2010年）、《多民族视野中的彝族诗学与中国文论》（2013年）、《中华美学艺术的多元一体及融合发展》（2018年）、《多民族并置视角下的中华艺术美学研究》（2021年），少数民族文化及艺术方面有《岷江上游民族民间文化考察及思考》（2003年）、《释比·羌戏·文化遗产》（2009年）、《语言民俗和戏曲创作》（2011年）、《女娲神话在羌区的地方认同和当代表述》（2015年）、《李调元笔下的南越女性习俗及女神信仰》（2015年）、《古羌源流·彩陶文化·民俗符号》（2017年）、《戏剧·仪式·生活——藏戏的地域呈现及生活样态》（2018年）、《西蜀"漏天"神话意象及其文化解读》（2019年）、《少数民族戏剧值得深入关注》（2020年），等等。书籍方面，笔者先前出版的《神话·民俗·性别·美学——中国文化的多面考察与深层识读》（2015年）和《民俗事象与族群生活——人类学视野中羌族民间文化研究》（2018年），以及新著《尔玛人的艺术——中国羌戏研究》（2022

年），也与此美学课题相呼应。课题特性使然，本书的研究在对象、观念、方法上是跨学科的。

《中国古代服饰研究》是沈从文凝聚多年心血之作，他根据历朝历代的出土文物及图像考察服饰的质料、样式、纹饰、制作等，洞幽烛微，论说精到，但归根结底，他没有就服饰说服饰，而是从服饰工艺解析上升到时代、社会、地域、族群观照的高度，为读者展开的是中华文化史的五彩画卷。郭沫若为之作序即言，"古代服饰是工艺美术的主要组成部分，资料甚多，大可集中研究。于此可以考见民族文化发展的轨迹和各兄弟民族间的相互影响。历代生产方式、阶级关系、风俗习惯、文物制度等，大可一目了然"。的确，单单从篇目看，《中国古代服饰研究》提供的多民族信息就甚为丰富，如"高冠盛装乐舞滇人""唐胡服妇女""唐末、五代回鹘进香人""辽庆陵壁画契丹人""胡笳十八拍图""西夏敦煌壁画男女进香人""一组蒙古人乐舞俑""元人演戏壁画""清初藏族男女""清初维族男女""清初彝族男女""清初瑶族男女""清初哈萨克族男女""清初黎族男女""清初高山族男女""清初赫哲族男女""清初白族男女"等。读此书，跟随沈先生的脚步，读者神游于悠悠中华古史殿堂，从东到西，从南到北，识物赏美。作家沈从文，自然懂得文字书写和文献典籍的重要性；史家沈从文，又深深知晓考古发现和出土文物的不可替代性。于是，他不弃前者，同时把目光投向后者，选择服饰为切入点，从小窥大，一心要在"文"（文字书写）之外以"物"（考古实物）呈现别样的中华文化史。他说："中国古人给世上留下了一部二十四史的巨著，地下却也还埋藏着另一部更加重要的地上二十四史，地下的这部将会不断订正、修补着世间流传的二十四史。"从文字书写到物象叙事，沈先生切入文化史的角度是考古学。实际上，在文字历史（传世文献）和实物历史（地下考古）之外，还有活态历史（田野民间）。三者并举，是笔者本书研究中华多民族美学的学术选择。

着眼活态田野，民俗学和民族学是不可忽视的，前者告诫我们要关注人们的生活实践，后者提醒我们要留心多元的族群文化。本书对"中华多民族美学"的思考及研究，即奠定在这种治学理念和治学方法上。全书共十九章，开头两章从学科反思切入，第三至八章将目光投向主流美学以及多元视角下文化的传播、交融，并就中华美学的若干概念、范畴、命题、意象、符号、原型等进行梳理、辨析，之后数章考察中华一体格局下的多元族群及文化，最后三章论述多元族群及文化构成中的中华一体，从而在这种双向也是多维的观照中完成全书。各章行文，或着眼整体，或聚焦个案，力求多面审视，彼此相辅相成。从地域和族群看，本书论述对象涉及汉、藏、彝、羌、侗、苗、瑶、壮、傣、回、满、纳西、土家、拉祜、布依、傈僳、朝鲜、蒙古等民族以及敦煌遗产、西域族群、外来佛教等，或详细或简略，总之是以跨地域和跨族群视野就多民族中华文学、艺术、美学、工艺、文化进行探讨。历年来，笔者东行西走，曾拍下不少照片，但因篇幅之囿，书中仅略有配图。这些图片均拍摄于活态田野中，是对文字的补充，意在帮助读者理解。

游弋于文献典籍，行走在城镇村寨，留意口头文学，访问民俗艺术，审视族群文化，笔者对"多民族中华"课题的追踪是乐此不疲的，对此的用力也成为笔者几十年学术生涯的重要部分。整体说来，本课题研究面向现实，关注民间，着眼古今，兼顾中外，既有纯学理的思索，也有接地气的考究，并且在治学上时时注意采用纸上文献、地下文物、田野事象并重的"多重证据法"。换言之，通过对文献与田野、历史与现实、主流与边缘、精英与民间的双重把握，从多角度及多层面对中华美学与艺术进行自具眼光的审视和探讨，是本书的追求所在。广袤的中华大地上，多民族文化传统积淀厚重，多民族美学艺术缤纷多彩，本书对之的发掘、探析和论述，旨在抛砖引玉，供学界参考。

第一章 中华美学研究的视域拓展

中国是多民族国家，在东方这块大陆上，审美文化资源积淀深厚、丰富多彩。回眸中华美学研究走过的百年历程，少数民族美学研究是值得我们深入关注和努力拓展的重要课题。诚然，以汉族地区话语为主的"中原中心观"是历史造就的（不以人的主观意志为转移），在此影响下中华美学理论及艺术实践也取得了令人瞩目的成果，如易学思想、阴阳学说、意象原理、形神理论等。但是，也不必讳言，过去在"中原中心观"制约下的主流学术话语中，"周边"往往被有意无意地置于"弱视"乃至"盲视"状态，后者长期未能得到应有的重视。别的不说，当今诸多以"中国"冠名的美学史论书籍中，基本上是中原汉文化体系下的美学在唱主角，其他族群美学作为"异文化"往往少有述及甚至是缺席的。对此，有必要仔细检讨和认真反思。

第一节　美学史论书籍检视

当今时代，在文化多元论（cultural pluralism）和文化一体论（cultural unification）交锋的语境中，反思中华美学研究在20世纪后半叶走过的道路，对于现代化进程中本土特色的中华美学的构建和发展，具有积极意义。1949年以来，国内学界经历了两度美学热，尤其20世纪80年代以来成果甚丰。以20世纪80年代美学刊物为例，譬如随第二次"美学热"而风靡大江南北的权威性丛刊《美学》，1979年至1987年由上海文艺出版社共出版7辑，发表了洋洋洒洒260多万字，却无一篇文章与少数民族美学研究有关。同年（1979年）创办并与之齐名的《美学论丛》（先后由中国社会科学出版社和湖南人民出版社出版），到 80 年代也接连推出好几辑，情形依然。分别由中国社会科学院哲学研究所和文学研究所主办的此二刊，倡领了 20 世纪 80 年代中国美学主潮，很有代表性，也很能说明问题。其他如湖北的《美学述林》、天津的《美·艺术·时代》、四川的《美的研究与欣赏》以及《美学新潮》，还有知名度不低的《美学评林》《美学文献》《审美文化丛刊》等，在办刊思路及刊发内容上亦然。

美学著作方面，当时人们最熟悉的本土史论专著有李泽厚、刘纲纪主编的《中国美学史》（1984 年、1987 年）和叶朗的《中国美学史大纲》（1985 年），二书亦基本以中原系统汉族地区美学为陈述对象。魏晋六朝是中国历史上南北民族大融合时代，且看二书目录，前者第三编"魏晋南北朝美学思想"共二十章，除了第一章"魏晋南北朝美学概观"以外，其余各章题为"建安文学与曹丕的《典论·论文》""人物品藻与美学""魏晋玄学与美学""阮籍的《乐论》及其他""嵇康的《声无哀乐论》""陆机的《文赋》""《列子》中的美学思想""葛洪《抱朴子》中的美学思想""东晋佛学与美学""陶渊明的美学倾向""魏晋书论中的美学思想""魏晋画论中的美学思想""宗炳的《画山水序》""王微的《叙画》""齐梁文艺与美学""刘勰的《文心雕龙》""钟嵘的《诗品》""谢赫的《画品》与姚最的《续画品》""齐梁书论中的美学思想"；后者第二篇"中国古典美学的展开"中，有两章涉及"魏晋南北朝美学"，篇幅更简略，但话题不离前者所述范围。其中，基本上不见有来自汉族以外族群、异于中原诗学的理论，相关述介是缺席的，但事实上，以中国西南地区为例，汉族以外族群古籍中的《彝族诗文论》《彝语诗律论》大致也是这个时期诞生的，并被译为汉文出版于20世纪80年代。此外，《论傣族诗歌》汉译本在1981年就有了，其作者是16世纪的人，可是，前述书籍在论及明清时期的美学时，也未涉及这部傣族诗学专著。翻检书架上的《中国美学史资料选编》（1980年，中华书局）、《中国古代美学史研究》（1983年，复旦大学出版社）、《中国古代美学范畴》（1986年，华中工学院出版社）、《中国美学思想史》（1987年，齐鲁书社）、《中国音乐美学史资料注译》（1990年，人民音乐出版社）、《中国绘画美学范畴体系》（2009年，北京大学出版社）、《中国美学体系论》（1995年，语文出版社）、《中国美学范畴辞典》（1995年，中国人民大学出版社）、《华夏美学》（2001年，天津社会科学院出版社）、《中国美学的文脉历程》（2002年，四川人民出版社）、《中国美学文化阐释》（2003年，首都师范大学出版社）等书，大致情况亦然（扩大来看，这也投射到国外对中国美学的研究，如日本美学家今道友信的《东方的美学》、美国美学家托马斯·芒罗的《东方美学》等）。可见，并不归属汉语诗学范畴的汉族以外族群美学的缺席，实非偶然。

文学是语言艺术，文论是对文学的批评和研究。不妨瞧瞧本土古代文论研究。翻开2005年问世的《中国文学批评史》（中华书局）、《中国文学理论批评史》（北京大学出版社），不见有涉及汉族以外族群文论的专门章节。同类著作，有1993年学林出版社的《中国古代文学原理》、1996年广西师范大学出版社的《中国古代文论教程》、1995年中华书局的《中国古典文学研究史》、

2006年东方出版中心的《20世纪中国古代文学研究史·总论卷》，等等。往前追溯，这种状况由来已久，1979年至1980年上海古籍出版社出版的四卷本近160万字的《中国历代文论选》，在学术界有长期、广泛的影响，即立足汉语诗学文论。1986年问世的《中国大百科全书·中国文学》为"少数民族文学"立有专目并给予相当篇幅，却基本不见有后者文论的专题介绍；书中涉及的某些作家或批评家尽管在族别身份上是少数民族，但其理论和话语以及所作的梳理研究仍基本置身汉文化立场。1997年北京师范大学出版社出版的《回顾与反思——古代文论研究七十年》在介绍新时期文论研究成果时对汉族以外族群文论有所触及，认为对古代文论资料的较系统整理基本上起步于20世纪50年代，新时期"值得注意的，是开始了对少数民族文学理论的整理工作。1987年，新疆人民出版社出版了由买买提·祖农、王弋丁、王佑夫主编的《中国历代少数民族文论选》；1994年又出版了王弋丁等人主编的《少数民族文论选释》，从而填补了少数民族文学理论研究的空白"[1]。此外，1991年9月在贵阳曾召开"彝族古代文论研讨会"，次年又有王佑夫主编的《中国古代民族文论概述》（中央民族学院出版社）问世，后者从学科建设角度论述了少数民族文论的形态、价值和地位。更早时，作为毕生研究古代文论和文学批评史的元老，郭绍虞撰文谈到发展"中国作风中国气派"的文学和理论时，曾写下这样一段话："我们要建立具有中国民族特点的马克思主义文艺理论，还应该扩大我们的研究

---

[1] 张海明：《回顾与反思——古代文论研究七十年》，北京师范大学出版社1997年版，第42页。

领域，更多地发现材料，整理材料。过去，由于正统观念的影响，我们研究批评史，往往是较多地注意文论、诗论，而较少注意小说、戏曲的理论；较多注意上古、中古的理论，而较少注意近代的理论；较多注意汉民族的理论，而较少注意兄弟民族的理论。这种情况，近年来已有所改变，它表现为专门研究小说、戏剧理论和近代文论的同志增多了，兄弟民族的文艺理论也有所发现。但是，总的说来，这方面的工作还做得不够，还需要有人去进一步从事这方面的研究。"老先生热切呼吁，"应该从多方面去开拓古代文艺理论研究的领域，把我们理论遗产的珍贵品发掘出来，搜集起来，对它们进行科学的研究，以丰富世界和人类文艺理论的宝库"。[1] 言语不多，但切中肯綮。尽管如此，思维定势使然，《回顾与反思》对中国古代文论研究七十年历程的梳理，依然是按照汉族文论主线展开的。窥斑见豹，再看 1988 年南开大学出版社出版的《中国文艺思潮史稿》、1987 年春风文艺出版社出版的《中国艺术精神》、1990 年四川人民出版社出版的《中国诗学与传统文化精神》，以及《中国小说美学》（1982 年，北京大学出版社）、《中国诗歌美学》（1986 年，北京大学出版社）、《中国诗歌艺术研究》（1987 年，北京大学出版社）、《中国戏剧美学的文化阐释》（1997 年，中国人民大学出版社）、《中国音乐美学史》（2003 年，人民音乐出版社）、《中国古典戏剧理论史》（2005 年，华东师范大学出版社）等，也基本如此。2009 年 11 月，中国古代文学理论学会第 16 届年会在成都召开，从提交会

---

[1] 郭绍虞：《建立具有中国民族特点的马克思主义文艺理论》，载《照隅室古典文学论集》下编，上海古籍出版社 1983 年版，第 531—532 页。

议的100余篇论文看，围绕自1979年古代文学理论学会第一届年会以来的三十年间中国古代文论研究这个核心，研讨的方面有中国文论与中国思想、古代文论的现代转换、中外文论比较等，但基本上无涉中国文论的多民族构成这一话题。[1]

这种以局部（中原汉族或汉族地区）代表整体（中国）的状况，从美学到文论再到文学乃至其他，在国内学界未必不具有普遍性。且看国务院学位委员会、国家教育委员会1997年颁布的国家《授予博士、硕士学位和培养研究生的学科、专业目录》，一级学科"文学"（05）下的"中国语言文学"（0501）下，再分8个次级学科，"中国少数民族语言文学（分语族）"（050107）是与"中国古代文学"（050105）、"中国现当代文学"（050106）等并列的，也就是说，后二者其实指的是汉语写作的古代及现当代文学，尽管冠以"中国"之名却并不涵盖汉族以外族群的文学。如此局面，令人疑惑也引人思考。首部《中国神话史》撰写者袁珂在谈到中国神话研究时，就曾感慨少数民族"都有从远古流传至今的宏伟壮丽的神话传说，过去一直被忽视，未列入中国神话考察的范围"，指出在多民族中国，"要展示中国神话的全

---

[1] 其实，古代文论界对此亦非全无留意，如郭绍虞对本土文论研究需要多方面"扩大"和"开拓"的呼吁。1997年11月，笔者去广西师范大学参加"中国古代文学理论国际学术研讨会暨第10届年会"，会议研讨话题之一便是"中国少数民族古代文论研究"，提交的论文中也有《论中国少数民族古代文论学科的形成与发展》和《谫说中国少数民族古代文论的宗教色彩》（请参阅李祥林《中国古代文学理论国际学术研讨会述要》，《天府新论》1998年第1期）。客观地讲，这个话题在古代文论界有待持续关注和扩大研究，尤其是在少数民族区域之外的汉文论著中。

貌，还得将中国少数民族的神话加以介绍"。[1] 1985年，刘尧汉的《中国文明源头新探——道家与彝族虎宇宙观》出版，蔡尚思为之作序时以反思口吻写道："现今研究中国各种专门史，也不好以汉族为范围了。以汉族为范围的中国各种专门史，不可能是整个的或比较完全的中国专门史，凡是冠以'中国'二字的，都是以'汉民族'为限的，如中国文字学史只是汉民族文字学史，中国文学史只是汉民族文学史，中国艺术史只是汉民族艺术史，中国史学史只是汉民族史学史，中国哲学史只是汉民族哲学史，中国医学史只是汉民族医学史，其他均以此类推。"为此，他强调"中国文化通史必须建立在中国各兄弟民族文化专史的基础上"，也就是说，"有了各兄弟民族的文化史，才能写出真正能够代表中国各兄弟民族的中国通史、中国文化通史之类的著作"。[2] 历史地理学家谭其骧亦指出，"严格地说，在采用'中国文化'这个词时，理应包括所有历史时期中国各族的文化才是"，犹如讲中国通史不可局限于中原王朝史，"今后我们开展中国文化的研究与讨论，或编写一部中国文化史，切不可置其他兄

---

[1] 袁珂：《中国神话史》，北京联合出版公司2015年版，前言第10页。书中特意安排两章介绍"少数民族的神话"，并且写道："以前有些人认为中国没有神话，中国人缺乏神话幻想的能力，那是他们只看到汉民族中古文献里一点残缺零散的神话材料（有的可能连这一点也没有看到），没有注意到还有大量蕴藏在我国少数民族中的神话的缘故。"（第376页）
[2] 蔡尚思：《中国各民族的血统与文化——〈中国文明源头新探〉序》，载刘尧汉《中国文明源头新探——道家与彝族虎宇宙观》，云南人民出版社1985年版，第17、20页。

弟民族的文化于不问,专讲汉族文化"。[1] 近20年后,仍有人在反思古典文学研究时说:"时至今日,典范的文学研究模式仍是以汉语言文字为主体形态的,运用少数民族语言特别是已经消失了的少数民族语言来进行研究的情况比较薄弱,因此这种研究在某种程度上说是不完全和无法深入的,对于古代文学文化资源是难以整合和难以上升到中华民族应有的时代高度的。"[2] 又有文学史研究者指出,"100余年的文学史存在着明显的缺陷",首先就体现在"它基本上是汉族的书面文学史,相当程度地忽略了占国家土地60%以上多民族的文学的存在和它们相互间深刻的内在联系",视野有限,研究也不够。"我们的古代文学史,多是以汉族文学史为主,对少数民族文学几乎不涉及。如宋朝是欧阳修、苏东坡的时代,公元11世纪,中原是小令、慢词流行。可是当时还存在辽、金、西夏的文学,回鹘文学,吐蕃文学,大理国的文学。这些构成中华民族文学的整个版图。"[3] 因此,学术界出现了"重绘中国文学地图"的呼声。"重绘"说强调个体与时代、文人与民间、中原与边地这三组文学主体之间的互动与共生,意在以多元整合视野还原"中华民族这个文明的整体性",从而为撰写与倡导和谐社会的当今中国相适应的文学史论著提供"大文学观"理念。

在多民族聚居的中华大地上,除了汉族以外,还有其他55个

---

[1] 谭其骧:《中国文化的时代差异和地区差异》,《复旦学报》(社会科学版)1986年第2期。

[2] 黄震云:《当前文学研究领域中的两个课题——论学术规范的建立及民族文学研究的重要性》,《人民政协报》2002年10月1日。

[3] 杨义:《重绘中国文学地图通释》,当代中国出版社2007年版,第5、193页。

民族，后者在人口数量上尽管不及前者，但是在地域上分布广泛，而且各民族都有其多姿多彩的文化艺术，他们的美学思想跟汉族美学思想一样，皆是中华美学宝库里的财富。检视历史可知，"中国"一词古今有异。上古时期，华夏族建立国家政权于黄河中下游流域，自视为居天下之中央（"中"），从此以"中国"自称。《礼记·王制》述及"中国夷蛮戎狄"时云"中国夷戎，五方之民，皆有性也"，便对五方民族做了划分。刘师培谈到《易》与政治学的关系时指出，"《周易》一书，爻分阴阳，阳爻象中国，阴爻必象四夷。凡以阳爻加阴爻，皆指中国征夷狄言"，因此，"郑玄注《易》，亦以阴阳区夷夏"，[1]界分俨然。汉代以来，常常把黄河流域以及汉族建立的中原王朝称为"中国"。新疆和田出土的织锦护膊"五星出东方利中国"，其含义按星相学及阴阳家解释，五星若同现于东方，乃是对中原王朝有利。元朝一统天下后，忽必烈任命都实为招讨使查访河源，一年后都实回来向忽必烈提交的考察报告见于《元史》卷六十三之"河源附录"，文中"中国"一词的用法还是依照惯例，云："大概河源东北流所历皆西番地，至兰州凡四千五百余里，始入中国。"[2]无论文献还是文物都表明，由社会历史语境铸就的"中"或"中国"，表达着天下之政治经济中心的意思，有鲜明的"王朝中心"和"我族中心"色彩。正是在这种基于王权政治需要而设定方位的空间意识中，由于"我族中心主义"的强势影响，"东、南、西、北、中"在华夏已不是纯粹的自然地理概念，

---

[1] 刘师培：《刘师培经学教科书》，吉林出版集团股份有限公司2017年版，第261页。
[2] 宋濂等撰：《元史》，中华书局1976年版，第1567页。

而是成为区别主与次、高与低、中心与边缘、先进与落后的政治地理概念。普天之下,五方之内,由于历史积淀和传统惯性,唯有"中"也就是中原汉区文化才是被主流话语高高尊奉的中心,至于四周的"东夷""南蛮""西戎""北狄"不过是作为陪衬的他者,从称呼上就被边缘化了。这种"中国"和"蛮夷"泾渭分明的叙事,充斥在历史典籍的字里行间,如:"天下名山八,而三在蛮夷,五在中国。"(《史记·孝武本纪》)"熊渠曰:'我蛮夷也,不与中国之号谥。'"(《史记·楚世家》)中国居中原,蛮夷在周边。在历史形成的"夷夏观念"中,中心的文化长久被视为高于周边。"据此,汉族文化是'有文明的',而非汉族的民族,历史上就被称之为'野蛮人'。"[1] 于是,被奉为天朝中心的汉族文化和被视为边缘蛮夷的其他族群文化之间泾渭分明,在所谓来自正统的固执目光和刻板意念中,后者作为"异文化"无非是前者"修文德以来之"的教化对象,高者自高,低者自低。"冰冻三尺,非一日之寒。"此乃历史形成的"集体无意识",它从深层心理上制约、影响着后人对包括美学及艺术在内的中华文化史的叙述和书写。

第二节 汉族以外族群美学

"各个民族都有她自己的文化,在民族的融合过程中,各民

---

[1] 悉妮·D.怀特:《名声与牺牲:建构具有社会性别特征的纳西身份》,康宏锦译,载马元曦、康宏锦主编《社会性别·族裔·社区发展译选》,中国书籍出版社2001年版,第190页。

族的文化也随着融合而为一个民族的文化,那就成为中国的正统文化,此后大家也就忘却了追溯它的源头了。……我们现在明白了许多中国文化并不是发生于华夏族的,我们就得转向其他民族中找去。"[1] 当年,历史学家顾颉刚有此感叹和提醒。20世纪80年代以来,考察中华文化,有两个"半月形文化传播带"的说法在考古学界相继出现。童恩正率先提出"边地半月形文化传播带"的观点,他通过分析中国从东北到西南至青藏的器物、墓葬、建筑遗迹等考古材料,发现在此地带上为数众多的族群之间存在种种相同或相似,"在文化上,这一地带则自有其渊源,带有显著的特色",从而认定从新石器时代后期到铜器时代,在我国东北沿蒙古高原至西南地区存在一条"古代华夏文明的边缘地带",其"成一半月形环绕着中原大地",对其进行研究能增加我们对古代边地民族之间关系的了解。[2] 他指出,因受季风和地形影响,从东南向西北依次出现森林、草原、荒漠三大基本区域,大致从大兴安岭经黄土高原东南边缘到横断山脉,迄于藏南。此线以东是森林区,从内蒙古中部向西南到青藏高原西部,此线以西是荒漠区。在此区域上的"边地半月形文化传播带",同属于草原和高山灌丛、草甸区域。继童恩正之后,李零提出在中国沿海也存在一条半月形文化传播带。李零指出,高地的半月形地带主要是戎、狄文化,沿海的半月形地带主要是夷、越文

---

[1] 顾颉刚:《从古籍中探索我国的西部民族——羌族》,《社会科学战线》1980年第1期。

[2] 童恩正:《试论我国从东北至西南的边地半月形文化传播带》,载文物出版社编辑部编《文物与考古论集》,文物出版社1986年版,第17页。

化。从地图上看，这两条半月形地带犹如两条弧线，画出个大圈，中间便是向来被视为核心区域的中原。天下辐辏，各族群都往中间跑；有如旋涡，有的被吸进去，有的被甩出来；吸进去的，成为华夏；甩出来的，便是蛮夷。[1]对这两条半月形地带，也有论者以"长城—藏彝"文化传播带和"长江—沿海"文化传播带相称。[2]从族群及语言看，前者分布着汉藏语系、阿尔泰语系的各族群，后者分布着苗瑶语系、壮侗语系的各族群。着眼华夏周边，巡视这两条"半月形文化传播带"，不难发现，汉族以外族群在艺术上成就自高，在美学理论上各有成果且各具特色。关于汉族以外族群作家在汉语诗学、画学、美学方面的成就，如《唐才子传》作者辛文房（色目人）、《论诗三十首》作者元好问（鲜卑人）、《绘事发微》作者唐岱（满族）、《画学心法问答》作者布颜图（蒙古族）等，在时下的美学史、艺术史、批评史等书籍中多有论述，在此不赘。下面，主要谈谈他们结合本民族文学艺术发表的见解。

生活在雪域高原的藏族，不但文学艺术发达，美学思想成就也不低。音乐方面，收入《萨班全集》的《乐论》，写成于1216年，理论自成体系，是13世纪藏族音乐实践的总结，其作者萨班·贡噶坚赞（1182—1251）乃藏传佛教萨迦派的领袖人物。《乐论》包括"曲论""词论""音乐应用规程"三章，其中关于歌词创作要根据场景抓住对象特点、音乐演唱要注意声情结合与声形结合等的论述，迄今仍不失价值光辉。从社会功用角度，其

---

[1] 李零：《我们的中国·茫茫禹迹》，生活·读书·新知三联书店2016年版，第23—24页。
[2] 陈民镇：《半月形文化传播带勾勒出"最初的中国"》，《中华读书报》2017年2月8日。

论音乐提升人生境界:"愚者尽管缺资质,贱族尽管贫如洗,若是谙知音乐事,则是众人的顶饰。"从审美鉴赏角度,其论音乐作为共同美对象:"有的这部分人认为美,有的那部分人认为美,对那贤愚男女皆为美,只有音乐才具这功能。"[1]在绘画、雕塑方面,"藏族在中华各民族中是最早提出以人为最高尺度来塑造艺术形象的民族之一,早在8世纪修建西藏的第一座寺院——桑耶寺时,为给寺院塑造度母形象,就请了几位贵族女性作活体模特。西藏的布达拉宫和众多佛教寺院建筑如白居寺等,其建筑体量均合于人体比例,藏式佛塔也依人体比例塑造。西藏的神佛造像也以人的尺度为造像原则,并洋溢着世俗的情感、情态和情趣"[2]。人为万物之灵长,艺术表现人类之美,这种审美观念也体现在藏族的舞论、诗论、剧论中。同在亚洲大陆,中国和印度皆文明古国,彼此有久远的文化交往史。作为中印诗学交流的产物,成书于1656年的《诗镜释难》(全名《诗镜释难妙音欢歌》),出自五世达赖阿旺罗桑嘉措之手,是大藏经《丹珠尔》之"声明"部的重要组成部分。梵文《诗镜》是印度古典诗学名著,约成书于7世纪,作者檀丁,主要讲述诗歌写作技巧,对后世深有影响。该书从13世纪初被贡噶坚赞以译述[3]方式介绍到

---

[1] 彭书麟、于乃昌、冯育柱主编:《中国少数民族文艺理论集成》,北京大学出版社2005年版,第172页。

[2] 彭书麟、于乃昌、冯育柱主编:《中国少数民族文艺理论集成》,北京大学出版社2005年版,前言第13页。

[3] 所谓"译述",指的是"译中有述,论中有译,译介和论述紧密结合,'合我实际者译,融我独见于译',并常常假托于译文而实行著述,以便托名'传真佛语'"(《中国少数民族古代美学思想资料初编》,四川民族出版社1989年版,第373—374页)。今天比较文学研究译介学,历史上藏文典籍的译述就是值得重视的特色案例。

中国西藏后,受到藏族知识界推崇,不少上层文人争相传习,为之作注(除了罗桑嘉措以外,尚有巴俄拉祖的《诗镜释明》、纳塘巴的《诗镜解说念诵之意全成就》、嘉木喀的《诗镜注释形体和修饰之如意树》,等等),并借鉴其理论和方法进行创作。值得注意的是,《诗镜释难》不单单是对《诗镜》的注释,其中有许多根据藏族文学特征的理论发挥,要么"是将原文一首不漏地加以注释,还增补注释者本人创作或者选择其他名家的诗例,有的还加入了本人的新见解",要么"是作者完全不按《诗镜》的文字和诗例,而集中其理论阐述的部分,用自己的语言,以歌诀的形式进行再创作。这种方式完全将《诗镜》的原型抛开,吸取其理论的精华进行创作",[1] 由此成为藏族本土化的美学财富。也就是说,《诗镜》传入西藏后,与藏文古体诗创作相结合,"藏族的诗家学者们坚持了把《诗镜》理论与自己民族特点相结合的方向,在认真学习原著的同时,通过注释、解说、探讨和应用,使这部古老的著作为我所用",使之"成为藏族文学中不可分割的组成部分"。[2] 五世达赖多才多艺,他对戏剧艺术亦有涉猎,有

---

[1] 意娜:《藏族美学名著〈诗镜〉解读》,《当代文坛》2006年第1期。从1277年开始,藏族译师雄敦·多吉坚赞和印度学者拉卡弥迦罗在萨迦寺将《诗镜》全部译成藏文。多吉坚赞又将《诗镜》传授给弟弟、著名译师洛卓丹巴。随后,藏族学者布顿·仁钦珠在首次编订大藏经《丹珠尔》时,将用藏文字母转写的《诗镜》原文和藏译文皆收录其中。1986年,全国民族院校文艺理论研究会委托中国少数民族古代美学思想资料初编编写组以汉文翻译《诗镜》,翻译及注释工作由中央民族大学赵康教授完成,译本得到学界认可。

[2] 赵康:《〈诗镜〉及其在藏族诗学中的影响》,《西藏研究》1983年第3期。又,四川民族出版社2019年出版的《诗学明镜注释》(藏文),收入居迷旁的《诗镜注释》和降阳钦则的《诗镜例题》。

研究者认为他是"藏剧剧本的第一个写作人"[1],从《诗镜释难》中提及印度《舞论》等以及相关阐述来看,五世达赖对戏剧理论是不陌生的。此外,创作美学方面,说到文艺作品中曲笔运用之妙时,国人常常提及的美学名言是清代学者刘熙载的"正面不写写反面,本面不写写对面、旁面,须如睹影知竿乃妙"(《艺概·诗概》)。对此艺术手法,《诗镜释难》中有基于创作实践经验的明确表述,曰:"首先极力赞颂自己一方的领袖有如何的英勇善战等品德,和依靠这样的领袖从而歼灭了敌人,这种赞颂的方式当然是美好的。……然而我却喜欢首先称赞敌方领袖的出身高贵、力图精进和知识渊博等品德,由于战胜了这样的敌人,因而显得我方领袖比对方的品德更加优越无比。"[2]

大、小五明是藏学的重要内容,大五明指工巧明(工艺学)、医方明(医学)、声明(声律学)、因明(正理学或逻辑学)和内明(佛学);小五明即修辞学、辞藻学、韵律学、戏剧学和星象学。康区[3]宁玛派著名学者居迷旁(1846—1912),法号称居迷旁·降央朗杰嘉措("居"是其家族姓氏),他出生在今甘孜藏族自治州石渠县境内,曾在德格与石渠交界的竹庆寺主持佛事。他

---

[1] 叶长海主编:《中国戏剧研究》,福建人民出版社2006年版,第555页。
[2] 买买提·祖农、王弋丁、王佑夫主编:《中国历代少数民族文论选》,新疆人民出版社1987年版,第100—101页。
[3] "藏族"是汉语称谓,其自称"博"(bod)或"博巴",主要分布在西藏、青海、甘肃、四川和云南。由于居住区域不同,各地藏族又有不同称谓:西藏阿里地区的人自称"兑巴",后藏地区的人自称"藏巴",前藏地区的人自称"卫巴",西藏东部和四川西部的人自称"康巴",西藏北部和四川西北部、甘肃南部、青海地区的人则自称"安多娃"。(周锡银主编:《藏族原始宗教资料丛编》,四川藏学研究所编印,1991年,第1页)

云游四方，从各派大师学习显密教法及五明之学，见识广博，著书32部、1000余种，涉及声明、因明、哲学、诗赋、医药、历算、工艺、格言、仪轨、音乐等多方面，晚年潜心研读大藏经《甘珠尔》并为之作注释。居迷旁在工巧明方面的著作甚有影响，如他的《造像量度如日明照》"在嘎玛乡画师中声誉极高"，对佛像绘制工艺讲述精细，"即使在没有画稿参考的情况下，画师也能够参考此书文字将佛像绘制出来"；[1] 他还有《工巧学近需》《坛城量度程序实践》等，皆为研究藏族工艺美学所不可忽视的著作。尤其是他的《常用制作技术的宝瓶》，写成于1906年，记录了15个类别约80种制作工艺和技术（如造香、造墨、造纸、制笔、书写、作画、染法、制印泥法、涂漆料法、金属制法、陶器制作、锣鼓扩音、玻璃及宝石加工等），以及各种制作配方上百个、选用各种物质200多种，可谓"藏族技术文明百科全书"，被誉为"藏族的《天工开物》"。[2] 居迷旁在格萨尔学方面的成就显著，色达格萨尔文化博物馆有格萨尔神像7尊，就是后人根据他的《格萨尔大师金刚寿祈请颂》等内容塑就的。有人指出，"居迷旁大师的文集中有一部《格萨尔》专著，为《格萨尔》史诗赋予了丰富的佛法思想，形成了独特的格萨尔文化体系……贯穿这一格萨尔文化体系的全过程，岭卓舞就是其中之一。它以自

---

[1] 刘冬梅：《造像之美：法度与实践——从西藏唐卡画师的艺术实践看藏传佛教造像的美学观》，《中国藏学》2013年第3期。

[2] 王工：《藏族古代技术文明及民族技术交流的研究》，硕士学位论文，中国科学院自然科学史研究所，1988年。该文被收入国家"十二五"重点图书出版规划项目《鉴古证今——传统工艺与科技考古文萃》，安徽科学技术出版社2014年版，第665—688页。

己的方式传承了《格萨尔》文化,这在整个藏区是独一无二的"。此舞指格萨尔舞,民间称"岭卓",全称"岭卓极乐金刚乐舞",由多才多艺的居迷旁"创立"。[1] 此外,《国王修身论》是居迷旁的作品,他的《诗疏妙音喜海》等对后世亦有影响。唐卡是藏族传统美术,有不同流派。在藏东有噶玛噶孜画派,追溯该派历史,第八世噶玛巴弥觉多吉"是噶玛噶孜画派理论体系的早期奠基人,通达工巧、著作颇丰,著有《线准太阳明镜》绘画经论,这部著作可谓噶玛噶孜画派理论的开山之作"[2],他被视为噶玛噶孜画派的创始人之一。该画派留下论著的,还有《量度注释日光》《噶派艺术注释》的作者曲英多吉等。《知识总汇》的著者工珠·云丹加措(1813—1899)是德格人(居迷旁曾师从他学习),他在该书"工巧源流"部分对藏族绘画有重要论述。造像理论之于唐卡等藏族地区艺术格外重要,历史上关于来自印度等的佛教造像量度的理论存在不同版本,实事求是地讲,"历辈西藏画师对造像量度理论进行的注释,反映出佛教造像美学不断被本土化的过程"[3],这种本土化追求也反映在融合中外元素的藏族艺术

---

[1] 益邛:《岭卓舞蹈解读》,载甘孜藏族自治州文化体育和广播影视局编《2012格萨尔故里行——全国格萨尔学术论坛论文集》,大众文艺出版社2012年版,第147、156页。居迷旁著有《歌舞幻化音乐》,第二部分是有关"岭舞"的篇章,其中即云"心中想起雄狮大王,两脚欢跳两手挥舞"。从内容看,该书是为跳神舞而撰写的演出脚本,较详细地叙述了演出的场面、演员、道具、唱词、曲调以及演员的妆容和舞姿等,介绍了相关的乐器及演奏方法等,其中也有对歌舞、音乐的意义、功能、作用的论述,值得研究藏族乐舞美学者重视。

[2] 冯骥才主编:《中国唐卡艺术集成·德格八邦卷》,阳光出版社2011年版,第32页。

[3] 刘冬梅:《造像之美:法度与实践——从西藏唐卡画师的艺术实践看藏传佛教造像的美学观》,《中国藏学》2013年第3期。

美学的其他方面。

流传在西双版纳的《论傣族诗歌》成书于傣历 976 年（1615），作者佚名，所署"祜巴勐"实为傣族地区僧位 15 个等级中从高到低第七位之称。这位诗学家生于普通农民家庭，8 岁入佛寺为僧，在寺院度过了 32 年。他遍读经文及文学作品，40 岁时被晋升为指导和管理整个坝子的"祜巴勐"。（在西双版纳，"勐"指部落组织，或曰："'勐'是一个坝子，按解放前当地的行政区划来说，是宣慰使的议事庭所辖的下一级行政单位。"[1]）建寨建勐对于傣族人是大事，傣文文献《论寨神勐神的由来》中就谈到如何建寨建勐是当众对歌的赞哈龙（歌手）必定碰到的重要问题，"你是历史渊博、名副其实的大歌手，你的歌声就会像流水一样的响亮透彻"，听众会欢呼，向你频频敬酒；相反，"你是一个含着红糖充槟榔的歌手，你回答这个问题的歌声啊，就会像懒姑娘的舂碓声，听众会为你感到失望"[2]。这番比喻生动的艺论，涉及歌手的审美素养和听众的审美反馈等问题。傣族是有文字的民族，诗歌艺术发达，尤其是发展了长篇叙事诗，到公元 1615 年前其总数达 500 部，成就赫然。《论傣族诗歌》作者本身就是才华出众的诗人，创作有长篇叙事诗《粘响》《宛纳帕》等。他精读了 365 部本民族叙事长诗，借鉴前人所著《论傣族诗歌的内容》和《论寨神勐神的由来》（较之《论傣族诗

---

[1] 吕大吉、何耀华总主编，张公瑾等主编：《中国各民族原始宗教资料集成：傣族卷·哈尼族卷·景颇族卷·孟-高棉语族群体卷·普米族卷·珞巴族卷·阿昌族卷》，中国社会科学出版社 1999 年版，第 16、52 页。

[2] 吕大吉、何耀华总主编，张公瑾等主编：《中国各民族原始宗教资料集成：傣族卷·哈尼族卷·景颇族卷·孟-高棉语族群体卷·普米族卷·珞巴族卷·阿昌族卷》，中国社会科学出版社 1999 年版，第 152 页。

歌》，前者早180年，后者早73年）的研究成果，以此为基础，想了三年三个月，写作150个夜晚，完成了这部以老傣文写就的约4万字的系统化理论著作。语言是人类的活动，诗歌在语言基础上产生，随后才有文字。谈到文字由来，祜巴勐一方面讲"文字是佛祖给的"，一方面又说"文字出自人的手"，并认为二者不矛盾，"因为人是神造出来的"。他还指出，歌非佛祖所赐，亦非天神所创造，"歌来自于人类的语言，语言是一切歌调的基础。既然人类在世上的活动是语言的基础，那么，人类在世上的活动，无疑地也是歌的父母了"[1]。在其看来，"人类的语言来自于人在天地间的活动，它的形成和发展依附于人类地球上的一切存在物。因为地球上先有树，我们的古人见到树，后来才会叫出'树'来"[2]，不能设想地球上没有紫米时古人能说出"毫杠"（紫米）这个词来。感物起兴，人性使然；语言产生了，诗歌随之而来。通读《论傣族诗歌》，可知他处处在讲人通过眼观、耳听及身体接触产生了语言、诗歌、文字，并且写道："综合上述道理，说明四个连续的关系：有了人类的劳动，才有人的语言；有了人的语言才有歌，有了歌后才有文字；有了文字后才有叙事诗。我们傣族的社会历史确实就是这样。"[3] 结合诗歌创作实

---

[1]《中国少数民族古代美学思想资料初编》，四川民族出版社1989年版，第567页。
[2]《中国少数民族古代美学思想资料初编》，四川民族出版社1989年版，第566页。
[3]《中国少数民族古代美学思想资料初编》，四川民族出版社1989年版，第575页。除了引言外，《论傣族诗歌》共有"开天辟地""人类的语言""论歌的产生""滴水成调歌""去向佛祖讨文字""歌谣与叙事诗的不同点"等10个部分。这部诗学著作于1980年由岩温扁译为汉语，次年由中国民间文学出版社（云南）出版。由于《论傣族诗歌》时时联系人类实践活动来讲语言的由来、文字的产生和艺术的起源，今人认为该书具有"朴素的唯物论思想"。

际，对于傣诗的类型及特点、傣诗与佛教的关系、短篇歌谣与叙事长诗的异同等，祜巴勐也有丰富的论述。关于这部傣族诗学专著的价值，有研究者拿它跟钟嵘的《诗品》对比，指出：五言诗是汉族古典诗歌的重要诗体之一，汉魏六朝乃其重要发展时期，《诗品》作为开创性的论五言诗专著，品评了起自汉魏迄于萧梁的122位五言诗人，"总结了钟嵘写作《诗品》时期（513—518）以前600多年五言诗发展的历史经验"；傣族长篇叙事诗是在民间歌谣、祝福祷告词等短歌基础上发展而来的，及至17世纪早期总数已达500部，成就赫然，《论傣族诗歌》作为见解独到的优秀傣族诗论，"总结了佚名祜巴勐写作《论傣族诗歌》（傣语书名为《哇雷麻约甘哈傣》）以前，即公元1615年成书以前，傣族诗歌特别是长篇叙事诗的历史经验"。可以说，"五言诗兴而后有钟嵘《诗品》"，同样，"傣族叙事长诗兴而后有佚名祜巴勐《哇雷麻约甘哈傣》（《论傣族诗歌》）"。[1] 二者作为不同地区和不同民族的诗学成就，皆不容忽视。

  彝族是古老的民族。举奢哲是彝族古代大毕摩、大作家，"据说他博古通今，创造了彝族诗文"[2]。据推算，其生活时代跟《文心雕龙》作者刘勰、《诗品》作者钟嵘所处时代相近。他的《彝族诗文论》是彝族古代文艺美学奠基之作，包括"论历史和诗的写作""诗歌和故事的写作""谈工艺制作"等五部分，立足文艺创作实际，论述了艺术想象和虚构、作品内容和特点、文艺的审美功能和教化功能等，不乏深刻之见。比如，说到"诗"

---

[1] 过伟：《中华民间文化与民族文学》上册，作家出版社2008年版，第324—325页。
[2] 《中国少数民族古代美学思想资料初编》，四川民族出版社1989年版，第468页。

"史"异同,人们总是想到西方哲人亚里士多德在《诗学》中的有关论述,而在中国,被彝族人尊为"先师"的举奢哲也提醒作者:历史务必真实,诗歌驰骋想象,"所以历史家,不能靠想象。不像写诗歌,不像写故事。诗歌和故事,可以是这样:当时情和景,情和景中人,只要真相像,就可作文章。可以有假想,夸饰也不妨"[1]。关于举奢哲(举腮则),彝族古代文献又载:"远古哎出现,哺形成以后,东南西北,四种颜色,做一起出现……就在这期间,出个举腮则,画华丽的图,绘美丽的景。"[2] 将彝族绘画与举奢哲联系起来。不仅如此,他还精通医药和工艺美术。时代近于举奢哲的阿买妮,是著名的女经师和女诗人,《彝语诗律论》是她对彝族乃至中华诗学的贡献。书中从美学角度讨论了彝族诗歌的体式和声韵、创作者的学识和修养等重要问题,并且时时处处都注意一边举诗歌创作例子,一边讲诗歌创作理论,体现出将理论和实践紧密联系的论诗原则,相当可贵。《文心雕龙》之"风骨"篇为众所周知,在阿买妮笔下,也屡见"骨"的使用,如:"举奢哲说过:'每个写作者,在写诗歌时,声韵要讲究,人物要写活。诗文要出众,必须有诗骨,骨硬诗便好,题妙出佳作。'""文章讲音美,诗贵有硬骨;无骨不成诗,无音不成文。"[3] 这"骨"作为彝族传统的美学范畴,尤其体现在彝族绘

---

[1] 彭书麟、于乃昌、冯育柱主编:《中国少数民族文艺理论集成》,北京大学出版社 2005 年版,第 294—295 页。
[2] 陈长友主编:《黔西北彝族美术:那史·彝文古籍插图》,贵州人民出版社 2014 年版,第 29 页。
[3] 彭书麟、于乃昌、冯育柱主编:《中国少数民族文艺理论集成》,北京大学出版社 2005 年版,第 312—313 页。

画的造型追求和审美风貌上，有其独特的民族文化内涵，不可简单套用汉语美学去识读。"圣贤举腮则，天上学问如海""恒颖阿买妮，兴奉献知识"[1]，彝文古籍《土鲁窦吉》对先贤举奢哲、阿买妮多有颂扬。该古籍用彝文五言诗形式写就，由此想到华夏诗歌史上的"以诗论诗"。说起这个话题，人们会举出唐代司空图的《二十四诗品》[2]，视之为"以诗论诗"体式开先河者（中华文艺美学发展史上，后世出现的《二十四书品》《二十四画品》之类著作皆受其影响）。其实，汉族以外族群大多能歌善舞，诗性智慧本是他们所擅长的，"以诗论诗"在他们中不鲜见。有人把以诗歌评论诗歌的形式称为"后设诗歌"（metapoem），上述用彝语五言诗体所写《彝族诗文论》等便是这种类型，但其出现时间较之《二十四诗品》更早。在多民族中国，以诗论诗亦见于其他民族作家笔下，如哈萨克作家阿拜（1845—1904），他留下论诗诗六首，其中《诗是语言的皇帝》写道："诗是文学的精华，语言的皇帝，诗匠千锤百炼锻造奇句；节奏要鲜明，词句要精炼，韵辙要合乎语言的规律。如果杂芜的词汇玷污了诗句，是由于阿肯的才能太低；笨拙的歌手唱不出动人的歌，昏聩的人才喜欢空洞的歌曲。"[3] 句中"阿肯"，指的是民间歌手。对于能歌善舞的民族来说，以歌谣形式说艺论美原本是他们所擅长的。2017年1月、2018年8月，笔者相继去了广西三江侗寨、贵州黎平侗寨走

---

[1] 王子国整理、翻译：《土鲁窦吉》，贵州民族出版社1998年版，第432—433页。
[2] 这部诗学论著的作者究竟是谁，前些年有论者提出疑问，但迄今仍未有定论，此处从传统说法。
[3] 彭书麟、于乃昌、冯育柱主编：《中国少数民族文艺理论集成》，北京大学出版社2005年版，第752页。

访，为的是进一步了解侗歌、侗戏、侗文化。研究中国南方少数民族文艺理论可知，侗族文艺的史论性著作《歌师传》出自桂地，还有出自黔地的《戏师传》，二者本身即是侗族琵琶歌（侗语译音称"嘎琵琶"），以歌的形式论歌说戏，这跟前述"以诗论诗"亦不乏异曲同工之妙。

中华美学史上，汉族以外族群理论家、批评家中尚有突厥的法拉比、彝族的布独布举、蒙古族的尹湛纳希、赫哲族的吴连贵、哈萨克族的阿拜、达斡尔族的钦同普，以及纳西族《东巴舞谱》的作者、柯尔克孜族《玛纳斯序诗》的作者、侗族《歌师传》和《戏师传》的作者，等等。自古以来，多民族交流使然，汉族以外族群作家中不乏汉文化修养甚高者，例如贯云石，学界多关注他的散曲创作成就，其实他在艺术学理论上也贡献不凡[1]；又如哈斯宝，他不但将《红楼梦》翻译成蒙古文，而且仔细研读、加以评点，是公认的红学评点派代表人物之一。哈斯宝所评点的是他翻译的四十回《红楼梦》，他的《新译〈红楼梦〉回批》被学界认为是"蒙古族最完整的一篇评点式古代文论"[2]，其中有精彩的文艺美学，尤其是小说美学见解。再如贡纳楚克（1832—1866），出生贵族世家的他既有深厚的蒙古文根底，又精通汉文格律诗，在其传世的《诗论》中，他结合蒙文诗歌创作的体会，与汉文诗歌相比较，一方面就蒙文诗不如汉文诗

---

[1] 李祥林：《元代艺术学不可忽视的人物——作为文艺批评家的贯云石》，《文学与文化》2020年第3期。
[2] 《中国少数民族古代美学思想资料初编》，四川民族出版社1989年版，第110—111页。

发达但也自有成就阐述了己见,一方面指出前者可以借鉴学习后者的创作经验但须根据本民族特性作灵活变通,他说:"汉文诗其字声分为平仄上去入,约之以音韵,创作已有理法。凡事都应有一定的理法,蒙古文诗亦可参照汉文诗,变其理法而用之。"又说:"汉字有平上去入之分,蒙古文字也有阳性、中性、阴性之别;汉文诗有十四韵,蒙古文诗也有韵。相比之下,蒙古文诗的韵在句首:起始用了哪一词头,一直到结束每句都以该词头起句,便可押韵。相同词头的词相当多,如以'阿'起头的词,就有'阿里滚''阿古拉''阿木塔图''阿里墨'等等。用这些词作句首,便可组成'阿'韵的诗文。"[1] 显然,这是通过不同族群的比较以确认本民族文学特征的,其视野是开阔的,诗学观点亦通达。历史上,诸如贯云石(维吾尔族)、元结(鲜卑族)、李贽(回族)、松年(蒙古族)、郑献甫(壮族)等汉语水平甚高的少数民族文艺家、批评家,他们在创作和理论上的成就更是为人所知。

第三节 超越中原中心观念

在中原传统的主流视域中,作为族别"他者"的汉族以外族群美学,长期以来在中国美学史上是边缘化的。从话语施展策略看,正是这种边缘化,更反衬出单一族别批评话语的主位凸显,从而造成了中华美学史研究中并非偶然的偏向。对此,不必讳言,也要警惕。

---

[1] 彭书麟、于乃昌、冯育柱主编:《中国少数民族文艺理论集成》,北京大学出版社2005年版,第70—71页。

超越中原中心论，从族群多元视角观照中华美学史研究，其基础在于对中华文明起源的新认识。20世纪七八十年代，一场文化研究热在本土兴起。基于对传统观念的反思，学界对中华文化的追根溯源也从一元转向多元。"中国传统史学的观点认为，中华民族与文化起源于黄河中下游，然后向四周扩散。但新中国成立后的考古资料使中华民族起源一元说得到了修正。从我国新石器时代文化的分布和特征来看，我们中华民族的文化摇篮不是一处而是多处，是多元起源、多区域不平衡发展。"[1] 1986年以来，探索中国文明起源问题成为国内学界关注热点，研究者提出了文明在中华是多中心起源的观点，主要依据是以本土新石器时代考古成果的文化研究为基础的，相关言论见于田昌五、苏秉琦、李绍连等学者。如田昌五结合传说文献和考古资料提出华夏文明多源观，他认为无论从传说还是从考古角度看，华夏文明的形成均是多源的，而不是像过去所理解的那样是由一个源头发展而来的。[2] 旨在"重建中国史前史"的苏秉琦结合新石器时代考古成果，针对流行观点说中华文明是从黄河中下游向四方单源扩散的，提出中华文明起源的"满天星斗"说。也就是说，"中

---

[1] 戴逸：《中国民族边疆史研究》，载国家教委高校社会科学发展研究中心组织编写《中外历史问题八人谈》，中共中央党校出版社1998年版，第209—210页。传统史观认为中华民族从黄河中下游最先发端，而后扩散到边疆各地，于是有了边裔民族。当初，司马迁综合春秋战国时代诸说，在《史记·五帝本纪》里就这样表述的：由于共工、驩兜、三苗、鲧有罪，"于是舜归而言于帝，请流共工于幽陵，以变北狄；放驩兜于崇山，以变南蛮；迁三苗于三危，以变西戎；殛鲧于羽山，以变东夷"。这种一元说，实际上是把当时的政治、经济中心等同于中华文明起源的中心，当然是有偏颇的。

[2] 田昌五：《对中国文明起源的探索》，《殷都学刊》1986年第4期。

华文明的起源，恰似满天星斗。虽然，各地、各民族跨入文明门槛的步伐有先有后，同步或不同步，但都以自己特有的文明组成、丰富了中华文明，都是中华文明的缔造者"[1]。他在《关于重建中国史前史的思考》[2]中指出，从中国史前史的发展顺序和空间分布看，中原不是最早也不是独一无二的中心，只是随着各区域文明形成和发展，随着文化交流以及政治经济关系演变，到夏商时代中原及其文化才逐步取得主导地位。苏秉琦认为，中华文明最初是在不同地点分别起源，然后不断交汇融合，逐步形成统一格局的。[3]在他看来，仅仅把黄河中游以汾、渭、伊、洛流域为主的区域称为中华民族的摇篮并不确切，说它是在中华民族形成过程中起到重要作用的熔炉更符合历史真实。苏秉琦提出的"多源观"和"熔炉说"，有助于我们客观把握中华民族文化。后来学界集群体之力进行的"中华文明探源工程"（2001—2015 年），所得结论实际上与苏秉琦提出的"多源观"和"熔炉说"形成呼应。李绍连也提出中国文明发祥地有四大区域，即黄河流域、长江流域、珠江流域和北方地区，它们都有自己的文化发展序列。[4] 2009 年 10 月，笔者在凉山州府西昌参加"首届古彝文化与三星堆文化探源学术研讨会"，结合历史文化，也曾以

---

[1] 童明康：《进一步探讨中国文明的起源——苏秉琦关于辽西考古新发现的谈话》，《史学情报》1987 年第 1 期。

[2] 苏秉琦：《关于重建中国史前史的思考》，《考古》1991 年第 12 期。

[3] 请参阅苏秉琦《中国文明起源新探》中相关章节，生活·读书·新知三联书店 2019 年版。

[4] 李绍连：《"文明"源于"野蛮"——论中国文明的起源》，《中州学刊》1988 年第 2 期。

"江源文明与中国美学研究"为题陈述己见。所谓"江源",乃就长江而言,万里长江是从岷江和金沙江交汇处的川南宜宾起算的。其实,无论文化意义的"江源"(岷江)还是地理意义的"江源"(金沙江),[1]对于中华学术研究来说,地处中国西部岷、金二江流域的多民族文化是没理由被忽视的,对之的美学研究也是中国东部、中部美学研究所无法取代的。以上观点基于冷静的学术反思,对打破"我族中心主义"的思维定势和中原汉文化一枝独秀的刻板印象,正视神州大地上如满天星斗的诸多族群文化,在不同族群多元互补的视野中展开中国美学史研究和书写,提供的参考无疑有积极意义。

长江、黄河均是养育中华民族的母亲河。中国自古号称"以农立国",历代执政者亦遵循"以农为本"。明代《天工开物》是专讲生产技术及制作工艺的书,全书按照"贵五谷而贱金玉之义"(《序》)设篇章、分主次、定先后(以谷物开篇而以珠玉结束),这绝非偶然。超越中原中心论,追溯本土农业起源,可知长江流域及其以南的考古成果并不亚于黄河流域。远古时期我国主要粮食作物有粟、稻,据考古发现,在黄河流域,陕西西安、临潼姜寨、宝鸡北首岭、华县泉护村、甘肃永靖大何庄以及长城内外20余处新石器时代遗址及墓葬中,出土有碳化的粟粒或粟壳;河北武安磁山遗址发现的粟粒年代尤早,经C^{14}测定,距今

---

[1] 明代徐霞客在实地考察基础上撰写出《江源考》,辨明地理意义的"江源"乃是脉流更长的金沙江而不是岷江。不过,在此之前的中华史上,岷江作为文化意义的"江源"有深远影响。中国56个民族中有绝大多数生活在西部地区,岷江和金沙江流域正分布着藏、彝、羌等众多族群,他们创造了灿烂的文化。

已有7300余年。既然距今6000年前后华北和西北地区已普遍种粟,迄今俗称"小米"的粟仍是黄河流域的重要农作物也就不足为奇。在长江流域,距今7000年左右的浙江余姚河姆渡遗址,在10多个探方达400多平方米的发掘范围内,发现由稻谷、稻壳、稻秆、稻叶以及其他禾本科植物混合堆积物,平均厚度达四五十厘米,经鉴定为栽培稻中的晚籼稻。1999年,在湖南南部道县发掘出10000年前的碳化稻谷;在此之前,广西南宁地区已发现万年前的稻谷加工工具。此外,1954年在江苏无锡仙蠡墩遗址出土成堆的稻壳,1956年在云南剑川县海门口发现碳化稻粒,1961年在上海青浦崧泽遗址发现稻谷及稻叶,1972年在云南元谋大墩子遗址发现许多碳化稻粒,1973—1976年在广东曲江石峡及泥岭遗址挖掘出稻谷和碳化稻米,而在台湾台中营浦遗址亦曾发现史前稻谷遗存,[1]等等。这些遗存最迟都起源于新石器时代晚期,可见彼时我国长江流域及其以南地区都已栽培水稻。在此区域,稻谷文明自古发达,后来江西人宋应星撰《天工开物》以"乃粒"(稻谷)开篇,实乃以之为五谷代称。按照常理,稻不在传统五谷之列,汉代郑玄注《周礼·天官·疾医》即以麻、菽(豆)、麦、稷(小米)、黍(黄黏米)为五谷。对此,宋应星的解释如此:因为古代圣贤皆出自不种水稻的西北地区,他们在著作中自然未涉及"稻"。《天工开物》作者为何以"乃粒"开篇而把"稻"列在首位,也就是放在小麦、大麦、稷、麻、豆前面来讲呢?是因为当时全国民用的口粮中,稻米占了十分之七,其他粮食仅仅占十分之

---

[1] 具体情况请参阅20世纪50年代以来国内《考古》《文物》《考古通讯》《考古学报》等杂志上的相关发掘报告及文章,不一一注明。

三，而且麻、豆多已作菜蔬、糕点、油脂之用。[1]古往今来，发达的稻谷文明对中华民族、中华文化的贡献实在是不小。

说起中国农耕文化史，习惯性思维总是把人们的目光导向华夏腹心地带，但别忘记，在多民族中国的西部，有学者指出，"最早种植了耐寒的青稞（稞麦）和油麦"的是氐羌民族，"这是从康藏高原传来的品种，而不是汉族农民所固有的"；作为氐羌民族对中国农业的贡献，"这种麦类，在秦汉以来，成了西北汉族农民广泛采用的良种"。[2]又如，说起中华青铜文明，在长江流域相关考古成果尚未面世时，人们熟悉的是黄河中下游出土的商周青铜器；随着20世纪80年代对长江上游三星堆遗址的发掘，上千件文物（仅2号坑出土的青铜器就达439件之多）"沉睡数千年，一醒惊天下"，则把众多时代与前者相近，但风格与之多有不同的青铜器物呈现在学界面前，让人耳目一新。客观地讲，尽管后来发展也受到中原影响，但归根结底，"古蜀文明的诸要素，从总体上说来是独立产生的，是组成中国文明的若干个区域文明之一，并非中原文明的分支和亚型"；反映在考古上，"三星堆出土的大型青铜雕像群和黄金制品中，青铜立人、青铜人头、青铜人面、青铜兽面等雕像，以及青铜神树、金杖和金面罩，都是中

---

[1] 《天工开物·乃粒》释其篇名曰："凡谷无定名，百谷指成数言。五谷则麻、菽、麦、黍、稷，独遗稻者，以著书圣贤起自西北也。今天下育民人者，稻居什七，而来、牟、黍、稷居什三。麻、菽二者，功用已全入蔬、饵、膏、馔之中，而犹系之谷者，从其朔也。"

[2] 1959年2月四川大学历史系教授任乃强致四川民族调查组的信，见李绍明编著《羌族历史问题》第135页，阿坝州地方志编纂委员会编"阿坝文史丛书"之一，1998年8月印本。

国考古首次发现的稀世之宝,又与中原夏商文化判然有别,拥有独自的风格和系统"。[1] 有人以为金沙遗址出土的"太阳神鸟"金箔所代表的蜀地黄金工艺可能是中原传入的,但王仁湘不这样看,他说:"古蜀金器在成形器物的种类及出土的数量上,都要明显超过中原地区,在工艺技术方面也显现出独到之处。今后未必不会发现年代更早的古蜀金箔,谁早谁晚现在还不是下最后结论的时候。"[2] 此外,他从城址、墓葬、祭祀场所等考古角度指出中国古代存在两个方位系统,一是以中原为代表的以正、面(中轴)定向,一是以古蜀为代表的以维、隅(对角)定向,也对我们从空间美学角度研究中华建筑文化不无裨益。诸如此类,皆为学界深入思考中华文明起源的"满天星斗"说提供了参考。

从国际视野看,汉族以外族群也为中华文化向世界提供了汉族区域所缺少或者说弱项的文化成果,这是立足本土研究美学所不可忽视的。着眼口头文学,以史诗为例,在国际史诗学界,长期有一种观点认为中国缺少史诗。德国哲学家黑格尔在其所著

---

[1] 屈小强、李殿元、段渝主编:《三星堆文化》,四川人民出版社1993年版,第637—638、625页。还有西藏,"从考古资料来看,早在距今4000年前后的曲贡遗址中,就已经出土了青铜镞,铜镞的时代约相当于中原夏商之际,在同一遗址中还出土有玉镞,形状与青铜镞相近,表明铜镞是本地制造,而不是来自其他的文明。鉴定结果还表明,铜镞的合金配比合理,而且是通过铸造成形的,说明当时的古代居民已经掌握了比较发达的冶铜术"。因此,王仁湘推断高原金属冶铸历史当早于这枚铜镞。"过去学术界一般将青铜器的制作视为与文字、城市等并列的文明的要素之一,如果仅就这一点而论,考古发现将会把西藏文明起源的时间表大大提前。"(霍巍:《青藏高原考古研究》,北京师范大学出版社2016年版,第3—4页)

[2] 王仁湘:《凡世与神界:中国早期信仰的考古学观察》,上海古籍出版社2018年版,第18页。

《美学》中,就持此观点,这在西方很有代表性。谈到史诗,人们首先会想到古希腊的《伊利亚特》《奥德赛》,继而会想起古印度的《罗摩衍娜》《摩诃婆罗多》,接下来还会想到其他国家史诗如《尼伯龙根之歌》(德国)、《伊戈尔远征记》(俄罗斯)、《卡莱瓦拉》(芬兰)、《罗兰之歌》(法国)等等,但就是没有中国的史诗。难道,在中国,真的就没有史诗?诚然,在"不语怪、力、乱、神"的儒学理念下,在古代神话过早步入历史化叙事轨道的中原汉族地区,主流的传统文学长期未能向世人展示已得公认的史诗作品(在湖北神农架一带发现的民间丧鼓歌《黑暗传》,或以为可视为汉族史诗,如今也被列入了国家级非物质文化遗产名录,但学界对此尚存不同看法),可是,这并不代表全部,更不能以此来证明中国没有史诗。史诗研究在中国起步较晚,兴起在上个世纪。为少数民族神话争取地位的袁珂在《中国神话史》里,也曾论述史诗与神话的关系,并就汉族有无史诗谈了己见,介绍了《苗族古歌》《格萨尔王传》等少数民族史诗,认为包含神话因素的这类作品实际上"是用诗歌的语言来表达、叙写的神话,可以称之为'诗体神话'"[1]。随着民间文学调查步步深入,汉族以外族群的三大英雄史诗《格萨尔》(藏族)、《江格尔》(蒙古族)、《玛纳斯》(柯尔克孜族)相继被发掘出来。这三部史诗作品,不仅在中国,即使放到世界史诗之林,也是令人惊叹的杰作。多的不说,从前些年整理出来的文字看,《格萨尔》有100多万行,《玛纳斯》有20多万行,《江格尔》有10多万行,而众所周知的古希

---

[1] 袁珂:《中国神话史》,北京联合出版公司2015年版,第424页。

腊最长史诗《伊利亚特》为 15000 多行,古印度最长史诗《摩诃婆罗多》为 20 余万行。诚然,作为口头文学(oral literature),史诗在民间社会是口口相传、活态存在的,目前对其行数、篇幅的测量并不具备终极性,但以上数据多多少少有助于大家了解中华民族相关作品的地位和价值。除了英雄史诗以外,中国汉族以外诸多族群还有创世型史诗,如彝族的《梅葛》、壮族的《布伯》、瑶族的《密洛陀》、赫哲族的《伊玛堪》、拉祜族的《牡帕密帕》、白族的《开天辟地》、苗族的《苗族古歌》、纳西族的《人类迁徙记》、阿昌族的《遮帕麻与遮米麻》,以及笔者近年多有关注的堪称羌族古歌的《尼莎》,凡此种种,不一而足。在中国,少数民族大多数分布在我国西部,尤其是西南地区。研究表明,"在我国西南地区,几乎每个民族都有自己的创世史诗。数量如此之多的创世史诗群,在全世界也是绝无仅有的"[1]。事实上,中国不仅有史诗,而且堪称史诗大国。有如群星闪烁在天空中的这些口头文学作品,正是源远流长的多民族中国文学对世界文学宝库的贡献。

---

[1] 万建中:《民间文学引论》,北京大学出版社 2006 年版,第 144 页。

第二章 中华美学研究的观念转换

当代人类学主张文化平等，倡导文化多样性，关注非主流文化，珍视地方性知识，重视口头文艺和民间传统，凡此种种，为中华美学及艺术研究提供了可资借鉴的理念。除了前面对多民族中国美学话题的论述外，本章结合学界现状，借用"大传统"和"小传统"概念，继续从文本、事象、立场三方面切入，就中华美学研究的观念转换和范式调整再作探讨。

第一节 文本：从书面到口头

"大传统"（great tradition）和"小传统"（little tradition）这对概念来自美国学者罗伯特·芮德菲尔德（1897—1958），常用于当今文化人类学领域。他是大洋彼岸知名的人类学家、社会学家，1934年任芝加哥大学人类学教授，1944年任美国人类学会会长，在考察和研究墨西哥乡村时，开创性地提出并运用了"大传统"和"小传统"的二元分析框架，并且在其1956年出版的著作《乡民社会与文化》中正式提出这对概念。在其看来，较复杂文明结构的社会文化系统中存在着"大""小"两个基本层次的文化传统，大传统代表着主流社会，是由属于权力上层、知识精英等创造出来的；小传统代表着乡民社会，是由下层民众、广大乡民创造出来的。"大传统是在学堂或庙堂之内培育出来的，而小传统则是自发地萌发出来的"，二者也可以"高文化"和"低文化"、"古典文化"和"民俗文化"这类词语做对应性称呼。[1]一般说来,"大传统"来自上层、官方、文人,占据着主导文化位置,其存在和传播主要是依靠文字书写、学校教育等;"小传统"代表下层、民间、大众,主要是通过口传的生活实践传衍,是非主流的亚文化。"大传统"更多涉及精英思想和文人文化,"小传统"更多涉及民间知识和大众文化。这位人类学家对传统之"大""小"的划分,没有仅仅从拥有各自传统的人口比例这一表象着眼,而是牢牢抓住不同传统背后的话语权掌握这一实质来加以区分。也就是说,传统之"大""小"区分,关键在于福柯所讲的"话语权势"问题。在芮德菲尔德看来,人数较少的上层、官方、精英掌握着大的话语权,居于支配的主导地位,人数更多的下层、民间、大众反而拥有的话语权偏小,处在受支配的次要位置,二者在社会结构中也有互动。芮德菲尔德关于大、小传统的理论贡献,嘉惠学界,得到广泛运用。

文学是人类的审美创造物,其文本呈现可以是书面的,也可以是口头的。若借用上述概念来论说文学,不难发现,被奉为"大传统"的是书面作品或作家文学,被视为"小传统"的是口头作品或民间文学,这种二分的文学观念在人类历史上由来已久。以中国为例,在传统表述中,文字的神圣性首先就通过上古神话叙事加以彰显。考察本土民间信仰可知,对文字神圣性的膜拜自古有之,从汉文化叙事中的"仓颉造字"而"天雨粟""鬼夜哭"的古老神话,到忌讳使用写了字的纸擦脏污的民间习俗,都表明人们对文字的膜拜心理。有语言无文字的羌族地处汉、藏

---

[1] 罗伯特·芮德菲尔德:《农民社会与文化:人类学对文明的一种诠释》,王莹译,中国社会科学出版社2013年版,第95页。

之间，他们对文字也有某种执着的文化意念。受中国传统文化语境影响，类似叙事亦见于羌族神话传说及释比唱经，如《羊皮鼓经》讲，当天神木比把"识字"的羊皮鼓传给人世间时，曾出现种种异象："阿巴木比传神鼓/天宫太阳被收回/收回太阳无光芒/收回月亮无光辉/收回星星无光明/转眼世间全黑暗……"[1]可见，无论对于汉族人还是对于羌族人，在其心目中，文字的出现都是人类文化史上惊天动地的大事件。归根结底，书写技术之于人类其实是相当晚近的发明，即便是在人类有了文字之后，也由于掌握文字需要专门的训练，文字使用长期以来都是少部分人的专利权，掌握着文字的人们享有特权，受到崇拜。当谁被称为是"有文化的""文明的"时，通常指这人上过学堂、受过教育、能读会写，身居众庶之上。对文字的膜拜也传染到对书面文学的崇奉，别的不说，看看目前大学里的中国文学课程，从先秦到明清，基本上是循守作家文学、书面文本的讲述模式，至于集体创作、口头传承的民间文学课程则往往不在正统文学授课者的视野中。如此态势，长期存在，迄今仍谈不上有大的改观。唯其如此，有学者质疑百年来的中国文学史"基本上是汉族的书面文学史"[2]，并非空穴来风；唯其如此，学界呼吁文学研究应从书面文本回归口头传统，指出在涵盖口头和书面的整体性文学观念中，书写文本既不占据首要位置，也不享有文字独尊特权，"三

---

[1] 四川省少数民族古籍整理办公室主编：《羌族释比经典》上卷，四川民族出版社2008年版，第781页。关于羌族对文字的文化意念及神话叙事，请参阅李祥林《羌族羊皮鼓及其传说的文化底蕴透视》，载《民间文化论坛》2013年第3期。

[2] 杨义：《重绘中国文学地图通释》，当代中国出版社2007年版，第5页。

四千年以来的成文历史,不应成为培育文字自大狂的温床,只能相对地还原到十万年之久的口传文化史的末端来认识"[1]。事实上,无论中外,有识见者不会轻视口头文学,鲁迅在《中国小说史略》中谈到神话传说时即云"神话不特为宗教之萌芽,美术所由起,且实为文章之渊薮"[2];韦勒克等在《文学理论》中谈到比较文学时也指出"它首先是关于口头文学的研究",在其看来,"对于每一个想了解文学发展过程及其文学类型和手法的起源和兴起的文学家来说,口头文学的研究无疑是一个重要的领域"[3]。口头诗学理论提醒我们,书面文学作品较之口头文学作品是固化的(作者、文本),后者则在活态传承中有无限生长的空间,"在口头传承中,某一次表演的独特性是多型性的一个组成部分;因为每一次表演都是一种多型性的表现。但是,书面文学传统中的独特性、唯一性是僵死的"[4]。鉴于口承文化的重要,目前联合国教科文组织主持下的"人类口头和非物质文化遗产代表作"评选,即把"口头"(oral)放在首要位置;在国际史诗学界,人们研究"口头传统"(oral tradition)的热情也不断高涨。

就文学起源讲,语言早于文字,口头文学先于书面文学。从文学存在讲,书面文学出现后,口头文学依然世代传承;书面文学消失后,口头文学依然存在,只要人类不灭。就文学样式讲,

---

[1] 叶舒宪:《文学人类学教程》,中国社会科学出版社2010年版,第99页。
[2] 鲁迅:《中国小说史略》,上海古籍出版社1998年版,第6页。
[3] 雷·韦勒克、奥·沃伦:《文学理论》,刘象愚等译,生活·读书·新知三联书店1984年版,第41页。
[4] 阿尔伯特·贝茨·洛德:《故事的歌手》,尹虎彬译,中华书局2004年版,第192页。

口头文学不只是文学的一种呈现方式，其对有语言无文字的族群是唯一的本民族文学。就文学传播讲，口头文学的覆盖面永远大于书面文学。就文学生命讲，口头文学是活态的，而书面文学是静止的。就文学蕴涵讲，口头文学远比书面文学丰富多彩。[1] 文字本是记录语言的符号，我国很多民族是有语言无文字的，比如有着古老历史的羌族。严格地说，迄今聚居在岷江上游地区的羌族，其本民族文学作品原本只有本民族语言传承的口头文本，至于书面文本则是羌族作家习得汉语后借助汉语书写的作品。基于母语的羌族文学主要是以口头方式流传的民间文学，是一种非我莫属的"口传文化"。作为"中国少数民族文学史丛书"之一，1994年出版的《羌族文学史》从结构上便将"羌族的民间文学"与"羌族的书面文学创作"并举，在撰写重心和篇幅安排上尤其重视前者，该书从纵向上按照时间脉络将羌族民间文学划分为远古、古代、近现代、当代四个时段，从横向上分别从神话、传说、歌谣等门类加以述说。此外，以小于全书五分之二的篇幅介绍古今羌人的书面创作。"同许多民族一样，羌族的文艺创作活

---

[1] 有研究者结合口头性和书面性来讨论曲艺这种说唱艺术的特点，指出："诚然，曲艺中的许多作品是从书本文学中发展而来的，'说书'说的'三国''水浒'也多来自作家创作，还有一些子弟书也是文人书面创作的。这些都是书面性的表现。然而，曲艺艺人绝非原封不动地照搬照演书本上的一切。为了听得入耳、好听好记，艺人在演出时，必然要对书本文学做许许多多的加工，不只在文字上，而且在内容上、艺术趣味上都有加工。扬州评话《武松》《宋江》比'水浒'小说已增加了好几倍的内容，进行了新的艺术创造，早已不是小说的样子。何况，原小说还是古代作家在民间艺人口头文学基础上加工的产物。由此可见，曲艺的书面性是完全服从口头表演需要的，口头性是更重要的。"（段宝林主编：《中国民间文艺学》，文化艺术出版社2006年版，第227—228页）

动,是从诗、歌、舞三位一体的形式开始的。随着历史的推移,诗才逐渐从中分离出来,成了一种独立的文学类别。不过,更多的民间诗歌仍然是唱出来的,依旧和音乐紧密结合在一起。有的还保留着诗、歌、舞三位一体的原始形态。"[1]回归口头场景,我们对文艺作品会有更全面的新认识。如"尼莎",今天学界仅仅是从多声部民歌演唱这一羌族音乐角度对其加以指说,其实,在松潘县小姓羌族乡,由村寨老人雷簇、龙波他等唱出的"尼莎"实为篇幅不小的史诗性羌族古歌,即是说,"'尼莎'原本是一种唱述天地开辟、人类由来、事物根源、族群故事、生产生活、礼仪道德等的篇幅浩大、内容丰富的羌族古歌,流传于北部羌区村寨。譬如雷簇唱的尼莎,主体内容就包括'天人形成''人类来源''天地父母''望下看上''说解来历''日子话语''劳作祖先''嗯勒父母''唱颂母舅''分让狐皮''水源之帝''雪山女嫁''宇宙四锁''天地柱子''祭品兄弟''粮食父母''说唱房子''风生哪里''茶生哪里''年的父母''龙与狮子''鸟的父母''羊膀卦说'等三十多个部分。而龙波他唱的尼莎,更是长达近六十个章节"[2]。藏族从总体上讲有藏文,但其分布地域宽广而内部支系众多,彼此之间语言差异较大(以四川藏族地区为例,牧区的安多话和农区的嘉绒话便是如此),还有若干支系有自己的语言而没有对应的文字,比如尔苏、白马、嘉绒等

---

[1] 李明主编:《羌族文学史》,四川民族出版社 2009 年第二版,第 12 页。
[2] 李祥林:《"尼莎"——不可多得的羌族古歌》,《四川文艺报》2015 年 9 月 1 日。

支系。[1]岁月悠悠,世事沧桑,尽管缺失文字是遗憾的,但由于固有的语言系统发达且世代传承至今,这些族群在对自身文化的守护中创造并积累了不可多得的口头遗产。因此,研究他们的文学,除了牢牢把握他们的口头传统以外,别无更好的选择。

口头文学远比书面文学鲜活、丰富,百年前"歌谣运动"在北大兴起,搜集民歌,编辑刊物,成立学会,其倡导者也正是看到了这点。对比可知,研究作家文学,注重的是作家个人创作的书面文本;研究民间文学,注重的是民众集体创作的口头文本。"民间文学是一个民族集体创作、口耳相传的语言艺术",而"一个民族所集体创造和传承的口头文学,主要体裁有神话、民间史诗、民间传说、民间故事、民间歌谣、民间长诗、民间谚语、民间谜语、俗语、歇后语、民间说唱、民间小戏等",[2]类似定义见于诸多书籍。究其根本,"民间文学是口头文学,回到文本,

---

[1] 按照语言学界的划分,藏语属于汉藏语系藏缅语族藏语支,目前划归藏族的尔苏人生活在四川西部,与藏、彝等民族相邻,他们讲的尔苏话尽管也隶属汉藏语系藏缅语族,但既不是藏语支也不是彝语支,而是羌语支的一种。对此,《羌族词典》"羌语支"条言之甚明:"羌语支是我国汉藏语系藏缅语族内的一群语言。……包括11种现行语言和1种文献语言。它们是:羌语、普米语、木雅语、嘉绒语、尔龚语、扎语、却隅语、贵琼语、尔苏语、纳木依语、史兴语和西夏语。"(《羌族词典》,巴蜀书社2004年版,第177页)

[2] 刘守华、陈建宪主编:《民间文学教程》,华中师范大学出版社2002年版,第5—6页。2018年,在政府支持下,由中国民间文艺家协会启动的"《中国民间文学大系》出版工程"是在过去编纂民间文学三套集成(故事、歌谣、谚语)基础上的延伸,在全国范围内实施,按种类分省区拟编纂出版1000卷,每卷100万字,预计8年完成,其种类包括神话、史诗、民间传说、民间故事、民间长诗、民间歌谣、民间说唱、民间小戏、谚语、俗语、谜语、民间文学理论等,目前已出版若干示范卷。

就是把握民间文学文本的口头性,并在口头性的引导下倾听、理解、研究口头文本。口头文本是一种和书面记录文本迥然不同的文本,它不像书面文本那样,是在空间中展现、由文字编制的界限分明的文章,而是在时间中绵延、借声音传播的言语,不是空间中存在的历历分明的定型物,而是时间中流逝的绵延不绝的语音流。由于一般知识分子久已习惯了按书面模式理解文本和意义,因此,首先要彻底摆脱书面文学和文献学给我们留下的文本表象,才能形成关于口头文本的表象。口头文本和书面文本是两种性质迥异的文本,其唯一相同的地方也许仅仅在于它们都是有意义的,但是,它们的意义存在方式却大相径庭,谈不上任何相似之处"[1]。对比书面文学研究和口头文学研究,二者在眼光、理念、路径、方法上多有不同。因此,调整学术观念,从书面走向或回归口头,引入口头文学范式,对中华美学研究是有重要意义的。

第二节 事象:从文字到器物

在人类发展史上,文字通常被视为告别蒙昧、走向文明的标志。"形而下者谓之器",较之形而下的器物,作为文明符号的文字书写无疑具有形而上色彩,而美学这门学科在西方,原本也是从更加"形而上"的哲学分化而来的。文献学告诉我们,古老的华夏是以"文献大国"著称的,自古以来以文字书写方式留存下来的各种经籍、史书、文牍、档案、总集、丛书、方志、笔记等

---

[1] 刘宗迪:《从书面范式到口头范式:论民间文艺学的范式转换与学科独立》,《民族文学研究》2004年第2期。

浩如烟海。"四书""五经"是儒门圣典,亦得到两千多年来当政者的推崇;"文章乃经国之大事",则从某方面把对"文"的标举上升到了国家政治话语层面;至于"万般皆下品,唯有读书高"和"书中自有黄金屋,书中自有颜如玉",来自上层社会"大传统"观念的这些成语,也深入到下层社会庶民百姓的"小传统"里,浸润在后者的心理期盼中,折射出经久不衰的社会风习。在此大背景下,以往的中国美学史论研究,首先注重的是历朝历代以文字书写的古代文献,也就是以书面化文本呈现出来的学说、观念、思想、理论。诚然,这一方向的研究有其必要性,也是中国美学史论研究中不可少的,但并不是全部。中国美学史研究在对象及材料选择上有广、狭之分。"所谓广义的研究,就是不限于研究已经多少取得理论形态的美学思想,而是对表现在各个历史时代的文学、艺术以至社会风尚中的审美意识进行全面的考察,分析其中所包含的美学思想的实质,并对它的演变发展作出科学的说明。"与之有别,"所谓狭义的研究,就是以哲学家、文艺家或文学理论批评家著作中已经多少形成的系统的美学理论或观点作为主要研究对象,而对审美意识在社会生活和艺术中的种种具体表现,一般不去详论,只作为美学理论产生、形成的历史背景,加以必要的说明"。[1] 或曰"美学史就应该研究每个时代的表现为理论形态的审美意识"[2],也就是以范畴和理论为标志的美学史。作为新时期美学的重要成果,如李泽厚和刘纲纪的

---

[1] 李泽厚、刘纲纪:《中国美学史》第1卷,中国社会科学出版社1984年版,第4—5页。
[2] 叶朗:《中国美学史大纲》,上海人民出版社1985年版,第4页。

《中国美学史》、叶朗的《中国美学史大纲》、敏泽的《中国美学思想史》等,这些为学界熟悉的通史类著作基本上是遵循狭义范畴撰写的。当然,由于客观条件限制和主观目标设定,彼时美学界如此取向也有其原因和道理。

文化人类学主张在书面文献之外关注出土文物、重视田野考察、留意口述材料,凡此种种,有助于我们的研究从单一走向多元、从平面走向立体、从静态走向鲜活。尤其是种种形而下的器物,无论来自考古还是来自民间,能为我们弥补缺少文字或文字未载的遗憾。地下(文物)、纸上(典籍)、民间(风俗)结合的"三重证据法",是学术界自 20 世纪 80 年代以来在国学传统的"二重证据法"(即王国维在《古典新证》中说的"纸上材料"和"地下材料")基础上提出的。这是一种多层次、多视角、多维度寻求证据的文化考察方式,对于中华美学史研究,同样具有重要的方法论意义。回眸百年学术史,这种方法实际上在闻一多、顾颉刚、郑振铎等有关神话、风俗的研究中已见运用,后来在当代学人关于《诗经》《楚辞》《老子》《庄子》《礼记》《史记》《山海经》等的"文化密码破译"中得到发挥。这种多重取证的治学方法,能使我们避免视野偏狭和目光短视,从而在左右逢源中获得对事物及现象的更全面的认识和更深刻的把握。诚然,多年来学界对中国美学史的撰述,从发生到发展,从资料搜求到脉络勾勒,基本上循守从书本到书本的治学模式,其功绩不可抹杀,但也难免有缺失和遗憾。见诸文字的书面材料固然重要,但它毕竟只是载录人类文化史迹的一个方面(即便被认为是最重要的方面),并非全部。比如,当我们试图从美学研究角度追踪夏、商、周三代时，若把目光仅仅滞留在文字典籍也就是书面文本上，显然会受到局限。若是再去探视更为远古的无文字时代的审美文化，今人只能通过考古遗址中发掘的石器、玉器、骨器、陶器、织物、贝壳、岩刻等实物。譬如新石器时代的马家窑彩陶，其多样的造型、精美的纹样、神秘的构图所传递出来的先民的审美意念，是那么令人惊叹。还有为数众多的岩画，出自先民之手，见于四面八方，迄今依然是让我们赞赏不已的审美对象。正因为如此，旨在"重建中国史前史"的苏秉琦格外看重考古实物，主张通过非文字的"物的叙事"去探求上古历史奥秘，比如他对七八千年前辽西地区玉器作为早期城邦式原始国家礼器的文化研究，就给人启示多多。又，"读图时代"是人们对当今社会以看图取代读书之态势的指说，实际上，在尚未发现系统化文字的远古社会，图像以及作为其载体的各种实物，正是当时人们文化、审美意识的生动体现。清代是少数民族图册编纂的繁盛时期，反映少数民族人物形象的不但有集大成的《皇清职贡图》（包含海内外族类名目300种，以男女分别有600余幅图，可谓清王朝所统辖的多民族国家之缩影），还有"苗蛮图""番社图""滇夷图""邛黎图"等，这些图像所保留的当时若干民族的状貌、服饰、物产、生活、风俗等生动的信息，都不是文字叙述能取代的。

说起中华文明，人们常常讲到"三代"（夏、商、周）。诚然，三代之前，在黄河流域中原之外，原本以为史前文化不发达的地区如今已发现了颇发达的史前文化（如长江下游的良渚文化、辽河流域的红山文化），但夏、商、周毕竟是中华文明走向繁盛的极重要时期。令人遗憾的是，长期以来传世文献记载的中国历史的确切年代，只能上推到西周晚期的共和元年（公元前841年）。再往前溯，便岁月茫茫，史实渺渺，历中纪年难以考证。不必讳言，跟古代埃及文明、两河流域文明早已建立起年代学标尺相比，这是中华文明研究的一大缺憾，也是国人长久的"心病"。前些年被列为国家重大科研项目的"夏商周断代工程"，得到政府强力资助，汇集众多学科的专家打攻坚战，目的就是希望为中华早期历史建立年代学标尺。究其原因，在于记载上古历史的文献资料太少，尤其是迄今不见夏代有系统化文字发现，这难免让习惯于依赖书面文本的研究者感到无从下手。两千多年前，孔子就曾感叹："夏礼，吾能言之，杞不足征也；殷礼，吾能言之，宋不足征也。文献不足故也。足，则吾能征之矣。"（《论语·八佾》）可见，即使是早在春秋时期，有关夏商二朝历史的资料也存世不多，以致孔老夫子有"文献不足"、难以稽考之叹。今天我们研究三代审美意识，除了依据文字记载外，不得不将目光盯在虽然"形而下"却多姿多彩的器物上，也是因为远离我们数千年的那个历史时代，留给后人并经考古学和历史学验证的文字遗存物终归是太有限。因此，要像先前我们对待历朝历代美学那样仅仅以凝结各种思想学说的"形而上"的书面文本作为考察对象，当然不能说是最佳选择。不过，好在历经岁月磨洗的过去时代毕竟留下了可供观照和把玩的物质性东西，通过与这些物质遗留物"对话"，我们仍有机会去感知和触摸那个遥远时代的审美趣味和审美观念的脉动。于是，将出土的石器、陶器、甲骨、玉器、青铜器、建筑遗迹等实物同传世的《易经》《尚书》

《周礼》《诗经》《左传》《国语》等文献结合起来，三代的文学、音乐、舞蹈、建筑、服饰、宗教的大致风貌便闪烁在眼前，为我们探视中华审美意识及美学思想的早期形态提供了可能。此外，即使是在文字发达和文献丰富的时代，"物的叙事"对于辅证、补充文字的作用依然不可小视乃至不可取代。当年，沈从文研究中国古代服饰，即从种种考古实物中获得了文字之外有关中华文化史的重要信息。如从服饰入手论述汉代舞女，他从"巫、舞"关系入手考察陶俑、汉砖、象牙、漆樽、铜镜等物件，指出："绍兴出土镜子……内中以西王母神像镜最多而制作极精。镜中舞女，多作在西王母前歌舞情形，反映出祀神用年轻美貌女巫歌舞的社会现实，和《夏仲御别传》记载可相互印证。"又云：江浙出土的"这类镜子产生时代虽或晚到魏晋之际，衣着却是汉代式样，长袖见时代特征。舞容显得活泼利落。……在西王母座前出现，显然和越巫密切相关"。[1] 这里，他对古代越地风俗的指说，正得益于多重取证。

一旦走出以书面文献为唯一取向的刻板化传统，将学术研究视域放宽，就会发现，随着国内考古学、历史学、人类学、民族学、民俗学等领域的新成果的不断推出，作为审美文化资源的诸如此类"形而下"的器物（或称"物质文化遗产""有形文化遗产"）在中国广袤的土地上有许许多多，既发掘自地下又存留在

---

[1] 沈从文编著：《中国古代服饰研究》，商务印书馆 2011 年版，第 195、196 页。《夏仲御别传》见徐坚《初学记》卷十五引："仲御从父家女巫章丹、陈珠二人，妍姿冶媚，清歌妙舞，犹若飞仙。"沈从文对物的析解和论说，丰富了我们对文献所记载的相关艺术意象的认识。

民间，既见于中原大地又见于华夏周边，犹如霞霓在天绚丽多彩，期待研究者用慧眼观照。考古学属于人文科学，其使命是根据古代人类通过各种活动遗留下来的实物去研究人类往日的历史。这些物质遗存作为考古学的对象，包括遗物和遗迹两大类，前者如工具、武器、日用器具、装饰物件等物品，后者如住宅、作坊、墓地、寺庙、宫殿、城堡、都市等建筑及设施。体现在物之上的先民审美创造也总是让今人心动不已。着眼史前，以新石器时代中国考古遗址为例，若以黄河流域与长江流域两大系列划分，前者有"仰韶文化"（公元前5000—公元前3000年，1921年发现于河南）、"大汶口文化"（公元前4500—公元前2500年，1959年发现于山东）、"马家窑文化"（公元前3800—公元前2000年，1923年发现于甘肃）和"龙山文化"（公元前2600—公元前2000年，1928年发现于山东），后者有"河姆渡文化"（约为公元前4800年，1973年发现于浙江）、"大溪文化"〔公元前4400—公元前3300年，1959年发现于四川巫山（今属重庆）〕、"良渚文化"（公元前3300—公元前2400年，1936年发现于浙江）和"屈家岭文化"（公元前2875—公元前2650年，1954年发现于湖北），以及东北地区的"红山文化"（年代约与仰韶文化中晚期相当，1935年发现于辽宁），等等。这些遗址出土的诸多石器、玉器、陶器、骨器、木器、织物等，以及这些物品上的种种纹饰，莫不散发出原始质朴的审美光辉，而它们都出现在有文字之前。如前所言，三星堆遗址和金沙遗址作为长江上游古蜀文明的产物，年代大致同于黄河流域的商周时期，其出土的石雕、玉器、青铜器、黄金制品等大批器物所体现的审美意识跟中原文化亦是有同有异，尽管好些器物与中原接近而可见"中原的夏商文明在很早的时候就对三星堆早期蜀文化产生过重要影响"[1]，但是，其中还有不少东西难以用中原话语解释，美学研究对此不能漠然置之。四川在中国西部，自古被视为"不与秦塞通人烟"的蛮夷之地，是王朝教化之外的边地。"西南的四川古称巴蜀，本为少数民族地区。……据史籍所载和甲骨金文考证，境内有四五十乃至百数十个小部落，谓之'戎伯'，巴、蜀不过是两个霸主，即所谓'戎伯之长'……"[2] 历史上，秦国伐巴蜀，汉廷开发西南夷，乃至一次次大规模移民入川，说到底都是在历朝历代当政者的武功文治中彰显着中原与边地、我族与异族、文明与蛮夷的二元区分。古蜀族作为四川当地原住民，本来有自己的语言文字（古籍有"蜀左言"的记载，出土文物上也有今人莫辨的"巴蜀图语"，而外来移民接踵入川并逐渐成为川人主体是在秦国灭蜀国以后且经历了漫长岁月），但早已失传，而且三星堆、金沙遗址出土的众多年代久远的器物也不见于汉文古籍记载，成为遗失在"正史"之外的存在。可是，偏偏从这些器物中透射出来的审美光芒是那么耀人眼目，惊动天下。当年，王国维在清华开设"古史新证"课程，提出"二重证据法"，号召

---

[1] 四川省文物考古研究所编：《三星堆祭祀坑》，文物出版社1999年版，第447页。
[2] 钱安靖：《试论西南少数民族与道教的关系》，《贵州民族研究》1983年第4期。

用"地下之新材料"来补正"纸上之材料",[1]的确用心良苦。

重视地下考古发现的文化人类学,也格外看重地面的田野考察,前者关涉历史,而后者连接现实。从亲历实地的田野调查中,可以得到书本之外的口碑资料,还有文献之外的实物信息。研究少数民族审美意识,有人着眼于古代民族,指出:"对古代民族审美意识,我们无法从作为精神现象的意识活动本身去论证;但是,他们给我们留下了意识的对象化成果,诸如工具、饰物、器物、崇拜物,及其习俗制度和文学艺术等,使我们仍可感受到他们的审美意识活动及其特征。"[2]岁月流逝,斗转星移,古乐古舞作为活态的非物质文化遗产大多已随古人而去,留下来的只有传世文献和出土器物,要窥视古人的审美意识,离不开这

---

[1] 王国维:《古史新证》,载谢维扬、房鑫亮主编《王国维全集》第11卷,浙江教育出版社2009年版,第239—282页。王国维的着眼点主要是在出土的文字资料(甲骨文、金文)与传世的文献记载之间的互证,但不管怎么说,他在方法论上的开创之功以及对学界的启示是巨大的。继王国维之后,顾颉刚疑古辨伪采用"三重论证",即"历来相传的古书上的记载,考古发掘的实物材料和民俗学的材料"(王煦华:《〈秦汉的方士与儒生〉导读》,载顾颉刚《秦汉的方士与儒生》,上海古籍出版社1998年版,第6页),涉及文献、考古和民俗;徐中舒自称"我研究古文字学和先秦史,常以考古资料与文献相结合,再参以边地后进民族的历史和现况进行互证"(徐中舒:《徐中舒历史论文选辑》,中华书局1998年版,前言),涉及文献、考古和民族;结合考古学、历史学和民族学,苏秉琦云:"实现考古、历史、民族三学科的结合,定将大大提高认识过去和预见未来的能力。这无疑是三个学科的共同责任。"(苏秉琦主编:《编者的话》,见《考古学文化论集》,文物出版社1987年版,第3页)尽管不同学者对多重证据的具体理解互有异同,多重证据法对于学术研究也未必是万能的,但客观地讲,较之方法单一的治学路径,多重证据法有助于学术研究者拓宽视野、更新观念乃至左右逢源,其在当今学界受到青睐不是没有道理的。

[2] 冯育柱、于乃昌、彭书麟主编:《中国少数民族审美意识史纲》,青海人民出版社1994年版,第12页。

些静态的物质文化遗产（比如对中华古典舞蹈中"胡旋舞"的研究和复现）。然而，在多民族中国，田野现实告诉我们，对至今鲜活的少数民族审美意识的研究不会仅仅限于古代。立足当下，着眼本土，汉族以外55个民族中有诸多族群迄今仍是有本族语言而无本族文字的，他们的审美趣味、审美意识和审美观念往往凝结在多姿多彩的文化遗产（如藏羌碉楼、彝族漆器、苗族银饰、佤族木鼓、东巴图经、裕固族头面、布依族蜡染、傈僳族火草织布、侗族木结构建筑、赫哲族桦皮器具等）中[1]，期待着学人实地考察和深入研究。即使是在有文字的族群中，就美学思想的积淀和表现而言，非文字性的实用器物如服饰、建筑、用具、食品等，民间工艺品如泥塑、土陶、面花、剪纸、糖画、纸扎、布艺、草编、竹雕、石刻、铁艺、灯彩、年画、面具、刺绣、玩具等，其作为人类创造物也从方方面面弥补着书面文献的不足。造物研究是工艺领域的重要美学课题，有研究者指出："西方造物，往往强调形式服从功能，特别是在功能主义成为国际主义风格以后，简单、率直、理性、刻板的造型代替了温煦的人性。"与西方排除情感经验、强调科学的造物思想不同，中国

---

[1] 中国传统工艺涉及物的制作，包括实用品制作和艺术品制作两大类型。具体说来，传统工艺又可细分为十二类："器械制作（含工具、机械、仪表及其他器具）；雕塑、陶瓷（硅酸盐，包括琉璃、料器、玻璃）；织染（包括刺绣、缝纫等等）；金属的采选、冶炼和加工；髹漆；酿造、炮制和其他农畜矿产品加工，其中有榨油、榨糖、制革、制盐等；造纸；印刷；编织扎制（草编、藤编、竹编等）；刻绘（包括剪纸、刻纸、年画、内画壶等）；其他手工艺，比如火药制作、烟花爆竹，等等。"（华觉明：《传统工艺研究、保护和学科建设》，载张柏春、李成智主编《技术史研究十二讲》，北京理工大学出版社2006年版，第116页）研究中华多民族美学及艺术，对传统工艺涉及的种种器物，不可不多加留意。

传统造物，特别重视以物表情。[1] 西方如何暂不论，但"以物表情"的确是从审美角度研究中华造物艺术之肯綮。美国学者谢弗撰写过一部《撒马尔罕的金桃——唐代舶来品研究》，中译本为求通俗而改名《唐代的外来文明》。该书运用多学科知识研究物质交流史，涉及朝贡视角下唐朝社会的各方面物品，如家畜、野兽、飞禽、毛皮、羽毛、木材、矿石、植物、食物、香料、药物、颜料、宝石、纺织品、金属制品、世俗器物、宗教器物等，举凡日常所用，几乎无所不包。但是，著者并不以对物的记录为满足，他在导论中说："尽管我们的研究重点是唐朝进口的物品，但是本书既不会为中世纪的贸易提供一份实用的统计资料，也无意提出有关进贡制度的任何玄妙高深的理论。我们的目的是撰写一部研究人的著作，而它要讨论的主要内容则是物质的内容。"也就是说，从物的故事到人的话题，从物质世界到精神世界，才是该书的学术追求所在。犹如书名借以为喻的金桃（撒马尔罕王国曾两次向唐朝宫廷进贡这种珍异灿黄的桃子），"与其说它们属于物质世界，倒不如说它们属于精神世界"。[2]

走向田野，深入民间，识物赏器，观风辨俗，会有很多在书斋里看不见也让人意想不到的审美发现，这是做田野调查者的真

---

[1] 张燕：《论中国造物艺术中的天人合一哲学观》，《文艺研究》2003年第6期。
[2] 谢弗：《唐代的外来文明》，吴玉贵译，中国社会科学出版社1995年版，第3—4页。在谢弗看来，"云集在大唐城市里的外国人对唐朝本身的文化所做出的贡献，这个课题在学术界已经进行了充分的研究。印度的宗教与天文学、波斯的纺织图案与金属工艺、吐火罗的音乐与舞蹈、突厥的服饰与习俗等等，都对唐朝的文化产生过影响，然而就唐朝文化所接受的外来影响的总量而言，这些其实只是很小的一个部分"（第3页）。唯其如此，他研究外来文化对唐朝生活、习俗、审美、艺术的影响，着眼的是更宽广的物质领域。

切感受。今天，要重写本土美学史，要还原和建构名副其实的具有本土特色的"中华美学"体系，对于诸如此类是没理由视若无睹的。明白这点，转眼瞧瞧今天的"审美人类学"研究、"审美文化史"研究、"多民族美学"研究乃至"日常生活审美化"研究，凡此种种，不难看出中华美学研究正在发生从"形而上"到"形而下"的学术转向。在这种从"上"到"下"的视点挪移中，在这种从中心到边缘的观念转换中，步入当代的中华美学不断在寻求新的生长点，有值得期待的学术潜力。

第三节　立场：从精英到民间

古往今来，在中国美学领域对作为"大传统"的精英文化、主流艺术的研究较多，而对作为"小传统"的下层文化、民间艺术的关注则远远不足。如何真正做到客观、公正地对待"民间"不是一件容易的事情，任半塘在谈到范文澜《中国通史》从唐代曲子追溯词之起源时即指出："'唐词派'……还陷于'只要《花间》，不要民间'的大嫌疑中，可能因为要推温庭筠当唐代'杂言歌辞之父'，同时便再难言'唐代民间文艺是唐代文艺之母'了。故范老《通史》（七〇八页）当中，面对那时已集中到五百首以上的敦煌民间歌辞，只虚晃一枪，略论一首残辞的半段而已，其余的力量只管用了去捧温登上'唐词苑'的正统宝座……请问：温庭筠是啥子劳动人民？"[1] 在他看来，"范文澜《中国通史》中，既误捧中唐之末的温庭筠曲子为'词'的开山之祖，

---

[1] 任半塘：《关于唐曲子问题商榷》，《文学遗产》1980年第2期。

同时在史文中又曰'唐代民间文艺是唐代文艺之母',便万万说不通了"[1]。既言民间是"母",又称文人是"父",前者虚晃一枪,重心还在后者,难怪范著要被批评。学术研究范式受到精英式思维定势的强力制约,由此可见一斑。再看中国戏剧研究,人们长期以汉族地区成熟形态的传统戏剧(或曰古典戏曲)为对象,遵循以王国维为代表的主流戏剧美学标准。按照这种理论,不同于由作者讲述故事的小说等,戏剧作为"代言体"艺术,其作品的语言必是剧中人物的语言,即"代"角色之"言"。如果作者不是化身为作品中的人物说话,而是直接叙述故事或描写人物,那就是"叙事体"而非"代言体"。表演方面,代言体戏剧要求"一人一角",而叙事体艺术如曲艺说唱之类的演员则可以"装文扮武我自己,一人能演一台戏"。在戏剧这种"代言体"艺术中,作者或演员得化身为角色,以剧中人物身份来行动、说话,使用第一人称语言;至于描述则为说书、小说等"叙事体"艺术所擅长,其对故事的叙述,是使用第三人称口吻来完成的。当年,在中国戏剧史研究上有开山之功的王国维指出,"由叙事体而变为代言体"是元杂剧作为戏曲成熟标志的关键,"宋人大曲,就其现存者观之,皆为叙事体。金之诸宫调虽有代言之处,而其大体只可谓之叙事。独元杂剧于科白中叙事,而曲文全为代言"。[2] 准此美学规则,在戏剧研究的"大传统"视野中,学界便以宋元作为中国古典戏曲(实为中原汉族地区的主流戏剧)的

---

[1] 见王小盾、陈文和主编《任中敏文集·敦煌歌辞总编》中王悠然序,凤凰出版社2014年版,序第3页。

[2] 王国维:《王国维文学论著三种》,商务印书馆2017年版,第103—104页。

成熟期，而是否告别"叙事体"走向"代言体"亦成为世人定位是否戏剧的不二尺度或曰"刻板印象"。多年以来，人们对此都笃守遵循，少有疑问。然而，一旦走出这种主流化的"大传统"思维定势，把脚步迈向活生生的田野乡间，把目光从文人张扬的主流戏剧形态转向非主流形态的民间仪式戏剧和少数民族戏剧时，常常看到要么是第三人称说唱和第一人称扮演在演出中并存，要么干脆就是第三人称叙事的说唱形式。

在"乡土中国"，长城内外，大江南北，迄今活跃着种种堪称"乡土艺术"的民间戏剧。先看西南，去桂地侗寨，不难见到造型别致的戏台，而侗族喜爱戏剧，"侗戏的文学形式处于叙事体状态，剧目大都源自民间传说和本民族叙事歌"[1]，或曰从侗族大歌发展而来的侗戏"带有较浓的说唱文学的痕迹"[2]；在黔地安顺，由乡民们扮演并流传于村屯的地戏从剧本到表演也是"以第三人称为主的叙事说唱体"[3]。地戏和侗戏，均是列入《中国大百科全书·戏曲曲艺》分卷的剧种，属于本土传统戏剧大系统下的审美形态。再看东北，朝鲜族有清唱剧叫"盘索里"，能演《春香传》等，其原本"是表演者（一个人）根据有故事情节的说唱本，和着鼓的节奏（一人鼓），以'阿尼里'（说白）和唱，以及神情动作（科）进行表演的一种说唱性艺术"[4]。西藏

---

[1] 王文章主编：《中国少数民族戏曲剧种发展史》，学苑出版社2007年版，第333页。
[2] 杨通山、蒙光朝、过伟等编：《侗乡风情录》，四川民族出版社1983年版，第293—294页。
[3] 高伦：《贵州地戏简史》，贵州人民出版社1985年版，第34页。
[4] 金昌浩：《朝鲜族清唱剧"盘索里"的特征及其流传》，载方鹤春主编《中国少数民族戏剧研究论文集》，辽宁民族出版社1997年版，第539页。

的"八大藏戏"闻名遐迩,但从剧本形态看,其"早期演出底本,无一不是说唱文学本,与藏族传统曲艺形式——'喇嘛吗尼'完全相同或相似",演出时还要让戏师手捧本子逐句为演员提词。关索戏见于云南玉溪地区,其剧本"原本是叙事体的说唱文学本",且听《长坂坡》里甘、糜二夫人所唱:"推车来到第四关,馆驿店内把身安,二嫂店内去安身,关羽打开兵书看。"[1]这"二嫂"与其说是剧中人自称,不如说是来自叙述者的他称。去康区观看巴塘藏戏,艺人们一段叙事性的唱和一段表演性的舞交替进行,贯穿始终,也给笔者留下深刻印象。四川南充傩坛戏之"三十二天戏"中有《杨泗将军》,其主角传说为陕西汉中人氏,14 岁入江中斩杀龙精,因镇水降妖有功被玉皇大帝封为江神,迄今蜀地多见供奉他的神像。该剧中,走上场来的杨泗将军唱道:"杨泗将军喜嗦,驾龙船哟喜嗦,手提钺斧喜喜嗦,呀哟嗬呵。乘风破浪喜嗦,战险滩哟喜嗦,威镇江湖喜喜嗦,呀哟嗬呵。……三十二戏喜嗦,乘龙船哟喜嗦,吾掌挠舵喜喜嗦,呀哟嗬呵。下民弟子喜嗦,还愿信哟喜嗦,领受香烟喜喜嗦,呀哟嗬呵。"[2]明显带说唱叙事痕迹。考察中国民间演剧,诸如陕西跳戏、汉调

---

[1] 曲六乙:《"三块瓦"集》,中国戏剧出版社 2001 年版,第 56、194—195 页。
[2] 吕子房:《南充地区的"傩坛戏"》,载《中国戏曲志·四川卷》编辑部编印《四川灯戏 四川傩戏》,1987 年版,第 125 页。贵州道真傩戏《打回马》一折中,辞神下界的山王走上场来唱道:"锣要打,鼓要明,扬州戏子未装成。锣不要打,鼓不要明,扬州戏子转回程。阳州取出多般鬼,山王天子赴傩堂。"戏末山王步出大门,取下面具,回身面对三清殿香案又唱:"山王天子你是上界沉香木,弟子本是下界白身人。装你真身并玉体,速放三魂赴本身。你莫把弟子三魂七魄带去了,留来二回服侍神。"(冉文玉编著:《大巫冲傩》,贵州人民出版社 2017 年版,第 288、294 页)不但说唱痕迹明显,连戏中人和扮戏人也混合一体。

二簧、山西铙鼓杂戏、安徽贵池傩戏之类，也是直接搬演说唱本子的，[1] 可见这种状况实有相当的普遍性，其跟人们熟知的"代言体"戏剧明显拉开了距离，呈现出异质性特征。对此，身为艺术研究者的我们该作何评价呢？中国西部的少数民族戏剧，有从释比唱经衍生的羌族释比戏。在川西北岷江上游地区，释比是有语言无文字的羌族社会中不脱产的巫师，作为祭神驱邪仪式主持者，他在唱经演戏过程中一人装扮多角，或为男角，或为女子，或演神灵，或装鬼怪，也是在叙事性说唱和角色化扮演之间跳入跳出，体现出民间演剧常有的灵活性。[2] 作为"十五""十一五"全国少数民族古籍重点出版项目，汇集释比口传经文的《羌族释比经典》中有"释比戏"专篇，收录剧本若干，可供参考。总而言之，研究神州大地上形形色色作为"小传统"文化的民间戏剧和民族戏剧，除了从实际出发尊重其本体和承认其价值

---

[1] 对于傩戏和少数民族戏剧中这种"既是戏剧演出台本（或底本）又是地地道道的说唱本"的剧本文学，曲六乙称之为"中国戏曲史里一种奇特现象"，并在举例若干后得出结论："在戏曲史里，说唱文学输入戏曲文学的方式，不是一种，而是两种。除整理、改编外，还有原样照搬。……原样照搬的，可以是词话、鼓书，也可以是叙事体长诗、诗赞体和叙述体对话。条条路路通戏曲。"通过田野调查，他发现"照搬词话、说书、长诗、诗赞、对话等叙述体文学而形成的早期戏曲剧种，几乎无例外地都属仪式戏曲范畴。这种仪式剧多衍生于宗教活动和民俗活动之中"。因此，他呼吁："礼失而求诸野。戏曲史家除了文献，还应广泛地做些田野考察，从宗教祭礼、民族、民俗活动中以及新发掘的文物中寻找宝贵资料予以研究，将会对戏曲史的发展，作出新的贡献。"（曲六乙：《"三块瓦"集》，中国戏剧出版社2001年版，第55、59、60页）

[2] 关于羌族戏剧，请参阅李祥林《释比·羌戏·文化遗产》（《中外文化与文论》第18辑，四川大学出版社2009年版）、《川西北尔玛人祭神驱邪的民间仪式戏剧》（《民族艺术研究》2012年第5期）、《独具特色的川西北藏羌戏剧文化遗产》（《内蒙古大学艺术学院学报》2012年第2期）等。

以外，的确无法时时都将中原汉族地区主流戏剧作为唯一美学标准。

同样道理，在音乐审美中，如果不从人类学讲的"主位"（emic）立场去欣赏民族地区的民歌，而是站在学院派式所谓高雅音乐、正统音乐的"客位"（etic）立场去评论其发声方式，难免会南辕北辙，因为在后者所谓"专业化"目光中，前者往往被视为"不科学"。当年有人以西方音乐理论、汉族音乐尺度衡量海南黎族民歌，就认为其演唱"节奏不准音不准"。以殿堂里的美声唱法去要求大草原上蒙古族的"呼麦"，也会大大错位。在彩云之南，杨丽萍曾利用民族民间文化资源做了一台《云南的响声》，对外宣传是"衍生态"打击乐舞，其中有许多奏出天籁之音的"乐器"在恪守正统人士的眼里恐怕都难以入流。因此，如何尊重民间的、底层的文化并对其价值正眼相看，是习惯于"大传统"思维者需要反思的。当年，郑振铎著《中国俗文学史》时指出："'俗文学'不仅成了中国文学史主要的成分，且也成了中国文学史的中心。"[1]即旨在提醒文学史研究别忘了目光向下，别忘了非主流的民间存在的重要性，他说的"俗文学"指通俗的文学、民间的文学、大众的文学。郑振铎以多年学术积累撰写《插图本中国文学史》，也是抱着"要写一部比较的足以表现出中国文学整个真实的面目与进展的历史"的心愿，将正统文学史撰写者看不上眼的变文、宝卷、弹词、讲史、民歌、散曲、短剧、

---

[1] 郑振铎：《中国俗文学史》（插图本），上海人民出版社2006年版，第15页。

鼓词、诸宫调等俗文学项目纳入视野。[1] 总之，研究中华美学与艺术，务必认真考察"大""小"传统的关系，识其"真实面目"。从地位看，"大传统"属于占据主流地位的官方话语、精英话语，"小传统"属于处在非主流地位的大众话语、民间话语；从作用看，"大传统"引导现实文化的方向，"小传统"提供社会文化的基础。如果我们仅仅注意到一方而忽视了另一方，就难以把握社会文化的整体及实质。从法国学者米歇尔·福柯讲的"话语权势"（the power of discourse）看，"大传统"居强势地位，是话语的制订者、发布者；"小传统"处弱势位置，是话语的聆听者、接受者。但是，这并不意味着后者除了被动服从、效仿前者外便再无其他。须知，"小传统"虽"小"却根底深厚、分布最广、富有活力，它毕竟是社会文化的基础，盘根错节在民众的生活实践中，从根本上支配着他们的心理及行为，既有顽强的纵向传承，又有广大的空间流播。何况，如芮德菲尔德所言，"大""小"传统在社会结构体系中是既对应又关联的，"一个大传统所包含的全部知识性的内容都实际上是脱胎于小传统的"[2]，我们没有任何理由鄙弃后者。在整体社会文化结构中，既然"大传统"和"小传统"并存共在，既然"大传统"文化终归要奠立在"小传统"文化基础之上，那么，对于中国美学研究者来说，突破既有思维定势，更新学术研究观念，走下高高在上的殿堂，深入下层民

---

[1] 郑振铎：《插图本中国文学史》，北京出版社1999年版，自序第2页、凡例。
[2] 罗伯特·芮德菲尔德：《农民社会与文化：人类学对文明的一种诠释》，王莹译，中国社会科学出版社2013年版，第116页。

间，多多关注后者，尊重后者，是题中应有之义。

对人类艺术发生史的追溯，告诉我们所谓专业的艺术及艺术家是晚起的，古老的原始的艺术原本与大众紧密相连，甚至就是人人在场为主体的大众实践本身，对之的把握离不开民间眼光。对戏剧艺术多有研究的余秋雨曾结合民间活态存在的傩戏考察中国原始戏剧的结构特征，他指出："这种结构，留存了叙述体艺术的某种特长，尤其是保留了演剧者对于剧情的阐释、评价功能。原始戏剧常与说唱艺术相拌和……从剧本看，好多还保持着第三人称。就中国戏剧文化发展的主体航道而言，这是初级阶段的标志；但这种初级形态之所以能长时期留存，也有它自身的特长在起作用，不能一概讥之为粗陋。"在他看来，"中国原始演剧的这种独特结构方式确实反映了一种民族的审美心理习惯"，对这种戏剧结构应从观众审美心理习惯角度加以研究和理解，"不能只是单方位地从结构发展史上来蔑视它的简陋"，因为，这种演剧方式尽管看起来简陋，但"它可能比后期某些精雅而又速逝的方式更能贴近中国世俗观众的深层习惯，因此也就有理由引起文化学者和现代戏剧家们的重视"。[1] 余氏所言不无道理，但可再补充：对于这种从古到今活态存在的演剧形式，除了以西方进化论眼光视为"原始形态"外，更应从本土民间传统出发看作"常规形态"；前者是历时性判断，后者是共时性正视。因为，对人类艺术的把握若是仅仅站在主流的、精英的立场，势必缺漏许

---

[1] 余秋雨：《中国现存原始演剧形态美学特征初探》，载贵州省民族事务委员会文教处主编《中国傩文化论文选》，贵州民族出版社1989年版，第22—39页。

许多多跟民间性相连的鲜活的东西。我国台湾人类学家李亦园谈到美籍华裔学者杜维明的"文化中国"理念时,指出后者是基于水平立场观察的模型,其所提出的概念是立足"大传统"的,也就是把目光更多投放在上层士大夫或士绅阶层的精致文化上。在李亦园看来,中国文化整体由上层士绅文化和下层民间文化共同组成,研究中华文化也不妨置身垂直立场,将目光下移,从"小传统"即民间文化出发去探寻"文化中国"的意义。[1] 以上、下区分的"大传统"和"小传统",在整体社会结构中是共时性存在的。以"小传统"为视点的研究与杜维明的模型并不冲突,二者可以互补。谈到"文学"的界定,李亦园认为,若仅以文字书写下定义,世界上有许多民族并无这种"文学"(书面),因此,"文学"定义不能限定在书面创作,应该包括用语言表述和行动表达的所有作品。对比口头文学与书面文学异同,李亦园肯定"口头文学最能适合大众的需要"[2],口头文学作为"小传统"依然属于"文学"的范畴。

同样道理,口头性和民间性是中华多民族美学研究不可不重视的范畴。民族学以民族尤其是少数民族为研究对象,本土学界谈到民族学的文化研究时指出:"民族学研究的一项最主要的内容是文化。在美国,民族学和文化人类学差不多是同义语。……在民族学的领域内,文化是举足轻重的,但民族学只侧重于研究

---

[1] 李亦园:《从民间文化看文化中国》,载《李亦园自选集》,上海教育出版社2002年版,第225—226页。
[2] 李亦园:《从文化看文学》,载叶舒宪主编《文化与文本》,中央编译出版社1998年版,序言第4页。

文化的一部分,即非主流文化。"相对于"官方"、上层、占主导地位的政治、经济、哲学、科技乃至文艺等主流文化,"还有另一种文化,存在于社会生活之中,具有'民间'色彩,通常不以书面形式展现,诸如婚姻、家庭、风俗、习惯等,就是非主流文化";尽管在我国,"民族学研究中'主流文化'与'非主流文化'的界限是比较模糊的,但是,'非主流文化'仍是侧重点"。[1] 这种非主流文化,正以口承性和民间性为特征。当今社会,非物质文化遗产保护在倡导"文化多样性"背景下兴起于世纪之交,是由联合国教科文组织发起的一项全球性行动。追溯其由来,可知这项保护工作的主要关注点有二:口头遗产和民间文化。1989 年,联合国教科文组织在巴黎通过了《保护民间创作建议案》,正式提出保护非遗的建议,并在定义中指出民间创作的"准则和价值通过模仿或其他方式口头相传",其具体形式包括"语言、文学、音乐、舞蹈、游戏、神话、礼仪、习惯、手工艺、建筑术及其他艺术";[2] 1997 年,该组织第 29 次会议通过了建立"人类口头和非物质遗产代表作"的决议,该决议对"人类口头和非物质遗产"的界定基本沿用前述建议案对"民间创作(民间传统文化)"的定义,再次突出了非遗的"Oral"(口头)特征;1998 年,联合国教科文组织颁布《人类口头和非物质遗产代表作条例》,并启动代表

---

[1] 林耀华主编:《民族学通论》(修订本),中央民族大学出版社 1997 年版,第 157 页。

[2] 王文章主编:《非物质文化遗产概论》,教育科学出版社 2008 年版,第 5 页。在这方面的保护工作起步较早的韩国和日本,习惯用"有形文化"和"无形文化"来称呼"物质文化"和"非物质文化"。

作名录评选,后来逐渐将所评对象名称统一为"非物质文化遗产"并沿用之。实践证明,无论中外,非物质文化遗产保护都是在高扬"民间性"和"口头性"中积极推进的,难怪至今有人仍喜欢用"民族民间文化保护"这一传统称呼。[1]

---

[1] 根据2004年4月文化部和财政部联合下发的《实施中国民族民间文化保护工程的通知》,"中国民族民间文化保护工程"由文化部、财政部联合国家民委、中国文联组织实施,旨在对本土珍贵、濒危并具有历史、文化和科学价值的民族民间传统文化进行有效保护,实施时间定为2004—2020年,通知写道:"我国各族人民在长期历史发展过程中创造的民族民间文化,丰富多彩、源远流长,是中华文化的根基和重要组成部分,是承载中华民族精神与情感的重要载体,也是维系国家统一、民族团结的基础和联系世界的桥梁。当前,我国的民族民间文化面临全球化和现代化的冲击,生存环境急剧恶化,许多宝贵的文化遗产正在消失,保护工作已刻不容缓。"当年,笔者深入川西北岷江上游民族村寨参与调查、拍摄的黑水流域民间歌舞"卡斯达温",就是该工程的试点项目。此前,2002年四川省人大及相关部门邀请多方面专家、学者赴岷江上游走访调研,回来后经集体商讨后形成的《岷江上游民族民间文化调查报告》,上报省政府,为相关决策提供了参考。2005年,非物质文化遗产保护工作正式兴起之初,文化部组织专家编撰的"具有指南意义的工具书"(周和平序),亦是《中国民族民间文化保护工程普查工作手册》,由文化艺术出版社出版。

第三章 中华美学艺术的融合发展

人类是群居的动物，人类社会由这群居性动物组成。在人类大家庭中，各群体的文化不是孤立存在和孤立发展的，尽管不同群体有不同地域分布和不同路径走向。着眼本土语境，多民族中国的文化既多元一体又一体多元，其整体可以按照区域和族群划分为各种特色部分，但归根结底，这些部分作为整体中的部分是在既相互关联（或直接或间接）又相互区别（相对而不绝对）中获得发展的，你中有我，我中有你。因此，论述了中华美学研究的视域拓展和观念转换之后，少不了要从地域、族群以及中外等角度切入，结合文献与田野调查，继续考察和研究中华美学与艺术的多元一体及融合发展，这无论对于把握中华美学艺术精神还是对于建设中华美学体系都具有重要的现实意义。

第一节　地域视角下的文化融汇

疆域辽阔的中国地处亚洲大陆，其地理、气候状况从总体讲是西高东低、北寒南热。追溯古史可知，中国文化自发生期便因地理环境多样而呈现多元状态，体现出丰富色彩。2010年起商务印书馆开始推出"中华现代学术名著丛书"，其中有四川大学教授蒙文通的《古史甄微》。该书从类型学角度着眼区系文化，从三皇五帝到江、河、海文化再到夏、商、周三代考察中国上古民族（部族），提出"古民族显有三系之分"的观点，并根据地域分布称此三系为"江汉民族""河洛民族""海岱民族"，又以传说中的炎帝、黄帝、泰帝（太昊伏羲氏）之名将此三系名为"炎族""黄族""泰族"，认为三族渊源有别，生产生活方式各有特点。泰族祖居东方滨海地区（主要是渤海湾沿岸），兼营耕牧渔猎；炎族在南方，尚稼耕；黄族处于西北，是游牧民族。在其看来，中华文化为三族所共建，没有先后主次之别。究其由来，"《古史甄微》的写作，乃缘起于作者本师廖平先生于1915年提出的一道命题。廖氏的命题只有百余字，而指示旧时所称的上古'五帝'皆以祖孙关系相传承的'一元论'观念靠不住，以为若'详考论之，可破旧说一系相承之谬，以见华夏立国开化之远，迥非东西各民族所能及'"。[1] 从地域空间到族群历史，以开放视野和全局观念为中华文化追根溯源、释古解疑是本土学人所孜孜不倦的。

着眼地域及族群，又有论者以北方草原游牧文化（游牧狩猎为主）、黄河流域中原文化（定居农业为主）、南方山地游耕文化（迁徙游耕为主）三大类型划分秦汉以后中华文化。其中，游牧和农耕是中国大地上的两种基本经济类型，也是中华文明大系统中不断相互交流的源泉。南北之间，有军事对垒也有文化融合：从前者看，选择定居农业的中原民族多处于被动防御，依靠狩猎为生的西北游牧民族多采取主动进攻；就后者言，不但南方农耕民族与北方游牧民族的血统融合、商贸交往、习俗互渗等时有发生，而且较滞后的游牧民族（军事上的胜利者）被较先进的农耕民族（军事上的失败者）所同化的现象也屡有发生。关于这点，读读《辽史》《金史》，看看元朝、清朝，当不难明白。因此，中原地区融汇多种文化并成为"在中华民族形成过程中起到最重要

---

[1] 张富祥：《蒙文通与〈古史甄微〉》，《光明日报》2008年3月3日。

的凝聚作用的一个熔炉"[1]，中国版图内汉文化拥有强势影响乃是历史造就的。至于地处偏西的南方山地游耕民族，因其居地分散而无法与占据中原的族群形成抗衡力量，历代王朝对其多恩威并重而施以教化，久而久之，其受中原文化濡染不浅。而且，"南方少数民族与汉族的交融同样是一个双向过程。一方面是游耕民族'汉化'程度日益加深，以至某些支系消泯于汉族之中。如居住在今江苏、浙江、安徽、江西的山越族，南北朝时，完全与汉族融为一体，从此不再见于记载。另一方面，与南方少数民族杂居的汉人，亦出现'夷化'现象。如南中大姓爨氏，在南朝时已发展融合为'爨蛮'；迁居于大理洱海地区的汉人则成了白族中的一个重要部分"。因此，如论者所言："在长达三千年的历史进程中，上述三个文化类型以中原定居文化为中心，多方面交汇融合，而气象恢宏的中国文化正是在这样一个相冲突又相融合的过程中整合而成的。"[2] 又如藏东川西高原，族群交往历史悠久，尤其在清代"乾隆平定金川"之后，金川地区形成的藏、回、汉等多元文化融汇特征颇鲜明。大渡河流域的金川向来是嘉绒大本营，该地回族据族谱记载主要来自陕西渭南地区，他们带来了西北民俗文化，尤其是回族民俗风情；至于留驻的绿营兵或移居的川内民屯人员，实为"湖广填四川"以来的新四川人，他们带来的乃是南方以及中原的民俗文化。于是，"金川民俗文化就形成了既有本土传承久远的嘉绒藏族文化，也有我国西北及我国南方的汉、回等

---

[1] 苏秉琦：《中国文明起源新探》，生活・读书・新知三联书店2019年版，第58页。
[2] 张岱年、方克立主编：《中国文化概论》（修订本），北京师范大学出版社2004年版，第87、90页。

民族文化，呈现出多元文化并存的现象"[1]，从饮食到民居，从婚丧到节会，从信仰到风俗，迄今犹然。

从古到今，论述中国南北文化异同者众矣。南北审美和艺术保持着各自风貌，但彼此也有交融，相互也有影响。据文化学理论，任何一种文化形态，其发生和形成均离不开具体的地理条件、经济环境以及群体气质和社会心态等多种因素。中国文化向有地域概念上的南、北之分，如音乐之"北音"和"南音"、绘画之"南宗"和"北宗"、书法之"南派"和"北派"，等等，分别以黄河流域和长江流域为代表的南、北两大区域板块组成了中华文明的整体版图。当然，这种划分首先是统一在大陆型中国农耕文化整体内部结构中的而仅具相对意义，但并不等于说就可以忽视其中的差异。一般说来，北方寒冷严酷的自然地理环境，使北方人必须付出更艰辛的劳作以换取生存保障，由此也就磨炼出了他们强壮的体魄和豪爽的性格；南方暖和温润的气候条件，保证了南方人充足的衣食和相对少些困苦艰难的生活，亦造就了他们较为瘦小的身材与柔和的性格。反映到戏曲创作上，出现北方戏曲的"劲切雄丽"和南方戏曲的"清峭柔远"也就不足为奇。[2]对二者异同，明代徐渭在《南词叙录》中曾从审美接受角度加以说明："听北曲使人神气鹰扬，毛发洒淅，足以作人勇往之志，信胡人之善于鼓怒也，所谓'其声噍杀以立怨'是已；南曲则纡徐绵眇，流丽婉转，使人飘飘然丧其所守而不自觉，信

---

[1] 蒋永志主编：《金川民俗大典》，四川民族出版社2018年版，第14页。
[2] 李祥林：《戏曲·阴柔美·中国文化——中国戏曲的女权文化解读之四》，《民族艺术》1999年第4期。

南方之柔媚也,所谓'亡国之音哀以思'是已。夫二音鄙俚之极,尚足感人如此,不知正音之感何如也。"[1] 分别成型于12世纪前期和13世纪前期的南戏和北杂剧,是真正成熟的戏剧形态,它们标志着中国戏曲在艺术上的瓜熟蒂落。最初的北曲杂剧,以元大都为中心,其作者皆系北方人,据王国维考证,"不出燕齐晋豫四省,而燕人又占十之八九"(《录曲余谈》),因而他们的作品中多透露出阳刚之气;出自南方人之手、以地处东南的温州地区为聚焦点的南曲戏文,则流丽婉转,以柔媚为主,跟北曲在审美趣味和艺术风貌上自相庭径。以众多创作大家雄峙剧坛的元杂剧,享有了几近一个世纪的繁荣。从13世纪末期开始,随着经济中心转移,杂剧的活动中心也从北方移往南方的杭州。北艺南迁,虽使自身在南方获得了声誉,但与此同时,也因先期作家相继去世以及地理文化上的"水土不服"等缘故而不可避免地露出衰颓之势。据钟嗣成《录鬼簿》统计,从蒙古贵族夺取中原到统一南北的四五十年间,50多位剧作家都是北方人;统一南北后的五六十年间,36位剧作者中南方人占了绝大多数,北方人已不足10位;从14世纪40年代到元朝灭亡的二三十年间,剧作家几乎都成了南方人。元代,杂剧本用北曲,故又称北曲杂剧;入明以后,却出现了"一启口,便成南腔"(沈德符《顾曲杂言》)的南曲杂剧,也就是演变成由南曲写就或者是南北合套的

---

[1] 徐渭:《南词叙录》,载中国戏曲研究院编《中国古典戏曲论著集成》(三),中国戏剧出版社1959年版,第245页。

南杂剧。[1]地域转换，曲腔由北而南，乃风习使然。"在宏观的文明结构中，雅俗互动、南北融合、内外交流和艺际借鉴是中国古代审美意识变迁的主要动因"[2]，此言在理。

着眼地域方位，结合腹地和边地，且从具体例子看看后者对前者的影响。栽桑养蚕的中国是丝绸大国，"去河西走廊，从嘉峪关魏晋墓出土的画像砖上我们看见，其中有诸多关于蚕桑业的生动画面，从桑园到采桑、护桑，从蚕茧到丝束、绢帛，还有蚕桑丝织工具图。……这些来自考古的丝绸实物及砖画，让人不难想见彼时蚕桑业兴旺发达的景象"[3]。锦与绣是中国丝绸最华丽的两种装饰技法的产物，锦用天机抛梭织出，唐人颜师古注《急就篇》云"织彩为文曰锦"；绣以巧针引线铺就，《周礼·考工记》曰"五彩备谓之绣"。无论锦还是绣，均以其绚丽纹饰之"彩"耀人眼目。历史上，迢迢丝绸之路[4]贯通中外，连接着繁华的帝都与荒

---

[1] 李祥林：《戏曲·阴柔美·中国文化——中国戏曲的女权文化解读之四》，《民族艺术》1999年第4期。
[2] 朱志荣：《论中国古代审美意识变迁的动因》，《山东社会科学》2015年第5期。
[3] 李祥林：《奇锦通西域 丝路有故事》，《文史杂志》2017年第6期。
[4] "丝绸之路"的概念由德国地理学家李希霍芬在1877年出版的著作《中国：亲身旅行的成果及在此基础上的研究》中提出，涉及的当是汉代以丝绸贸易为核心的古代商路。随着这个概念的流行，人们对之的探讨和理解愈加深入，又有海上丝绸之路、南方丝绸之路、草原丝绸之路等说法出现。在荣新江、朱玉麒主编的《丝绸之路新探索：考古、文献与学术史》（凤凰出版社2019年版）中，收录了29篇论文，分编为"汉唐之间丝绸之路与相关问题"、"陆海丝绸之路上的典籍与文书"和"丝绸之路的考察与记录"三大类，所涉丝路不仅仅有途经西域的那条陆上商路，还有海上丝路、高原丝路、东北亚丝路，反映了目前国内学界关于丝绸之路研究的新成果。丝绸之路延续两千年，横跨欧亚非，促成了各个文明之间的互动与交往，在中外文化交流史上发挥了重要作用。

漠的塞外，也在文化交流中给中华织锦带来新气象。2017年3月，由四川、甘肃联合多地筹划的"'丝路之魂'——敦煌艺术大展暨天府之国与丝绸之路文物特展"在成都举办，五彩斑斓的丝绸文物是其亮点之一，吸引着观众的目光。展览中介绍蜀锦时提及"陵阳公样"，展示了西北地区出土的从汉晋到唐代的锦片图样。此乃中国织锦史上的名品。唐太宗时，益州大行台检校修造窦师纶[1]在传统织锦基础上吸收波斯、粟特等联珠纹元素，穿插组合祥禽瑞兽、宝相花鸟，组织设计出图案对称的锦、绫新花样，如雉、斗羊、翔凤等。这些图案也受到外邦欢迎，并影响至今。由窦师纶领衔创制的纹样被称为"陵阳公样"，盖因他曾被封为"陵阳公"，而"公样"是指得到官方认可的制式。从西北出土的丝织物以及流传到日本的唐代织物，尚可见到属于此制式的对马纹锦和对狮、对羊、对鹿、对凤等纹样。这些纹样多以团窠为主体，围以联珠纹，团窠中央饰以各种动植物纹，在工艺上突破了六朝以来的装饰风格，因汲取外来元素而富有独创性。在敦煌壁画中，这种连珠团窠图案亦多见。

熟悉中国绘画史者知道，有唐一代，风靡人物画坛的有"曹衣出水"和"吴带当风"两种技法及风格（《图画见闻志》），前者见

---

[1] 窦师纶，字希言，京兆（今陕西西安）人，丝织工艺家、画家，活跃在唐高祖、太宗时，官至大府卿，封陵阳公。据张彦远《历代名画记》卷十记载，"高祖、太宗时，内库瑞锦、对雉、斗羊、翔凤、游鳞之状，创自师纶，至今传"，可见他是一位有眼界且有创意的工艺设计师。生活在风气开放时代的窦师纶对舆服制度有研究，"性巧绝"的他精通织物图案设计，在继承传统的基础上，吸收中亚、西亚的题材和技法，将来自西域的文化及审美元素融入中华织锦，丰富了后者，使"陵阳公样"的美名彪炳史册。

于曹仲达,后者出自吴道子。据《历代名画记》卷八:"曹仲达,本曹国人也。北齐最称工,能画梵像,官至朝散大夫。僧悰云:'曹师于袁,冰寒于水,外国佛像,亡竞于时。'"[1]曹仲达出自中亚粟特地区昭武九姓之曹国,又曾师从袁昂,因此,其作品既有西域画风的熏染,又有中土画风的师承,"曹衣出水"能扬名当时和留名画史并非偶然。关于吴道子,向达在著作中指出其画风亦受西域影响,他说:"隋唐之际始由西域入居长安之尉迟氏,其最著者有名画家尉迟跋质那及乙僧父子。"尉迟乙僧乃于阗国人,国初授宿卫官,袭封郡公,善画外国及佛像,时人以其父为大尉迟,以乙僧为小尉迟,"乙僧画风属于凹凸一派,后来吴道玄之人物画亦受此种影响";除了长安,"洛阳亦有尉迟乙僧及吴道玄画,凹凸派之画风当及于其地"。或以为凹凸派画风传入中土仅对人物画有些影响,向达认为更影响了山水,"实则中国之山水画至吴道玄亦复起一大变局"。[2]唐朝兴盛,离不开对传统文化的继承,也少不了对外来文化的汲取;中国文化有向外强势传播的一面("中国国威及于西陲,以汉、唐两代为最盛"),也有受外来因素影响的一面。向达指出:"李唐一代之历史,上汲汉、魏、六朝之余波,下启两宋文明之新运。而其取精用宏,于继袭旧文物而外,并时采撷外来之菁英。两宋学术思想之所以能别焕新彩,不能不溯其源于此也。"比如,"中国绘画,唐以前以线条为

---

[1] 张彦远著,俞剑华注释:《历代名画记》,上海人民美术出版社1964年版,第158页。

[2] 向达:《唐代长安与西域文明》,生活·读书·新知三联书店1957年版,第7、8、59、60页。

主。至唐吴道玄始以凹凸法渗入人物画中,山水树石亦别开生面。逮王维创水墨山水注重晕染,遂开后来南宗风气。宋代米芾亦以泼墨法为世所重。摩诘竺信象教,元章或亦疑为异族。诚能以西域古代之画风与唐宋以来中国画家之作比观互较,究其消息,则宋元以后中国画之递变,不难知其故矣"。[1] 立足国情,尊重历史,析微探幽,谈文化,说艺术,辨审美,识流变,如此观念是通达的。

"胡旋女,胡旋女,心应弦,手应鼓。弦鼓一声双袖举,回雪飘飘转蓬舞。左旋右转不知疲,千匝万周无已时。人间物类无可比,奔车轮缓旋风迟。"(白居易《胡旋女》)这是唐代诗人对传入中华的胡旋舞的描写。"胡"指胡人,此舞来自西域,《旧唐书·志第九》:"康国乐……舞二人……舞急转如风,俗谓之胡旋。"白诗亦云"胡旋女,出康居"而"东来万里余"。任二北谈到唐人诗中这类舞蹈时说道:"《乐府杂录》叙唐时舞工,列健舞、软舞、字舞、花舞、马舞等五种。"该书载"稜大、阿连、柘枝、剑器、胡旋、胡腾为健舞"。[2] 跳此舞蹈者有男也有女(白诗"中有太真外禄山,二人最道能胡旋"),其身姿出现在敦煌壁画中(如129、197、334窟),见于宁夏、山西、陕西、河南、湖南等地墓葬石刻、壁画及器物,是中华舞蹈史书写所不可忽略的。2020年春节,央视综艺频道《国家宝藏》栏目播放的古典舞中有二女跳胡旋舞,就是今人根据存世图像及文献复原的,

---

[1] 向达:《唐代长安与西域文明》,生活·读书·新知三联书店1957年版,第1、2页。不仅如此,"尉迟乙僧还因为帮助将'铁线描'(即用粗细不变的线条勾画人物的西方技法)带入了唐朝的大城市中而享有盛誉"(谢弗:《唐代的外来文明》,吴玉贵译,中国社会科学出版社1995年版,第54—55页)。

[2] 任半塘:《唐声诗》上册,上海古籍出版社1982年版,第311、315页。

西域风情装束的舞者那旋风般的舞蹈让人眼花缭乱。"中国与印度舞乐的接触,最早可以上溯到汉代。汉武使张骞通西域,传来《摩诃兜勒》二曲……东汉以后特别是北朝,天竺的舞乐,纷纷随宗教以俱来,占取了中国古舞的地位,却是事实。"[1]音乐方面,唐代宫廷十部乐中,有龟兹、高昌、疏勒、安国、康国五部乐来自西域,反映了外来音乐对中原音乐的重要影响,前辈学者对此屡有指说。又,《辽史·乐志》介绍大乐云:"自汉以来,因秦、楚之声置乐府。至隋高祖诏求知音者,郑译得西域苏祇婆七旦之声,求合七音八十四调之说,由是雅俗之乐,皆此声矣。"介绍散乐云:"汉武帝以李延年典乐府,稍用西凉之声。"唐代十部乐以琵琶为主要乐器,其原本来自异域他方(《隋书·乐志》:"今曲项琵琶竖头箜篌之徒,并出自西域。"),而今人熟悉的琵琶曲《十面埋伏》,乐谱最早见于1818年华秋苹所编《琵琶谱》,演奏的是楚汉相争的故事。还有很早就驰名于中华音乐史的羌笛,从名称上即表明其族属,所谓"近世双笛从羌起"(马融《长笛赋》,羌笛为双管),如今首批列入国家级非遗代表性项目名录的"羌笛演奏及制作技艺"是由川西北岷江上游的阿坝藏族羌族自治州下辖县茂县申报的。总而言之,"在绘画、雕刻、音乐、舞蹈等方面,我国少数民族也有重大的贡献,在历史上和现实中占有重要的地位。我国存在的丰富的古代的(或原始的)岩画,绝大多数都处于少数民族地区,是他们的作品。现保存下来的古代雕刻和历史名画,有不少属于历代少数民族的作品。每一个民族都有自己的音乐

---

[1] 常任侠:《东方艺术丛谈》,上海文艺出版社1984年版,第112页。

舞蹈。而且由于历史的种种原因,少数民族的音乐舞蹈甚至比汉族的还要丰富、多样、活跃"[1]。古往今来,正因为多民族的融入,中华艺术壮大了自身机体、丰富了审美意象。

第二节 族群视角下的文化互动

就人口和地域言,中国90%以上的人口是汉族,但中国过半土地上分布着汉族以外的 55 个民族(以及有待确定族别但已通过身份证标明的穿青人等族群)。如本书首章所述,在九百六十万平方千米土地上,在长城内外、大江南北,中华文化有汉民族铸就的辉煌,也有其他民族创造的灿烂。费孝通指出,中华民族作为自觉的民族实体是近百年来在中国对抗西方列强中出现的,但其作为自在的民族实体则是在数千年历史过程中形成的。在他看来,中华民族的"主流是由许许多多分散存在的民族单位,经过接触、混杂、联结和融合,同时也有分裂和消亡,形成一个你来我去、我来你去,我中有你、你中有我,而又各具个性的多元统一体。这也许是世界各地民族形成的共同过程"。[2] 他说的"中华民族"是政治性的国族概念,他说的"民族单位"则是组成中华民族这一整体的各具体族群。也就是说,"'多元'是指各兄弟民族各有其起源、形成、发展的历史,文化、社会也各具特点而区别于其他民族;'一体'是指各民族的发展相互关联,相

---

[1] 田继周等:《少数民族与中华文化》,上海人民出版社 1996 年版,第 32 页。
[2] 费孝通:《中华民族的多元一体格局》,《北京大学学报》(哲学社会科学版) 1989 年第 4 期。

互补充,相互依存,有整体与不可分割的内在联系和共同的民族利益"[1]。三代以来,中国史上统一的多民族国家形成可溯及秦汉时期,以汉族为主体族群的古代中华民族的形成也在此时。[2]本着实事求是的态度,着眼族群互动考察中国文化,研究中国美学与艺术,既不可忽视汉族对其他民族的影响,也不可忽视其他民族对汉族的影响,二者并重,乃是必然。具体说来,民族共同体背景下中华美学与艺术的多民族融合课题研究,涉及多民族中国统一国家意识下多边参与、区域交流、族群互动、文化混血等问题,对这些基于文化并牵涉审美的问题的检讨、梳理、研究亦顺应着当今中国社会发展的需要。从区域交流和文化混血看,中国南北地理环境差异决定着审美意识的差异,并由此影响到南北文学艺术的差异;同时,在源远流长的中华历史上,南北不同区域文化又不断交流、渗透及融合,你来我往,在各自主流中也融入了对方某些元素而更新自身、激发活力,从而推动着数千年中华美学与艺术向前迈步。着眼内外交流和族群互动,传统中原审美趣味与周边其他民族审美趣味的交流、融合,乃至包括在更广阔空间里中外审美趣味的交流、融合,也给中华美学和艺术发展以积极的促进。纵观中国古代美学史和艺术史,以中原为视点,

---

[1] 陈连开:《民族研究新发展的良好开端——1990年民族研究国际学术讨论会纪闻与体会》,《西北民族研究》1990年第2期。

[2] 中国历史上有过多次民族大融合,汉族的形成也与此相关,正如学界所言:"中国哲学史,是中华各民族共同创造的认识史,民族有大小,各族人口有多有少,但各民族都对中华民族的文化建设作出了各自的贡献。过去的华夏族,是中原地区众多兄弟民族不断融合的结果。汉民族也是秦汉以后,经历了若干世代众多兄弟民族不断融合的结果。"(任继愈:《〈中国少数民族哲学思想史论集〉序》,《哲学研究》1983年第6期)

正是中原对周边民族乃至域外审美意识学习、借鉴和吸收、消化的历程，使自身不断地充满生机与活力；以周边为视点，周边民族的美学及艺术也在与中原的互动中汲取养分，发展、壮大自身。多民族血缘维系着中华大家庭，多民族文化相互激荡的交流融合铸就了中华民族文化的整体，中华美学的全部丰富性和完整性唯有在各民族美学多元互补、彼此交融中方能凸显出来，而在这种互补、融汇中正蕴含着今日中华美学体系建设可借鉴的思想资源。

英雄史诗《格斯尔》和《江格尔》，加上史传文学《蒙古秘史》，并称为蒙古族古典文学三大高峰。《格斯尔》这部蒙文长诗流传在我国内蒙古、新疆、青海、辽宁、吉林等地，形成了内蒙古型、青海型和新疆卫拉特型三种类型，同时流传于蒙古国和俄罗斯的布里亚特、卡尔梅克。"蒙古族《格斯尔》研究已有200多年历史"，内蒙古巴林右旗演述《格斯尔》具有数百年传统，这里有著名的格斯尔庙，并且形成了汇聚史诗演述、神话传说、祭祀民俗、那达慕等于一体的活态文化体系，2008年该旗被文化部命名为"中国格斯尔文化之乡"。[1]犹如格萨尔在藏族地区，格斯尔亦是蒙古人心目中的神，他能保护人畜远离病痛和灾难。在库伦旗，当发生瘟疫时，"僧人便会诵读几段北京木刻本《格斯尔王传》的史诗，以作为陀罗尼（咒语）使用。说唱《格斯尔

---

[1] 纳钦：《蒙古族〈格斯尔〉工作概述》，载甘孜藏族自治州文化体育和广播影视局编《2012格萨尔故里行——全国格萨尔学术论坛论文集》，大众文艺出版社2012年版，第19—22页。

王传》史诗在遇到灾难的情况下是有益的"[1]。这部史诗除了在民间艺人口头传唱外,还有许多蒙文抄本,其中融汇着多民族元素。从史诗内容看,"《格斯尔传》描写的是玉皇大帝次子、'威震十方的圣主'格斯尔降生人间为民消灾除害的业绩。他大显神通,把破坏牧场的鼹鼠精、抽食婴儿舌头的魔鬼喇嘛和称霸北方的黑色斑斓魔虎等一一消灭,又施展法术把沙漠改造成肥美的草原,使荒凉贫瘠的故乡变成了人畜两旺的人间乐园。他成为国王之后,对内推行造福百姓的仁政,对外与友好部落和国家大力发展睦邻关系,协助契丹国王整顿朝政,同时以大无畏的英雄气概粉碎了一切敌人的寻衅进犯。此后,格斯尔又经历了各种磨难,战胜了图谋不轨的仇敌,终于迎来了部落的持久和平和幸福"[2]。此处"玉皇大帝"以英雄格斯尔之父的身份出场,可见该蒙古史诗中有来自他族的民间信仰以及口头文学的渗透,具有蒙汉融合的文化因子。从史诗起源看,《格斯尔》脱胎于藏族史诗《格萨尔》,两部史诗的主要人物基本相同,故事情节亦多类似,但在不同民族不同地区的长期流传中,又形成各自的民族风格和地方特色,从而成为两部同中有异的独立作品。正因如此,首批列入国家级非物质文化遗产代表性项目名录的藏族史诗《格萨尔》才在"萨"字后特意加上括弧注以"斯"字,因为:"《格萨(斯)尔》是长篇英雄史诗,流传于中国的青藏高原藏族、蒙古族、土族、纳西族、普米族聚居区,在不丹、尼泊尔等国家的某些地区也有流传。其中在藏族地区为《格萨尔王传》,在蒙古

---

[1] 索南多杰:《果洛格萨尔信仰研究》,民族出版社2014年版,第26页。
[2] 《中国大百科全书·中国文学》,中国大百科全书出版社1986年版,第181页。

族为《格斯尔传》。"[1]源于藏族的英雄史诗《格萨尔》,不仅在蒙古地区传播,也流传在土族、普米族等群体中,其影响是跨地域和跨族群的,并且各有其在地性版本。类似情况在有关上古治水英雄大禹的口头文学中亦见。大禹是三代之首夏王朝的奠基者,他的故事见载于汉字书写的文献和口传于汉族地区(比如,研究四川地区的移民文化可知,"湖广填四川"的湖广移民入川后修建的同乡会馆往往又称"禹王宫",多见于巴蜀大地,供奉的是治水的大禹王),如今列入国家级非遗代表性项目名录的也有来自川西北羌族地区的《禹的传说》,由北川羌族自治县和汶川县共同申报,其中有羌族化的大禹故事,且体现出尔玛人的华夏认同。[2]

归根结底,"中国民间文学是多民族的民间文学,各民族的民间文学也存在着互相交流、影响的明显现象。中国是一个多民族的国家。境内东南西北各省、区,居民除汉族外,差不多都居住着少数民族。汉族人民数量多,文明发展也比较早。但它不是一开始就是单一的民族。在长期的历史发展过程中,它不断融合了许多本来各自独立的部落、部族,到后来才形成了一个统一的民族。在它的整个文化的形成中,已包含着本来各自独立的、又各具特色的文化成分。同时在汉族本身的融合、发展过程中,也和许多周围还未同化或未完全同化的民族共同存在着,并在文化上互相影响和互相促进,这种过程一直延续到现代。因此,在我

---

[1]《国家级非物质文化遗产大观》,北京工业大学出版社2006年版,第27页。
[2] 李祥林:《大禹崇拜在川西北羌族地区》,载祥明大学校韩中文化信息研究所编《中国地域文化研究》第9辑,2010年。

们这个民族的大家庭中,汉族的民间文学,与各民族民间文学交错着、联接着"[1]。证诸口头文艺创作,一方面,来自汉族地区的牛郎织女传说、孟姜女传说、梁祝传说等也被吸收入南方少数民族的民间文学体系中;另一方面,民间流传的灰姑娘型故事虽见载于汉文古籍,但较早流传则是在壮族地区。诸如此类,在中华文学艺术领域随处可见。据田野调查,"藏族康方言区流行的巴塘弦子(康谐)中采用了汉族民歌的曲调;流传于甘肃省与青海省藏区的安多藏戏中也吸收了汉族民歌的曲调,如安多藏戏演唱的序歌即是当地的汉族民歌"[2]。流传在川、甘两省交界处白马藏族中的南坪曲子(琵琶弹唱),也是在多元文化融合中凸显其特点的。又如,关羽崇拜遍布民间,在多民族中国,亦见于西部民族地区。羌族以白石象征神灵,汶川雁门羌人房顶上供奉的白石之一即代表关老爷。走访藏族地区可知,关羽崇拜甚至与藏族民族英雄格萨尔重合,二人塑像被同殿供奉。去西藏首府拉萨,在公德林寺可见"关帝格萨拉康"的牌子。"拉康"在藏语中意为寺庙,该寺赐名卫藏永安寺,属于藏传佛教格鲁派寺院,也是西藏现存规模最大、保存最完整的关帝庙,寺中供奉格萨尔王和关圣帝君,在藏汉文化融汇中体现着英雄崇拜的壮美情怀。俄罗斯汉学家李福清在《关公传说与关帝崇拜》中也介绍过"藏族较早开始崇拜关羽",并举年代大约属于明代的西藏喇嘛教小型关公骑马铜像为例,特别指出"关公骑马的姿势不像汉人,他

---

[1]《中国大百科全书·中国文学》,中国大百科全书出版社1986年版,第547页。
[2] 田联韬:《藏族音乐文化与周边民族、周边国家之交流、影响》,《西藏艺术研究》2002年第3期。

的脸也不像汉族庙里的关公像，疑是藏化或蒙古化了"[1]。蒙古人在17世纪便知晓关公，《元史·世祖本纪》："世祖尊崇佛教，用汉关壮缪为监坛。"关庙在蒙古地区被称为"格斯尔庙"，将格斯尔与关王爷重合。在东北地区，满族"入关之先，以翻译《三国演义》为兵略，故其崇拜关羽"[2]，庙祀多见，且有满族化关公传说。达斡尔族"乌钦"体诗篇中，也有唱述长坂坡赵云救阿斗等故事的《唱三国》，并称"演唱三国的乌钦，句句引人入胜"[3]。又据李福清等介绍，朝鲜半岛大约从16世纪流行关帝信仰，民间有"关帝显灵助朝鲜抗击倭军"的传说。在长江流域，湖南新晃的"咚咚推"今称"侗族傩戏"，是侗族村寨的民俗艺术，其剧目中有《桃园结义》《古城会》《关公捉貂蝉》之类三国题材；重庆的"酉阳阳戏"是土家族傩戏，又称"鬼脸子戏""跳戏"，供奉的戏神是关公（被尊为"盖天古佛伏魔关圣帝君"），每演戏必先请关爷镇台。

着眼考古和民俗，"卍"或"卐"是一古老的审美文化符号，出现在藏、羌等织绣类手工产品上，也见于汉族地区剪纸、刺绣、木刻、砖雕等种种民艺，其纹样甚至屡见于新石器时代的马家窑彩陶等，具有跨时代、跨地域、跨族群的广泛分布；同样，传统美术

---

[1] 李福清著，李明滨编选：《古典小说与传说——李福清汉学论集》，中华书局2003年版，第62页。

[2] 吕大吉、何耀华总主编，满都尔图等主编：《中国各民族原始宗教资料集成：鄂伦春族卷·鄂温克族卷·赫哲族卷·达斡尔族卷·锡伯族卷·满族卷·蒙古族卷·藏族卷》，中国社会科学出版社1999年版，第570页。

[3] 彭书麟、于乃昌、冯育柱主编：《中国少数民族文艺理论集成》，北京大学出版社2005年版，第855页。

中的"三鱼共头"作为中华吉祥图案，见于汉墓雕刻、民居建筑、传统年画、民族村寨，有着跨时空的审美广泛性。凡此种种，体现着族际之间的审美共通性或交融性，多姿多彩，不胜枚举。

第三节　中外视角下的文化交通

中国文化既向外传播并影响异国他邦，也因异国他邦文化传入而接受影响。从思想领域看，先秦典籍《道德经》传往西方世界后，诸如罗素、海德格尔、雅斯贝尔斯、托尔斯泰、爱因斯坦、李约瑟等哲学家、文学家和科学家多多少少曾从老子学说吸取营养并予以良好评价。据统计，到20世纪60年代，《道德经》的英译本有40多种，其欧美译本之多据说仅次于西方人手中的《圣经》。又如，法国启蒙思想家伏尔泰是近代欧洲了解中国知识尤多的人士之一，他不但屡屡在著作中赞扬孔子的思想和言行，而且对元杂剧《赵氏孤儿》情有独钟。伏尔泰从《中国通志》里马若瑟翻译的《赵氏孤儿》取材，将其改编成《中国孤儿》，于1755年在巴黎公演。中华文化对日本、韩国、越南等影响亦明显。譬如建筑，去日本京都、奈良等地考察，就笔者所见，从种种歇山式木结构古建筑便不难感受那斗拱巨大的"唐风"印记，如有上千年历史的奈良东大寺（大华严寺），初建于奈良时代（710—784）鼎盛期，即圣武天皇所处的天平时期（724—749），那是日本全方位吸收中国盛唐文化（佛教、儒学、建筑、书法、医药等）的时代。舞台演剧方面，被日本尊为国宝的"能"是从14世纪发展起来的，其在形成过程中对元杂剧的汲取为学界公认，日本学者新井白石（1657—1725）在其所著《俳优考》中就探讨过元杂剧对日本能乐的影响。审美范畴方面，以"物哀"为例，有论者认为"物哀"文学思潮的出现，是中世纪时期"日本文学实现了日本化"而"以和魂、和文为根干发展日本文学，便成为形成足以代表日本民族的文学思想和美意识的'物哀'的重要精神条件和物质基础"；[1]也有论者指出，"在近代以前，日本文化和文学创作始终没有脱离中国文化和中国诗学的引导和深刻影响"，因此"可以认为，日本'物哀'文学思潮是直接受到中国古代诗学中的'物感说'的深刻影响而出现的"，也就是说"中国的'物感说'对日本的'物哀'思潮有直接影响，两者内在的联系也是不可否定的"。[2]

从乐舞艺术看，"在唐代礼乐中，在'法曲'中，早年传入的印度、龟兹音乐成分，在若干年以后被后人视作华夏正声"[3]；汉代以前中国古舞分文舞、武舞，唐代以来分软舞、健舞，这健舞之称在古梵文中可觅根源（见《乐舞论》），与之印证的是在印度大神湿婆的神殿上有 122 幅健舞姿式雕刻，"这些健舞的姿式，在今日京剧舞台的打武场中，杂技场中，尚有不少存在"，而"软舞如大垂手小垂手等，来自印度的北部与波斯；波斯的古画，北印度的古画，与唐代的舞俑中，都有这个姿

---

[1] 叶渭渠：《日本文学思潮史》，经济日报出版社 1997 年版，第 128 页。
[2] 邱紫华：《东方美学史》下卷，商务印书馆 2003 年版，第 1139—1140 页。
[3] 姜伯勤：《敦煌艺术宗教与礼乐文明——敦煌心史散论》，中国社会科学出版社 1996 年版，第 7 页。

态"。[1]再如美术方面,在中国西部,考古工作者在新疆发掘高昌王室墓葬,有逾百件伏羲女娲绢画、麻布画在阿斯塔那、哈拉和卓地区出土,来自中原地区的文化影响不言而喻,但不应忽视的是,其中有的伏羲女娲图"出现了深目高鼻的胡人形象",明显在地化地吸收了西北民族元素,在多元融合中"显示出积极的相互影响";[2]在藏族地区,作为唐卡之藏东流派,"噶玛噶孜画派的用笔和色调吸收了内地工笔画的风格,而空间环境的布局则采纳了印度画风"[3],这些都是文化融合的例子。中国历史上,中外文化有多次大的碰撞、交汇,如汉唐时期,传入的先是西域(中亚和西亚)文化,后是南亚次大陆文化(主要是佛教东来),后者对中国文化影响尤深;又如明清之际,耶稣会教士传入西方文化,如欧洲古典哲学、逻辑学、美术、音乐、自然科学等,这些"舶来品"对当时的中国是新鲜的。

佛教东来,对中华文化影响深远,而且后来形成与华夏传统

---

[1] 常任侠:《东方艺术丛谈》,上海文艺出版社1984年版,第114页。又如,唐代文化具有开放性特征,研究唐代审美风尚不可忽视"胡服",如沈从文言,影响唐代胡服的外来因素是多元的,前期是西域的高昌、龟兹乃至波斯,后期为吐蕃。(沈从文编著:《中国古代服饰研究》,商务印书馆2011年版,第8页)

[2] 杨晓明:《高昌伏羲女娲图纵观》,《中国文物报》2020年8月11日。古墓群位于吐鲁番市东南约40公里的阿斯塔那及哈拉和卓村附近,1959年以来陆续出土了逾百幅形制相同的伏羲女娲图,其绘制年代在公元6—8世纪之间。去新疆维吾尔自治区博物馆,不难见到馆藏彩绘伏羲女娲绢画中这种深目高鼻、具有胡化特征的形象。从绘画风格看,这些伏羲女娲图"与'曲铁盘丝'的西域画风接近"(陈丽萍:《关于新疆阿斯塔那——哈拉和卓地区出土的伏羲、女娲画像及一些问题的探讨》,《敦煌学辑刊》2001年第1期)。

[3] 冯骥才主编:《中国唐卡艺术集成·德格八邦卷》,阳光出版社2011年版,第45页。

的儒、道并肩的地位，有"儒治世，道治身，佛治心"之说。佛教起源于印度，其创始者释迦牟尼是跟中国孔子同时代的人。佛教从印度产生后，在全盛时期即由南、北两系向外传播，入华佛教主要属于北传一系，从今天"一带一路"的说法看，乃是经西域再向东而来的。汉武帝时期，张骞两次出使西域，打开了汉代的商业大门，引入大量异质性的西域文化，促进着中原和边地的族群互动与文化交流。以西域为桥梁，佛教亦随之而来，东来西去的佛教徒和求法者都以西域为中转站，那时西域的文化及佛教都已发展到较高程度。古典小说《西游记》在华夏妇孺皆知，就是以神话方式讲述了唐代高僧玄奘西行取经传扬佛学的故事。佛教自汉代入华后，经魏晋南北朝，至隋唐而达鼎盛，流传甚广。根据文化交流史的规律，外来文化要想在传入地土壤中扎下根来并获得发展，务必在与该地固有文化的磨合中寻求共鸣和整合。东传来华的佛教，正是在世俗认同和顺应国情中逐步完成了"中国化"历程（如对"孝道"的吸收、对"亲情"的认可，等等），从而被中国民众及社会逐渐接受。汤用彤指出，"汉代佛教道家本可相通，而时人则亦往往并为一谈也"[1]。譬如，"空"为佛教所讲，"公元三、四世纪的早期佛教僧侣争取当时中国知识分子的一个策略便是借用他们的'玄学''清谈'的用语来说明费解的'空'的概念"，他们"把'空'转用道家的'无'来说明"[2]。东晋以来，玄佛趋于合流，般若学各宗大都用玄学话语

---

[1] 汤用彤：《汉魏两晋南北朝佛教史》上册，中华书局1983年版，第62页。
[2] 温儒敏、李细尧编：《寻求跨中西文化的共同文学规律——叶维廉比较文学论文选》，北京大学出版社1987年版，第189页。

来解释佛理，玄学成了般若学的传播媒介。陈鼓应指出："在老庄及玄学的影响下，首先产生了般若学，而庄禅的相通……特别是在艺术领域中，常常浑然一体，难以区分。"[1]禅宗作为佛教中国化的产物，其受老庄、玄学感染明显，"达摩未到中国之前，如远、肇法师之类，只是谈老庄，后来亦以庄老助禅"（《朱子语类》）。更有甚者，东晋顾欢居然说释迦是老子入天竺后所化生的，并称"道则佛也，佛则道也"（《夷夏论》），僧愍则说老子为迦叶的化身而"化缘既尽，回归天竺，故有背关西引之邈"（《戎华论》），尽管彼此立论不同且论争甚烈，但也都显示了释、道融合的文化心理。九天玄女是中国道教女神，相传黄帝和蚩尤九战九不胜，曾向她请教兵法，对她的崇拜在台湾迄今兴盛。然而，在敦煌遗书伯三八三五卷中我们看见佛门文献有《九天玄女咒》，全名为《大部禁方龙树菩萨九天玄女咒》。龙树是古印度高僧，此处把他和九天玄女拉扯在一起，似乎不可思议。[2]其实，透过表象看实质，该书正是入华的佛教为了顺应华夏世俗信仰，向道教学习符咒之术而创制的佛教符咒，是混糅中印文化的产物。[3]《大部禁方龙树菩萨九天玄女咒》中所请诸神除了九天玄

---

[1] 陈鼓应：《老庄新论》，上海古籍出版社1992年版，第328页。

[2] 又，关圣帝君为道教所奉，据李福清言，台湾有佛寺亦尊关帝为护法神，如台南1684年所建法华寺，"可说是佛教利用关公为伽蓝神，比道观崇拜关羽早"（李福清著，李明滨编选：《古典小说与传说——李福清汉学论集》，中华书局2003年版，第71页）。

[3] 关于中印文化交流及影响，以佛、道为例，李约瑟指出："印度的某些礼拜形式，受到过七世纪通过阿萨密传去的中国道教的极大影响，它们甚至可以说就是道教的仪式。"（李约瑟：《中国科学技术史》第一卷第二分册，科学出版社1975年版，第475页）

女外，还有李老君、孙宾及董仲，他们与罗汉、十方诸佛等同处一堂，可谓热闹。这种糅合佛、道的符咒迄今犹为老百姓所熟悉，如笔者在川南所见民间刻本《观音普渡经》末尾所附"观音救助灵符"。文化交往实践中的这些事象，是研究中国佛教审美和艺术所不可忽视的内容。

中华文化史上，礼佛诵经者既"以道助禅"也"援儒入释"，古人中不乏儒佛兼修、佛道兼修者。释道安《二教论》有"释教为内，儒教为外"之说，隋唐佛学的最大特点是把佛性心性化（或曰把儒家的心性佛教化），后世甚至出现了所谓"孔门禅"（元好问《李屏山挽章二首》之二有"空门名理孔门禅"语）。归根结底，这"孔门禅"融汇着儒、释，也就是将禅宗思想和儒学思想结合，既以佛法比拟儒学，又以儒学证佛法，从而寻求治国修身之道。再看理学同禅学的"亲密接触"，《宋元学案》卷八十六《东发学案》："向也以异端而谈禅，世犹知禅学自为禅学；及其以儒者而谈禅，世因误认禅学亦为儒学……"南怀瑾也说："平心而论，要说宋、明理学等于儒家的禅宗；佛教禅宗，例如佛家的儒、道，实在不算过分……"[1] 的确，理学是"阳儒阴佛""儒表佛里"，其在思维方式和修行方法上深受佛教浸染。有人说"传统儒学与外来佛学相摩相荡，终于产生了中国封建社会后期的文化正宗——宋明理学"[2]，正是在改造了的儒学与改造了的佛学相糅合基础上产生了理学。阳明心学多摄取佛道思想，谈

---

[1] 南怀瑾：《禅宗与道家》，复旦大学出版社1991年版，第8页。
[2] 张岱年、方克立主编：《中国文化概论》（修订版），北京师范大学出版社2004年，第93页。

到三教异同，前人有番趣语："或问三教同异？阳明先生曰：'道大无名，若曰各道其道，是小其道矣。'……就如此厅事，元是统成一间，其后子孙分居，便有中有傍。又传，渐设藩篱……去其藩篱，仍旧是一家。三教之分，亦只如此……"（《明儒学案》卷二十五《南中王门学案》）纵观中华大地，上层精英如此，下层民间亦然；过去历史如此，田野现实亦然。证诸民间信仰，这种混融诸教的观念对中国老百姓影响甚深，尤其在乡村庙观中将儒、释、道诸家神灵及人物同祀比比有见，这是研究中华美学值得关注的跨地域和跨族群的田野事象。如笔者所见，在河南西华县思都岗女娲城，补天殿里的神像除了正中是女娲举石补天立像之外，其侧配祀着从左到右一字排列的"孔子之母、佛主之母、老君之母"坐像；在凉山彝族自治州甘洛县海棠镇千佛寺，大雄宝殿佛祖头部上方借横梁搭建的二层楼板上供奉着玉皇大帝，院内同祀的还有彝族尊奉的本民族英雄；在北川羌族自治县桃龙藏族乡龙王庙，除了主祀龙王外，同祀地母、文昌等，以及藏传佛教宗师。[1] 白马藏族民间法事"传老爷"过程中要请三教诸神，词曰："上三教，儒释道，夫子老君佛爷庙。中三教，儒释道，观音祖师文昌庙。下三教，儒释道，邳彤药王、赵朗财神、牛王菩萨、马王正君庙，民间生存最需要。"[2] 末尾之语浅白地道出了三教并融信仰对中国民间社会影响的玄机，它不像文士阶层的"修身治国"理念那样高大上，却满足着世俗生活中覆盖面更广

---

[1] 这三处景观均系笔者在田野考察中所见，时间分别为2013年10月、2017年6月、2017年5月。

[2] 任跃章主编：《中国白马人文化书系·信仰卷》下册，甘肃人民出版社2015年版，第161页。

大的庶民百姓祛邪纳吉的心理需求。又据清梁章钜《楹联丛话》卷三，燕子矶永济寺有观音大士像，柱联云："音亦可观，方信聪明无二用；佛何称士，须知儒释有同源。"的确，东传入华之后，"佛教对儒道两家，自始即不取攻击态度。牟子《理惑论》早就主张三教一致。道安以老子解《般若经》，南禅一派用虚无恬谈主义说禅定，都是用道家的术语，表达释家的思想。大觉怀琏开堂演法，说'若迦叶门下，那得尧风浩荡，舜日高明，野老讴歌，渔人舞鼓'。竟似老儒口吻"[1]。不无聪明的低头，使入华的佛教赢得了立足空间和发展机会，最终融入具有强整合力的中华文化体系中。

　　北宋以来民间搬演的"目连戏"，其本事源于佛教，见西晋竺法护译《佛说盂兰盆经》和东晋佚名者译《佛说报恩奉盆经》等，后来逐步演化成僧人目连行孝救母故事，出现在变文和戏剧中。明初《录鬼簿续编》载无名氏《行孝道目连救母》，该剧题目正名为"发慈悲观音度生，行孝道目连救母"，题旨表达明确。融汇明中叶以前的目连故事，郑之珍的《新编目连救母劝善戏文》长达上百出，对后世影响甚大，戏中不但佛祖释迦牟尼上场时口吐"天意独怜孝子，佛光普照华夷"，其赐名萝卜法名目连时亦云："孝莫大于救母，行必先于正名。"（《见佛团圆》）传自异邦的故事母本入华后经过"在地化"演绎，如美籍华裔学者叶维廉所指出的，目连的艺术形象发生了重要的转换，其从四大皆空的佛门圣僧化身为"符合儒家思想的至情的孝子"，目连故事

---

[1] 顾敦鍒：《佛教与中国文化》，载张曼涛主编《佛教与中国文化》，上海书店1987年影印版，第84页。

亦获得了鲜明的"中国层面与涵义"。[1]本来，佛教的出世哲学视家庭为牢笼，但以血缘宗法关系为纽带的中国社会历来崇祖重孝讲亲情，那么，僧人不娶妻、不生育、不给父母养老送终在国人眼中便是大逆不道的。佛教要在华夏立足，不得不顺应国情、贴近世俗，向移入地传统"孝道"妥协，譬如东晋后期佛教领袖慧远便竭力把儒家礼教与佛门因果理论沟通起来，"宣扬孝顺父母、尊敬君主，是合乎因果报应道理的"[2]。这么一来，佛门也开始宣讲佛祖释迦牟尼重孝道，父亲净饭王死后，他回去抬尸送葬。由于教门力倡，唐朝还出现了以行孝而博取声誉的"孝僧"。有此背景，"大善至孝"入地狱救母的目连被作为佛门行孝典范得到宣扬，且听中国民间至今流传的《血盆经》所唱："目连和尚身穿黄，手执锡杖走忙忙，十殿阎君留不住，要到地狱去寻娘"，"目连和尚身穿青，为母西天去取经，十样经书都不要，单单取卷救娘经"[3]。着眼民间文学，以"救母"为主题的中国化目连故事流行于汉族地区，也向少数民族区域传播。20 世纪 80

---

[1] 温儒敏、李细尧编：《寻求跨中西文化的共同文学规律——叶维廉比较文学论文选》，北京大学出版社 1987 年版，第 188 页。

[2] 方立天：《略论中国佛教的特质》，载《文史知识》编辑部编《儒、佛、道与传统文化》（《文史知识》合刊），中华书局 1990 年版，第 159 页。

[3] 2016 年 4 月 27 日，笔者走访长江边的睡佛寺（原名半边寺，地属四川省宜宾市江安县），在"睡佛茶园"品茗休息时从柜台上供茶客随手翻阅的佛门劝善书籍中见此民间抄本，以工整的楷书竖抄刻印，无抄者署名亦无抄写时间，通篇以目连和尚下地狱行孝救母的故事教化世人，其开篇句为"地狱门前一条河，为儿为女受奔波，儿在阳间充好汉，娘在阴间坐血河"，结尾句为"救娘真经已念完，孝心通达上九天，十殿阎君齐拱手，念经功德福无边"，末署"南无幽冥教主地藏王菩萨"。

年代采录于北川羌族自治县漩坪乡的《马桑树儿长不高》，娓娓道来的便是孝顺儿子"被封为地藏王菩萨"后去地狱救母亲的故事。[1] 目连戏中有目连之母因食荤犯戒被抓下地狱后受飞叉之苦的情节，在四川涪江流域射洪市青堤镇，不但有在地化的"目连故里"传说以及目连寺侧目连之母"刘氏青堤"的坟墓[2]，甚至形成了在当地"不准任何戏班演《目连传》中《打叉》一场，怕触怒目连圣僧"[3] 的奇特习俗。当地人每每讲起目连故事，都说寺中的地藏（目连）塑像只能站着不能坐下，因为母亲大人在此。青堤镇上，贯穿该镇的主街名为"目连上街"，俗称"顶顶庙"的目连寺中今有横幅写着"目连故里，孝德之乡"。着眼民俗，从蜀地乡间搬演目连戏的活动中，又不难看出"观众要同情刘氏而以世俗情感排挤或淡化宗教意识"的情感倾向。[4] 由于华夏语境的"在地化"熏陶，搬上戏曲舞台的目连救母故事成为佛教中国化或中国化佛教的典型例子，本属外来的目连艺术形象如今洋溢着道德化的中国审美精神。

　　文化交流是相互的。佛教东来，既有佛教顺应中华传统的中国化，也有中国接受异质文化的佛教化，二者都是历史事实。今

---

[1] 冯骥才主编：《羌族口头遗产集成·神话传说卷》，中国文联出版社2009年版，第281页。这个地方化的目连救母故事是1986年从羌族农民任开能（68岁，不识字）口中采录的，见于《中国民间文学集成·北川县资料集》（四川省北川县民间文学三套集成编委会1987年编印），列入"故事·羌族篇"。过去，在北川县城的城隍庙会上，也有戏班子搬演《目连救母》戏剧，场面热闹。

[2] 寺名"青堤目连寺"，寺侧刘氏之墓被列为县级文物保护单位。

[3] 《中国戏曲志·四川卷》编辑部编：《川剧志》，文化艺术出版社1992年版，第280页。

[4] 李祥林：《"戏中餐"：中国目连文化的一个特例》，《民族艺术》1997年第1期。

天，讨论中华美学和艺术，对此自然不可有偏废。总而言之，中国是多民族国家，多民族中国的美学及艺术正是在族际互动、区域整合、内外交通的历史进程中成就其格局和呈现其风貌的。对此，应有理性认识和客观把握。

第四章 中华美学艺术的易学精神

夏、商、周三代，是华夏文明的开创时期。《易》之由来甚古，先秦传本有三："一曰《连山》，二曰《归藏》，三曰《周易》。"（《周礼·大卜》）今江陵市王家台秦简《归藏》的发现，证明古有"三易"之说基本可信。或称《易》为"东方神秘主义"代表作，但其深厚内涵绝非"神秘"所能定位，西方学者荣格论《易》即说："很可能再没有别的著作像这本书那样体现了中国文化的生动气韵。几千年来，中国最杰出的知识分子一直在这部著作上携手合作、贡献努力。它历尽沧桑岁月却依然万古长新，永葆其生命与价值。"[1] "三易"成书时代有别，内容有异同，在岁月磨洗下，完整存世者唯有《周易》。这《周易》包括"经"（本文）和"传"（释文），一般认为，"经"形成于殷周之际，"传"出自战国末期学人之手。作为凝聚上古文明信息之书，《易》从原型价值与美学智慧两方面给华夏艺术以深刻启示。不仅如此，在多民族中国，"易"所体现的文化精神还有着跨地域和跨族群的传播及沟通。发掘"易"所包含的美学信息，有助于我们对中华美学艺术精神的探视。这种回溯过往的探视，又为构建当今中华美学大厦提供着基础性借鉴。

第一节 《易》兼"六艺"

"弥纶天地，无所不包"的《周易》，蕴含着丰富的人文信息和古老的艺术密码。前人论《易》，有《易》"包六艺"或"六艺莫不

---

[1] 荣格：《心理学与文学》，冯川、苏克译，译林出版社2014年版，第208页。

兼之"（章学诚语）的说法。循此思路，不妨先从门类艺术入手，透过这部人文典籍去探视华夏艺术那悠远的原型（arche-type）身影。

卦象与书画

"人文之元，肇自太极；幽赞神明，《易》象惟先。"（《文心雕龙·原道》）《易经》之文本构成，有象、数、辞三大部分。象指卦象，包括由八个本卦（乾、坤、震、坎、离、艮、兑、巽）推演产生的六十四个重卦。作为古人观物取象的产物，卦象的最基本特性即在它"法像万物"，孔颖达释曰："《易》卦者，写万物之形象，故《易》者象也；象也者像也，谓卦为万物象者，法像万物，犹若乾卦之象法像于天也。"（《周易正义》）即是说，《易》借以表明义理的卦象都是法像天地万物的，故《系辞传》用"象"这一基元范畴来概括说明整部《易经》。从艺术文化学看，正是在这点上《易》之卦象跟中国书画息息相通，清人有言："庖羲八卦书画祖""文字肇端来上古"（松年《颐园论画》）。方块汉字以"象形"为其发生学本源的文化符号，"书肇乎自然"的观念在华夏历史上源远流长。南朝宋书家虞龢《论书表》称"爻画既肇，文字载兴"，唐朝李阳冰《上李大夫论古篆书》云"圣达立卦造书"，清人刘熙载在《艺概·书概》开篇亦借易象阐说书之本与用，及至近世更有人指认八卦是中国"最古的文字"，如刘师培在《经学教科书·论〈易经〉与文字之关系》中即推论"八卦为文字之鼻祖"，并借助篆文、草书等举证

"《乾》、《坤》、《坎》、《离》之卦形,即天、地、水、火之形"。[1]诸如此类,持见者屡称书法源于卦象,说法未免武断,但亦非全无道理。尽管不必硬说八卦就是象形文字,但须看到,象形文字和《易》之卦象在"法像万物"上确实内在同构。又,前人以"六书"概括汉字的发生,所谓"象形""象事""象意""象声""转注""假借"(《汉书·艺文志》)。其实,"六书"义理在《易经》卦象中已见蕴含。有学者考证,从文化人类学角度看,八卦之爻符阳(—)、阴(--)乃男根女阴之"近取诸身"的产物[2],记录着人类文化悠远的发端——原始生殖崇拜信息,尽管它们已从符号构成上被抽象化处理,其始于"象形"的基础仍不难推想;而男女交媾,阴阳相迭,则生命繁衍不息,卦象步步推衍,又显然由"象意"(会意)而来。从卦象看,"咸"为少男少女婚媾之象,此乃"指事"(象事);"鼎"既似鼎之形又喻指风助火势,表示烧鼎以烹煮食物,这是会意兼象形;"乾"为天而天为阳为刚,"坤"为地而地为阴为柔,此为"转注";等等。先民创造的爻卦,含有哲学和艺术的基因,它是介于哲学和

---

[1] 刘师培著,陈居渊注:《经学教科书》,上海古籍出版社2006年版,第212页。
[2] 1927年,周予同指出,《易》的"——"就是最显明的生殖器崇拜时代的符号。"—"表示男性的生殖器官,"--"表示女性的生殖器官。(《周予同经学史论著选集》,上海人民出版社1983年版,第86页)更早,钱玄同在《答顾颉刚先生书》中即持同见,郭沫若在《中国古代社会研究》中亦认同此说。在中华民族内部,见于中原地带的这种阴阳观可以跟周边少数民族的相关学说对读,有彝族学者指出:"彝族万物分'补莫'——即雄雌。……彝族的万物雌雄观包含了三个朴素的哲学思想。其一,是万物源于雌雄的结合,雌雄的对立统一运动变化促成万物的形成和变化。其二,宇宙的存在是因为雌雄的平衡存在而存在。其三,万物可一分为二,无穷无尽。这与道家阴阳的基本思想如出一辙。"(且萨乌牛:《彝族古代文明史》,民族出版社2002年版,第353页)

艺术之间的象征性符号,是中国艺术的雏形,这雏形中包含着可供无限发展的要素,中国书画可谓是从中生长出来的艺术。中国向有"书画同源"之说,缘于二者皆是借线条造型以传情达意的艺术,是线与线构接迭加的审美创造物。若寻根溯源,就现存典籍看,其历史先声无疑以《易》中的爻符为最早。也就是说,《易》的阳爻(—)与阴爻(--),某种意义上亦是传统书画追求线条美的艺术的"智慧原型"。相传伏羲氏作八卦,以"乾"居首而代表天,画此卦符正由一画"阳(—)"开始,故有"一画开天"之说。就其实质言,阴爻(--)无非是阳爻(—)的线条之断,阳爻(—)无非是阴爻(--)的线条之连,两者互为异体,因此,未尝不可将这一分为二又合二为一的阴阳爻看作"一画"。凭借这堪称"万象之根"的"一画",作《易》者仰观宇宙、俯察人心,构建出"广大悉备"(《系辞下》)的八八六十四个卦象,由此执简驭繁,概括并解释了天地间万事万物及其生长演变规律。这不乏原型意义的"一画",又开启了中国艺术家巧借有限线条表现无限时空的创造性思维。于是,在画家眼中,"一画之法立而万物著矣","我有是一画,能贯山川之形神"(石涛《画语录·一画章》);在书家笔下,"开始于一画,界破了虚空,留下了笔迹,既流出人心之美,也流出万象之美",而"千笔万笔,统于一笔,正是这一笔的运化尔"。[1]

爻辞与诗歌

从文学角度看《周易》,首先要注意其文辞本身。《易经》本

---

[1] 宗白华:《美学散步》,上海人民出版社1981年版,第141—143页。

文的语言分卦辞和爻辞两类，卦辞位于初爻之前，较简略，一般用来说明题义；爻辞是各卦内容的主要部分，每卦又次第分为六爻。《周易》是一部内涵丰富的文化典籍，其卦爻辞本身就有相当的文学审美价值。如李镜池指出，《周易》"全书基本上是散文，但韵文也占了其中的三分之一，语言简净，有时描写细腻，运用比喻、起兴、衬托等手法，还引用和摹仿了民歌。作为我国现存最早的一部著作，在一定程度上体现了那一时期的文学发展水平"（《周易通义·前言》）。这种可称"前诗歌"的韵文，为我们研究华夏上古诗歌提供了未必没有价值的资料。《易经》中三言、四言句式运用广泛，如"月几望，马匹亡"（《中孚》）、"无攸遂，在中馈"（《家人》）、"震索索，视矍矍"（《震》）、"鸿渐于磐，饮食衎衎"（《渐》）、"屯如邅如，乘马班如"（《屯》）、"贲于丘园，束帛戋戋"（《贲》），皆文辞简洁，朗朗上口，颇有诗的节奏、韵律感。难怪宋人陈骙说"《易》文似《诗》"，认为像《中孚·九二》"鸣鹤在阴，其子和之，我有好爵，吾与尔靡之"这类偶句谐韵、形象生动的辞句，"使入《诗·雅》，孰别爻辞？"（《文则》甲）今人高亨进而指出末句之"吾"当系校者误入之衍字，若去之，"鸣鹤在阴"四句正为齐整的"四言诗体"，而《诗》之《伐木》、《鹿鸣》是其类矣"。[1]《易》早于《诗》，诸如"×如×如"和"××如"句式在《易》之卦爻里常见使用，达九卦十四例之多，这实际上开了《诗经》中"×兮×兮"和"×××兮"句型之先河。而《诗经》里的许多句子，要么直接取自《易

---

[1] 高亨：《周易古经今注》卷四，中华书局1984年版，第339—340页。

经》,要么由其化用而来,如《邶风·燕燕》的"燕燕于飞"、《小雅·鸿雁》的"鸿雁于飞"、《大雅·卷阿》的"凤凰于飞"、《周颂·振鹭》的"振鹭于飞",从《易·明夷》的"明夷于飞"即可觅见其原型。再如叠字、叠句的运用,《易》亦堪称后世诗歌之先导。若从意象创造入手,我们还可通过"比兴"范畴从审美特征上观照《易》与诗歌的相通点。重"比兴"是华夏诗歌的优良传统。从理论上讲,"比兴"概念是战国时期学者总结《诗经》艺术经验时提出的;从实践上看,《易经》本文中早有对此艺术手法的娴熟运用。明人即指出:"《易》象幽微,法邻比兴。"(《西园诗尘》)例如,"枯杨生稊,老夫得其女妻","枯杨生华,老妇得其士夫"(《易·大过》),借枯杨发芽开花喻说老年人找到年轻配偶,此乃以彼物喻此物之"比"体;"鸣鹤在阴,其子和之,我有好爵,吾与尔靡之"(《中孚》),由两只鹤在树荫里应声和鸣而引发让你我共饮同醉的情感,这是触景生情之"兴"体。类似例子在《易》中多有。清代文史学家章学诚说:"《易》象虽包六艺,与《诗》之比兴尤为表里";"《易》象通于《诗》之比兴";"《易》之象也,《诗》之兴也,变化而不可方物矣";"雎鸠之于好逑,樛木之于贞淑,甚而熊蛇之于男女,象之通于《诗》也"。(《文史通义·易教下》)的确,《易》与《诗》在形式及手法上多相通之处,"《易》之有卦象,犹《诗》之有比兴也"(刘师培语)。今之学者进而从诗学层面肯定"《易经》是充满了诗情画意的哲学,也就是诗化了的哲学;但它又是富于人情味和理性精神的哲理诗"[1]。

音乐的旋律

《周易》与音乐的关系，《经》《传》皆有涉及。《易经》的《离》《师》《中孚》诸卦，可使我们窥见华夏上古社会音乐实践的斑斑史迹。如《中孚·六三》"得敌，或鼓……或歌"，是说打了胜仗后，有人击鼓欢庆，有人引吭高歌；又如《离·九二》"日昃之离，不鼓缶而歌，则大耋之嗟"，是说日薄西山时，老人不用乐器（缶）伴奏，唱歌感叹人生短暂。此处有两点值得注意：一是原始的声乐——歌。歌的产生甚古，相传在伏羲创造八卦的远古洪荒时代，即有了从"网罟佃渔"劳动生活中产生的捕鱼歌之类（见《古今图书集成》引《辩乐论》）。随着历史演进和乐器的出现，歌唱艺术有了新发展，出现了折射在《易经》中的两种表现形式，或为有乐器伴奏之歌，或为无乐器伴奏之歌，两种歌唱形式所表达的审美情绪也不尽相同。二是原始的乐器——鼓。在各类乐器中，鼓这种打击乐器的身世尤其古老。据考古发现，山西襄汾陶寺遗址大型墓葬中出土的原始"鼍鼓"，便是距今约 7000 至 5000 年的远古遗物。"上古之时，未有音乐，鼓腹击壤，乐在其间。"（《隋书·何妥传》）所谓"鼓腹"，乃指原始部落的人们"把护体的兽皮以膝撑开，用手打击，使它产生节奏的声音"。这种皮裙式的鼓，是用具又是乐器，仅为鼓的雏形，在旧石器时代已有之，其发明跟先民的狩猎生活分不开。随

---

[1] 王明居：《叩寂寞而求音——〈周易〉符号美学》，安徽大学出版社 1999 年版，第 46 页。

着生产力的发展,"出现了最早的原始社会的鼓。古代记载的土鼓可能与之接近",该鼓"可能是用泥胚或用陶制器作鼓腔,再蒙以兽皮,《吕氏春秋·古乐》中所说的'麋䩮置缶'就属后者"。[1](《吕氏春秋·古乐》:"帝尧立,乃命质为乐,质乃效山林溪谷之音以歌,乃以麋䩮置缶而鼓之。")此为一说。而《易·离》所言之"缶",大概就是直接借作原始乐鼓的瓦制酒器,《说文》:"缶,瓦器,所以盛酒浆。秦人鼓之以节歌。"又,《史记·廉颇蔺相如列传》:"蔺相如前曰:'赵王窃闻秦王善为秦声,请奏盆缶秦王,以相娱乐。'"在上古社会,鼓的主要作用在于激励斗志、协调动作,以适应狩猎和战斗的需要。《易·师·初六》:"师出以律。否臧,凶。"此处"律"字,学界多释为"纪律",认为该卦内容是讲"行军要用纪律,纪律不好要打败仗"。依笔者之见,此"律"当指乐律,古时军队上阵,必擂鼓秦乐,因此成语中有"一鼓作气"的典故。士兵踏着鼓点的节奏前进,就不会乱了阵脚。相反,鼓声失节,乐律混乱,士兵便无从听令而溃阵,故《象传》释曰:"'师出以律',失律凶也。"可见,上古的音乐除了用于抒发、宣泄情感外,也用于行军打仗,有着实用功能。关于音乐的社会功用,《象传》释《易·豫》卦之语常为后人引述:"雷出地奋,豫。先王以作乐崇德,殷荐之上帝,以配祖考。"意思是说,春雷出地响震,万物莫不欢欣。先王效法于此,制作音乐,歌颂功德,进献上帝、祖先,娱乐神灵。这种以乐舞取悦神灵以求福佑的意识,是上古社会生活的反映,庶几可

---

[1] 于民:《春秋前审美观念的发展》,中华书局1984年版,第34—35页。

使我们窥见原始音乐由巫而艺的蜕变信息。"先王作乐"说屡见于先秦典籍，将音乐的发明权判归少数几个帝王固不可取，但其中反映出古人总是把音乐同政治、伦理联系在一起的社会学事实。在先民心目中，音乐的社会价值在于可以"崇德"，既为体现德政而创造，又是颂扬德政的工具。这种思想，经《乐记》等音乐美学专著发挥成"乐以象德""乐与政通"理论，在华夏美学史上影响深远。从文化学看，《周易》对传统音乐理论渗透最深的莫过于阴阳观念。《系辞传》把宇宙之始归于"一"，也就是太极；太极化生阴阳二端，阴阳相推衍生天地万物，天地万物含阴阳之气。音乐当然也不例外，所以华夏史上最早提及"音乐"一词的《吕氏春秋·大乐》说："音乐之所由来者远矣……万物所出，造于太一，化于阴阳。萌芽始震，凝寒以形。形体有处，莫不有声。声出于和，和出于适。和适，先王定乐，由此而生。"事实上，华夏古典乐论多援《易》以为说。

舞蹈的身影

章学诚在《文史通义·易教下》中指出："象之所包广矣，非徒《易》而已，六艺莫不兼之，盖道体之将形而未显者也。……歌协阴阳，舞分文武，以至磬念封疆，鼓思将帅，象之通于《乐》也。"古之"乐"实为诗、乐、舞三位一体，甚至含有原始戏剧的基因，其内涵甚宽，故郭沫若说："中国旧时的所谓'乐'（岳），它的内容包含得很广，音乐、诗歌、舞蹈，本是三位一体可不用说，绘画、雕镂、建筑等造型美术也被包含着，甚至于连仪仗、田猎、肴馔等都可以涵盖。所谓'乐（岳）者，乐（洛）也'。

凡是使人快乐，使人的感官可以得到享受的东西，都可以广泛地称之为乐。但它是以音乐为其代表，是毫无问题的。"(《公孙尼子与其音乐理论》)前引《象传》所谓"作乐崇德"之"乐"，即是包含舞蹈在内的。章氏透过《易》象，窥视到上古社会"舞分文武"的艺术现象。众所周知，宗教和战争是上古先民社会生活的主调，故彼时乐舞"崇德"的社会功用，包括祭祀娱神和颂扬战功。《易·中孚·六三》云："得敌，或鼓或罢，或泣或歌。"这是对打了胜仗后欢庆胜利场面的写实性描述。其中"罢"，似通"摆"或"羆"，即摇摇摆摆、手舞足蹈或像熊羆那样步履蹒跚，乃指欢庆者的舞姿。舞蹈在这里，就是直接用于庆颂战功的。至于《象传》所谓"荐之上帝，以配祖考"，则一语道破披着"巫"之外衣的原始乐舞那娱悦神灵的用途，所以王国维说："歌舞之兴，其始于古之巫乎"，"巫之事神，必用歌舞"。(《宋元戏曲考》)鉴于原始舞蹈本来有此功用上的分野，到了西周，人们便从艺术形式上把舞蹈分为文舞和武舞，所谓"舞干、羽于两阶"(《书·大禹谟》)。"干"指舞者执盾、戈之类兵器，干舞即武舞；"羽"指舞者执羽毛之类饰物，羽舞即文舞。干舞最初既有模拟战争动作的特点，又有战斗动作操练的性质，它既是战争的预演和再现，又是战争的动员和出征。"这种干舞，在最初它是独立的。它作为整个战争行动的一个组成部分，作战前起着动员、组织和训练人员的作用，作战之终起着庆贺与重温战斗的作用。"[1]以动物羽毛作道具及饰物的羽舞，起初则是一种用于祭

---

[1] 于民：《春秋前审美观念的发展》，中华书局1984年版，第46页。

祀神灵的巫舞或图腾舞,即《周礼·地官·舞师》所谓"舞四方之祭祀"。类似原始舞蹈在汉字文化中亦有体现,如"美"字,据康殷考证,就"象头上戴羽毛装饰物如雉尾之类的舞人之形",而证诸民俗,"这类化装、假面舞流行于大部分较原始的民族、地区,是宗教活动也是娱乐"[1]。巫、舞未分的原始羽舞,在《易经》中不乏投影,如《渐·上九》:"鸿渐于陆,其羽可用为仪。"据高亨考证,"仪盖舞具也",而"舞谓之仪,舞具亦谓之仪,一义之转耳"。[2]该卦爻辞意为,水鸟飞上大山,它的羽毛可以作文舞的道具。至于《易·夬》卦辞"扬于王庭"之"扬",从李镜池说,则是指"拿着兵器的武舞",该语意为:"在王庭中跳武舞,是快乐事。"(《周易通义》)此二卦,便是"舞分文武"见于《易》的直接证据。除此以外,为《易》与舞蹈之关系提供旁证的尚有:世界舞谱史上现存最古老的舞谱,有研究者认为,应首推数千年来辗转流传于华夏民间的"八卦舞谱"。该舞谱是"以太极八卦为蓝本,记录舞蹈的形式结构的一种图谱",它"以阴阳为纲纪,以八卦的方位为舞蹈动作运动的向标,五行定位",[3]相传为夏禹所创("禹步")。

以上表明,《周易》这部上古文明典籍中的艺术信息确实丰富,诸如此类信息对于华夏艺术及美学来说具有重要的原型意义。唯其如此,当年郭沫若在其所著《中国古代社会研究》中描述"《周易》时代的社会生活"时,要辟出专门章节来讨论"在

---

[1] 康殷:《文字源流浅说》,荣宝斋1979年版,第130—131页。
[2] 高亨:《周易古经今注》卷四,中华书局1984年版,第317页。
[3] 周冰:《巫·舞·八卦》,新华出版社1991年版,第85页。

易经中所能寻出的当时的艺术",除诗、乐、舞以外,还有"装饰""雕塑"等。囿于篇幅,此处不再叙说。

第二节 华夏美学智慧

携带着上古文明信息的《周易》给华夏艺术的滋养,更深层亦更本质地体现在对后者的美学思维及观念上的理论诱发。"易道广大,无所不包",不论天文、地理还是乐律、韵学,"皆可援《易》以为说"(《四库全书总目·经类·易类一》)。华夏艺术史上涉及本体论、创造论、风格论等诸多美学命题及理论大都可援《易》加以指说。

太极八卦是伏羲文化的标志(甘肃天水伏羲庙,笔者拍摄)

天人观念

"天人合一"观念贯穿于整个华夏文化史,是中国本土文化发展的基础和根源，它标示着中国文化区别于主张主客二分的西方文化的异质性特征。该术语由宋代哲学家张载于《正蒙·乾称》中率先使用，但作为一种文化意识，其在先秦学术中早有鲜明凸现。天人观念涉及人和自然的关系，它是中国传统哲学和美学的重要基础。天人关系除了人与自然的物质关系外，还包括在此物质交往关系中形成的人与自然的精神关系，以及人对主体自身在自然、社会中的角色、使命、作用、地位的自我意识。概而言之，它是人对自身与自然、社会之物质和精神关系的反思。"天人合一"观在华夏文化史上源远流长。先秦诸子各有其天人观，人称《周易》为"儒道两家统宗"（熊十力语），其"天人合一"观首先体现在天人相配。《周易》把天、地、人视为宇宙的三大部分，以此为基础构建起"天人合一"的宇宙论，并通过卦象体现出来："经卦"的三爻，从下到上，分别表示地、人、天的位置；"别卦"的六爻，则以初、二两爻表示地道，三、四两爻表示人道，五、上两爻表示天道。在此"三材"统一的宇宙模式中，位于天地之间的人是能动创造的主体，而人的创造又要遵循自然的法则或规律，故《乾·文言传》说："夫大人者，与天地合其德，与日月合其明，与四时合其序，与鬼神合其吉凶，先天而天弗违，后天而奉天时。天且弗违，而况于人乎？况于鬼神乎？"这是说，"人道"一旦效法"天道"，就能够无往而不利。所以，《观·象传》又提出圣人"观天之神道"而"以神道设教"，从而教化天下。立足于此，《易传》强调人文源于天文，指出"天垂象"而"圣人象之"，"河出图"而"圣人则之"（《系辞上》）。《周易》对"天人合一"的解说固然有其历史局限性，但撩开笼罩其外的神秘面纱，从中不难发现我们祖先对人类与自然亲和关系的认同。这种认同，借现代心理学术语言之，又是建立在物我"异质同构"之深层文化心理上的。古代中国人讲"体异性通"，现代西方人讲"异质同构"，二者在承认物与我、人与自然有内在结构上的对应、相通、合拍这点上，实乃不谋而合。

格式塔心理学家阿恩海姆指出："那推动我们情感活动起来的力，与那些作用于宇宙的普遍性的力，实际上是同一种力。只有这样去看问题，我们才能意识到自身在宇宙中所处的地位，以及整体的内在统一。"[1] 由于这种物我认同心理，东方式的中国审美和艺术总是把自身原则向着"天人相与"也就是"天地与我同根，万物与我一体"的高度自觉提升，格外强调艺与道、天与人的和谐统一，如：音乐——"清明象天，广大象地，终始象四时，周还象风雨"（《乐记·乐象》）；诗歌——"俱道适往，著手成春"，"天地与立，神化攸同"（司空图《二十四诗品》）；绘画——"圣人以神法道"，"山水以形媚道"（宗炳《画山水序》）；书法——"用笔者天也，流美者地也"（《佩文斋书画谱》卷五引钟繇语）；园林——"会心处不必在远，翳然林水，便自有濠濮间想也，觉鸟兽禽鱼，自来亲人"（《世说新语·言语》），造园之妙在于"虽由人作，宛自天开"（计成《园冶·园说》）。再看造物工艺，《天工开物》之"乃服"篇谈的是纺织，其曰："天孙机杼，传巧人间。从本质而见花，因绣濯而得锦。乃杼柚遍天下，而得见花机之巧者，能几人哉？……盖人物相丽，贵贱

---

[1] 鲁道夫·阿恩海姆：《艺术与视知觉——视觉艺术心理学》，滕守尧、朱疆源译，中国社会科学出版社1984年版，第625页。

有章，天实为之矣。"正是在"天人合一"思维的引导下，中国艺术家惯以体悟方式整体观照宇宙造化，不重以析理态度对天地万物作肢解式认识；也正是受此心理定势影响，华夏民族在跃动着生命意识的符号化的艺术世界中总是孜孜追求天人和谐、物我共感，努力将个体有限人生融入无限宇宙生命的洪流中，由此获取一种超越性的永恒感和不朽感。涉及意象创造、作品真实和创作方法等的中华美学形神论之底蕴正在于此，其有"自成体系而逻辑严谨的理论构造，这就是以'神'为轴心向两极展开，一端为'形'，由'形神关系'组成该理论的表层结构；一端为'道'，由'神道关系'组成该理论的深层结构，而箭头所示的从'形'到'神'至'道'的递进，正是艺术家审美创造步步深化的审美历程，也就是中国艺术家借助审美创造努力摆脱'形而下'之局限朝着'形而上'之澄明实现心理超越的不懈过程。……从更深层更内在的文化原因看，从理论构造上将形神关系和神道关系统摄一体的还是华夏民族那根深蒂固又源远流长的'天人合一'意识。换言之，正是在这主客相契、物我共感的'天人合一'观念统摄下，华夏民族在我之神和物之神、个体生命和宇宙生命之间觅得沟通、悟出同构，并将此得自直觉体悟的漾溢着终极关怀光辉的生命超越感艺术地形诸作品以存之不朽"[1]。中国山水诗画艺术的兴起和发达早于西方，究其根源，也不能不归结到"天人合一"这东方式民族文化心理积淀上。

---

[1] 李祥林：《写形·传神·体道——中国古典美学形神论述要》，《学术论坛》1997年第2期。

生生法则

黑格尔在《美学》中论及东方艺术时曾指出,古代"东方所强调和崇敬的往往是自然界的普遍的生命力"。事实上,宇宙造化在作《易》者眼中正是充盈着勃勃生机的一大活体,《易传》即再三强调:"天地之大德曰生","日新之谓盛德,生生之谓易"。甲骨文中"易"乃是象形兼会意的字,其涵义并非如常人理解的仅仅是"日出为易",而是兼含日出、日落二象,恰恰是循环往复、生生不已之符号象征。[1] 放眼茫茫宇宙,无论天地万物还是人类社会,莫不处于生生不息、运动变化的无限长河之中。就自然而言,"日月相推而明生焉""寒暑相推而岁成焉"(《周易·系辞下》);就人事而言,"通变之谓事"(《周易·系辞上》)、"功业见乎变","变则通,通则久"(《周易·系辞下》)。《易》之卦象是古人仰观俯察宇宙万物而"拟诸形容,象其物宜"(《周易·系辞上》),凝思积虑创造出来的具有生命意义的符号体系。在此体系中,生机与活力的观念又与阴阳气化的思想融合一体,这尤其体现在《咸》卦中。该卦《彖传》释曰:"咸,感也。柔上而刚下,二气感应以相与。"又云:"天地感,而万物化生。"咸之卦象,上为兑,属阴卦,故称柔;下为艮,属阳卦,故称刚。按照常理,阳刚居上不居下,阴柔居下不居上,但组成此卦的二体则是"柔上而刚下",位置的变易,形象地反映出阴阳二气交流相感而化生天地万物。又,该卦《象传》曰:"山上有泽,咸。"按《说卦传》中的"艮为山""兑为泽",《咸》之卦

---

[1] 李祥林:《"日出为易"补说》,《江海学刊》1995年第5期。

象所示为山顶上有池泽。水居上则浸润在下的山，而山下的蒸气又不断上升，此乃山之能容泽、泽之能通气的交流互感之象，故《说卦传》云："山泽通气，然后能变化，既成万物也。"在此，"气"是生命的现象和表征，"阴阳二气"是生命的机制，"交易互感"则揭示出"生命在于运动"的哲理。"生生之谓易""天地之大德曰生"，世间万事万物的蓬勃生机与无限活力正是在不断运动、发展、变化的过程中得以体现的。

《周易》之上经以"乾""坤"（阴阳为万物之父母）居首，下经以"咸"（阴阳交感而化生万物）开篇，如此体例安排足以证明它对生生不息之宇宙生命法则的强调突出。《周易》这种视世界唯有在运动变化中存在和发展的辩证思想，正是具有东方特色的华夏艺术和美学一向重视力量、气势、运动、韵律之美的哲理基石。中华传统美学向来看重的往往不是作为物质实体的对象，而是构成对象之活的灵魂的各部分之间或不同对象之间相互作用的功能、关系和动态，凡此种种，皆与《易》有瓜葛。在《周易》以符号体系展示的宇宙生命图景的启示下，华夏艺术家总是把艺术作品、审美形象看作是一种充盈着情感与活力的生命形式，主张"以形写神"，追求"神与道通"。历朝历代，诗论、文论重视"风骨""气势"，书论、画论推崇"多力丰筋""气韵生动"，无不体现出这种意识。"气韵生动"无非是提醒艺术家注意从内在生命节奏角度去动态把握艺术表现。一部作品若无淋漓的元气和盎然的生韵，就类同死物，谈不上有任何美感。"'画骨'是中国传统画学的重要思想……早在先秦时期，哲学家们就从人的自然生命角度指出了'骨'与'生命力'的强弱有密切关系('神'作为'形之君',跟'生命力'正是相通的概念),肯定的是要有劲健旺盛的生命力,就务必强其筋壮其骨。《老子》主张'强其骨',《易传》提倡'刚健'精神,都是这个意思。肇自先秦的这一思想,为后世主张'画骨传神'的文艺美学观奠定了哲学基础。"[1] 南朝宋画家宗炳讲"山水质有而趣灵",又说"山水以形媚道",要求作画者"以神法道"而观画者"澄怀观道"(《画山水序》),他张扬再三的这个"道",无非是指山水那勃发无尽的内在生命力。"法道"和"观道"——这是华夏美学从生命哲学高度所悬示的至高审美境界,也是华夏艺术精神的核心所在。在此意义上看,华夏美学体系里诸如动静、刚柔、虚实、疏密、浓淡、奇正、方圆、曲直之类范畴绝不仅仅是外在形式法则的指称,它们本身就是内含生命活力的审美元素,其运用能给艺术作品带来气象万千的美学效果。

意象原理

在闻一多看来,《易》中的象与《诗》中的兴"本是一回事,所以后世批评家也称《诗》中的兴为'兴象'。西洋人所谓意象、象征,都是同类的东西"[2]。西方意象派(imagism)诗歌崛起于20世纪初,其美学之根,除了中世纪欧洲哲学和柏格森美学外,还有重视意象创造的中国古代诗歌。在中国,"意象"本是传统美学中极富民族特色的范畴,它是艺术家通过审美感悟融汇

---

[1] 李祥林:《中国书画名家画语图解·顾恺之》,中国人民大学出版社2003年版,第48—49页。

[2] 闻一多:《神话与诗》,上海人民出版社2006年版,第99页。

主体意趣所创造的艺术形象的指称,"就其涵括的指称范围而论,既有具象的形而下的器,也有恍惚无形的形而上的道,还有深蕴于人心的情与理,简直是无所不包"[1]。作为定型术语,"意象"在汉代王充《论衡·乱龙》中已见。该篇先引《易》语"云从龙,风从虎",接着列举古代宗教祭祀及朝廷礼仪中的土龙、木主及熊、麋、虎、豹等"画布"图像,然后指出:"夫画布为熊、麋之象,名布为侯,礼贵意象,示义取名也。"虽非直接谈艺术,但其"立意于象"说已开后世绘画、诗歌艺术意象论之先河。作为美学概念,"意象"直接用于文论,始见《文心雕龙·神思》。刘勰将"意象"同艺术形象、艺术想象和审美情感联系起来,提出"独照之匠,窥意象而运斤",并以之为"驭文之首术",充分肯定了意象在文艺创作中的重要地位和作用,自此,重意象创构的美学思潮在中华艺术史上奔流不绝;唐、宋、元、明、清乃至近代,以"意象"论艺者,代不乏人。唐代张怀瓘自称其作草书有若擒虎豹执蛟螭,具蚴蟉盘旋之形势,"探彼意象,入此规模"(《法书要录》卷四引);清代画家方薰亦称"作画时意象经营而至丘壑成于胸中,落墨自然神速"(《山静居画论》)。"古诗之妙,专求意象"(《诗薮·内编》),明代诗学家胡应麟有此断语;前七子之一王廷相也说:"夫诗贵意象透莹,不喜事实黏著。"(《与郭价夫学士论诗书》)在中国艺术家和美学家眼中,艺术创作过程即是意象营构过程,艺术作品大功告成之日也就是意象结构系列瓜熟蒂落之时。推重意象形态的艺术,是中华美学的一个优良传

---

[1] 汪裕雄:《意象探源》,安徽教育出版社 1996 年版,第 331 页。

统。究其渊源，意象美学智慧的萌芽，无疑又当溯及《易》之本文。"象"在《周易》中提出，尤其是易象的发明和运用，都隐融着一定之"意"；相反，有"象"无"意"或有"意"无"象"，均不可思议。"观物取象"是《易传》用以说明易象来源的命题，所谓仰观俯察、"近取诸身，远取诸物"（《系辞下》），其内涵既包括"物中观象"（客观）又包括"意中取象"（主观）。由此我们明白，"象"之创造不是"S—R"的结果，而是"S—AT—R"的产物（借用瑞士心理学家皮亚杰的发生认识论公式），是既向外摄取自然物象又向内得诸主体心灵的能动创造之物。力主"外师造化，中得心源"的中华美学意象论的奥妙，就在于此。

"立象尽意"是来自《周易》的又一重要命题，若说"观物取象"指涉"象"的创造过程，"立象尽意"则关乎"象"的表达功能。"象""意"问题是针对"言""意"问题而提出的。在注重"以象为教"（章学诚语）的《周易》看来，"象"不但和"言"一样具有表达"意"的功能，而且比"言"更能"尽意"，故"圣人立象以尽意"（《系辞上》）。众所周知，"言"诉诸逻辑思维，"象"诉诸形象思维，后者之所以在表达"意"上胜过前者，盖因它是以自身整体形象的全部生动性来直观、立体地向人展示"意"之全部，而不是有如在"言"中那样要经过概念、判断、推理等的层层剥离后再提示给读者。中国艺术不提倡表达概念，而是执着于生命意识和宇宙情调的开掘，对此语言是苍白无力的。"象"作为一种交织多种意念的集合体，它可以不必确指某种概念，可以表达言语无法表达的意绪，让人面面观照，曲尽以一总万之妙，产生言有尽而意无穷的效果，因此王廷相说：

"嗟乎！言征实则寡余味也，情直致而难动物也，故示以意象。"（《与郭价夫学士论诗书》）本土文学艺术这种"立象尽意"的美学主张，实肇源于《易》之"象教"原理；至于魏晋玄学家发挥《易》理而推导出的"得意忘象"说，又给后世艺术美学中的"境生于象外""离象得神"诸说以直接理论启示。当今中国美学界，有论者提出以"意象"来阐释美，人们对此有争议，而事实上，"提出'美即意象'者有一良苦用意被重视不够，这就是努力用本土话语来解答美学问题"[1]。不可否认，对传统意象理论的挖掘，也为当代中华美学话语体系建构提供着重要资源。

刚柔学说

阴阳刚柔对立统一，此乃《周易》朴素辩证法之核心，也是华夏美学方法论的基础。按《周易》的宇宙发生模式，天地皆由阴阳二气相互作用而生成变化，阴阳又各有不同的性质特点。《易》之六十四卦以"乾""坤"居首，"乾"卦由阳爻（—）组成，代表天，天是动的，具刚健性质；"坤"卦由阴爻（--）组成，代表地，地是静的，具柔顺性质。"飞龙在天"，是《乾》卦用来指说阳刚之美的象征；"牝马行地"，乃《坤》卦借以代言阴柔之美的比喻。《易传》云："天尊地卑，乾坤定矣……动静有常，刚柔断矣。"（《系辞上》）"乾，阳物也；坤，阴物也。阴阳合德而刚柔有体，以体天地之撰，以通神明之德。"（《系辞下》）《周易》有关阳刚阴柔的文化意识，直接给后世华夏艺术美学以

---

[1] 李祥林：《当前中国美学界围绕意象问题的争论之我见》，《西北大学学报》（哲学社会科学版）2015年第5期。

智慧熏染。《乐记·乐象》已见有乐之"清明象天,广大象地","倡和清浊,迭相为经"之说。三国魏曹丕则借阴阳指说文学风格,他在评论建安七子时提出:"文以气为主,气之清浊有体,不可力强而致。"(《典论·论文》)气分清浊,犹分阴阳、刚柔。"清"指俊爽豪迈的阳刚之气,"浊"指凝重沉郁的阴柔之气。作家的气质、个性有清浊刚柔的不同禀赋,这就决定了其作品风格呈现的千差万别。刘勰在《文心雕龙》中进而为此说张本,其论文说艺每每将作品风格之美与作者才性气质联系起来,曰:"气有刚柔"(《体性》)、"文之任势,势有刚柔"(《定势》)、"刚柔以立本,变通以趋时"(《镕裁》)。司空图《二十四诗品》列诗之风格意境美24种,约而言之,不外乎两大类:以雄浑、劲健、豪放为代表的阳刚之美和以冲淡、纤秾、疏野为代表的阴柔之美。严羽《沧浪诗话·诗辨》云"诗之品有九",即高、古、深、远、长、雄浑、飘逸、悲壮、凄婉等,总"其大概有二;曰优游不迫,曰沉着痛快"。细加推究,"优游不迫"与"沉着痛快"正有阳刚阴柔之别。有清一代,画家王原祁说"声音一道,未尝不与画通。音之清浊,犹画之气韵也"(《麓台题画稿》),个中奥妙他亦有所心领。甚至景德镇的制瓷之美,在前人笔下也有如此描述:"此镇从古及今为烧器地,然不产白土。土出婺源、祁门两山:一名高梁山,出粳米土,其性坚硬;一名开化山,出糯米土,其性粢软。两土和合,瓷器方成。"(《天工开物·陶埏》)虽是造物实践的总结,亦不无易理的浸润。

桐城派文论家姚鼐集前贤诸说之大成,明确标出"阳刚之美"和"阴柔之美"的概念并从美学高度上展开论述。他说:

"文章之原，本乎天地。天地之道，阴阳刚柔而已，苟有得乎阴阳刚柔之精，皆可以为文章之美。"（《海愚诗钞序》）并对这两种美各作了形象生动的描述："其得于阳与刚之美者，则其文如霆，如电，如长风之出谷，如崇山峻崖，如决大川，如奔骐骥"，反之，"其得于阴与柔之美者，则其文如升初日，如清风，如云，如霞，如烟，如幽林曲涧"。认为阳刚与阴柔的美学风格都是创作主体才性、气质的表现，"为文者之性情形状，举以殊焉"，则作品风格各异。（《复鲁絜非书》）尤须注意的是，《周易》虽区分阳刚与阴柔，却未将二者截然对立。在《周易》看来，阴阳刚柔本是彼此渗透、相济为用的，曰："坤至柔而动也刚，至静而德方"（《坤·文言传》）、"内阳而外阴，内健而外顺"（《泰·彖传》）、"说而顺，刚中而应，大享以正，天之道也"（《临·彖传》）。《易经》以乾、坤二卦开头，经六十四卦反复变化，以既济、未济二卦告终，从卦象组合上看，末尾二卦正好是表示阴阳刚柔的开头二卦的交互错综、参和统一。这刚中有柔、柔中有刚的辩证思维，无疑对姚鼐有直接影响，他分析文艺作品时就认为阳刚美和阴柔美之间并无绝对鸿沟，两者有"偏胜"却不可"偏废"，其云："一阴一阳之为道。夫文之多变，亦若是已。糅而偏胜可也，偏胜之极，一有一绝无，与夫刚不足为刚，柔不足为柔者，皆不可以言文。"（《复鲁絜非书》）又道："阴阳刚柔并行而不容偏废，有其一端而绝亡其一，刚者至于偾强而拂戾，柔者至于颓废而闇幽，则必无与于文者矣。"（《海愚诗钞序》）近人刘永济论元曲风格，进而提出"阳柔""阴刚"的美学概念（《元人散曲选·序论》），说前者如"炎曦丽物，烈火熔金"而后者似

"霜月凄魂，冰澌折骨"，则更是上述辩证思想的发挥。

太极思维

"人文之元，肇自太极。"（《文心雕龙·原道》）从根本讲，考察东方文化，研究中国思维，务必重视"太极"二字。中国哲学讲"阴阳和合"，中国诗歌讲"心物感应"，中国绘画讲"虚实相生"，中国书法讲"方圆相参"，中国音乐讲"动静相宜"，中国戏曲讲"刚柔相济"，凡此种种，莫不归结为"太极"。漆艺名著《髹饰录》出自明代能工巧匠之手，首注者杨明在序中即云"新安黄平沙称一时名匠，复精明古今之髹法，曾著《髹饰录》二卷，而文质不适者，阴阳失位者，各色不应者，俱不载焉"；黄氏该书分"乾""坤"两集，"乾"集开篇云"凡工人之作为器物，犹天地之造化。所以有圣者，有神者，皆示以功以法。故良工利其器。然而利器如四时，美材如五行。四时行、五行全而物生焉，四善合、五采备而工巧成焉"，而"坤"集开篇云"凡髹器，质为阴，文为阳。文亦有阴阳"，以"描饰为阳"而"雕饰为阴"，诸如此类，可见全书是以生生、和合的太极精神为匠人行艺之纲领的，其受"易"理浸润明显。作为中华审美文化的基元范畴，"太极"模塑着民族的思维方式，定向着民族的价值追求，成为积淀在民族心理深处又无时无刻不显影在生活及艺术中的原型。"言阴阳则太极在其中矣，言太极则阴阳在其中矣。"（罗钦顺《困知记》卷上）阴阳观念作为华夏文化的轴心话题，见于《易经》，也见于先秦其他典籍，如："论道经邦，燮理阴阳"（《尚书·周官》）、"万物负阴而抱阳，冲气以为和"（《老子》四十二章)、"一清一浊,阴阳调和"(《庄子·天运》)、"天地合而万物生,阴阳接而变化起"(《荀子·礼论》)、"凡物不并盛,阴阳是也"(《韩非子·解老》)、"阴阳者,天地之大理也"(《管子·四时》)、"四时也,则曰阴阳;人情也,则曰男女"(《墨子·辞过》)、"天者,阴阳、寒暑、时制也"(《孙子·计篇》)、"太一出两仪,两仪出阴阳"(《吕氏春秋·大乐》)。归根结底,太极思维以阴阳和合为核心,其源头在《易》,"易有太极,是生两仪"(《周易·系辞上》),"阴阳者,二仪也"(王夫之《周易外传·说卦传》)。阴阳和合的太极观念在中华文化史上由来甚古,源远流长,影响广泛。

根据考古发现,"阴阳鱼"式旋涡纹样在新石器时代屈家岭文化的陶制纺轮上已出现,还有马家窑彩陶纹样中的对鸟旋飞式图案,它们作为原始艺术中体现华夏先民智慧的"有意味的形式"(significant form),可谓是太极意象的原始模型;在四川广元嘉陵江畔千佛崖,有开凿于武则天时期以供奉弥勒佛的莲花洞之洞顶,饰以彩色的莲华图案中央有二鱼迎合的太极八卦图颇为醒目。纵观整个中华文化体系,哲学概括力极强的太极思维可谓是无所不包,处处显影。"自男女而观之,则男女各一其性,而男女一太极也。自万物而观之,则万物各一其性,而万物一太极也。"依此类推,"盖合而言之,万物统体一太极也;分而言之,一物各具一太极也"。换言之,"盖五行异质,四时异气,而皆不能外乎阴阳;阴阳异位,动静异时,而皆不能离乎太极也"(朱熹《〈太极图说〉解》)。大则天地万物,小则珠玑弹丸,远则宇宙造化,近则人类社会,凡此种种,都因这"一而二,二而一"

的太极思维而神妙无穷、意趣无尽。作为"阴阳和合"的图示化直观象征,由黑白鱼或阴阳鱼组成的太极图标志着"至广至大,至精至微,至中至正"(蔡清《易经蒙引》)的极性思维。因此,王夫之说"太极者乾坤之合撰",气有乾、坤之分,但二者不孤立存在,它们总是相互包涵并结合成统一体,"是故乾纯阳而非无阴,乾有太极也;坤纯阴而非无阳,坤有太极也"(《周易外传·系辞上》)。研究中华美学与艺术,不可不关注这无所不在又无所不包的太极思维。当代中国美学领域,有学者提出建立"太极美学"的构想并就"太极美学方法论"等进行阐述,[1] 如谈到石涛的"一画论"时指出"太极与无极、阴与阳、一与多、一与万,'一画'与'万画'的对立统一的和谐辩证法是'一画'之法的哲学美学基础"[2],凡此种种,不无道理。

德国哲学家卡尔·雅斯贝尔斯的著作中有"轴心时代"之说,指的是公元前 800 年到公元前 200 年间世界上若干重要民族所发生的精神过程。事实表明,在人类历史上这个重要时期不约而同涌现的灿烂思想成就,为确立各自民族的文化特质和指示各自民族后来的文化走向起到了决定性作用。借其说法,《周易》作为中华文化史上"轴心期"的产物,其重要、巨大、深远的意义不言而喻。《易》对华夏艺术美学的人文启迪可指说处尚多,如:古人讲"绚烂之极,归于平淡"(苏轼)、"真绚烂则必平淡,

---

[1] 有关情况,请参阅杨成寅《太极美学方法论》、李祥林《回归中国文化和中国美学的本根》等,载冯靖国主编《太极哲学与中国文化之命运——杨成寅太极哲学思想研究》,巴黎太平洋通出版社 2010 年版。

[2] 杨成寅、成立、黄岳杰编:《中华美学命题概论》,上海三联书店 2015 年版,第 274 页。

至平淡则必绚烂"（叶燮），这涉及浓与淡之艺术辩证法的美学命题，即可上溯《周易·贲卦》的"贲象穷白"观念；人称"西洋画是加法，中国画是减法"，传统国画奉守"笔简为贵"的审美理念，则深受"易道尚简"之哲学意识的沾溉；[1] 还有，诸如"忧患"意识（涉及创作动力论）、"通变"思想（涉及艺术发展论）等，皆值得艺术界和美学界关注。总而言之，阅古旨在知史又通今，尤其是在人文科学发展的当今社会，正值创建"中国特色"和"中国气派"的美学话语体系呼声高涨之时，对于《周易》这类本土文化史上的源头性著作，我们没理由不重视。

第三节　易学之多民族观

"易道广大，无所不包"，此语亦可放在中华多民族文化语境中来理解。首先，是说来自中原的易学理论在中华大家庭内部有着跨地域和跨族群的传播，汉族以外若干民族或多或少，或直接或间接地受到《易》的影响；其次，是说"易"作为先民智慧的结晶，其所表达的哲学思想、美学原理在汉族之外其他民族中有精神沟通。用比较文学术语来讲，前者可以从族际传播入手进行"影响研究"，后者可以从人心相通入手进行"平行研究"。

在长期族群互动和文化交融的多民族中国，《易》对各民族文化的影响，《易》与各民族思想的相通，是值得学界特别关注

---

[1] 关于审美范畴"淡"与"简"，请参阅李祥林《说"淡"——中国古典美学范畴札记之一》，《学术论坛》1991年第1期；《"简"：传统画学的审美取向和中国美学的重要范畴》，载《审美文化丛刊》（第一辑），汕头大学出版社1994年版。

并进行更多研究的课题。在广西三江农村,侗寨鼓楼的门楣上屡屡有见"乾""坤"二卦符号,而众所周知,鼓楼之于侗族村寨具有文化心脏般的意义,既是村寨集会议事的中心,又是人们拜祭、休息以及娱乐的场所,还是寨老处理纠纷、断是非的公堂。遇到紧急情况,在此击鼓聚众;平时,青年男女交往、谈情说爱也会在这里。

侗寨鼓楼门楣上刻着"乾、坤"二卦(广西三江程阳八寨,笔者拍摄)

去四川米易,走访傈僳族村寨,可看见广场地面绘有太极八卦。去甘肃文县,从白马人仪式活动中使用的扇形羊皮鼓上,也看见绘有太极八卦图案。[1] 贵州布依戏的形成受到移民带来的汉文化影响,其剧目《武显王闹花灯》中不但有正气凛然的包公形象,该角色脸谱也"以眉心为界,右脸涂白色,左脸涂黑色,表示日管阳,夜管阴"[2],折射出传统阴阳理论。"中国少数民

---

[1] 任跃章主编:《中国白马人文化书系·信仰卷》上册,甘肃人民出版社2015年版,第186页。

[2] 王文章主编:《中国少数民族戏曲剧种发展史》,学苑出版社2007年版,第373页。

族哲学认为,宇宙万物不仅处于永恒的运动、变化、发展之中,而且,还具体提出了宇宙间的一切事物都是由'匹配成对'而生存、繁衍和发展的思想。比如,水族古歌《花妮配》中说:'开天地,有个花妮,养育了她的儿女。自从她生下我们,将万物匹配成对。'这里的'匹配成对'就是矛盾的意思,如白与蓝、红与绿、竹与梢、山与岭、天与地、贫与富、好与坏、男与女、高与矮、太阳与月亮等,都是天母'花妮配'的,水族的这种'匹配成对'的思想,虽然是将人类之男女和动物的雌雄作了简单、朴素的类比、引伸和推广出来的,其中许多'对'也并不'匹配'。但这里已经把'成双成对''相依相靠''各配阴阳'的关系看作是'通天下'的普遍关系,无疑包含了原始的阴阳对立统一的思想。"[1]水族神话中的花妮又称牙俣,是开天辟地的创世

傈僳族村寨地面绘有太极八卦(四川米易县新山傈僳族乡,笔者拍摄)

---

[1] 佟德富:《中国少数民族哲学概论》,中央民族大学出版社1997年版,第137—138页。

女神。"分天分地分公母",此乃羌族释比经所唱,其民间信仰中神灵、邪怪、皮鼓、黑白等常以公母形式成双成对,"羌人相信,大自然中的一切皆是阴阳相配、阴阳互生的结果。高低、亮黑、清混皆指阴阳。……这种以神、鬼的性别来体现的阴阳观实际上也是羌族民间存在的生殖崇拜观念的独特表现"[1]。关于永恒的运动,"生生之谓易"(《易传》),类似辩证思维亦见于中国少数民族,如用老彝文书写并流传在云南楚雄、红河等地的史诗《查姆》讲述万物起源时说:"万物在动中生,万物在动中演变。不动嘛不生,不生嘛不长,这就是天地的起始,这就是万物的来源。"[2]

"样样东西都相配,地上的东西才不绝",反映在彝族史诗中的这种雌雄观进一步发展,有如《易经》,"就进入了脱离男女、雌雄的简单比拟,上升到更具普遍性的认识阶段,产生了哎和哺、啥和额、阴和阳等抽象的对立概念"[3],如《西南彝志》把万物的本原分为阴和阳、哎和哺、青气和红气等。彝文古籍《土鲁窦吉》,汉语意为"宇宙生化",是一部在黔西北民间流传的彝族天文历法著作。该书整理翻译者曾对比"十月彝历"和"十二月彝历",据其所言,前者乃"根据'鲁素'十生五成图,以老阴老阳为主体的八卦,相生相合的统一规律,九黄星轮流值日,六气变通,三生人道的三六九为数理而拟定",后者乃"根据

---

[1] 《羌族词典》,巴蜀书社2004年版,第238—239页。
[2] 云南省民族民间文学楚雄、红河调查队搜集,郭思九、陶学良整理:《查姆》,云南人民出版社1981年版,第14—15页。
[3] 佟德富:《中国少数民族哲学概论》,中央民族大学出版社1997年版,第139页。

'付拖'五生十成图,以少阴少阳为主体的八卦,相逢相克的对立统一规律,二十八宿星轮流值日,四时变通,天时地利人和的二四八为数理而拟定"[1],均提及"阴阳"和"八卦"。《土鲁窦吉》全书三卷三十四章,其中亦有《八卦定八名》《九宫定八卦》等篇章。又如,开篇《清浊气产生》云"上产生徐徐清气,下产生沉沉浊气。徐徐的清气,沉沉的浊气,它俩相配合",传若干代后到恒斯索之时,"斯索为乾父"而"雅武为坤母",等等。《土鲁窦吉》传承于毕摩世家,其中述及的若干原理与易象易理不乏相通之处。有论者指出,"在《土鲁窦吉》一书中,书先而图后,既有图书之形,也有图书之数。洛书的彝族名称为'鲁素',译为'龙书';河图的彝族名称为'付托',译为'联姻'。龙书表达的是十月太阳历,河图表达的则是十二月太阳历"。又,2006年出版的《彝医揽要》,"彩页插图中有太极图、八卦图、五行与五脏的对应图等";而在彝族世居之地四川叙永天台山,至今尚存河图洛书石刻文物。[2]彝族文献中的八卦体现着彝族先民对宇宙八方的认识,有研究者谈到毕摩经典时亦指出:"彝八卦的卦名是:哎、哺、且、舍、鲁、朵、哼、哈,相当于汉八卦的乾、坤、离、坎、震、巽、兑、艮。伏羲八卦与今彝八卦相同,前四卦为阳卦,后四卦为阴卦。"[3]从图像看,彝文古籍中演示天地阴

---

[1] 王子国整理、翻译:《土鲁窦吉》,贵州民族出版社1998年版,序言。
[2] 刘明武:《河图洛书揭秘——彝族文化中的河图洛书》,《中国文化研究》2009年第1期;罗曲:《彝族的"付拖"(河图)"鲁素"(洛书)解读》,《文史杂志》2017年第5期。
[3] 庹修明:《巫傩文化与仪式戏剧研究》,贵州民族出版社2009年版,第100页。

阳二气变化的"五生十成图"(付拖)[1]与汉地易学的河图多有类似,彼此间这种相契相通值得深入探究。[2] 关于河图洛书的存在,"疑古派"是有质疑的,但随着长沙马王堆"帛书周易"的出土以及阜阳"太乙九宫占盘"的面世,学界的疑问才渐渐消散。地下文物之外,寻求田野遗存,彝族的"五生十成图"等是不是也为我们研读古老易学提供了"礼失而求诸野"的某种例证呢?

就连创立太极八卦的伏羲,对少数民族地区也不是陌生的对象。据田野资料,云南彝族撒尼支系祭司就说,"'伏羲'相传是我们南方民族的老祖,也是我们少数民族的圣王,因此我们萨弥人供奉他。从前庙里的主尊便是伏羲氏,他身披树叶,手捧'图文八卦',蛇身人首,龙唇龟齿,是一个半人半神的形象"[3]。这种文化传播,从新疆阿斯塔那墓出土的伏羲、女娲绢画不也能看到么,尽管画中人物造型已明显"胡"化。凡此种种,可谓有趣。此外,"《易》以道阴阳"(《庄子·天下》)。华夏史上,古有三易,《周易》以乾、坤开头,商易以坤、乾开头,后者体现出更古老的文化意识,笔者对此有专文[4]论述。以"坤"居首,

---

[1] "'付拖'彝图名,意为'联姻',又称'五生十成'图,相当于后天八卦。"(王子国整理、翻译:《土鲁窦吉》,贵州民族出版社1998年版,第228页)

[2] 又,或以为:"要想对八卦的起源作出合理的解释,应该从古代筮法及其演变过程中寻找答案。"与古代筮法最相近的要数凉山彝族称为"雷夫孜"的占卜方法。(汪宁生:《八卦起源》,载黄寿祺、张善文编《周易研究论文集》第一辑,北京师范大学出版社1987年版,第97—99页)搁置源流问题不论,从学理相通层面看易学八卦和彝族占卜,此说亦可供参考。

[3] 吕大吉、何耀华总主编,何耀华等主编:《中国各民族原始宗教资料集成:彝族卷·白族卷·基诺族卷》,中国社会科学出版社1996年版,第328页。

[4] 李祥林:《〈归藏〉及其性别文化解读》,《民族艺术》2007年第2期。

透露出商易重雌尚柔的审美文化倾向。从性别研究角度看,《周易》以"乾"开头(乾、坤、震、艮、离、坎、兑、巽),比之更早的《归藏》,则以"坤"居首(坤、乾、离、坎、兑、艮、震、巽)。因此,被指认为商易的《归藏》又称《坤乾》,体现出的阴阳观念更见古朴原始。古典戏曲《荆钗记·春科》中,有考官(外扮)与举子(净扮)对话:"〔外〕夏商之时,《易》有何名?〔净〕夏《易》首艮,是曰《连山》;商《易》首坤,是曰《归藏》。"比较可知,"三易各有所本"而"不相袭也"(章学诚《文史通义·内篇·易教》),彼此非唯字数和卜筮方法有区别,连卦序排列也不同。关于这部先坤后乾的《归藏》,儒门鼻祖孔子也曾提及。研究中国文化史可知,这种源于上古的尚雌贵柔的审美观念脉流悠长、影响深远。艺术审美领域,中国的评论家好用"女"旁字,"妙"就是一个使用频率甚高的本土美学范畴(参见本书第五章),如"妙味""妙品""妙道"等,以及"妍丽""姣好"之类,多用女性形象、女性特征作喻;评论者又喜欢借用自然形象,文人墨客在文艺创作和审美鉴赏上往往偏爱平淡天然,皆流露出明显的尚阴重柔意识。再如,"词为艳科",宋代词坛派别虽有豪放、婉约之分,但后者源远流长并在数量上占绝对优势,"宋代有许多与豪放词风毫无关系的婉约词人,却很少有完全不写婉约词的豪放词人。……宋词委婉含蓄的美学特征是中华民族传统审美思想的典型体现"[1]。

着眼于跨文化,类似崇尚雌柔的文化意识多见于汉族以外的

---

[1] 张岱年、方克立主编:《中国文化概论》(修订版),北京师范大学出版社2004年版,第168页。

其他族群。以南方为例，如水族神话讲述天母牙俉开天地造人类，拉祜族史诗颂扬创世女神厄莎种葫芦育人类，等等。瑶是古老的民族，自称"勉""门""优勉""布努"等，其人口较多，支系不少。根据自称、他称及习俗，一般将瑶族划分为盘瑶、布努瑶和茶山瑶三大支系。"祝著节"是布努瑶的传统节日，亦称"达努节""祖娘节"等，为纪念创世女神密洛陀而设立，是在祖娘的生日即农历五月二十九，也是庆祝丰收的日子。密洛陀是布努瑶尊奉的大母神（the Great Mother），她受孕生下12个女儿和12个儿子，让儿子创造万物，再让女儿造育人缸并采集蜂蜡供密洛陀造人，由此繁衍出了瑶、壮、汉等各族。布努瑶语中，"'密洛陀'意即创造世界的母亲"[1]。又如，"彝俗以太阳为女性，月亮为男性。彝族贵左……认为太阳为女性居左，月亮为男性居右"，今天"泸沽湖的摩梭人和昙华山的彝族，都是以女性为大，男性为小；若用坤表女性、乾表男性，则是以坤为首（大），以乾为末（小）"。[2] 去丽江走访，东巴文化给人印象甚深，纳西族的阴阳观也很别致。东巴文"基本上是一种象形文字"[3]，由"曾去天上学字找经书"的东巴山兰创造，其起源在凉山州木里县纳西族中还有神奇传说。东巴经里代表"阳""阴"的有象形文字"卢""色"，二者排列按传统书写格式通常是"卢"在前而"色"在后，其读音以"卢色"相连缀，"故古代纳西族表述

---

[1] 过伟：《中国女神》，广西教育出版社2000年版，第239页。

[2] 刘尧汉：《中国文明源头新探——道家与彝族虎宇宙观》，云南人民出版社1985年版，第48、87页。

[3]《汉、藏和纳西文字的来历》，载凉山州集成编委会编《凉山民间文学集成》（下·故事卷），西南交通大学出版社1993年版，第98页。

阴阳观念时,其排列顺序便为'阳、阴'"。究其原因,当跟社会形态从以女性为主向以男性为中心转移的历史有关。但是,"今存东巴经古语中保有着一个特殊现象给我们以启示,即凡称'丈夫、妻子'或'夫妻'、'男、女'时,均以'妻子'或'女'在前,'丈夫'或'男'在后;但东巴经凡记述'卢、色'(男、女)、'铺、咩'(公、母)时,则以'卢—色'(男、女)、'铺—咩'(公、母)或'男神—女神'、'阳—阴'为序"。[1] 这种用语的双轨制,折射出两性权力交接时期的社会现实,也影响着审美实践中的文化选择。这种情况跟《周易》以后的阴阳理论依然是以"阴、阳"而不是"阳、阴"为顺序类似(尽管《周易》卦象是以"乾、坤"开篇的)且精神相通,从词语的知识考古可窥古文化孑遗,对此笔者曾撰文[2]探讨。

再来看看西部民族地区的城市建造例子。新疆有个"八卦城",地处伊犁河上游,名叫特克斯县,系伊犁哈萨克自治州所辖。这座体现易经文化内涵和八卦神奇思想的城市,如国务院批复该县申报历史文化名城时所言:"不但是我国古代规划史上的奇迹,而且是世界建筑史上的奇迹。"[3] 县城中心是一个圆形的花园,为太极的阴阳两极,再按八卦方位以相等距离、相同角度如射线般向外伸出八条主街,每条主街长1200米,每隔360米左右设一条连接八条主街的环路,由中心向外依次共有四条环路,

---

[1] 李国文:《东巴文化与纳西哲学》,云南人民出版社1991年版,第50、62页。
[2] 李祥林:《"阴阳"词序的文化辨析》,《民族艺术》2002年第2期。
[3] 耿舜凯、田子剑:《在文化融合中探索名城保护之路》,《中国文化报》2012年2月2日。

其中一环八条街、二环十六条街、三环三十二条街、四环六十四条街。这些街道按照八卦方位形成了六十四卦布局，形象地体现了八八六十四卦三百八十六爻的易经数理。今天的特克斯，就是司马迁《史记·大宛列传》中记载的乌孙国。汉宣帝时，乌孙国已归属汉朝，由西域都护府管辖。当地出土文物中不乏体现中西合璧、中原文化与草原文化融合的种种精美器皿。相传这座八卦城的由来，跟道教全真七子之一丘处机有关。当年，这位长春真人应成吉思汗邀请，前往西域向大汗指点治国扶民方略和长生不老之道。相传，丘真人西游天山，被途中集山之刚气、川之柔顺、水之盛脉为一体的特克斯河谷所动，于是以此为风水核心，确定了坎北、离南、震东、兑西四个方位，为后来的特克斯八卦城奠定了基础。据地方志书，特克斯县成立于1937年，由时任伊犁屯垦使并通晓易学的邱宗浚亲自选地，依照易之八卦图形规划设计，从此有了今人所见的城市面貌。由于道路环环相连、条条相通，车辆和行人无论走哪个方向都能够通达目的地，有关部门便在1996年取消了道路上的红绿灯，八卦城成为一座没有红绿灯的城市。当今时代，城市交通堵塞可谓世界性难题，特克斯八卦城居然能有如此畅通的交通状态，会不会跟古老的易学八卦原理有内在关联呢？如今，人们喜欢用下述语言来指说这座历史文化名城之最："世界上最大、最完整的八卦城""世界上唯一的乌孙文化与易经文化交织的地方""中国最西边的八卦城和易经文化所在地"等。用来自易学的阴阳八卦原理建造一座西北民族地区的城市，其中因素应是多种多样的，单单从城市文化形象看，中原腹地之外这座八卦城带给人们的审美感受确实别致。

中华文化对东方文化圈的国家及地区的影响客观存在。清莱白庙在泰国有名，是当代一位艺术家捐资修建献给国王和王后的。如笔者所见，在造型精美的白庙建筑群地面，多处纹饰有黑白分明、阴阳互渗的太极图案（阴阳鱼）。此外，韩国的国旗又称太极旗，今人所见的旗是1882年9月设计的，1883年3月6日正式成为该国国旗。[1] 据有关资料，该旗以太极为中心，四角的卦分别象征阴阳调和，乾卦代表天空，坤卦代表大地，坎卦代表月亮和水，离卦代表太阳和火，各卦象还喻示着正义、富饶、智慧和生命力。诸如此类事象，值得研究者注意。

---

[1] 关于泰国清莱白庙的太极图案，请参阅李祥林《女娲神话及信仰的考察和研究》第十一章，巴蜀书社2018年版。2018年3月底4月初，笔者赴韩国讲学，在首尔光化门广场东侧的韩国历史博物馆中看见韩国从1890年到1950年使用过的18种国旗图案，尽管色彩配搭、构图设计各有差异，但幅幅不离太极八卦；随后在首尔的国立民俗博物馆中，又看见韩国人日常使用的团扇、乡下农民制作的农旗上也绘有太极八卦，后者是在仪式性活动中使用的。

第五章 三个基元性审美范畴管窥

无论研究古代中国美学还是构建当代中国美学，都绕不开范畴问题[1]。钱穆《中国民族之文字与文学》云："一民族文字、文学之成绩，每与其民族之文化造诣，如影随形，不啻一体之两面。故觇国问俗，必先考文识字，非切实了解其文字与文学，即不能深透其民族之内心而把握其文化之真源。欲论中国民族传统文化之独特与优美，莫如以中国民族之文字与文学为之证。"[2]汉语言文字是中国文化的重要载体，也是其重要组成部分，研究中华美学范畴，从当代美学建设角度考察传统审美文化，对之不可不多加关注。中华美学史上产生了诸多有特色的审美范畴，本章拟借鉴相关理论，拈取"妙""道""美"三个基元性范畴及相关字词，深入民族心理和文化传统，从审美人类学角度进行知识考古，以供读者窥豹。

第一节 "妙"之底蕴探视

国人说美论艺，多讲"妙"字。《古诗十九首》有"弹筝奋逸响，新声妙入神"之句，东汉王充称"诸子之文，笔墨之疏，人贤所著，妙思所集"（《论衡·艺增》），三国时期曹丕评刘公干"五言诗之善者，妙绝时人"（《与吴质书》），晚唐司空图论

---

[1] 2019年6月2日，"中国古代美学范畴的现代价值国际学术研讨会"在华东师范大学举办。会上，笔者以"关于美学范畴研究的本土之思"为题发言，借助通往形上之"妙"、工匠技艺之"匠"和彝族诗学之"骨"三个范畴，分别从"立足本土""关注民间"和"留意族群"三方面谈了己见。

[2] 钱穆：《中国民族之文字与文学》，载《中国文学讲演集》，巴蜀书社1987年版，第1页。

诗艺主张"妙造自然"（《二十四诗品》），宋朝苏东坡谈书法高扬"妙在笔画之外"（《书黄子思诗集后》），明代徐渭论戏曲《琵琶记》说"常言俗语，扭作曲子，点铁成金，信是妙手"（《南词叙录》），清代布颜图论画说"情景入妙，为画家最上关捩"（《画学心法问答》），清代毛宗岗评点《三国演义》亦提出"文章之妙，妙在猜不着"（第四十二回首评）。此外，明代计成著《园冶》论述造园艺术处处言妙，他主张"相间得宜，错综为妙"，推崇"巧于因借，精在体宜"，追求诗情画意，讲求天造地设之妙，如谈掇山："假山依水为妙"（涧），"峦，山头高峻也，不可齐，亦不可笔架式，或高或低，随至乱掇，不排比为妙"（峦），"池上理山，园中第一胜也。若大若小，更有妙境"（池山），"楼面掇山，宜最高，才入妙，高者恐逼于前，不若远之，更有深意"（楼山），等等。在中国传统诗、文、书、画、乐、舞乃至工艺、园林等领域，诸如"妙丽""妙韵""妙味""妙笔""妙道""妙品""妙境""妙想""妙解""妙悟""妙诀""奇妙""精妙""神妙""玄妙""求物之妙""言语之妙""造物之妙""传神之妙""意象之妙""妙通造化""妙在象外""同自然之妙有，非力运之能成""不着意于淡，而淡之妙自臻"之类的表述，俯拾即是。纵观中华美学史，尽管国人也讲"美妙"，但跟"美"相比，"妙"这个审美范畴更灵动，更有品之不尽的意味，也使用得更广泛。

"百般滋味曰妙"（窦蒙《语例字格》），传统书论中的这一定义，将"妙"是具有丰富内涵的审美范畴一语点明。宋人姜夔在《白石道人诗说》指出："诗有四种高妙：一曰理高妙，二曰意高妙,三曰想高妙,四曰自然高妙。碍而实通,曰理高妙;出事(一作'自')意外,曰意高妙;写出幽微,如清潭见底,曰想高妙;非奇非怪,剥落文采,知其妙而不知其所以妙,曰自然高妙。"也意在说明诗美之"妙"的多种多样。在古典文学上造诣甚深的朱自清,曾对国人好用"妙"字表达审美评价进行考察,他指出:"魏、晋以来,老、庄之学大盛,特别是庄学;士大夫对于生活和艺术的欣赏与批评也在长足的发展。清谈家也就是雅人,要求的正是那'妙'。……于是乎众妙层出不穷。在艺术方面,有所谓'妙篇''妙诗''妙句''妙楷''妙音''妙舞''妙味',以及'笔妙''刀妙'等。在自然方面,有所谓'妙风''妙云''妙花''妙色''妙香'等,又有'庄严妙土',指佛寺所在;至于孙绰《游天台山赋》里说到'运自然之妙有',更将万有总归一'妙'。"接着,朱先生又说:"在人体方面,也有所谓'妙容''妙相''妙耳''妙趾'等;至于'妙舌'指的会说话,'妙手空空儿'(唐裴铏《聂隐娘传》)和'文章本天成,妙手偶得之'(宋陆游诗)的'妙手',都指的手艺,虽然一个是武的,一个是文的。还有'妙年''妙士''妙客''妙人''妙选',都指人,'妙兴''妙绪''妙语解颐',也指人。'妙理''妙义''妙旨''妙用',指哲学,'妙境'指哲学,又指自然与艺术;哲学得有'妙解''妙觉''妙悟';自然与艺术得有'妙赏',这种种又靠着'妙心'。"[1]从自然美到社会美,从现实美到艺术美,从语言美到人体美,凡此种种,真可谓一"妙"字总揽万物。

---

[1]《朱自清古典文学论文集》上册,上海古籍出版社1981年版,第131页。

"妙"者，实在是美妙、微妙、绝妙也。古往今来，"妙"渗透在国人生活与审美的方方面面，成为一个特色鲜明的美学范畴，它在中华审美文化史上影响深远。

有别于西方拼音文字，方块汉字具有直接诉诸视觉而使人"会意"的"象形"特征。对于擅长直觉感悟的国人，"妙"字从"女"，该字眼本身就很能诱发美好联想，如有人言，其从字体构成上就让我们仿佛看见一个妙龄少女形象。翻开《说文解字》等，可知汉字中不乏偏旁"从女"者，从性别研究角度看，除了不褒不贬的中性词外，可以划分为正面（赞颂女性）和负面（贬低女性）两大类。诸如"奴""妖""妒""奸""佞""婪"等词语，明显由于男权社会"贬女"意识渗入而成为女性乃至人格评价中的负面词语。相反，以"女""少"（青春少女）合成的"妙"字，从字面看，属于正面赞颂女性美的行列，同类字眼还有"妍""婉""姣""媚""姝""嫣""娇""婷""婧"等。据统计，汉字中具有褒义评价的女旁字的比率为47%，具有贬义评价的则为35%。[1] 古老的文字代码中，透露出历史上尊崇女性的古老文化信息。"以农立国"是华夏之本，本土文化偏爱柔美的气质就诞生在此摇篮中，得益于如此这般社会土壤。历史上，尽管人类社会经历了从母系氏族向父系氏族的重大转换，但是，在华夏神州相对安静平和的大陆型农耕文化数千年超稳态发展并长期占据主流的这方土地上，推崇雌柔的文化传统（尽管是作为亚文化）

---

[1] 孙汝建：《性别与语言》，江苏教育出版社1997年版，第23页。

从古到今（尤其是在民间）绵延不断，持久流传。[1]别的不说，就拿跟中华审美文化息息相关的"阴阳"来说吧（立足人类学，从性别文化看，"阴"指雌柔而"阳"指雄刚），其作为传统哲学范畴标志着"天地之大理"（《管子·四时》），被广泛运用于天文、地理、历算、兵法、医学、农学、艺术等领域中，但其词序排列至今尚未随着人类社会从女到男的中心转变而改换成阳主阴从的"阳阴"（请对比男主女从的"男女"），便是一个饶有意味的例证。[2]又如，"唐诗、宋词、元曲"是中国古代文学史研究者常挂口边的，宋代词坛尽管有豪放、婉约二派之分，在今人的接受习惯中，谈及宋词也往往说起苏东坡、辛弃疾等豪放派词家，想到"大江东去，浪淘尽千古风流人物""醉里挑灯看剑，梦回吹角连营"之类豪言壮语，但不可否认，真正占全部宋词数量之绝对优势的并非豪放派，而是婉约派。德国戏剧家布莱希特对中国古代哲学感兴趣，先秦墨子的"兼爱""非攻"思想[3]、老庄的修身治国理论和"柔弱胜刚强"学说均为他特别关注，其

---

[1] 李祥林：《中国文化与审美的雌柔特质》，《新余高专学报》2000年第4期；《对中国文化雌柔气质的发生学考察》，《东方丛刊》2003年第3期。二文又收入《神话·民俗·性别·美学——中国文化的多面考察与深层识读》，中国社会科学出版社2015年版。

[2] 李祥林：《"阴阳"词序的文化辨析》，《民族艺术》2002年第2期。

[3] 有趣的是，国人对战争的理解也充满柔性色彩，所谓"攻心为上""不战而胜"，甚至连"武"字也被拆解为"止戈为武"，而这"止戈"又被人们望文生义地理解为"平息干戈"，这当中不能不说是某种潜在的"集体无意识"在起作用。其实，考辨字义可知，该"止"形示足迹，义为前行、向前，"武"的本意是指持戈前行、出征，也就是征战之意。（白川静：《常用字解》，苏冰译，九州出版社2010年版，第384页）此外，众所周知，从道家思想汲取营养的所谓"以屈求伸"的兵家策略在中国史上亦屡见不鲜。

剧作《四川好人》让女主角在男女善恶角色之间转换，是不是也有赞扬女性情结的意味？（当代川剧作家魏明伦改编布莱希特此剧，径直以《四川好女人》为剧名，这不是偶然的）凡此种种，确实多有奥妙值得我们从性别批评角度叩问。

当然，源远流长的中华美学史上，"妙"作为审美范畴并未仅仅停留在女性评价领域，它早已超越女性美评价术语的范围，获得了远比偏重评价女性体态之美的"妍""姣""嫣""婷""婧""娑"等更广阔的使用空间，也就是比后者更多地拥有了一种形而上的普适性质。诗歌美学家司空图提出的"妙造自然"说在中华美学史上影响深远，归根结底，"妙造自然"乃中国艺术家美学家高扬的艺术美之理想，而"妙造自然"的之"妙"，恰与"玄之又玄，众妙之门"的"道"息息相通。在文艺美学领域，唐人谈论书法艺术多用"妙"字，且常常与"道"并举。如虞世南《笔髓论》："字虽有质，迹本无为，禀阴阳而动静，体万物以成形，达性通变，其常不主。故知书道玄妙，必资神遇，不可以力求也；机巧必须心悟，不可以目取也。字形者，如目之视也。为目有止限，由执字体，既有质滞，为目所视，远近不同。如水在方圆，岂由乎水；且笔妙喻水，方圆喻字，所视则同，远近则异，故明执字体也。字有态度，心之辅也。心悟非心，合于妙也。且如铸铜为镜，非匠者之明；假笔转心，非毫端之妙。必在澄心运思，至微至妙之间，神应思彻。又同鼓瑟轮音，妙响随意而生，握管使锋，逸态逐毫而应。学者心悟于至道，则书契于无为。"（《佩文斋书画谱》卷五）大意是讲，书法之妙，关键不在表面字迹，而在作者心悟至道。又如，张怀瓘《文字论》主张

"探文墨之妙有,索万物之元精"(《法书要录》卷四),其中"妙有"与"元精"互文,也是"道"的指称。在中华美学史上,对"妙"字如此使用是怎么形成的呢?或者说,导致"妙"字内涵向更高层面和更宽领域扩大提升的原因何在呢?从历史渊源和思想脉络看,正跟先秦道家在其哲学著作中将"妙"与"道"联系起来有关。须知,"'妙'这个范畴是老子第一次提出来的"[1]。

"妙"字,《说文》未见,《玉篇·女部》有之,云:"神妙也。老子曰:'众妙之门'。"古汉语中,"妙,亦作玅"(《经籍籑诂》卷七十六),后者也不见于《说文》,《玉篇·玄部》释曰:"今作妙,精也。"以"妙""玅"对释,直接以"玄"作偏旁,其跟"玄道"的关联一目了然(大篆中,玄作"🜚"而妙作"玅")。《老子》首章云:"道,可道,非常道;名,可名,非常名。无名,天地之始;有名,万物之母。故常无,欲以观其妙,常有,欲以观其徼。此两者同出而异名。同谓之玄,玄之又玄,众妙之门。"[2] 道家哲学里,"道"是标志宇宙法则、万物根源的本体概念,它"在太极之先而不为高,在六极之下而不为深,先天地生而不为久,长于上古而不为老"(《庄子·大宗师》)。"道"是老子哲学的核心,其作为宇宙之原始、万物之根本,被他喻称为"天下母""天地母"。这"道",其性质及状态包括"无"和"有"。就作为"天地之始"而言,"道"是"无",意味着无规定性、无限性;从作为"万物之母"来说,"道"是"有",包含着有规定性、有界限。"妙"体现着"道"的无规定性、无限性一面(后世美学和艺

---

[1] 叶朗:《中国美学史大纲》,上海人民出版社1985年版,第34页。
[2] 任继愈译著:《老子新译》(修订本),上海古籍出版社1985年版,第61—62页。

术讲"妙在象外""妙不可言",即承此而来),"徼"体现着"道"的有规定性和有界限的一面(《经典释文》:"徼,边也。")。"妙"和"徼"作为"道"的属性,又"同谓之玄"。《说文》:"玄,幽远也。"老子笔下,"玄"有形而上之义,玄牝之门能生天地万物,故高亨释"玄牝"云:"玄牝者,形而上之牝也。"[1]归根结底,以深远广大为要义的"玄"更偏重"道"的无限性,与"妙"这种属性更亲近,故老子又说:"玄之又玄,众妙之门。"《老子》中不但以"妙"说"道",还把它运用到社会美领域,作为对人的审美评价,如以"微妙玄通"来称赞那些"深不可识"的"古之善为士者","妙"在此又进而表达着老子关于人格美的理想。就这样,经过轴心时代思想家的哲学赋予,"妙"成为一个具有形而上性质的重要美学概念,从此为国人的审美和准审美导向。

"妙"见于《老子》通行本,"以观其妙""众妙之门"等语在马王堆汉墓出土的帛书本中亦见(不见于新近出土的郭店楚简本,或有缺简),唯"妙"写作"眇",二者通假,意指美妙精微。类似例子多见于古籍,如:"《易·说卦》'妙万物',《释文》'妙'王肃本作'眇'。"(《经籍籑诂》卷七十六"妙"条)扬雄《解难》:"是以声之眇者不可同于众人之耳。"所谓"声之眇",也就是"声之妙"。又,《说文·人部》:"散,眇也。"段玉裁注:"眇各本作妙,今正。凡古言散眇者,即今微妙者。眇者,小也,引伸为凡细之称。"若依段玉裁说,"妙"为"眇"的俗字(犹如"微"之于"散")。先秦作家笔下,"眇"字易见,如楚辞:"美

---

[1] 高亨:《重订老子正诂》,古籍出版社1956年版,第16页。

要眇兮宜修,沛吾乘兮桂舟。"(《九歌·湘君》)对于"要眇",前人较笼统地释曰"好貌修饰也",闻一多进而释读为"瞇目媚视貌"[1],更接近其本义。因为,偏旁从目之"眇",本义跟人体有关,《说文》解释为"小目也"(古汉语中,"小""少"相通),段玉裁注:"按眇训小目,引伸为凡小之称,又引伸为微妙之义。《说文》无妙字,眇即妙也。"如此说来,"眇"(小目、瞇目)、"妙"(小女、少女)之间,在有关人体审美这初始词义上当有着某种沟通。此外,通行本《老子》十五章"古之善为士者,微妙玄通",帛书本作"古之善为道者,微眇玄达",楚简本作"长古之善为士者,必非(隐)溺(弱)玄达",[2] 三个版本,三种情况,孰为老子时代或老子笔下的真相,一时恐难定论。不过,从字词接受和文化选择看,有一事实应是清楚的:在同义异体的"眇""竗""妙"之间,国人久已认可并习惯使用至今的乃是"妙",古往今来真正成为华夏美学史上通行范畴的是"妙"字而非其他。从"眇""竗"到"妙",一方面显示出该词语从哲学概念向审美范畴的演进过程,另一方面也体现出国人在其字体选择上的某种不以个人意志为转移的文化取向;根据这种从根本上受制于本土本民族"集体无意识"的文化取向,最终是"女"旁的"妙"定格成了华夏审美理论中的关键词,成为国人习见的美学范畴。

---

[1] 黄寿祺、梅桐生译注:《楚辞全译》,贵州人民出版社1984年版,第36页。
[2] 尹振环:《楚简老子辨析——楚简与帛书〈老子〉的比较研究》,中华书局2001年版,第186页。

第二节 "道"及知识考古

作为体现生命意识的基元性范畴，与"妙"关联密切的"道"是中华美学和艺术标举的最高境界，也是老子哲学美学的核心。"道者，万物之奥。"（《老子》六十二章）《广雅·释诂》："奥，藏也。"为什么先哲说"道"是深藏万物的地方呢？对此形而上意味俨然的哲学概念，我们不妨从形而下层面入手去探索其中隐藏的原始文化密码。在老子哲学里，"道"代表化生自然万物以及人类社会的本根本源，无处不在亦无时不在，但"无物之状，无物之象"的道，又是人们有限的感官所难以直接触摸把握的，为了让读者悟解它，老子煞费苦心地借用了世人日常生活中不少普通又熟悉的词语或事物指说之，如"一""水""母""牝"等。《老子》六章："谷神不死，是谓玄牝。"任继愈释曰："'牝'是一切动物的母性生殖器官。'玄牝'是象征着深远的、看不见的生产万物的生殖器官。"[1]德国古典哲学家、美学家黑格尔尝言："东方所强调和崇敬的往往是自然界的普遍的生命力，不是思想意识的精神性和威力而是生殖方面的创造力。"[2]由此去读老子道学，正得其所。除了"玄牝"外，作为"道"之原型意象之一，尚有"天下莫能臣"之"朴"，老子说："道常无名。朴虽小，天下莫能臣也……譬道之在天下，犹川谷之于江海。"（《老

---

[1] 任继愈译著：《老子新译》（修订本），上海古籍出版社1985年版，第72页。
[2] 黑格尔：《美学》第三卷上册，朱光潜译，商务印书馆1979年版，第40页。

子》三十二章)任继愈释曰:"'朴',即'道'。"[1]老子的意思是说,"道"作为"无名之朴"(《老子》三十二章,这"无名之朴"亦见于帛书本,楚简本作"亡名之朴"),天下没有谁能支配它;"道"为天下所归,正如江海为溪流所归一样。五千言《老子》中,论"道"时屡屡言及"朴",如"敦兮其若朴"(十五章)、"见素抱朴"(十九章)、"常德乃足,复归于朴"(二十八章)等。此"朴"此"道",用老子的话说,"天下莫能臣也",人世间"侯王若能守之,万物将自宾"(三十二章)。由于先秦思想家的哲学提升和美学赋予,"朴"成为中华美学体系里使用至今的重要范畴。

老子用"朴"喻说"先天地生"的"道",一方面意在阐明其原始完美的浑整性、朴素性和至尊性,另一方面也向我们透露出远古母性生殖崇拜的文化信息。这个被老子借以喻说"道"之浑整为一的"朴",其原型是人们生活中并不陌生之物。古汉语中,"'朴''匏'音通,朴之言匏,匏者匏瓜、匏瓠(即葫芦)。'朴'后来又可读作'瓢',为葫芦之半而可舀者,这是后来的说法,原来的'樸'(匏)可是完满的葫芦,即所谓'大朴'"[2]。也就是说,作为"混沌"或"道"的意象,"朴"之原型是"瓠瓜",即葫芦。将一个浑圆完整的葫芦,人工对剖开来做成水瓢等器具,这不正是老子所谓"朴散则为器"的形象说明吗?从文化人类学角度看,葫芦崇拜的底蕴是生殖崇拜,其作为人类历史

---

[1] 任继愈译著:《老子新译》(修订本),上海古籍出版社1985年版,第130页。
[2] 萧兵、叶舒宪:《老子的文化解读——性与神话学之研究》,湖北人民出版社1994年版,第371页。

上古老原始的精神现象之一,见于先民社会生活并孑遗后世。在多民族中华大家庭里,有诸多成员都对浑圆的葫芦顶礼膜拜,视为母体象征;时至今日,诸如汉、彝、怒、白、苗、侗、水、佤、壮、哈尼、布依、纳西、拉祜、基诺、仡佬、崩龙、高山等民族中仍流传着各族出自葫芦的神话。葫芦作为崇拜对象多见于西南少数民族,拉祜族就自称是"从葫芦里走出来的民族"[1],而"播种葫芦"正是史诗《牡帕密帕》中关于拉祜族由来之神话叙事的重要篇章。"踩花山"是苗族传统节日,2019年2月笔者去川南兴文,在人众熙攘的花山场,看见中央竖立的花杆上醒目地挂着一个葫芦。"在'罗罗'彝语里,彝族始祖阿卜笃幕按彝义解释:'阿卜'含有祖父、祖先、葫芦三义;'笃'具有原先的、远古的、高大的、尊敬的含义;'幕'义为雌性和女人。概括起来阿卜笃幕,意指远古的女祖先或尊敬的雌葫芦。"按照彝族的观念,"先祖是从葫芦里出来的,人死后,魂要归葫芦,葫芦既象征彝族母体崇拜,也象征祖灵地的'壶天'"。[2]在中原汉族地区,葫芦意象在人们求吉祈瑞的民俗生活中屡见不鲜,也再三出现在历史上首部诗歌总集《诗经》里,其字作"壶"或"匏",并且从生殖文化语义上同先民由来发生联系,所谓"绵绵

---

[1] 云南澜沧是拉祜族自治县,如2019年春节笔者走访该县所见,县城新建的广场就名为"葫芦广场",广场中央的大小葫芦景观上描绘着"葫芦生人"的神话,并且写着"从葫芦里走出来的民族——拉祜族"。根据拉祜族创世史诗《牡帕密帕》《学典噜典》描述,拉祜族的祖先是天神"厄莎"在农历十月十五那天用葫芦培育出来的。因此,拉祜族认为自己是葫芦的后代,他们视葫芦为祖先的化身和本民族的吉祥物。

[2] 吉合蔡华:《道教与彝族传统文化》,民族出版社2005年版,第84、97页。

瓜瓞,民之初生"是也。"洪水故事"在世界许多民族神话里广泛有见,西方有诺亚方舟的传说,中国也有鲧禹治水的故事。在中国西南少数民族由"兄妹婚配"生育人类的神话传说中,葫芦的意象屡屡出现:要么是作为避水的"葫芦舟",或者如西方神话中诺亚方舟似的圆形藏人器;要么是作为避水的雷公的赠与物,以救助善良的兄妹俩;要么是作为兄妹结婚后所生的圆形胞胎,破碎之后便化生出了万民……难怪有学者说,这圆圆的葫芦"象征中华民族的原始远祖"[1],是一个跟雌性生殖崇拜有深层关联的文化原型和审美意象。

透过神话传说,我们看到,圆圆的葫芦总是跟世界的雏形和人类的由来联系在一起。葫芦中空,圆腹多子,"绵绵瓜瓞"使人很容易联想到怀孕的、丰产的母亲,并把它跟"民之初生"挂起钩来,所以,葫芦成为先民们原始生殖崇拜的神圣对象。葫芦意象同老子哲学中那化生宇宙和世界的"道"发生内在沟通就是在此意义上,因为后者按照老子表述即是"天下母""天地母"。老子哲学是殷商以前文化的继承和升华,有原始思维根基,其中流淌着来自上古母系文化的血液。他所大力张扬的"玄之又玄"的"道",恰恰植根于此。"母者,道也。"(《韩非子·解老》)从人类学根底看,正因为"用母亲生出孩子喻示事物的出现",所以"母"字"有根源、原本之义",[2]可借以喻"道"。这作为万事万物根本的"道",从原始思维角度,借神话学术语讲,

---

[1] 刘尧汉:《中国文明源头新探——道家与彝族虎宇宙观》,云南人民出版社1985年版,第39页。

[2] 白川静:《常用字解》,苏冰译,九州出版社2010年版,第398页。

就是独自生养天地万物的"大祖母"(the Great Mother)。为先秦道学奠基开派的《老子》一书,不但开篇即以"母"称"道",到第六章则干脆抬出"玄牝"这一原始生殖崇拜意象,谓之曰"玄牝之门"。所谓"玄牝",乃大阴也,有学者直白地称之为"一个永恒的子宫"[1]。由此喻象不难看出,老子哲学美学以日常生活经验为基础的道论实有其人类学的根基,"是从人的生育中得到启示的,进而推及天地万物的产生,'谷神不死,是谓玄牝。玄牝之门,是谓天地根'(第六章)。冯友兰认为,牝是指女性生殖器……吴澄说,'谷以喻虚',女性生殖器是中空的,所以称为谷。玄,幽远的意思,朱熹注玄为妙。生育天地万物的玄牝,是幽远玄妙的。老子所说的中空的玄牝,虽属经验,而非经验,乃是从女性生殖器升华为抽象的一般,它是天地万物的生育者,又是天地万物存在的普遍依据……老子正是以中空的玄牝去想象、规定道的形状和性质的"[2]。日本学者笠原仲二在追寻汉字"美"的本义时,即从生命本源层面理解老子学说的核心概念,指出:"作为一切生命总根源的实体的'玄牝',它意味着生育万物的最崇高、伟大而又纯粹的爱,而美丽的女性则可以看作是'玄牝'的现实具体的象征。"[3]正是从玄牝所表征的伟大生殖力中,先秦道家鼻祖老子推衍出了他那囊括天地宇宙、统帅世间万物的恢宏道论。

---

[1] 薛爱华:《神女——唐代文学中的龙女与雨女》,程章灿译,生活·读书·新知三联书店2014年版,第50页。
[2] 张立文:《中国哲学范畴发展史》,中国人民大学出版社1988年版,第465页。
[3] 笠原仲二:《古代中国人的美意识》,魏常海译,北京大学出版社1987年版,第15页。

"道"字的本义追寻，也在上述语义方面向我们提供了更直接的依据。在迄今所知的汉字史上，"道"字最早见于西周"貉子卣"铭文，字形由"行""首"（《玉篇》："《方言》云人之初生谓之首"）合成，据学者考证，其当是雌性生产（临盆），也就是胎儿正从产道娩出状态（头部先出的顺产状态）的摹写。[1] 由此来看《周易·系辞上》的"一阴一阳之谓道"（《大戴礼·成命》谓之"一阴一阳然后成道"），也就容易理解：正因为"阴阳构精"两性结合，才有了"万物化生"胎儿产出（道）。作为产子玄牝的"道"和作为孕育胞胎的"朴"，就这样在指向雌性生殖崇拜的古老语义上重合起来，给我们以文化人类学的重要启示。

第三节 "美"的文化原型

先秦老子的道论，从形而下的生殖语义看，是"以经验为基础"（女性生殖之事象）的；从形而上的哲学语义看，是从经验层面"升华为一般"（产生万物之本体）的。在华夏民族不乏原始思维之"诗性光辉"的审美意念中，正是这种基于感性又超越感性的双重变奏，成就了作为审美本体范畴的"道"和作为审美评价术语的"妙"。老子称"道"为"天地之始"和"万物之母"，将"始""母"并提，其中有原因。如上所言，"首"为"道"字的重要部件，而"'首'之初意为人之头，但稍加引申便

---

[1] 文达三：《老子新探》，岳麓书社1995年版，第142—143页。

又是头尾之头,头也就是'始'"[1],故《尔雅·释诂》云:"首,始也。"或以为,"始"之初义指具有生育能力的妇女,造字本义涉及代表家族繁衍渊源之母,此可谓用以喻道之"母"的同义词。若更细致地考溯字义,按照古书解释,"始"表示"从女"并表示"女之初",而"母"亦"从女"并表示"象怀子形"(《说文》),二者又有细微差别。朱谦之指出,老子"以此分别有名与无名之二境界,意味深长。盖天地未生,浑浑沌沌,正如少女之初,纯朴天真。《经》文二十五章:'有物混成,先天地生。'四十章:'有生于无。'此无名天地始也。'天下万物生于有',有则生生不息;四十二章:'道生一,一生二,二生三,三生万物。'此有名万物母也"[2]。也就是说,这"初"的字义犹如唐诗中所谓"杨家有女初长成"之"初",指的是黄花少女。那么,从女性文化角度看,"始"的本义指未成熟的少女,"母"的本义指已育子的妇女,二者均"从女",在性别归属上是"同出而异名"。按照老子之意,"道"作为"无名"的天地之源,就像稚朴纯真的少女;作为"有名"的万物之本,则如怀孕生子的妇女。女性从少女到母亲,从怀孕到生子,正喻示着"道"从不可名状(初始混沌之"妙")向可以命名(产生万物之"徼")的生长演化过程。此外,即使是按照有的研究者所言"始,胎,古字通用"[3],在《老子》一书的语境中,也无非是孕子为

---

[1] 孙希国:《"道"的哲学抽象历程》,《文史哲》1992年第6期。
[2] 朱谦之:《老子校释》,中华书局1984年版,第5页。
[3] 何新:《诸神的起源——中国远古神话与历史》,生活·读书·新知三联书店1986年版,第194页。

"始"而生子为"母",彼此互文而略有差别。明白这一点,再来看老子论"道"所阐述的"妙""徼"辩证关系,以及表述"道"之本初状态的"妙""始"的语义瓜葛,也就不难贯通。总之,"妙"无论是从字形构置,还是从表层语义乃至深层内涵看,都跟中华本土起源古老的崇尚雌柔的民族文化心理有瓜葛,它成为华夏美学体系中的重要范畴绝非偶然。

汉语中跟"妙"相近的有"好",《广雅·释诂》:"好,妙也。"作为审美范畴,"好"在文艺评论中也常用,如清人论词:"词之好处,有在句中者,有在句之前后际者。陈去非《虞美人》:'吟诗日日待春风,及至桃花开后却匆匆。'此好在句中者也。《临江仙》:'杏花疏影里,吹笛到天明。'此因仰承'忆昔',俯注'一梦',故此二句不觉豪酣转成怅恨,所谓好在句外者也。"(刘熙载《艺概·词曲概》)此艺评中的"好",是可以跟"妙"互换的。《说文》:"好,美也。"段玉裁注校改"美也"为"媄也"(《说文》:"媄,色好也。从女从美,美亦声。"),并云:"好本谓女子,引伸为凡美之称。"显然,"好"跟"妙"在词义演进程序上异曲同工,也是从单向度的女性美颂词上升为一个普遍用于各种对象的审美范畴。不过,应当指出,"好"之原始语义不仅仅是"女子",也不单单指女子"色好"(美色),它有更深层的原始内涵。从字体结构看,"好"字从女从子,甲骨文、金文作"𡥉"或"𡥈",从古到今基本构形未变(构字部件虽有左右反正之异,但不影响"会意"也就是合成之字义),实际上均像妇女怀抱幼儿之形,这正是女性有生殖力的说明。据康殷考证,其"原意概以多育为好,与后世姣美之意不同……许解

'美也,从女、子'误"[1]。女人能生育,能抱上孩子,就是"好"。华夏先民创造这个象形兼会意的"好"字,表达着他们一种美好的内心愿望,这就是希求人丁兴旺、多子多福,即视多多生养子女为家庭及家族的美好事情。在那生存环境艰难的远古时代,盼望庄稼有好收成和祈愿种族繁衍壮大正是先民生活中头等重要的两件大事。这种古老的生殖崇拜的文化密码,作为"集体无意识"在汉语言文字中多有积淀,在中华民族的审美意识中也多有体现。由于"好"的本义在于生育、生殖[2],再来看《礼记·昏义》中所谓"昏(婚)礼者,将合二姓之好,上以事宗庙,而下以继后世也"一语,便不难明白古人何以在谈及结婚时要用此"好"字,归根结底,婚姻在血缘宗法传统深厚的本土观念中,是家族繁衍后代的群体需要。就此而言,《说文》以"美"释"好",不但未必有误,而且在某种程度上也为"好"的审美意义是从原始雌性生殖崇拜发展而来的提供了印证。下面,顺此思路,接着说说"美"字。

"美"跟"羊"有关,其中透露出古老信息。考古学表明,人类最早饲养的动物不是牛、马,而是羊、狗。《说文》释为从羊从大,以羊大味甘为"美",将其定义在人类味觉感受上,但

---

[1] 康殷:《文字源流浅说》,荣宝斋1979年版,第44页。
[2] 汉字"好"内含生殖崇拜信息,有趣的是,这在民间有更浅俗直白的表达,但常人不晓其本义是指女子生育,仅根据字形将其转换成了两性交合。辰州傩戏是列入国家级非物质文化遗产名录的项目,流传在湖南沅陵一带,有多民族色彩,其剧目《蛮八郎卖猪》中有猜字谜情节:谜面是"八郎说:一个女子不晓得丑,和一个男子睡一头,头对头,脚对脚,中间有一根棒棒儿戳几戳",谜底是内白回答:"那是个'好'字。"(王文明、刘冰清、金承乾编著:《辰州傩戏》,中国文史出版社2007年版,第421页)

《甲骨文字典》指出:"《说文》以味甘为美当是后起之引申义。"[1]其实,"美"字下部的构形,未必从大小之"大",而应是从"人",于省吾指出:"早期美字象'大'上戴四个羊角形,'大'象人之正立形。"[2]原来,所谓"羊大为美",实乃"羊人为美"。那么,这构成美字的"羊人",又是什么意思呢?或以为是人头顶羊图腾装饰的原始舞蹈状,赵国华则是从原始生殖崇拜角度加以释读的。"美"在金文中作"🐑",他指出:"羊在远古曾作为女性的象征。商代父己簋上的'美'字写作'🐑',上部以羊角代'羊',下部的'人'为全形,上肢摊开,两腿外撇,腆着圆圆的肚腹,宛如女子怀孕之状。这仿佛表示,似怀胎之羊的孕妇为'美'。从《唐风·椒聊》热烈赞扬怀孕妇人的'硕大无朋',我们亦可知道上古人类的审美观念,仍然不能脱离生殖崇拜。"其又说:"远古先民不仅用羊象征女性,还用鹿象征女性。原因是共同的,即对羊和鹿的生殖能力表示崇拜。"[3]在充溢着巫术思维的先民头脑中,将孕妇与羊联系起来,除了生殖力崇拜外,也包括希望现实生活中产妇生子过程"能像羊一样产子顺利",卜辞中有涉及妇人生产的,"如果产妇顺产,就是'㚥'。'㚥'即古'嘉'字,'嘉'就是美好。人们为了孕妇能达到分娩的嘉美,崇祀于羊,因为羊的生殖顺达畅美"。[4]《诗经》讲述周的始祖后稷之母姜嫄生育他的故事,就为我们提供了一个例子。"姜嫄

---

[1] 徐中舒主编:《甲骨文字典》,四川辞书出版社2003年版,第416页。
[2] 于省吾:《释羌、苟、敬、美》,《吉林大学社会科学学报》1963年第1期。
[3] 赵国华:《生殖崇拜文化论》,中国社会科学出版社1990年版,第252页。
[4] 皮朝纲主编:《审美与生存——中国传统美学的人生意蕴及其现代意义》,巴蜀书社1999年版,第443页。

生后稷时,《诗·生民》以'先生如达'喻之。《笺》曰:'达,羊子也……生如达之生,言易也。'意思是说姜嫄生稷乃头生,却非常容易,如羊胎,胎衣不裂,也未难产。这虽是一个比喻,然而周祖如羊生却不能不说是羊图腾观念的反映。"[1]达(達)即"羍",乃"初生羔也"(《说文》段注)。《诗·大雅·生民》原文:"诞弥厥月,先生如达。不坼不副,无菑无害。"今译:"足足十月把孕怀,头生容易如羊胎。不裂胎衣不难产,母体无灾又无害。"[2]着眼多民族中国,姜嫄是来自羌人部落的女子。"传说周人始祖名'弃',乃是姜人部落之女姜嫄的儿子。周人对姜嫄十分崇敬,甚至把她作为始祖母",而"'姜'应是羌人中最早转向农业生产的一支,是其最先进的部分。传说我国农业始祖炎帝'神农氏'即为姜姓。"[3]根据古籍记载,"羌"是中国西北部跟羊有关的古老族群的泛称,其名称在甲骨文中已见,《说文》谓之"西戎牧羊人",今之研究者释曰"羌族之先祖,早期居于甘肃辛店、李洼一带"。[4]上古时期,古羌文化东进而来,与华夏文化交融一体,这是众所周知的历史事实。学界指认,生于姜水并以姜为姓的炎帝当属于羊图腾部落;[5]开创夏朝的"禹兴于西羌"(《史记·六国年表序》),据史家考证,"夏王朝的主要部族是羌"[6]。旁证以民俗,在目前中国羌族聚居的川西北岷江上游

---

[1] 何阿君:《羊致清和》,社会科学文献出版社1998年版,第60—61页。

[2] 袁愈荌译诗,唐莫尧注释:《诗经全译》,贵州人民出版社1981年版,第416页。

[3] 《羌族简史》,四川民族出版社1986年版,第1、5页。

[4] 徐中舒主编:《甲骨文字典》,四川辞书出版社2003年版,第416—417页。

[5] 陈梦家:《殷墟卜辞综述》,中华书局1988年版,第282页。

[6] 徐中舒:《中国古代的父系家庭及其亲属称谓》,《四川大学学报》(哲学社会科学版)1980年第1期。

地区，在现代妇幼保健医学传入之前，羌族妇女生孩子多是在羊圈里，这会不会是有某种基于俗信的古风孑遗呢？

还有个旁证可说明汉字"美"跟女性文化有关。甲骨文"󰀀"，释读为"每"，据康殷考证，该字"象头髻戴羽毛等装饰以表示美丽的妇女形"，当是"美字的异文，从女，仅偶一从母，卜词也借为诲、晦（旧说）。前人说'每母通用'良由误释󰀀󰀀（母）为每之故，不确。金讹作󰀀误从母，篆作󰀀许误解作'艸（草）盛上出也'，'草盛'也不应'上出'到妇女头上去吧？鲁迅先生解作'戴帽子的太太'庶几近之"。在解释甲骨文"美"时，他又指出："异文作󰀀，从女以示美好，见每。"[1] 康氏不满前人的"草木说"而提出"羽毛说"，其实，草木未必不可以作为妇女头上的装饰。除了草木、羽毛以外，这位"太太"头上所戴还有没有其他解释呢？结合以上对"美"的字形考察，也不排除作为图腾象征的羊头或羊冠。《甲骨文字典》指出"以味甘为美当是后起之引申义"，又综合诸说释之："象人首上加羽毛或羊首等饰物之形。"[2] 作为以"羊人"（上羊下人）示意的"美"的异体字，"每"字更明确地示意出"羊女"（上羊下女）。既然母字"从女"，金文等将"美"的这个异体字的下部"女"直接写成"母"，未必就是错了，因为"女（󰀀）、母（󰀀）实为一字之分化"，而且后者"在周代金文新生出一个义项，即在女子称谓中

---

[1] 康殷：《文字源流浅说》，荣宝斋1979年版，第43、131页。
[2] 徐中舒主编：《甲骨文字典》，四川辞书出版社2003年版，第416页。

作'成年女子的通称美称'"。[1] 有论者认为甲骨卜辞中"女、母、每"是"义同形异"而且"本是一字",其中"美"和"每"相通而为"成年期内女性的一般表象",即表示的是"经过成人礼仪后,由子群进入女(母)群的成年女性,也就是其年龄段在十六岁至五十岁之间具有生育能力的成年女性"。[2] 因此,看看作为"美"之异文的这个上羊下女(或母)的"䍩"或"羋",其跟上述金文"䍮"(美)不正是非常接近的同类摹写么?换言之,该字提供的原始意象,也可以说是一个"似怀胎之羊的孕妇"。此外,在多民族共同生活的中国,在从北到南横贯中国西部的"藏羌彝走廊"上,纳西族对母系的崇尚十分有名,在象形兼会意的东巴文中,"𠬝"的读音为"美"(mei),该字指"阴道、女性、母亲"[3],的确意味深长;还有,"羌族男子举行成年礼祭诸神过程中,祭羊神时便要选一只健壮的活母羊作为'神羊',由巫师转赐给从该家始祖那里求得的赠品一份给'羊神'附身其体的'神羊',祝神羊多生多育"[4]。诸如此类,皆是饶有意味的旁证。由此看来,中华美学范畴中这个"美"字,从原始意象上与本土源远流长的母性文化、雌柔文化有千丝万缕的联系。

---

[1] 曹兆兰:《金文与殷周女性文化》,北京大学出版社2004年版,第243、245页。

[2] 周清泉:《文字考古》,四川人民出版社2003年版,第466—472、635页。

[3] 吕大吉、何耀华总主编,和志武等主编:《中国原始宗教资料丛编:纳西族・羌族・独龙族・傈僳族・怒族卷》,上海人民出版社1993年版,第104页。

[4] 徐学书:《"羌"字新解》,载《四川民族史志》1992年增刊《羌族研究》第二辑,第42页。

第六章

一个艺术化审美符号考察

较之前章，本章转换视角，将目光投向一个接地气的艺术化审美符号——2008年在四川南溪县留宾乡建国村三队岩壁上发现的"三鱼共头"图像（当地文博单位定其名为"上三官庙摩崖石刻"）。图像画面系线条阴刻，中央有三条尾部舒展的鱼儿，头部叠合（一个等分三角形头部为三条鱼共用，这在美术设计上属于"借线"或"依形共生"手法），整个构图如风能发电机叶片式排列；鱼身和鱼身之间空隙有若干纹样相配，如马、鼠、人脸等，构图简洁，线条明快，工艺质朴。南溪今为宜宾市的一个区，留宾乡建国村是以水稻、玉米等传统种植业为主的村落，地方媒体报道该村时对此石刻亦有言及，如"充分挖掘本土汉代石刻——三鱼共首、观音洞等文化资源与新村连片打造集草莓采摘、休闲观光、回味乡愁为一体的农事休闲体验区"云云。目前，据乡政府发布的《留宾乡建国村乡村振兴示范点2018年实施方案》，该村乡风文明建设中制定"一乡一品"民俗文化发展

南溪摩崖石刻"三鱼共头"

计划时也提出"梳理'三鱼共首'、农耕文化等资源,传承具有地域特色的民歌民谣民俗"。关于此石刻,据宜宾市博物院友人告知,"摩崖是汉代的,但石刻应该是后期刻画的";又,"石刻左上方隐约可见有题刻:'庚申年正月初六日丙子年□□□',风格与石刻图形迥异"[1]。是谁刻的?为何而刻?相关情况不明。其实,这类图像在中华文化史上多有流传,见于四面八方,其作为"有意味的形式"受到人们青睐,盖因这"三鱼共头"包含着丰富的审美文化内涵。

第一节 美术考古案例

田野考察表明,"三鱼共头"见于不同地区,也出现在不同族群中,并且以不同载体呈现,此乃中国造型艺术史上"有意味的形式"之一,是蕴含着中华文化精神的审美符号。

美术考古在当今甚热,不妨先从文物中的美术说起。合江是四川汉画像石棺的集中地之一,该地出土的30多具汉棺在中国美术史上有名,为留心美术考古者所知;在全国出土的近200具汉棺中,合江汉棺无论形式还是内容都颇具代表性,为学界研究汉代社会提供了重要的实物依据。合江是长江上游最早建县的三个县之一,古称符阳,建于西汉元鼎二年(公元前115年),历史悠久,文化丰富。合江的汉代画像石棺,多见于崖墓,整石雕刻,一般长220—250厘米,高70—90厘米,宽60—80厘米。

---

[1] 有关情况是2019年4月2日宜宾市博物院罗培红女士提供的,谨此致谢。

其中，有一具石棺图像引人注意，该棺B侧有以蟾蜍、玉兔、九尾狐、三足乌以及"三鱼共头"组合的图案，"鱼似鲤鱼，身形肥硕，背鳍棱角分明，三鱼共享一头"[1]，在鱼的上方有一只回头望着三鱼的鹰喙飞鸟。石棺上这些瑞兽，或以为跟西王母信仰有关。尽管该石棺被管理人员视为镇馆之宝，但就最近所见[2]，石棺文字介绍仅仅写的是"三尾鱼图"，如此命名过于平常，未免简单化了。这具汉代石棺编号为04，是1994年12月出土于合江城区张家沟2号崖墓的，崖墓是在红砂页岩上凿洞而成的。较之南溪摩崖石刻，合江这座汉代石棺上的"三鱼共头"中的三条鱼并非呈等分式排列，而是有两条鱼平行、一条鱼下垂，整个构图呈"丁"字形，类似构图也见于四川其他地方的文物。"三鱼共头"出现在摩崖石刻中，也出现在汉代石棺上，由来如何，寓意何在，都值得琢磨。

原始文化研究表明，鱼跟先民生活关系密切，艺术化的鱼纹多见于仰韶文化遗址出土的器物，如半坡彩陶就"以鱼纹为最多"[3]。马家窑彩陶是中国原始艺术史上的高峰，其数量众多、纹样丰富的彩陶图案中有不少跟鱼纹有关。黄河流域考古，汉棺及石刻中的"三鱼共头"屡屡出土，以晋、豫、鲁为例，就有山

---

[1] 成都文物考古研究院、泸州市博物馆编著：《四川泸州汉代画像石棺研究》，文物出版社2019年版，第117页。

[2] 笔者初见此石棺是在1999年，那时尚无博物馆，画像石等文物都放在县文化馆的过道上，该石棺有编号而不见命名；再见此石棺是在2019年，以玻璃罩护着，命名即如此。

[3] 吕大吉、何耀华总主编，于锦绣等主编：《中国各民族原始宗教资料集成·考古卷》，中国社会科学出版社1996年版，第687页。

西离石马茂庄左元义墓东汉和平元年（150年）画像石、山东肥城栾镇村东汉建初八年（83年）张文思为父造祠堂后壁画像石等，[1]以及大诗人杜甫的故乡河南巩县的崖墓石刻。[2]巩县即今巩义市，有石窟位于城东北处大力山下，北靠邙山，紧依黄河，初建于北魏景明年间，东魏、西魏、北齐、隋、唐、宋各代相继凿窟造像，现存洞窟5个，分东西两区，由西向东第一窟西侧20多米处崖壁上有土洞，洞内石壁刻有七言诗一首，诗的下方刻有朱雀，朱雀前下方是五头鸟而后下方有"三鱼共头"，均为线条阴刻，构图简约，工艺较粗。又，山东邹城黄路屯画像石上的"群鱼图"颇有趣，画面满满实实，有举着鱼竿的钓鱼者，有大大小小、三三两两排列游动的鱼儿，还有一幅"三鱼共头"。[3]在巴蜀地区，除了川南合江和南溪以外，"三鱼共头"在川北出土的汉代石棺上也有见。在绵阳市所辖的三台县，郪江崖墓是全国重点文物保护单位，其中金钟山2号崖墓石棺侧板上有"三鱼共头"浮雕，居于画面中央，左右刻有麒麟、朱雀，2007年文物出版社出版的《三台郪江崖墓》对之作了介绍。当地文管所还借用此"三鱼共头"图案装饰园区的景观墙，向游客展示。在简阳市（昔属资阳而今属成都所辖）草池镇有三鱼村，该村的"汪家山石刻"（简阳市级文物保护单位）中不仅有见于崖壁的"三鱼共头"，连村名亦由此而来。当地还有传说："早在两

---

[1] 韩永林、吴晓玲：《汉画像石中"三鱼同首"图像的艺术造型辨析》，《雕塑》2009年第2期。

[2] 傅永魁：《河南巩县石窟的新发现》，《考古》1977年第4期。

[3] 胡新立：《邹城汉画像石》，文物出版社2008年版，图B2。

晋时期,有一云游四方的道士,途经此地时病倒。当地人善良,帮其寻医找药,供住供食。道士康复后,见此地山不长树,河无水流,便在石壁上刻下'三鱼同首'图画。道士走后,村民们仍像往常一样劳作。谁知几年后,这里的山开始绿了,河水也丰富了,鱼也突然多了起来,怎么也捞不尽。这才想起道士刻在石壁上的画。于是大家相信这画有灵,便立庙朝拜。"[1]

着眼造型艺术史,求证于来自地下的考古实物,可知"三鱼共头"在中华审美文化史上由来已久,多见于汉代画像石。"三鱼共头"亦称"三鱼共首""三鱼争头""三世有鱼(余)"等,有论者梳理本土造型艺术史上的"三鱼共头"后指出:"到目前为止,我们见到的东汉时期的三鱼争头图多出现在画像石上,阙、祠、墓都有,仅一例刻在石壁上,其他质料的艺术品上未见此图,似乎只有石刻工匠对它感兴趣。而汉代以后的石刻艺术中却未见它,仅在瓷器上见到它的身影。"[2]然而,来自田野考察的资料表明,此处末尾之语可商榷。河南周口的古迹有著名的关帝庙,那是清代乾隆年间由山西、陕西商人集资建造的。嘉庆二年(1797),周口关帝庙再次修建,有陕西同州府天平会商人敬献铁旗杆一对,矗立在香亭前月台下东西两角。其中,西铁旗杆基座上层有"三鱼共头"图像。据铭文记载,基座上有"三鱼共头"图的这对旗杆由"陕西同州府大荔县、朝邑县、澄城县天平会众商敬献",这个例子当然不属于"瓷器上"的。对此,今有论者释其义为当地三河汇流的象征,即:"三条鱼分别代表着沙

---

[1] 陈水章:《三鱼村的"四鱼"之谜》,《资阳日报》2015年11月20日。
[2] 杨爱国:《古代艺术品中三鱼争头图探析》,《民族艺术》2013年第3期。

河、颍河、贾鲁河，'三鱼同头'喻指周口三河交汇的自然地理。"[1] 常言有道："礼失而求诸野。"当今时代，文化人类学、艺术人类学倡导学术研究的"多重证据法"，主张在传世文献、地下考古之外还应注重民间田野。前述讨论画像石者关注到了"地下"文物却未顾及"民间"案例，对后者少有知晓，所下断语也就难免有偏。立足民间，着眼民俗，活生生的田野事象表明，"三鱼共头"作为审美符号在华夏大地脉流不断地传承着，其为修正"汉代以后的石刻艺术中未见它"之说提供了来自民间的实物证据。

第二节　民俗中的投影

石刻是固态的、物质的，民俗是活态的、传承的。四川省宜宾市珙县（此地的僰人悬棺很有名）地处川南，邻近云南，当地有苗族聚居。笔者去珙县走访民间文化，在洛表镇乡下观看村民们吹芦笙、打手毽等民艺表演，在他们演出前举行祈吉仪式使用的纸马上见有"二鱼共头"图像，鱼头造型采用的是美术设计中的"借线"手法。纸马图案的上方写着"福禄财神"，中间有神灵图像，两侧有对联，下方便是流水波纹上对称排列的"二鱼共头"。川南民间的这个例子，与前述南溪摩崖石刻形成有趣的呼应。

---

[1] 王国民：《周口关帝庙铁旗杆基座"三鱼同头"图探微》，《河南教育学院学报》（哲学社会科学版）2016年第4期。

"衣食住行"是物质民俗研究的对象,与"住"相关的有建筑民俗。地处川东北大巴山区的巴中石刻遗存丰富,就其题材言,大致分三种类型:宗教文化石刻,以南龛石窟为代表;红色文化石刻,以红军标语为代表;民俗文化石刻,以村落民居为代表。2016年5月,中国民间文艺家协会授予巴中市"中国石刻艺术之乡"称号。此前,2012年7月,笔者与省民协同仁前往该市所辖通江县考察传统村落,其民居柱础雕刻中的"鱼"给人印象甚深。我们去的山村叫梨园坝(又称"犁辕坝"),属通江县泥溪乡,2016年被列入住建部、文化部、财政部等公布的第三批中国传统村落名录。地处较偏远的梨园坝现存穿斗木结构民居院落58套,其中20世纪七八十年代建筑30套,明清建筑28套(四合院5套,三合院23套,保存较好的有20套,年久失修的有8套)。该村落系马氏家族聚居地,今村委会所在地即马氏宗祠旧址,尚存祠堂和戏楼地基以及巨型石狮等遗迹,让人不难想见当年气象。来到梨园坝,从高处院落朝下走,依次考察。最高位置的院落编号为25,平面呈直角"∩"形,开口处有三级式台阶,步步升高,布局讲究,气势不凡。居高临下,由此可俯瞰这个以马姓为主的村寨。据当地文联同志介绍,现存院落建筑是清末民初的,处在整个山村的三分之二左右的高度。正上方是堂屋,堂屋及两侧房屋有避雨的檐廊,廊下柱础引人注意。柱础使用材质坚硬的石头,一般是上圆下方或圆方之间有八面体相结合的多层式,雕刻见于方形部位,朝向屋子的一面未雕,其余三面及四角是象征吉瑞的动植物纹样浮雕,其中便有"三鱼共头"。

　　柱础是传统建筑的基本构件,形状或圆或方,讲究的还会做成鼓形、瓶形、兽形、莲花形、六面锤形等，不一而足。华夏传统建筑以木构架为主，梁柱系统是主要承重骨架，所以历来重视柱础的设置。就技术层面而言，柱础以石制作，作为立柱底部的收头，最基本的功能是避免木柱直接跟地面接触，起着稳固、防潮的作用，与此同时，又能使单调平直的柱身产生视觉上的变化，具有装饰和审美的效果。历史上，随着柱础形制的发展，人们越来越讲究房屋柱础的雕刻纹饰，将多种象征寓意、审美趣味赋予其上，这石头构件的文化内涵大大增加。宋代《营造法式》卷三"壕寨及石作制度"，介绍石雕纹样道："一曰海石榴华；二曰宝相华；三曰牡丹华；四曰蕙草；五曰云文；六曰水浪；七曰宝山；八曰宝阶；九曰铺地莲华；十曰仰覆莲华；十一曰宝装莲华。或于华文之内，间以龙凤狮兽及化生之类者，随其所宜，分布用之。"[1] 文中，"华"即"花"。六朝隋唐的柱础石雕上多见人物、狮兽、莲瓣、蟠龙等，及至明清时期，其形制和雕饰更见丰富，制作工艺愈高。梨园坝民居建筑的柱础，从造型到纹样都多姿多彩，按照主家意愿，经过巧匠之手，柱础被做成体现装饰美化、表达功名利禄、寓意祈福辟邪的种种式样，既赏心悦目，又顺应着民间信仰需求。特别是在堂屋正中，安放在正厅檐廊下的那有"三鱼共头"等图案的几只柱础，犹如人的眉目，不仅造型讲究，而且雕刻精美，成为韵味独特的民艺作品，烘托着主家房屋的格调和气势。将梨园坝民居柱础上的"三鱼共头"与上述南溪岩画对比，不难发现二者在整体造型及雕刻手法上的相通之处。

[1] 梁思成：《梁思成全集》第七卷，中国建筑工业出版社2001年版，第48页。

汉语中有"三鱼"典故，又作"三鱣"，说的是东汉杨震明经博览，屡召不应，有鹳雀衔三鱣鱼飞集讲堂前，人谓蛇鱣为卿大夫服之象；数三，为三台之兆。后果位至太尉。（事见《后汉书·杨震传》）又，《隶释·太尉杨震碑》："至德通洞，天爵不应，贻我三鱼，以章懿德。"后来，世人便以"三鱼"为位至三公之典。梨园坝马家在柱础上雕刻三鱼，亦有表达渴望功名之意。纵观中国造型艺术史和审美文化史，"三鱼共头"纹样不仅仅存留在古代石棺、岩画中，其作为吉祥符号也进入世人的日常生活，现身于瓷器、剪纸、蜡染等。如笔者所见，略阳江神庙民俗馆中的"广元窑绿彩鱼纹扁壶"，其表面图案正是"三鱼共头"，上方鱼身两侧另有阴阳鱼式太极图纹[1]，鱼身下方还有鲤鱼跃龙门图案，年代为"明代"。广元窑在四川广元磁窑铺，烧造年代为晚唐至元代，兴盛于两宋，瓷器品种丰富，有黑釉、绿釉、黄釉褐花等。略阳属陕西汉中市所辖，秦巴山区，陕南汉中与川北广元相邻，自古文化多交流。此外，安徽六安椿树镇唐代墓葬出土的白瓷研盘，上面的纹样是"三鱼共头"；陕西省博物院藏品中有韩城出土的元代褐釉贯耳壶，表面图案亦为"三鱼共头"。凡此种种实物，不胜枚举。回到民居柱础雕刻话题，前述以"扶风"地望为豪的通江梨园坝马家，对此寓意祥瑞的符号化传统审美图案是不陌生的，他们将其雕刻在堂屋门前柱础上也很自然。梨园坝还有一处老屋的柱础上，也有"三鱼共头"图案，

---

[1] 关于此类图纹，请参阅李祥林《太极思维·性别底蕴·文化原型》，载《民族艺术》2006 年第 3 期。

房子在更高的山坡上，建筑年代大致在清道光时，只是三鱼所共之头完全简化成了直线条的等边三角形，鱼身圆鼓鼓的，雕刻手法为阴刻，造型风格更简朴。

年画是华夏民间喜爱之物。2003 年 10 月，在河北武强县旧城村贾家老宅屋顶上，发掘出 150 多块年画老版。据房屋主人贾振邦介绍，贾家从事年画印制及销售已有六代，作品远销陕西、山西、河北一带。当年祖辈分家，立有契约，规定画版等"只许使不许卖"。画版传到贾振邦父亲手上，虽历经战乱、洪水等，但老人视之为命根子，严加保护，最后把所有画版藏在房顶砖瓦与苇箔之间，立下遗嘱要后人好好看护。这批年画老版中，有被武强年画馆视为镇馆之宝的《三鱼争月》：画面主体是三条鲤鱼共有一头，其上方有一轮圆月，其下方左右两侧还各有一组小型的三鱼共头，题字"三鱼争月"。对此年画，冯骥才先生在《古版〈三鱼争月〉考析》中写道："三条肥大鲤鱼争用一个鱼头——它们使足力气，摆尾翻身，跃出水面，掀起拍天巨浪。这种奇异而充满情趣的手法，是为了强调一个'争'字。但实际上它们不是在争头，而是在争天上的一轮明月。为了陪衬气氛，对比三鱼之巨，左右还各安排一组同样在争头——争月的小石斑鱼。它们为什么要争月呢？"在冯先生看来，"这里并非画一个典故，而是使用民间年画中惯用的谐音手法，将'月'谐音于'跃'，看似'三鱼争月'，意为'三鱼争跃'。鲤鱼跳跃即跳龙门，民间传说中，鲤鱼跃过龙门就能成龙，腾空上天。科举文人把考中状元叫作'鲤鱼跃龙门'，老百姓则把生活幸福的飞跃也称作'鲤鱼跃龙门'。

争跃是争着跃龙门,去取得更好的生活。"[1]也就是说,这共头的三鱼争相跳跃的画面,表达的是跟功名祈愿相关的"跃龙门"题材。这跟前述略阳所见瓷壶图案的寓意又多少相近。

仅仅着眼图像形式,从本土神话意象追溯"三鱼共头"的原始发生,我们的目光会被引向《山海经》。这部记述上古玄异事象的书中记载了一头多身的鱼,叫"何罗鱼",见于《北山经》:"谯明之山,谯水出焉,西流注于河,其中多何罗之鱼,一首而十身,其音如吠犬,食之已痈。"此处记载的异鱼,有一个头和十条身子。这部讲述远古神话意象的书中,还有"三身国""三身人",说的是长相奇异的人,见《海外西经》:"三身国在夏后启北,一首而三身。"又《大荒南经》:"大荒之中,有不庭之山,荣水穷焉。有人三身。帝俊妻娥皇,生此三身之国,姚姓,黍食,使四鸟。"又《海内经》:"帝俊生三身。"神话学家袁珂认为"《淮南子·地形》有'三身民',即此",[2]《淮南子·地形训》是这样记载的:"凡海外三十六国,自西北至西南方,有……三身民。"高诱注:"三身民,盖一头有三身,西方之国也。"古籍中这"三身人"和"十身鱼",其造型可以为我们研究"三鱼共头"的由来提供某种艺术原理参考,但前二者与后者的差异也是明显的。如,"三身人"和"十身鱼"是一个人有三身、一条鱼有十身,"三鱼共头"则是三条鱼共同拥有一个头,彼此的着眼之点和表述角度有别,显然不可直接等同。除了文献外,马家窑

---

[1] 冯骥才:《年画行动:2001~2011木版年画抢救实录》,中华书局2011年版,第155—156页。

[2] 袁珂编:《中国神话大词典》,四川辞书出版社1998年版,第29页。

文化彩陶中有一种漩涡纹，也为我们认识"三鱼共头"这种有意味的形式提供了考古学参考。当然，除了图像形式外，对于"三鱼共头"所蕴含的哲学原理和美学精神，也需要结合中国文化观念和审美意识加以把握。

远古时期的彩陶漩纹盆（马家窑彩陶博物馆，笔者拍摄）

第三节 也是多民族话题

走向田野，着眼民俗，继续就符号化的造型图案"三鱼共头"作跨地域和跨族群观照，会有更多的发现。在中国南方地区，从事农耕种植水稻的侗族有其独特的鱼文化。在广西三江侗族聚居的"程阳八寨"，当地村民时常挂在口边的"禾花鱼"，以及他们家家户户制作的"腌鱼""酸肉"，都给外来者留下深刻印象。据清乾隆年间《贵州通志·风俗》记载，侗民"每年夏历十一月寅日为岁首，必备酒脯，鱼祀祖，击铜鼓，吹芦笙竟日"。在贵州，距从江县城20公里的银潭侗寨有凿于清代的水井，其中圆井有二，一内圆外方，一内外皆圆，内圆外方那口，井沿四角分别刻有"鸳鸯交颈""三鱼共头"等。按照侗族风俗，大年初一要吃鱼，宴请客人要吃鱼，婚丧大事必备鱼……不仅如此，侗家人甚至有"识鱼认族"之俗，他们认亲或认族，会先问对方是否知道"一脚踩三鱼"。若是答对了，便视你为同族亲人；若是答不出，则被认为其中有诈。民间口碑中的"一脚踩三鱼"典故，相传跟侗族祖先"飞山蛮"的三鲤鱼共头图腾有关，这是侗族祖先为表达不忘鱼的养育之恩和对鱼神的尊敬以及象征本民族团结所定的图腾。"侗家后裔，把这个图腾画在或雕刻在庙堂、鼓楼和住房等建筑物上，绣在枕头被单或背袋上，特别是刻在每座桥头铺路的青石板上，行人踏桥进村，谁个不'一脚踩三鲤'呢，若不知其中的奥诀，就不会认你为亲人。"[1] 侗族种植水稻，在稻田养鱼，鱼在其日常生活及信仰习俗中有着重要意义，也是人们喜爱的审美意象。肇兴侗寨属黎平县，但位置靠近从江县。据当地村民讲，肇兴侗寨已有840多年的建寨历史，寨子里全为陆姓，按五大房族分居五个片区，当地以"团"相称，依次分为仁团、义团、礼团、智团、信团（由此不难看出儒家文化在这个南方民族中的渗透和影响）。寨子建于山中盆地，一条小河穿寨而过，沿河分布着干栏式吊脚楼。行走在寨子里，在古老的

---

[1] 肖尊田：《侗乡鱼俗趣闻》，《南风》1987年第1期。

鼓楼内，在新建的道路上，均可见侗家人喜爱的审美符号"三鱼共头"：有以青石雕刻的，工艺精美；有以石子镶嵌的，图案宽大。

"三鱼共头"是别具魅力的文化符号，也是古今共赏的审美对象。"三鱼共头"的要义，一在"三"，一在"共"，二者都跟中国文化精神和中华审美观念有密切联系。"鱼"在民俗里本有多子多孙、家族繁盛之寓意，加上"三"，寓意更强化了。闻一多考察"鱼"作为生殖崇拜象征后指出："为什么用鱼来象征配偶呢？这除了它的蕃殖功能，似乎没有更好的解释，大家都知道，在原始人类的观念里，婚姻是人生第一大事，而传种是婚姻的唯一目的……种族的蕃殖即如此被重视……浙东婚俗，新妇出轿门时，以铜钱撒地，谓之'鲤鱼撒子'，便是这观念最好的说明。"接着，他从人类学的跨文化角度写道："以鱼为象征的观念，不限于中国人……崇拜鱼神的风俗，在西部亚洲，尤其普遍，他们以为鱼和神的生殖能力有着密切的关系。"[1] 也就是说，"鱼"作为生殖象征具有跨地域和跨民族的意义。唯其因此，国人用"阴阳鱼"来喻称太极图也就不足为奇，这也跟古老的中

---

[1] 闻一多：《神话与诗》，上海人民出版社2006年版，第114、115页。1956年，山东肥城栾镇村东汉墓出土的画像石中有伏羲女娲像，在女娲像下方又有"三鱼共头"。就女娲信仰言，汉代墓葬中石刻女娲像以及后世民间将女娲像印在祭祀用的冥钞上，其实都跟重视"生"和"再生"的民俗主题相关，如拙著指出："女娲信仰与丧葬礼仪的关系，涉及人类'生/死'观念这个大话题。……在我看来，这个大话题中蕴含着以'生'克'死'或以'生'超越'死'的人类学主题。"（李祥林：《女娲神话及信仰的考察和研究》，巴蜀书社2018年版，第101页）汉画像石将"三鱼共头"与女娲娘娘同置一图，正是对"生"之主题的强化表现。

国易学"生生不息"的精神相吻合。广西侗族以"鱼"为图腾崇拜对象,相传远古时期侗族的祖先就因得到神鱼的帮助,躲过了洪水灾难并在神鱼指点下兄妹结合再生人类,"因此,侗族把鱼当作自己民族的保护神,并尊为本民族的始祖神加以崇拜"[1]。前述合江汉画像石棺,"三鱼共头"位于右侧棺面,正面则是人身蛇躯、两尾相交的伏羲和女娲像,前者与后者相配,所表达的生殖崇拜意味明显。至于简阳三鱼村有关"三鱼共头"石刻来历的民间传说,也寓意着其"生"的神奇功能。此外,众所周知,"三"是中华文化史上古老的数字,说到"鱼"和"三",赵国华在论述半坡彩陶鱼纹时说:"半坡先民极早就拥有'三'这个数的抽象概念,大约和对鱼的认识密切相关。在他们分食鱼的时

侗寨鼓楼地面石刻"三鱼共头"(贵州黎平,笔者拍摄)

---

[1] 陈维刚:《广西侗族的鱼图腾崇拜》,《广西民族研究》1990年第4期。

候,或者将'一'条鱼分为头、身、尾'三'部分,或者将'一'条鱼视为等于'三'个鱼头。他们由此引出了'一分为三''以一代三''合三为一''一与三相通'等复杂的数学概念,熟练而巧妙地运用到抽象鱼纹的绘制中。这或许是人类象数思维的最早实例。"[1]着眼本土哲学,体现象数思维的"一"与"三"的符号又指向"道",表达着对天地万物本源及生成的认识,如道家所言,"道生一,一生二,二生三,三生万物"(《老子》),体现出"生生不息"的伟大功能。作为传统审美文化符号,"三鱼共头"的"一"(鱼头)、"三"(鱼身)的语义组合很奇妙,从人类学的象征理论看,其与"道"之创生功能正相吻合。

"和"是中华美学的重要范畴,"是中国文化意识和精神在美学领域的重要体现"[2]。情感表达讲"中和",人际关系讲"和合",这种审美精神也渗透在"三鱼共头"纹饰中,并通过家庭、村寨、族群透射出来。透视前述周口关帝庙铁旗杆基座上的"三鱼共头",其中喻示的内涵便是多层面的:既有地理环境中的三河(沙河、颍河、贾鲁河),也有州府同乡中的三县(大荔、朝邑、澄城),甚至还有历史故事里的三人(刘备、关羽、张飞)。类似例子,在中华大地上可以举出不少。房屋建筑方面,在湖南靖州飞山村的柱础雕刻中亦见"三鱼共头",有解释称:"这是一个部落联合的标志。三个部落是三条鱼,共一个头目。表示三个

---

[1] 赵国华:《生殖崇拜文化论》,中国社会科学出版社1990年版,第101—102页。
[2] 成复旺主编:《中国美学范畴辞典》,中国人民大学出版社1995年版,第308页。

部落和平共处。三个部落分别是佬、坦、绞。"[1]此处讲的是部落与部落、族群与族群之间的"不同而和",而一头为三鱼共有之图像,又正是"你中有我、我中有你"的文化互嵌、融合之艺术化表达。侗、壮相邻,龙胜各族自治县和平乡龙脊壮寨地处桂北山区,今存不少古迹,其中就有"三鱼共首"石刻。雕刻该图案的石板桥约建于清光绪年间,原由四块长4米、宽0.8米的石板拼合而成,现存一块石板上刻着"三鱼共首"。究其含义,有的说是为了纪念龙脊廖家先祖三兄弟团结同心创业的功绩;也有的说是当地有廖、侯、潘三姓,村民身份也是多民族的,该石刻寓意为三姓和谐团结,更深寓意是壮、瑶、侗三族的和谐共处。俗话说得好:"三人成众。"无论兄弟团结,还是诸姓团结,乃至各族之间和睦共处,"三鱼共头"都彰显的是抱团生存的和合精神,这种文化精神贯穿在民众的生活实践中。在三江侗寨,一位侗家人谈到外出打工时就说,山乡侗人大多汉语水平较弱,外出者抱团意识特别强,也为的是老乡之间有照应。[2]贵州肇兴侗寨在鼓楼内地面以青石雕刻"三鱼共头",其"抱团"心理不言而喻。

"生"的观念与"和"的意识,正是中华美学精神的重要内容,也积淀在艺术化符号"三鱼共头"之深处。纵观多民族中国

---

[1] 王砚:《左汉中的民间美术地理:与传统,不言而别》,《潇湘晨报》2012年10月30日。
[2] 2017年12月,笔者去广西三江侗寨做田野考察,离开时乘坐开饭馆的中年村民的车去高铁站。路上聊天,笔者询问现在侗寨的年轻人对母语的掌握以及外出打工的情况,他很是感慨地讲了这番话。

的民俗艺术史，利用同构共生之美术原理的"三鱼共头"意象受人青睐，正是因为拥有以上包含在图像深层的审美文化意蕴。它见于四川的蜀锦，见于贵州的刺绣，见于云南的剪纸，见于关帝庙前旗杆基座，见于民国时期砚台雕刻。不仅如此，据有关资料，该艺术化符号还被运用在北方秧歌表演的队形变换中，亮相在当代工业中汽车轮毂的创意设计上。凡此种种，从古到今连缀出一道洋溢着本土情韵的审美风景线。

第七章 观音及中华佛教审美气质

"儒治世，道治身，佛治心"之说见于中华文化史。较之土生土长的儒、道二家，佛教是自外传入中国后不断本土化的文化形态，其对中国的哲学、政治、伦理、民俗、审美、文学、艺术等有着深入骨髓的影响。因此，有人说："不懂佛学，就不懂汉魏以来的中国文化。"[1]从性别研究（gender studies）视角考察中华传统审美文化特质，除了儒、道两家[2]外，也不可忽视佛教，因为历朝历代，中国化佛教屡受官方抬举，传播甚广，信众很多，在国民心理上烙下深深的印迹。立足性别理论，结合宗教历史、民间风俗、文学意象、艺术造型等透视中国化佛教的审美气质，对于深入把握多民族中华美学、艺术、文化有着重要意义。

第一节 观音形象的审美选择

佛教起源于印度，入华佛教的主流属于北传一系。华夏号称"以农立国"，中华文化自古有偏爱柔美的特质[3]。东来的佛教与此文化语境不可能绝缘，观音菩萨在华夏世俗信仰中向女儿身的性别偏移就为此提供了有意味的例证。纵观佛门诸神，对中国

---

[1] 方立天：《中国佛教与传统文化》，中国人民大学出版社2010年版，前言第2页。
[2] 关于儒、道，笔者另有文章论述，已发表的《从性别视角看儒家文化的二重性》（载《民族艺术》2004年第2期），可供参阅。
[3] 对此的论述，请参阅李祥林：《中国文化与审美的雌柔特质》，《新余高专学报》2000年第4期；《"阴阳"词序的文化辨析》，《民族艺术》2002年第2期；《"雄化女性"、文化身份及其他——兼谈木兰故事的东西方演绎》，《南开学报》（哲学社会科学版）2007年第4期。

老百姓最具号召力的,首推手持净瓶、足踏清波的观世音。客观地讲,作为中国民众信奉的佛教神灵,这位妙相庄严、体态优美的女菩萨的世俗知名度和影响面甚至有超过佛祖如来之势。"由来古佛非女子,只缘大士有婆心",镇江观音阁的这副对联便传递着民间心声。在华夏社会,从上层到民间,无论何时何地,观音都享受着旺盛的香火,其尊名连同其慈眉善目的白衣女子形象家喻户晓,深入人心。

"崇佛庙会中,以观世音庙会最为普遍。"[1] 世人深信,身陷苦难者只要诵念观音名号,这位大慈大悲的菩萨就能"观其音声",前往救助。云南白族有《观音负巨石》的传说,讲述的是大理城南门外有巨大的石头,相传是观音为了阻止沙贼侵犯大理而负石于此,后来人们在石上建立大石庵,又名观音堂,成为民众朝拜的圣地。在广西,"靖西县壮族在举行巫事活动时,巫师唱颂的十多位神中有观音菩萨"[2]。在川西北藏羌地区,甘孜州丹巴藏族民歌称"观音是最善良最可爱的汉人菩萨",阿坝藏族羌族自治州理县羌民单身出门时会念《出门经》,云"出门头顶观世音","只张神,不张鬼"。[3] 据有关资料,在喇嘛教中,绿度母相传是观音的化身,有多种不同的化现,包括二十一度母、五百度母等,而绿度母为所有度母之主尊,她能救狮难、象难、蛇难、水难等八种苦难,亦称"救八难度母"。金川县观音桥镇

---

[1] 高有鹏:《庙会与中国文化》,人民出版社2008年版,第96页。
[2] 吕大吉、何耀华总主编,李绍明等主编:《中国各民族原始宗教资料集成:土家族卷·瑶族卷·壮族卷·黎族卷》,中国社会科学出版社1998年版,第475页。
[3] 李祥林:《城镇村寨和民俗符号——羌文化走访笔记》,巴蜀书社2014年版,第6页。"张"即"张视",四川话,意为"理睬"。

有绰斯甲观音庙（位于海拔3600多米的纳勒神山上），属宁玛派，以供奉四臂观音（藏语称"土基钦波"）闻名，相传该寺主供之观音和布达拉宫供奉的观音以及南海观世音是三姊妹，名气很大，在藏族地区甚至有"第二普陀"之誉称[1]。从汶川往理县去的国道317线路口有"黄岩观音庙"，据守庙人告知，该庙原本规模不小，但前方大殿被修公路时占去了，现存部分甚小，观音塑像供在依壁而建的石窟形庙中，每年三次的观音庙会，来烧香的人还是很多。

　　中华大地上，涉及观音来历的传说有许多，其性别基本都是体态婀娜的女儿身。元代管道升根据民间传说撰写的《观世音菩萨传略》，称观音本是妙庄王的三女儿，该故事在宣扬佛教的同时又融入儒家的孝道和道教的神仙思想，可谓三家思想合流的产物；元杂剧中，有《观音菩萨鱼篮记》演观音等劝说居士张商英出家修行的故事并且标明观音由"正旦"扮演，有《庞居士误放来生债》述其女儿灵兆本是南海"自在观音菩萨"，等等。观音是妙庄王三公主的故事亦见于《三教源流搜神大全》，这故事在后世又衍生出种种"在地化"版本。如被中国民间文艺家协会授予"观音文化之乡"称号的四川遂宁，民间传说甚至认定该地就是"观音故里"，且听地方民谣："观音菩萨三姐妹，同锅吃饭各修行，大姐修到灵泉寺，二姐修到广德寺，只有三姐修得苦，修

---

[1] 绰斯甲观音庙在藏东地区的知名度甚高，香火旺盛，民间甚至有"去不了拉萨布达拉宫，至少要来金川观音庙"之说。2016年8月，我们在四川省民间文艺家协会的组织下赴阿坝、甘孜二州考察民族民间文化，曾前往该庙，见大殿内端坐莲台的四臂观音像金碧辉煌，虔诚朝拜者甚众，且有幸得见僧人给菩萨"洗脸"（增涂金粉）。当地人说这场面很不容易遇见，表示得菩萨保佑有大福运。

到南海普陀山。"灵泉、广德二寺均在遂宁,每年农历二月、六月、九月三次观音庙会,来自城乡的老百姓自发组成的上香队伍络绎不绝,他们举着旗帜、捧着供品、排成长队,声势不小。就这样,随着观音形象的中国化和女性化,"慈为雨兮惠为风,洒芳襟兮袭轻珮"(唐·释皎然《画救苦观世音菩萨赞》),女性的观音成为华夏民众心目中的定格形象。安岳石刻有紫竹观音,是华土佛教造像中的精品,其体态婀娜,俨然妙龄女子,以致被誉为"东方维纳斯"。沈从文在《哨兵》中写湘西民俗:"大人们在孩子还很小的时候,就带进庙去拜菩萨,喊观音为干妈……"[1]川西北羌族地区,"一些羌人尤其相信观音能使人丁兴旺,几乎每个羌寨都建有大小不等的观音庙"[2]。不仅如此,女相观音菩萨甚至与中国道教的"慈航道人"重合,性别及相貌依然。在《封神演义》里,这位道门"女真"还有一些神奇故事。小说中,慈航本是人间女子,商纣王残忍无道,为讨好妖后妲己,要慈航之母奉上手眼。慈航代母受难,其孝心感动上天,女娲娘娘将她安置在玄都洞八景宫太上老君处,并传给她千手千眼之术。随后,慈航经女娲娘娘指引拜玉虚宫元始天尊为师,后者将道书传授给她,让其在普陀山修道成仙。慈航仙姑又称慈航真人,是元始天尊门下唯一女弟子,名列道教"十二真仙",小说中法力高强的她也助周伐纣。

华夏有"神话历史化"传统,观音是男是女,曾引发文人争议,观点有三:明代王世贞等认为古观音不现女相,实为男性;

---

[1] 沈从文:《沈从文全集》第2卷,北岳文艺出版社2002年版,第378页。
[2] 《羌族词典》,巴蜀书社2004年版,第203—204页。

清代赵翼据南北史认为古观音亦现女相，未必是男；清人俞正燮则旁征博引，胪列众说，以为观音性别随缘而变，亦男亦女，忽男忽女，是为变性。[1]"大传统"主流也罢，文人争论也罢，"小传统"支配下的中国民间信仰还是多奉女相观音。中唐以来的"马郎妇"传说在华夏民间流行，提供的也是观音形象女性化偏移例子。"设欲真见观世音，金沙滩头马郎妇。"黄庭坚《观世音赞六首》（见《山谷集》卷十四）有此言。北宋寿涯禅师词《渔家傲·咏鱼篮观音》亦曰："深愿弘慈无缝罅，乘时走入众生界，窈窕丰姿都没赛。提鱼卖，勘笑马郎来纳败。清冷露湿金襕坏，茜裙不把珠缨盖，特地掀来呈捏怪。牵人爱，还尽许多菩萨债。"[2]显然，以马郎妇为观音化身在宋代已寻常，故而文人、佛门皆言之。追根溯源，这故事非佛经本有，而是来自本土自创，见于唐代李复言《续玄怪录》卷五（又收入《太平广记》卷一百一），题作《延州妇人》，当其跟外来的观音扯上瓜葛后，便"表征着两层意义：一是佛教在唐代的兴盛；另一则是佛教在此时的本土化"，也就是说，"它一方面展示着菩萨普度众生的大慈悲心与方便顺缘的教法，另一方面它也是观世音菩萨在中土由最初的男相示化转变为女相示化的关键之一"。[3]在川西北岷江上游地区，据地方作者介绍，汶川过去"几乎每个寨子都有大小不

---

[1] 娄熙元：《观音四变》，载龚维英等编著《神话 仙话 佛话》，河北人民出版社1986年版，第151—152页。
[2] 唐圭璋编：《全宋词》第1册，中华书局1965年版，第213页。
[3] 陆永峰：《"马郎妇"事典考论——兼谈观音形象的女性化》，载《中国俗文化研究》第三辑，巴蜀书社2005年版，第30页。

同的观音庙"[1],民间俗信氛围浓厚。涉及观音的神圣叙事也被"在地化"了,不但有妙庄王的三个公主成为"观音菩萨三姐妹"的故事流传,甚至有新的传说出现,称观音菩萨为拯救世上受苦人,又投生在今称"羌人谷"的汶川龙溪沟中一黄姓人家,是黄家的三女儿,"这女子生下地就不开荤,长大了就出家当尼姑,她老汉儿后来也当了和尚"(四川话"老汉儿"在此指父亲),其父在天成山把庙修好后,"三女子就成了活观音。汶川、理县、茂县三地的羌族农民,纷纷涌涌地到天成山拜活观音,庙内常常聚集几百人,旗锣伞仗,吹吹打打",[2]香火旺盛得很。

  一个不乏阳刚气的神祇从异邦来到华土,为什么就化身成了颇具人间气息的中国女子"马郎妇""黄家女"呢?从表层上,也许可以说随着佛教东来和普及,妇女信佛礼佛在华夏民间越来越多,也可以说此神面目由威猛变柔善是为了以更平易近人的姿态争取更广泛的信徒。可是,为何偏偏要转易性别呢?也许,在人类潜意识层面,这未必不是那远古母性崇拜的精神密码在冥冥中发生作用。纵观佛门世界,诸神皆男,这性别偏向未免太明显,在寺庙里供上和蔼可亲的女神,多少能调节气氛,柔化审美,使信守中和、不走极端的吾土庶民心理平衡,而且有利于吸引女信徒。况且,在格外看重血缘宗法的本土超稳态社会结构中,相信多子多福的世人打心眼儿里还盼望菩萨能为之送来传宗

---

[1] 杨新松编:《汶川胜地》,大众文艺出版社2011年版,第4页。
[2] 《中国民间文学集成·羌族故事集》,四川省阿坝藏族羌族自治州文化局编印,1989年1月,第89—91页。这个故事采录于1987年,是汶川县龙溪乡联合大队一位68岁、不识字的余姓羌民讲述的。

接代的子嗣。"送子观音"是《法华经·普门品》所言观音三十二相之一，经云："若有女人，设欲求男，礼拜供养观世音菩萨，便生福德智慧之男；设欲求女，便生端正有相之女，宿植德本，众人爱敬。"崇拜送子观音普遍见于南部中国，民间美术中观音造型也以此为多。慈母般的观音菩萨或立或坐，怀抱可爱的小儿，人们亲切地称她"观音娘娘"，台湾民间称其为"观音妈"，云南白族谓之"观音母"或"观音姥姆"，礼拜不已。从原型层面看，这怀抱幼子、体貌端庄的"送子观音"，不正是茫茫远古那掌握人类生殖奥秘的"大母神"（the Great Mother）在后世的显影么？的确，正如学界所指出，"对女神的崇拜就是对女性、对母亲伟大生殖能力的敬仰"[1]。就这样，偏爱柔美、崇尚女神的"集体无意识"，也深深渗透在中国老百姓的佛教信仰中。

从造型艺术史看，女相观音在华土或始见于南北朝，宋以来逐渐定型。[2] 若寻本溯源，其在佛经中原非如此。观音是梵文"Avalokitesvara"的意译，又称"观世音""光世音""观自在菩萨"，与大势至共侍阿弥陀佛，乃"西方三圣"之一。据婆罗门

---

[1] 闵家胤主编：《阳刚与阴柔的变奏——两性关系与社会模式》，中国社会科学出版社1995年版，第91页。

[2] 对观音造像在华土的演变，前人亦有考察，如清翟灏《通俗编》卷二十"观音像"条："《庄岳委谈》：今塑画观音者，无不作妇人相，考《宣和画谱》，唐宋名手，写观音像甚多，俱不饰妇人冠服。《太平广记》载一仕宦妻，为神所摄，因作观音像奉焉，其妻寻梦一僧救之得苏，则唐以前塑像，亦不作妇人也。宋小说载甄龙友《观音偈》云：巧笑倩兮，美目盼兮，彼美人兮，西方之人兮。则宋时所塑，或已致讹。元僧谢陋无识，遂以为妙庄王女，可一笑也。按：杨慎《词品》，载寿厓泳鱼篮观音，有'窈窕丰姿都没赛，茜裙不把珠璎盖'之句。鱼篮为观音变相，故作妇人，世俗不察，遂一承其相耳。"（翟灏著，陈志明编校：《通俗编》上册，东方出版社2013年版，第368页）

教经典《梨俱吠陀》，佛教尚未产生前已有此神，即善神"双马童"（一对并肩相连而头为两颗明星的孪生小马驹，有时候化身为一对孪生兄弟，印度神话中有天神因陀罗饮了毒酒而得双马童救助的故事），释迦牟尼创立佛教时吸收该神为"马头观世音"，其形象由小马驹化为伟丈夫。任继愈主编的《宗教词典》"双马童"条云："大乘佛教受其影响，塑造了大慈大悲的观世音菩萨形象。"[1] 婆罗门教的双马童传说与佛教的观音信仰有渊源，这是学界的共识。不仅如此，佛门经籍还说他本是高贵王子出身，五胡十六国北凉（397—439）时期印度来华僧人昙无谶所译《悲华经》云"有转轮圣王名无诤念……王有千子，长名不晌"，其去见佛，后者称其为"善男子"，对他说："汝观天人及三恶道一切众生，生大悲心，欲断众生诸苦及烦恼故，欲令众生住安乐故，今当字汝为观世音。"在此明明白白的表述中，"观音菩萨为男性"。[2] 因此，我们看到，在新疆境内吐鲁番火焰山的柏孜克里克千佛洞中，观音菩萨的嘴唇上留着小胡子，是一英俊男子；在喇嘛教寺庙里，观音菩萨长着11颗不同颜色、不同面容的脑袋，造型威猛怪诞，令人望而生畏。据新华社报道，在巴蜀地区，位于南丝绸之路古道旁的四川省荥经县六合乡富林村石佛寺内摩崖造像中，也曾发现嘴唇上长着两撇小胡子的唐代男身观音像。

根据佛经，法力无边的观音有三十二身变化，可以忽男忽

---

[1] 任继愈主编：《宗教词典》，上海辞书出版社1981年版，第228页。
[2] 娄熙元：《观音四变》，载龚维英等编著《神话 仙话 佛话》，河北人民出版社1986年版，第152页。

女、忽老忽少，时而威猛狰狞，时而美丽亲和。女相本是观音菩萨的化身之一，但是，华土信众明显把这化身当成了正身来崇拜，中国四大佛教石窟皆有女身观音像，以致民间还把长得美丽端庄的女子称为"生观音""活观音"。元杂剧《西厢记》中，身姿窈窕的莺莺姑娘上场时，对其一见钟情的张生唱道："我只道南海水月观音现。"巴蜀民歌中，情哥哥赞誉情妹妹也说"好像南海观世音""赛过南海观世音"[1]。又据《平武羌族民间故事集》介绍，当地民间端公做上坛法事请神的唱词有："呃，鼓儿圆圆抱在怀，我们小小童儿，我们一步一步上坛来……呃，调换声，调换声，我们调换男声换女声。呃，调换声，调换声，调换女声现观音。"[2] 有趣的是，观音形象由男转女为华夏民间心知肚明，这甚至别致地投影在戏班习俗中。据李乔《行业神崇拜——中国民众造神史研究》："戏班有专为旦角化装者，称为'梳头的'。梳头的奉观音为祖师。关于梳头的奉观音为祖师的原因，李洪春《京剧长谈》有如下解说：'梳头的祖师是南海观世音。因为观音菩萨是男的，女菩萨像是他的化身，而那时旦角都是男演员扮的，所以和观音男变女相拉上了关系，就以他为祖师了。'"[3] 过去川戏班子，有后台打杂人员组成"观音会"，供奉观音。

---

[1] 朱仕珍编：《花见蜜蜂朵朵开——巴山情歌》，四川人民出版社1990年版，第15、23页。

[2] 周晓钟搜集整理：《平武羌族民间故事集》，平武县民族宗教事务局编印，2002年11月，第117页。

[3] 李乔：《行业神崇拜——中国民众造神史研究》，北京出版社2013年版，第395页。

第二节　菩萨造像的柔美化倾向

按照神话叙事，菩萨是超越了俗世红尘、肉体凡胎的天界神灵，本无所谓性别之分。可是，看看遍布长城内外、大江南北的寺庙中的众多菩萨形象吧，甚至从如来佛祖开始，几乎个个是容貌慈善、体态婉妙、肌肤丰润、璎珞饰体，其造像特征上的女性化倾向一望可知（隋唐以来菩萨造像的这种女性化风格，甚至影响了邻国日本）。不然，为什么古人会将菩萨和美女并提，有"菩萨如宫娃"或"宫娃如菩萨"之说呢?[1] 明代戏曲《蕉帕记》中观音是以"小旦"身份出场的，也提醒观众这按行当扮演观音的是妙龄女子。古往今来，四面八方，导致菩萨造像雌柔化的原因有许许多多，但不管怎么说，这种柔性化造型迎合着世俗心理，取悦着众生凡目。

华夏佛教美术，以佛（Buddha）、菩萨（Bodhisattva）、罗汉（Arhat）造像为主，面容及形体塑造上初期受印度影响，随着时间推移，后来逐渐本土化和世俗化，曾多年钻研敦煌壁画的张大千说："北魏、西魏的敦煌画佛，面貌多属清癯，颇像干瘦的印

---

[1] 唐代僧人道宣对佛像造型演变就深有感叹，见《释氏要览》卷中记载："宣律师云：造像梵相，宋齐间皆唇厚、鼻隆、目长、颐丰，挺然丈夫之相。自唐来，笔工皆端严柔弱似妓女之貌，故今人夸宫娃如菩萨也。又云：今人随情而造，不追本实，得在信敬，失在法式。"他之所言，正道出世风（"随情"）影响下华土佛像造型从"挺然丈夫"向"端柔女貌"转变的柔性化倾向，虽"失在法式"，却"得在信敬"。

度人，但到了唐代的画菩萨，便是中国人自己的面貌了。"[1] 从造型特征看，一般说来，"佛菩萨都作中国化的面相，罗汉多作梵相；文臣多作中国化的面相，武将多作梵相；年轻的多作中国化的面相，年老的多作梵相"[2]。恰恰在这"中国化面相"的菩萨造像上，雌柔化审美倾向表露得更鲜明。麦积山北魏石窟中，菩萨造像就大多面容清秀、体态修长、纯静柔美，有着并非不明显的女性化倾向。通观中国佛教造型艺术史，"菩萨的形象与装束，唐代开始定型，以后变化不大。大致是：面作女相。为了不违反佛教中菩萨变相'非男非女'——应该说明，据佛经，一般菩萨都是'善男子'出身——的通俗性说法，常常画出蝌蚪形小髭，北宋以后小髭取消。圆盘脸（宋代以后变长），长而弯的翠眉，凤目微张；樱桃小口。高髻或垂鬟髻，多出来的长发垂在肩上，戴宝冠。上身赤裸或斜披天衣（北宋后多穿上带袖天衣，但仍常袒胸），有帔巾，肤色润泽、莹洁、白皙。戴项饰、璎珞、臂钏。腰束贴体羊肠锦裙或罗裙，两足丰圆。总之，繁丽的衣饰，是加上中国人想象的经过变化了的古代印度次大陆贵族装饰，又夹杂有唐代贵族妇女的时装，是这两者奇异而又谐调的混合。健美的面庞和体态，则纯以唐代贵族妇女特别是家伎等女艺术家为模特儿。这就是中国化（汉化）了的菩萨"[3]。敦煌莫高窟中仅唐代的观音图像即多达上百窟，从中不难看出其从男身到

---

[1] 李永翘编著：《张大千画语录》，海南摄影美术出版社1992年版，第169页。

[2] 凌空：《印度佛教艺术与中国早期佛教画》，载张曼涛主编《佛教与中国文化》，上海书店1987年影印版，第187页。

[3] 白化文：《中国佛教的四大菩萨——文殊、普贤、观世音和地藏菩萨》，载《文史知识》编辑部编《古代礼制风俗漫谈》二，中华书局1986年版，第215—216页。

非男非女、男身女相、女身男相，直至完全女性化的衍变过程。第57窟中的观音菩萨，位于南壁中央《阿弥陀佛说法图》东侧，你看她脸呈鸭蛋形，修眉长眼，鼻直唇小，头戴化佛冠，腰系华裙，身佩项链、璎珞、臂钏、手镯，一手上举颏下，一手下垂身后，赤足踏在莲花上，腰呈S形曲线，体态婀娜，活脱脱一幅唐代仕女图。现藏美国弗利尔美术馆的《水月观音菩萨》[1]出自唐代佚名画家笔下，画面上观音的上唇和下巴皆绘有小胡子，但整个体态、肌肤及面容又具有唐代妇女"丰腴为美"的特征。宋代以来，观音则多作披着头巾的民间女子形象。由于造像特征女性化，久而久之，菩萨也就自然而然成为华夏百姓心目中美女的喻象，如元杂剧《薛仁贵荣归故里》第二折："刘大公家菩萨女，招那庄王二做了补代……"（"补代"指女婿）

"圆"是古老的原型，其在审美人类学意义上多为柔美的标志、女性的象征。以研究"大母神"著称的诺伊曼说："在其全部现象学中，女性基本特征表现为大圆，大圆就是、并且包含着宇宙万有。"[2]他的著作《大母神——原型分析》第十二章，就直接以"大圆"为题。英国学者卡纳在《人类的性崇拜》中写道："人类最古老的一种生殖象征，便是一个简单的圆圈。它可能代表太阳，也可能是原始玄牝的符号。……圆的一个隐义是'无限'，它可以表示万物之始，也可以代表万物之终。中国有句

---

[1] 陈传席编著：《海外珍藏中国名画·晋唐风韵》，天津人民美术出版社1998年版，第54页。

[2] 埃利希·诺伊曼：《大母神——原型分析》，李以洪译，东方出版社1998年版，第215页。

成语,'如环无端',正可表示万有的无始无终、包罗万象的概念。"[1]佛门世界,"圆"具有重要象征意义,有人认为"'圆圈'(mandala)这种象征则来自印度",而"'圆圈'(或yantra)是一种尤其见于印度传统和佛教传统的几何图案,它是一种结合体,由对称地排列在一个中心轴周围的各种圆形、正方形和三角形构成,用来象征宇宙,既象征宏观世界(Brahman),也象征微观世界(ātman)及其组成部分。"[2]仅仅说"圆"作为象征符号来自印度不够,其广泛见于世界各地,但该文化符号在佛门世界运用广泛也是事实。梵文"mandala"之音译即"曼荼罗",意译为"坛场""坛城"等,义为轮圆具足,含蕴集精华、辐射光芒之意。佛教徒在诵经和修法时,务必先择清静地方,安置佛、菩萨像,谓之"坛场";后来密宗修法时,所观想佛、菩萨的画像,也称为"曼荼罗"。密教随修法所需的曼荼罗,根据经典、仪轨记载,描绘出各种曼荼罗图像,如两界曼荼罗、尊胜曼荼罗、北斗曼荼罗等。作为东方文化符号,充满神秘意味的"曼荼罗"圆圈经佛教传入中国,影响华土。古典文学作品中,小说《西游记》里孙悟空也画过这种神奇的圆圈,让师傅唐僧坐在圈里,任何妖魔鬼怪都无法靠近。这以大圆为主体构图的"曼荼罗",按照心理分析学家荣格的说法,是体现心理完整性的原型与象征。自印度传入中土的佛教,历来高扬以圆为贵的文化意识,禅门中

---

[1] 卡纳:《人类的性崇拜》,方智弘译,海南人民出版社1988年版,第153—154页。
[2] 埃里克·J.夏普:《比较宗教学史》,吕大吉等译,上海人民出版社1988年版,第270页。

那从"见山是山"到"见山不是山"再到"见山是山"的开悟例子，便以西人所谓"蛇头咬尾"式逻辑画出一个螺旋式递升的思维圆圈。翻开佛学典籍，诸如圆悟、圆觉、圆鉴、圆融、圆明、圆通、圆成、圆寂、圆光、圆教、圆道、圆境之类术语比比皆是。释家讲因缘和合，业力轮回，其孜孜以求的真如本性即所谓"圆成"，而"发意圆成"正被视为"众生无量功德"（《楞严经》）。佛门之"禅"（Dhyana），看似玄之又玄，渺不可测，归根结底不过是心与物、生命本体和宇宙本体圆融一体的"大圆"境界，所谓"一性一切性，婆娑大圆境"（《碧岩录》载福眼和尚语）。圆的比喻、圆的意象、圆的法则和圆的思维，贯穿在佛门教义中。

如卡莫迪指出，尽管后世佛教由于父权制等级观念染上了某种"厌恶女性的倾向"，但上古女神崇拜的原型影响并不是那么容易消除的，发誓普度众生的"佛陀毕竟向妇女们敞开了佛教的宗教生活的大门"[1]，佛门并未拒绝女信徒，寺庙中也有诵佛念经的比丘尼，至于居家念佛的居士群体中，妇女们亦占有突出比重。在古代中国社会，较之得到历代官方倡扬的刻板化儒学礼教对女性的钳制，"与哲学上的道家相似，佛教也有助于中国妇女抵抗儒家的憎恶女性的情绪。例如，它宣扬佛性在万有之中，这就暗示着，社会平等比社会差别更为基本"[2]。不仅如此，在男

---

[1] D. L. 卡莫迪：《妇女与世界宗教》，徐钧尧、宋立道译，四川人民出版社1989年版，第47页。

[2] D. L. 卡莫迪：《妇女与世界宗教》，徐钧尧、宋立道译，四川人民出版社1989年版，第75页。

性僧人修行目标中也有纳入女性化要求的，如密教《差别仪轨秘密经》的"修女行"（vamacara），即旨在"充当妇女以取悦最高阴性神力"[1]；又如，"在西藏特别有影响力的佛教金刚乘（Vajrayana）一派中，密宗信念使妇女也成为导师或大师。这样的妇女称作'悉达'（Siddha），她们被认为是已经完全觉悟的"[2]。观音崇拜在藏传佛教里也有特色，十一面观音被尊奉为最高保护神，其造像在大大小小的寺庙中极多，如布达拉宫红宫中供奉的银制十一面观音像，是十三世达赖喇嘛花费万余两白银铸就的。如前所述，九天玄女是地地道道的中国道教女神，佛门仰慕其名，也请她入殿堂，与来自印度的佛教高僧平起平坐，以号召信徒。敦煌文献《大方广禁龙树菩萨九天玄女咒》更是被称为"中西合璧之妙题"[3]。

第三节 "拈花微笑"的禅学精神

从深层透视佛教文化，其柔性气质亦通过其教义流露出来。西方学者卡普拉称"佛教确有心理学的风味"，因为对佛祖来说，较之对世界起源、宇宙本质的形而上追问，"他只关心人的状况，关心他们的受苦受难。因此他的教条并不是形而上学的，而是一

---

[1] 德·恰托巴底亚耶：《顺世论——古印度唯物主义研究》，王世安译，商务印书馆1992年版，第334页。

[2] D. L. 卡莫迪：《妇女与世界宗教》，徐钧尧、宋立道译，四川人民出版社1989年版，第56页。

[3] 高国藩：《敦煌古俗与民俗流变——中国民俗探微》，河海大学出版社1989年版，第160页。

种心理治疗"。[1]释迦牟尼创立佛教,意在教导世人如何超脱生老病死的人生苦海,所采取的正是返归自我、内心用力的方法。佛家的基本教义是"四谛""八正道""十二因缘"等,宣扬世界虚幻不实,人生充满苦难,而苦难是由前生"造恶业"与今生的"惑""业"所致;要想摆脱苦难,只有依经、律、论三藏,修持戒、定、慧三学,改变世俗欲望和认识,超脱生死轮回,最后达到身心大解脱的"涅槃"境界。简而言之,相信生命轮回和因果报应的佛教主张苦行修炼,追求来世幸福,以彼岸幻想化解此岸痛苦;提倡清心寡欲,奉行禁欲主义,以内心反省平息外向躁动;宣扬慈悲为怀,倡导逆来顺受,以自我忍让取代怨恨复仇。此外,身为佛门弟子,时时处处都要以慈悲为怀,不计善恶,不分人畜,均须一视同仁,连走路踩死一只蚂蚁也要连说"罪过、罪过"。在华夏神州,所谓"金刚怒目,不如菩萨低眉"的民间俗语,再明白不过地表露出给阳刚、阴柔排座次的价值取向。就这样,"拈花微笑"成为大智大慧的佛门悟者的永恒象征,大慈大悲的佛门教义到了洋溢着雌柔光辉的中国文化语境里无疑如鱼得水,其尚柔倾向即使同儒、道两家相比,某种程度上也是有过之而无不及的。

佛门重"悟",主张通过内在直觉的"悟"去把握最高真理,达到最高境界,所谓:"玄道在于妙悟,妙悟在于即真。"(僧肇《涅槃无名论》)禅宗"因主张以禅定概括佛教的全部修习而得

---

[1] 灌耕编:《现代物理学与东方神秘主义》(根据 F. 卡普拉《物理学之谜》编译),四川人民出版社 1984 年第 2 版,第 70 页。

名"[1]，禅定即静虑，也就是涤除俗念，安静地沉思。达摩面壁，闭目坐禅，功夫在于向内用力。《六祖坛经》又名《摩诃般若波罗蜜多心经》，意为"将大智慧到彼岸"，其实南禅的"彼岸"就是"此岸"，就是自我内心中那一点真如本性，故而慧能说"一切万法，尽在自身中，何不从于自心顿现真如本性"。这种明心见性、见性成佛的观念对中国诗学也有深刻影响，宋人所谓"诗道亦在妙悟"即取自"禅道唯在妙悟"（《沧浪诗话》）。从现代思维科学看，"悟"是一种直觉思维，"直觉是在实践经验基础上由于思维的高度活动而形成的对客观事物的一种比较迅速的直接的综合判断"，这种判断是经长久沉思后飞速闪现的，其作为人类基本思维方式之一，具有"非逻辑或超逻辑"特征，"是感性和理性、具体和抽象的辩证统一"。[2] 从思维特征看，有论者说，"在思维的领域里，阴是复杂的、女性的、直觉的思维，而阳则是清晰的、男性的、理性的思维"[3]。尽管刻板划分二者未必妥当，但从思维的表现形式看，直觉思维的确跟女性思维多有接近、相通之处。"般若"又称"智母"，卡莫迪谈到"佛教智慧女性化"时即说"大乘佛教将这种般若即最高智慧看作是女性的"[4]。佛门之"悟"，讲来讲去，并不是凭借纯抽象的逻辑推理达到对事物本质的把握，而是一种不言之言、无言之辩，

---

[1] 方立天：《佛教哲学》，中国人民大学出版社 1986 年版，第 40 页。
[2] 周义澄：《科学创造与直觉》，人民出版社 1986 年版，第 193 页。
[3] 灌耕编：《现代物理学与东方神秘主义》（根据 F. 卡普拉《物理学之谜》编译），四川人民出版社 1984 年第 2 版，第 83 页。
[4] D. L. 卡莫迪：《妇女与世界宗教》，徐钧尧、宋立道译，四川人民出版社 1989 年版，第 53 页。

尤其注重以心传心、灵犀相通,往往通过一种事物或一个比喻在刹那间得到启示,从而使人心领神会,豁然醒悟,如"世尊拈花""迦叶微笑"之类。悟者,觉也,菩提树下释迦牟尼开悟成佛,他是佛门最大的觉悟者。佛祖之后,大凡留名于史的高僧都有"悟"的故事,给后世留下许多有趣的"龙门阵"。据宋僧悟明《联灯会要》:"世尊在灵山会上,拈花示众,众皆默然,唯迦叶破颜微笑。世尊云:'吾有正法眼藏,涅槃妙心,实相无相,微妙法门,不立文字,教外别传,付嘱摩诃迦叶。'"你瞧,佛祖为了启发众人之悟,偏偏选择的是"拈花"这样静柔优美甚至不免有些女性化的动作,相传他手中的花,是圣洁的莲花。此乃禅门中流传最广的悟道典故,其所展示给我们的审美意象,也富于阴柔气息。

莲花作为柔美意象,在藏族文艺作品及美学论著中运用广泛,为创作者和批评家所喜爱。《诗镜》从梵文译为藏文后,经过藏族学者的注释和注疏,"融汇了藏族艺术创造的实践经验,不少方面是结合藏族的实例以证其论。比如在画像和造像量度经中,讲述人体形象各部位的量度,则常以'青稞粒'之长为单位,历代藏族学者阐释《诗镜》,都举藏族诗歌作为印证。特别是公元12世纪以后,佛教在印度衰亡,佛教及其艺术理论反倒在西藏发扬光大,成为藏族艺术大师们艺术实践的指导思想和准则,用以指导文学艺术创作"[1]。藏文《诗镜》说文论艺及所引藏族诗歌创作例子中,随处可见以柔美的莲花意象为喻,如"有

---

[1]《中国少数民族古代美学思想资料初编》,四川民族出版社1989年版,第374页。

人提倡说高尚，应带赞美的特征，如'金饰''赏目的莲'，'供娱乐的湖'等等"，又如"'你的面庞似莲花，一双眼睛似青莲。'所说就是同物喻，认识同状靠察看"，再如"'莲池夜晚日莲丰满，睡莲白昼展示花颜，春天柳树热季经常弄晕满天'"，凡此种种，不一而足。第五世达赖罗桑嘉措的《西藏王臣记》中，也有"上流高风正士们，犹如池中白莲香"，"辞藻犹如美妙莲花鬘，故事赛似少女垂髫美难宣"；康巴地区学者居迷旁的《歌舞幻化音乐》中，亦有"眼如莲瓣目广又明亮，炯炯有神大悟的智者，同那诸位年幼的演员，彼此问答话语出场演"，"犹如群星之中的月亮，莲花丛中皎洁的白莲，你唱的歌就是咱的歌，为那韵律曲调所征服"，等等。至于工巧明方面的著作中，也不乏莲花审美意象，如"大神降生须弥女，尊容一似莲花丽"，"手掌要像红莲花，纹理深直舞弯曲"，"身色如溶黄金液，好似红莲正开放"，"耳如盛开莲壳色，耳垂美丽如嵌镶"（《画像度量经》），诸如此类，不胜枚举。

　　禅学史上有很多"悟"的故事是跟女性意象联系在一起的，而且是正面的、严肃的讲述。大约公元 9 世纪上半叶在世的智通，是庐山归宗寺僧人，某日半夜三更他突然高叫"我已大悟"，惊醒了众僧，搞得大家莫名其妙。次日，方丈智常禅师召集僧众问夜里谁在喊叫，智通站出来，师父问"汝见什么道理言大悟"，他一脸正经地告诉师父："师姑天然是女人作。"僧众闻言，哄堂大笑，但智常禅师没笑，他看出了该弟子不同凡俗之处。随后，悟道的智通告别师父，下山云游去了。"师姑"指尼姑，据宋代笔记《鸡肋编》卷上："京师僧讳和尚，称曰大师；尼讳师姑，呼为女和尚。"又,《清平山堂话本·快嘴李翠莲记》:"夫家娘家着不得,剃了头发做师姑。"智通和尚悉心参佛,终于茅塞顿开,原来众庶孜孜以求的佛理就是如此普通、平常,犹如"尼姑原来是女人做的"这句大实话一般。由此故事(见载于《景德传灯录》卷十),看重"平常心"的禅学的高妙之处得以体现出来。又据明代禅书《指月录》卷二十九,五祖法演禅师向人举示艳诗"频呼小玉元无事,只要檀郎认得声",诗句原谓小姐连声呼唤丫环,不过是为了让心上人听见自己的声音,法演借此来暗示佛门中具根器者闻声便可悟道。来自蜀地从其门下学法的圆悟克勤由此开悟,亦作艳诗一首呈法演:"金鸭香销锦绣帏,笙歌丛里醉扶归。少年一段风流事,只许佳人独自知。"法演阅后很高兴,谓"佛祖大事,非小根劣品所能造诣,吾助汝喜",于是遍谓山中耆旧云"我侍者参得禅也",从此对他青眼相看。此故事在前朝禅门灯录中已见,知者亦多。克勤这首诗在禅悟上更进了一层,一方面以少女羞于言说风流韵事的沉醉姿态比拟禅心自证自悟、不可言说的喜悦,一方面又借此意象喻说了禅门师徒间特有的心心相印的传承、悟道方式,所以深得法演赞许。借诗喻禅,道心相通,如此文学意象,这般禅悟心得,为佛门留下一段佳话。禅学世界中,"公案是不合逻辑的套语,人们用它来猛烈震动人心使之摆脱二元对立"[1]。宋初汝州首山省念禅师用"新妇骑驴阿家牵"来回答僧众"如何是佛"的提问(《指月录》卷二十二),即是禅门公案中有名事例。总而言之,禅门在巧借女性

---

[1] D. L. 卡莫迪:《妇女与世界宗教》,徐钧尧、宋立道译,四川人民出版社1989年版,第53页。

意象为喻体讲述悟道故事方面，可谓行家里手。

禅与诗结合，在文学史上是对中国诗歌的一大推进。清代王士禛说："舍筏登岸，禅家以为悟境，诗家以为化境，诗禅一致，等无差别。"(《带经堂诗话》)诗、禅皆取直指本心，二者旨趣相通。唐代佛教流行，华夏古典诗歌鼎盛期也在唐代。在洋洋大观的唐诗史上，以王、孟、韦、柳为首的"清淡"派名声很大，也影响深远。宋人即云："为诗欲清深闲淡，当看韦苏州、柳子厚、孟浩然、王摩诘、贾长江。"(《诗人玉屑》)明人品评唐诗，把盛唐以来诗歌划分为"古雅"和"清淡"两派，也指出后者以王、孟、韦、储、常等人为代表。(《诗薮》)王、孟、韦、柳的诗作多以远离红尘的山水田园为题材，他们都是禅学的热衷者，其中尤以"晚年唯好静"的"诗佛"王维最典型，"在这位冲淡派大师的笔下，或道'我心素已闲，清川淡如此'(《青溪》)，或写'人闲桂花落，夜静春山空'(《鸟鸣涧》)，或咏'明月松间照，清泉石上流'(《山居秋暝》)，或吟'返景入深林，复照青苔上'(《鹿柴》)，去浓艳色，无雕琢痕，宛如一幅幅清新淡雅的水墨画，不仅闲、静、淡、清、空之类体现道旨禅心的字眼使用频率甚高，而且时时处处都透露出'冲而弥和，淡而弥旨'的意境之美"[1]。如前所述，清代学者姚鼐论文有"阳刚美"和"阴柔美"之区分，"其得于阳与刚之美者，则其文如霆，如电，如长风之出谷，如崇山峻崖，如决大川，如奔骐骥"，反之，"其得于阴与柔之美者，则其文如升初日，如清风，如云，如霞，如

---

[1] 李祥林：《论唐代诗歌美学中的贵淡取向》，《殷都学刊》1996 年第 2 期。

烟，如幽林曲涧"，认为阳刚与阴柔的美学风格都是创作主体才性、气质的表现，"为文者之性情形状，举以殊焉"，则作品风格各异。(《复鲁絜非书》) 寄情闲淡而禅意盎然的诗歌，在审美追求和艺术风格上明显是富于阴柔色彩的。及至宋代，大文豪苏轼诗云"静故了群动，空故纳万境"(《送参寥师》)，批评家严羽以禅喻诗，主张"羚羊挂角，无迹可求"，标举"空中之音，相中之色，水中之月，镜中之象"(《沧浪诗话》)，凡此种种，更是把以"空""静"为要义的禅学精神参悟透了。

第八章

哪吒神话意象及其多源性

2019年7月26日，一部动画电影在中国上映，票房直线飙升，至9月1日已突破47亿，这就是当时热映的《哪吒之魔童降世》。这部孩子看、成人也看的片子究竟拍得怎样姑且不论，但不能不承认，在中华文化长廊上有着神话基因的艺术形象系列中，哪吒正是中国百姓深深喜爱的角色之一。古往今来，从小说到戏曲，从传统木偶表演到现代影视动画，三太子哪吒的身影时时晃动在世人眼前，让男女老少着迷。这个哪吒，一副孩童模样，聪明伶俐，特别招人疼爱；拥有广大神通，扶正除邪，历来受人崇敬；他借莲花作身体而再生的离奇故事，更是从审美上给天下百姓带来无尽的神秘感，激发着无穷的好奇心。立足跨文化视野，从审美人类学角度解读哪吒神话及信仰，不可不关注该意象创构的多元文化色彩。

第一节　神话传说及民间信仰

哪吒信仰多见于中国民间。2019年8月23日，中国民间文艺家协会将"中国哪吒文化之乡"称号授予四川省宜宾市翠屏区，并在《关于命名四川省宜宾市翠屏区为"中国哪吒文化之乡"的决定》中指出：翠屏区哪吒神话传说由来已久，渗透于民间信仰和民间习俗等领域，内容丰富，传承有序。该区重视哪吒文化的研究和品牌塑造，制订了长期发展规划并取得显著成效，并开展了丰富多彩的哪吒文化活动。宜宾也将以挖掘用好哪吒文化资源、打响哪吒文化品牌为契机，弘扬和传承中华优秀传统文化，抓好文旅融合，促进优秀民间文艺更好地融入社会、民众、生活，推动当地经济社会发展。宜宾市位于岷江和金沙江汇合处，号称"万里长江第一城"，当地有哪吒行宫、陈塘关、龙脊石、金光洞、还生阁等20余处有关哪吒神话的文化遗迹。为了宣传哪吒文化，作为不乏当代建构色彩的地方表述，翠屏区还编辑出版了《千年古城话哪吒》《哪吒文化与名城宜宾》等书，央视科教频道《探秘》栏目等摄制组也来此拍摄哪吒文化，当地还编演了舞蹈《哪吒闹海》等文艺作品，并且将"哪吒传说"列入宜宾市非物质文化遗产名录，把哪吒文化元素引入学校、少年宫。据有关资料，翠屏区还以海峡两岸共有的哪吒信仰为纽带，依托古镇李庄这一"四川省海峡两岸交流基地"平台，连续多年开展"两岸情·李庄行"海峡两岸哪吒文化交流活动，促进两岸经济文化交往。与此呼应，台湾方面开通直接从台湾到李庄的旅游专线，宜宾市翠屏区也引入了一些台商企业。2018年5月16日，海峡两岸哪吒民俗文化交流活动在该区开幕。各界嘉宾和人士共200余人相聚哪吒行宫，希望通过哪吒民俗文化交流这一纽带助推海峡两岸关系发展。据有关报道，台湾中华两岸交流协会会长刘宗明即言，哪吒文化是中华民族传统文化重要组成部分，沟通联结着海峡两岸的共同文化记忆。在宜宾哪吒宫，有信众送的匾上用金字写着"海峡同尊"，还有澳门柿山哪吒庙送的匾上写着"枝气连根"。纵观华夏神州，哪吒信仰在四川不仅仅见于川南宜宾，还有川北江油，当地传说此地有哪吒师父"太乙真人修炼的洞府。而《封神演义》所描写的哪吒闹海、莲花化身及太乙真人收石矶的故事，正是出自江油人自古而来的世世代代的传说"[1]。不仅如此，江油当地甚至有"哪吒太子肉身坟"，民间传说三太子剔骨肉还父母后，其肉身就葬在这里，近年来前往朝拜的台湾信众还在此捐资修建坟亭。文艺舞台上，以"哪吒"为名的剧目，亦见于巴蜀地区的戏曲、木偶戏等。

2014年，"哪吒信俗"经中国政府批准后列入第四批国家级非物质文化遗产代表作名录，该项目由澳门申报，每年农历五月十八的"哪吒诞"民俗活动在当地已有300多年的流传史。哪吒神话在港澳台地区流传，有口头文学和艺术作品，有文化遗迹和民俗活动。近年来流行的"电音三太子"也吸引了人们的眼球。"电音三太子"将电音和台湾传统的民俗艺阵三太子表演结合起来，咬着奶嘴的"电音三太子"会随着电音跳舞，骑着改装摩托车行进，洋溢着现代气息，四处传播。而新加坡为了吸引信众振兴道教，还特别从台湾引进充满动感的"电音三太子"，大受欢迎。诸如此类信息，也不时出现在新闻报道中。中国大陆（内地）现有几十座哪吒庙，而台湾地区主祀三太子哪吒的宫庙达千余座，在香港、澳门则有三座哪吒庙。作为澳门老城区的组成部分，始建于1888年的哪吒庙位于大三巴牌坊后，傍着旧城墙遗址。该哪吒庙由歇山式前厅和硬山式正殿组成，建筑规模虽不大，香火却炽盛，文化地位也很重要，因此被视为澳门当地中西文化和谐相处之象征，列入了联合国《世界遗产名录》。用大三巴哪吒庙及道教协会人士的话来说，一座百余年的庙是不足以成

---

[1] 易可情：《川西北道教圣地——乾元山金光洞》，《四川日报》1995年8月18日。

为世界遗产的，重要的是它体现了两种文化、两种宗教的相互尊重与共存，保存了传统的庙会文化，也展示了澳门的社团文化及街坊文化。相传建庙前，澳门瘟疫流行，死人无数，该地民众以本区无神庙压邪，从柿山哪吒庙[1]请来神灵之分身，建庙奉祀，保佑平安。走进大三巴哪吒庙正殿，可见侧面墙上有多幅关于哪吒神话的绘画，手法写意，形态生动，中间神龛供奉的便是国人熟悉的"哪吒闹海"画面。

有报道称河南省西峡县丁河镇的奎文村是《封神演义》中哪吒太子的出生地（陈塘关），并且说此乃近年来该县政协文史委会同旅游、史志、文物等部门和台湾信众共同努力，经考察论证后得出的结论。哪吒庙在该村南山顶，每年腊月十三，附近村民要登山为太子神像扫灰除尘，迎接新年的到来。从民俗学看，民间有哪吒生于此地的传说不奇怪（中华大地上，凡有哪吒信仰处，多有这类在地化传说，如江油、宜宾的地名口碑中皆有"陈塘关"），因为那是民间信仰心理使然，但若是硬要以考古学、历史学方式来坐实指证（其实也证实不了），则是过度阐释。尽管如此，这些民俗事象毕竟反映出哪吒神话在中国流传广，哪吒形象在中国深入人心。在中国神话传说的众神之中，这个手持火尖枪、臂戴乾坤圈、脚踏风火轮、头上扎着双髻、以莲花作身躯的哪吒尤其讨人喜欢，古往今来由此产生的文艺作品不少。元杂剧《二郎神醉射锁魔镜》，题目正名是"三太子大闹黑风山，二

---

[1] 澳门的哪吒庙有二，除了大三巴这座外，还有一处是柿山哪吒古庙，位于柿山连安围与连安后巷之间，100多年前该庙扩建时留下的碑石及亭柱对联上有"柿山古庙，倡自清初"的刻字，该庙迄今有300多年历史。

郎神醉射锁魔镜"。全剧共五折,剧中奉玉帝之命镇守西川的二郎神(冲末扮演)上场就说他路过玉结连环寨,听说统领天兵镇守此寨的是哪吒三太子,于是前往"探望兄弟"。由正末扮演的天神哪吒也是玉皇大帝敕封的"八百八十一万天兵降妖大元帅",曾降服十大魔君、四魔女以及八角师陀鬼、独角逆麟龙等诸多妖魔,他"三头飒飒,六臂辉辉",威风凛凛。剧中,一曲【混江龙】从哪吒口中唱出,将其天神形象描绘:

> 则为这玉皇选用,封我做都天大帅总元戎。我将这九天魔女,觑的似三岁孩童。则我这断怪降妖施计策,除魔灭祟建奇功。摆列着长枪阔剑,各执着短箭轻弓。周遭有黄幡豹尾,乘骑着玉辔银骢。前后列朱雀玄武,左右列白虎青龙。遵差命黄巾力士,听当直黑煞天蓬。分胜败山泽水火,辨输赢天地雷风。映晓日愁云霭霭,遮青霄惨雾蒙蒙,兽带飘征旗飒飒,鱼鳞砌铠甲重重。凤翅盔斜兜护顶,狮蛮带紧扣当胸。绣球落似千条火滚,火轮举如万道霞烘。人人慷慨,个个英雄。我摇一摇疏喇喇外道鬼神惊,撼一撼赤力力地户天关动。腾云驾雾,唤雨呼风。[1]

在多民族的中国,哪吒神话也传播在川西北羌族地区,以"尔玛"自称的羌人同样敬奉这位降妖镇邪之神。茂县东路民间竹马花灯唱词之参神曲有《参太子神》,曰:"哪吒太子神又灵,

---

[1] 隋树森编:《元曲选外编》,中华书局1959年版,第961—962页。

坐在宝殿显威灵;手中拿着乾坤圈,脚上踏着风火轮;三头六臂法力大,降妖除邪保清平。"[1]在平武县锁江羌族乡,端公敬奉的正神中也有"哪吒太子"。[2]无论古今,无论是内地故事还是边地传说,无论是文人笔下还是民间口头,乾坤圈、风火轮、三头六臂、降妖除魔,受人喜爱的哪吒艺术形象的基本定位是不变的。元杂剧《二郎神醉射锁魔镜》中,玉皇麾下与二郎神称兄道弟的哪吒是典型的中国式神话人物,他在朱雀、玄武、青龙、白虎的簇拥下出场上阵,其舞台形象具有十分明显的中华文化特征。不过,若是追根溯源,哪吒的身世由来和形象构成还是要放在跨文化的多元语境中才能读得明白。

第二节 道门元帅和佛门护法

犹如从观音菩萨到"慈航道人",哪吒在中国也经历了由佛而道的角色转换。"哪吒闹海"在神州大地妇孺皆知,这是该神话中最吸引人的部分。道教化的哪吒故事,见于古代小说《封神演义》《西游记》。《西游记》说他是玉皇大帝麾下托塔天王李靖的第三子,形似少年,曾参与讨伐大闹天宫的孙悟空。"哪吒现莲花化身"是《封神演义》中的精彩篇章,书中写哪吒乃是灵珠子转世,投生在陈塘关总兵李靖家中,其母怀孕三年零六个月才生下他。这个哪吒,生时红光四射,异香满屋,一生下来就遍地

---

[1]《茂县民间文化集成·土门片区卷》,中央民族大学出版社2014年版,第347页。
[2] 程瑜主编:《锁江记忆——四川平武锁江羌族乡社会调查报告》,知识产权出版社2010年版,第309页。

跑，玩乾坤弓，射震天箭，神勇非凡，不久因故打死东海龙王的三太子敖丙及巡海夜叉，四海龙王齐上灵霄殿向玉帝告状，前来拿他父母问罪。哪吒不愿祸及父母，为了表明自己的所作所为跟父母无关，"一人行事一人当"，毅然提剑自剖其腹、剜肠剔骨，还骨肉于双亲而死。乾元山上，哪吒的师父太乙真人从五莲池中摘来莲花、荷叶，使其借之为躯体而得以复生，并且赐予风火二轮，传授火尖枪法。后来，周王兴兵伐纣，"两朵莲花现化身，灵珠二世出凡尘"的哪吒又下山辅助姜子牙征战沙场，以其神勇屡立战功。小说《封神演义》第十四回开篇有诗，对哪吒事迹作了概括："仙家法力妙难量，起死回生有异方。一粒丹砂归命宝，几根荷叶续魂汤。超凡不用肮脏骨，入圣须寻返魄香。从此开疆归圣主，岐周事业借匡襄。"通过田野考察可知，本土民间有传说称乾元山金光洞就在川北江油，当地流传的"附子和莲藕"等故事与哪吒有关，声称金光洞下不远处有名叫小磨沟的地方盛产莲藕，这里的藕有七个孔，相当于人的七窍，相传哪吒就是在这里取莲藕化身的，此乃地方化的口头文学版本。回眸中华文化史，宋代以降，随着佛教的传入和进一步中国化，哪吒"析骨还父，析肉还母"的传说在华夏民间家喻户晓。喜欢借禅喻诗的诗论家严羽尝言："我论诗，若那吒太子析骨还父，析肉还母。"（见《沧浪诗话》附《答吴景仙书》）禅门名著《五灯会元》卷二有"那吒太子"条，云："那吒太子析肉还母，析骨还父，然后现本身，运大神力，为父母说法。"这里只说了哪吒的"现本身"，但"本身"所指为何则语焉未详，并无所谓莲花化身故事。又，《景德传灯录》卷二十五亦曰："那吒太子，析肉还母，析骨还父，然后于莲华上为父母说法。"此处仍仅言"莲华"是其说法所在而非其化身。由此看来，神奇的"莲花化身"传说应是后来才有的。

"何者是前身，漫向太虚寻故我；吾神原直道，敢生多事惑斯民"（横批"保民是赖"），澳门大三巴哪吒庙门厅有此石刻对联。凡事问来历，神灵有出处，由此形成的民间表述颇有意思。在道教神谱里，哪吒的头衔为堂堂的"中坛元帅"，又称"中坛元帅太子爷""中央祭坛元帅""中坛元帅大天尊"等，是玉帝所封"威灵显赫大将军"，永镇天门，名扬四方，民间以农历九月九为其神诞日。宜宾翠屏山有哪吒洞，相传是哪吒修炼处，洞中所祀三太子神座前即明确写着"中坛元帅"，在哪吒宫的墙上也嵌有"台湾区同祀中坛元帅宫庙联谊会"为建此宫捐款的碑刻。道教有"五营神将"，所谓"五营"，分别指东营九夷军、南营八蛮军、西营六戎军、北营五狄军以及中坛三秦军。执掌中坛的哪吒也统帅其余四营，故称"中坛元帅"。五营神兵是保护道教诸庙坛、神境和民间村庄的护法神，抵御邪魔妖恶，总的说来就是保境安民。宜宾哪吒庙有对联云："借莲花而托体降龙伏怪威震三江，驭风火以腾空闹海翻天神游八极。"这威风凛凛的中坛元帅，神通实在是大。道门典籍中，《中坛元帅宝诰》称其"位镇先天，中营主宰，统辖神将，法力无边"，《中坛元帅真经》说他"是玉皇灵珠儿……降生陈塘关总镇"，等等。哪吒事迹在《三教源流搜神大全》卷七中述之甚详："那吒本是玉皇驾下大罗仙，身长六丈，首带金轮，三头九眼八臂，口吐青云，足踏盘石，手持法律，大喊一声，云降雨从，乾坤烁动。因世间多魔王，玉帝命降凡，以故托胎于托塔天王李靖。母素知夫人，生下长子军吒，次木吒，帅三胎。那吒生五日，化身浴于东海，脚踏水晶殿，翻身直上宝塔宫。龙王以踏殿故，怒而索战，帅时七日，即能战，杀九龙。老龙无奈何而哀帝，帅知之，截战于天门之下而龙死焉。不意时上帝坛，手搭如来弓箭，射死石记娘娘之子，而石记兴兵，帅取父坛降魔杵，西战而戮之。父以石记为诸魔之领袖，怒其杀之以惹诸魔之兵也，帅遂割肉刻骨还父，而抱真灵求全于世尊之侧。世尊亦以其能降魔，故遂折荷菱为骨、藕为肉、系（丝）为胫、叶为衣而生之，授以法轮密旨，亲受木长子三字，遂能大能小，透河入海，移星转斗……灵山会上以为通天太师，威灵显赫大将军。玉帝即封为三十六员第一总领使，天帅之领袖，永镇天门也。"关于哪吒神话意象，《三教源流搜神大全》所述跟《封神演义》有出入，但对其莲花化身的叙事无二。中华本土化的哪吒作为道门神灵，其在民间被视为二郎神的兄弟，如江西石邮傩戏有《双伯郎》，"表演两兄弟祭祀枪矛，同驱邪魔"，当地"傩神太子鸣词"中亦有"一郎、二郎神将"，而"石邮艺人说'双伯郎'是杨戬、哪吒"，[1] 倒也有趣。

《封神演义》和《三教源流搜神大全》均写哪吒是天界降生凡世的神灵，但有别于前书，后书中以莲荷使哪吒复生的并非道教的太乙真人，而是佛教的"世尊"，也就是佛祖释迦牟尼。事实上，定型于中国小说、戏曲中的哪吒艺术形象，是外来佛教和本土道教两种宗教文化在民间审美意识中混融的产物。尽管哪吒

---

[1] 曾志巩：《江西南丰傩文化》下册，中国戏剧出版社2005年版，第436页。

被纳入道教神灵体系（宋代笔记《夷坚志》中有道士持"哪吒火球咒"制服妖精的故事，而在闽台地区，被人们奉为"中坛元帅"的哪吒"已经变成地道的道教神"[1]），但是从根本讲，其身世还是跟佛门血缘关系更深。哪吒又作"那吒"，源于佛教，是佛经中记载的护法神，梵文全名为那罗鸠婆（Nalakuvara 或 Nalakubala），一译那吒俱伐罗、那吒矩韈罗，亦称那吒太子或那拏天，相传他是北方毗沙门天王的第三子。对之的记载，早期见于北凉天竺三藏昙无谶译《佛所行赞》卷一："毗沙门天王，生那罗鸠婆，一切诸天众，皆悉大欢喜。"[2] 据不空译《毗沙门仪轨》："天王第三子那吒太子，捧塔常随天王。"[3] 或曰天王与哪吒是祖孙关系，同为不空译的《北方毗沙门天王随军护法仪轨》云："尔时那吒太子，手捧戟，以恶眼见四方白佛言，我是北方天王吠室罗摩那罗阇第三王子其第二之孙，我祖父天王，及我那吒同共每日三度，白佛言，我护持佛法。"[4] 在中华文化的整合下，艺术化的哪吒形象经历了从外到中、由佛而道的审美转换，但其名字始终保持着异文化特征。从比较文学看，目前国内外关于哪吒名字含义的学术研究，有助于我们理解该艺术形象的原型底蕴以及意象创构的多源性。此外，唐代郑綮《开天传信记》写

---

[1] 段凌平：《闽南与台湾民间神明庙宇源流》，九州出版社2012年版，第127页。

[2] 《佛所行赞》，见《大正新修大藏经》第4册，新文丰出版公司1983年版，第3页。

[3] 《毗沙门仪轨》，见《大正新修大藏经》第21册，新文丰出版公司1983年版，第228页。

[4] 《北方毗沙门天王随军护法仪轨》，载《大正新修大藏经》第21册，新文丰出版公司1983年版，第224页。

长安西明寺僧宣律持戒甚严,"精苦之甚,常夜行道,临阶坠堕,忽觉有人捧承其足。宣律顾视之,乃少年也。宣律遽问:'弟子何人,中夜在此?'少年曰:'某非常人也,即毗沙王之子那吒太子也。护法之故,拥护和尚久矣。'"[1]毗沙门天王即佛教四大天王中的北方多闻天王,梵语名叫Vais'ramana(音译"毗沙门"),据说他就是古代印度教里的天神俱毗罗(kubera),别名施财天(Dhanada,即"财富的赠与者"),其在印度古代史诗《玛哈帕拉达》等书中出现过。他是北方的守护神,左手持供奉释迦牟尼的宝塔,右手执三叉戟,脚踏三夜叉鬼,相传吉祥天女是他的妻子。毗沙门天王在盛唐至晚唐五代香火极盛,人们相信他神功广大,可灭魔障,其形象在敦煌石窟中多见,大足石刻中也有他头戴平顶高方冠、身穿七宝铠甲、足踏莲花座的造像。

莲属(Nelumbo Adans)植物是被子植物中起源最早的种属之一。古植物学研究表明,一亿三千五百万年以前,莲属植物在北半球许多水域都有分布,其在地球上生长的时间远远早于人类祖先的出现(200万年前)。经历了冰川期,有两种莲属植物幸存下来,一是分布在亚洲、大洋洲北部的中国莲(Nelumbo nucifera),一是漂迁至北美洲的美洲莲(Nelumbo lutea)。在中国,西北柴达木盆地曾发掘出一千万年前的荷叶化石,其名又称"荷花""芙蕖"等,先秦诗歌里有"山有扶苏,隰有荷华"(《诗经》)、"制芰荷以为衣兮,集芙蓉以为裳"(《离骚》),故宫博物院藏有春秋时

---

[1] 王仁裕等撰,丁如明辑校:《开元天宝遗事十种》,上海古籍出版社1985版,第57—58页。

期青铜工艺品"莲鹤方壶",民间刺绣、剪纸纹样有"莲生贵子",从中可见国人的爱花之情。莲花在中华本土民间宗教里亦被视为神圣之物,如唐代道士杜光庭诗"自然生七宝,人人坐莲花"(《七真赞》,见《全唐诗续拾》卷五一)。《封神演义》中,五龙山玉霄洞文殊广法天尊用来降服哪吒的宝物"遁龙桩"又名"七宝金莲",每每有他出场时,所作歌谣也咏唱莲花:"野水清风拂柳,池中水面飘花。借问安居何处,白云深处为家。"莲花是中国名花,以莲花(荷花)、桃花之类意象喻说女性之美在本土文学史上由来已久,但同时也须看到,中国民间普遍把莲花作为神圣对象来崇拜(尤其是把它跟生殖崇拜联系起来),又无疑受到来自佛教文化的影响。东来入华的佛教起源于印度,莲花是印度的国花,"印度古代有莲花的信仰,梵文中对于红白青黄莲花各有它的专用的名词"[1]。瑜珈术在印度起源古老,诸如"莲花坐式""足关莲花""莲花掌"等练功的基本体位式为众所周知。外来佛教对中国文化的影响深及骨髓,佛经里有不少植物意象也随佛教东传而进入中国人的精神文化领域,莲花即是其中典型之一。文殊全称文殊师利,乃梵文"Manjusri"之音译,他本是与普贤、观音并称"三大士"的佛门菩萨,如今虽然成为中国小说《封神演义》中的"广法天尊",但相关故事时时把他跟莲花联系起来,其佛门神灵之根仍不难看出。至于哪吒这位源于佛教的神,其生平事迹和艺术形象尽管被中国化了,但上述神话中

---

[1] 傅天正:《佛教对中国幻术的影响初探》,载张曼涛主编《佛教与中国文化》,上海书店1987年影印版,第242页。

将他跟莲花挂起钩来，其深层缘由亦不脱此。追溯宗教文化史可知，莲花本是佛家所尊奉的至洁、至妙、至神、至圣之物，由此产生哪吒借莲化身的神话实在情理之中。

仅有以上论述，尚不足以说明为什么以莲花作身体能使哪吒获得再生和永生的终极秘密。下面，让我们从人类学的跨文化解读出发，把目光投向东方民族及俗信世界，投向南亚次大陆佛教的诞生地，在多元交融的视野中去透视人类文化奥秘，从古老的生殖崇拜层面探究莲花审美意象的原始底蕴，由此获得对三太子艺术形象的深层把握。

第三节　古老原型的跨文化分析

研究唐朝之外来文化的美国汉学家爱德华·赫策尔·谢弗写道："尽管事实上在唐代以前很久，中国人就已经知道了印度的红莲花和白莲花，但是到唐朝时，这两种植物仍然还保留着外国的风韵，陈藏器在他的本草中写道：'红莲花、白莲花生西国，胡人将来也。'正是因为莲花在唐朝人心中还保留着外来物的新奇感觉"；而"唐朝人通过佛教艺术，必定已经熟知了印度睡莲（不管是青莲，还是白莲）"，因此莲花成为诗人笔下屡见的审美意象；"由于来自印度的佛像不断涌入，保留在人们对莲花的认识中的，逡巡不去的异国情调也就得以长久地流传了下来"，可以说，"莲花就是印度化崇拜的产物"。[1]的确，莲花审美意象深深地烙印在中印文化交流史上，研究佛教文化和佛门艺术即不难明白这点。作为印度的国花，莲花被视为神灵的象征，具有神圣意义。早于佛教，古印度婆罗门教崇尚莲花，吠陀文献中有关于莲花女神的记载。印度史诗《罗摩衍那》《摩诃婆罗多》中，以莲花比喻女子之美屡见，诸如"莲花眼睛""艳若莲花的女郎"，等等。在印度，流传着创造之神梵天从莲花中诞生的神奇故事。"莲花生出大梵天"[2]，《诗镜》中这句引诗涉及的即是遍入天（毗湿奴）的脐莲生出大梵天的神话。梵天是公元前7世纪左右形成的婆罗门教主神之一，是宇宙间的造物主，人类以及万物皆由他而生，他的来历也很神奇，据《提婆菩萨师楞经·外道小乘涅槃论》："从那罗延天脐中生大莲花，从莲花生梵天祖公。"相传宇宙之初，有毗湿奴（梵文Vianu）神在大水中出现，其脐中现千叶金色莲花，于是梵天由此而生。"躺在巨蛇身上，在海上漂浮，肚脐上长有一朵莲花，上坐梵天"。[3]印度人崇拜的梵天大神，形态奇异，神力非凡，他有四张脸和四只手，手中分别持有法器、念珠、莲花和书册，出行时骑天鹅，平时坐在莲花座上。

莲花诞生神人的奥秘何在？究其根本，有人说，"一切宗教

---

[1] 谢弗：《唐代的外来文明》，吴玉贵译，中国社会科学出版社1995年版，第279—281、285页。

[2] 《中国少数民族古代美学思想资料初编》，四川民族出版社1989年版，第142页。

[3] 戴维·利明、埃德温·贝尔德：《神话学》，李培茱等译，上海人民出版社1990年版，第77页。

的基础就是性"[1]。莲花作为生殖器（生命之源）象征在东方世界由来甚古，其原型可追溯到以女性为中心的原始生殖崇拜。"女神是早期印度极为醉心的主题"，卡莫迪指出，早期印度宗教似是哈拉帕人和雅利安人宗教的混合，"就哈拉帕人而言，其兴趣也许相当注重女性，因为早期印度河流域的文明是定居的农业形式的文明"，她在谈及吠陀女神时又写道："作为地母神，她生育了一切创造物。作为莲花女神（Lotus）、室利（Sri）和拉克希米（Laksmi），她拥有美丽、力量和财富并可以将这些东西恩赐于人。"[2]印度人崇拜女神也崇拜莲花，"印度先民以莲花象征女阴"[3]，莲花象征女性生殖力，代表多产、力量和生命的创造，同时也是丰熟、神圣、不死的象征。在公元前800年的梵书中，莲花已被用来象征孕育生命的子宫，后来又演化为荷花女神（世界之母）、宇宙莲（创造之源），成为母性生殖崇拜的象征。正因为如此，莲花作为神性的标志，当其以莲花宝座、手持莲花等造型形式出现在寺庙中神灵身边时，也总是象征着繁衍和创造。从形态上看，莲花的花瓣跟女阴外形相似；从词义上看，多籽的莲蓬在梵文中也与女性子宫共用一词（garbha），二者在初民心目中具有神秘互渗关系。"莲花生人"或"莲花产子"神话，体现着"大母神"（the Great Mother）崇拜。研究大母神的德国学者诺伊曼在论述植物作为女神象征时有道："大女神常常与一

---

[1] O. A. 魏勒：《性崇拜》，史频译，中国文联出版公司1988年版，第2页。
[2] D. L. 卡莫迪：《妇女与世界宗教》，徐钧尧、宋立道译，四川人民出版社1989年版，第37—38页。
[3] 赵国华：《生殖崇拜文化论》，中国社会科学出版社1990年版，第153页。

种植物象征联系在一起：在印度和埃及是莲花；对于伊西斯、得墨忒耳或后来的圣母玛利亚是玫瑰。"又说："女人与植物之间的关联可以在人类象征的全部阶段中去寻找。灵魂作为花朵，作为莲花、百合花和玫瑰，在厄琉西斯，处女作为花朵，都象征着如花朵般绽放的心理与精神的最高发展。因此从女性花朵中的诞生是神圣诞生的一种原型形式，无论埃及的太阳神拉或奈弗特姆（Nerfertem），佛教的'莲花中的神圣珍宝'，还是像在中国和现代西方那样，自性从金花中诞生，都是如此。"[1] 由于形态及习性相近（二者同为睡莲科植物），莲属（Nelumbo）的荷花与睡莲属的睡莲（Nymphaea）在民间信仰中往往混融不分，共同指向该信仰所表达的生殖崇拜主题。

与"神圣诞生"相关的莲花是埃及人心目中的圣花。来到埃及首都，船行尼罗河，游客便可看见高高矗立在扎马利克岛上的开罗塔。这座187米的高塔是当代建筑师的杰作，其塔身设计便根据埃及传统文化取莲花造型，而莲花是法老时期上埃及（南部埃及）的象征，寓意纯洁美好和吉祥如意。据有关资料，以睡莲为国花的埃及视睡莲的开合为不可思议的生命力，在古埃及帝国，人们期望生命不朽，将肉身制成木乃伊，幻想生命可以"如睡莲的开合"，因此睡莲常被用于葬礼，祈祝死者仅仅如睡莲暂时闭合而仍有希望复活。有关资料表明，1922年发掘的埃及但克哈门王陵墓之墓中景象，就仿佛是睡莲王国：有莲形的神殿柱

---

[1] 埃利希·诺伊曼：《大母神——原型分析》，李以洪译，东方出版社1998年版，第270、273—274页。

头,死者航行于幽冥大海的模型船之摇桨也是睡莲,墙壁上还绘有美丽女子手执睡莲递往后方女伴鼻前,似乎在传递莲之香味。尤其是从造型看,大部分睡莲都含羞半开,亦是在凸显睡莲开合的能力。莲花象征生命的诞生,莲花也喻示生命的复活,这对于沉浸在神话思维中的先民来说是不言而喻的。睡莲开合,生死轮回,给渴望生命永存的法老及其臣民们带来无限的生之遐想,古往今来关于莲之奇妙神话也就层出不穷(着眼原型批评,哪吒借莲藕再生神话不过是这伟大的人类学母题的体现之一)。埃及人崇拜万能的太阳神,其被奉为世界的主宰和众神的父亲,"从母权观点看,白昼和太阳是女性的孩子,她作为黑夜和清晨,是光明之母"[1]。根据神话传说,穆赫特(Mehurt)为伟大的埃及牛女神的变形之一,是她生育了太阳神。就其神像造型而言,"有时穆赫特表现为一个'乳房高耸的怀孕妇女',而'有时她长着女人的身体和牛的头,右手持宝杖,宝杖上缠绕着荷花的花柄,她看上去像在闻荷花;荷花既是南方的象征也是北方的象征,用以表现伟大的世界荷花。创世之初,太阳即从荷花中升起'"。[2] 这世界荷花即伟大女神的象征,具有无限的创生功能。从审美人类学看,正因为莲花意象与生命创造有关,古埃及《亡灵书》中有诗"宛若莲花",便借莲花意象表达了亡灵渴望再生的愿望:"我是纯洁的荷花,喇神的气息养育我,让我再次辉

---

[1] 埃利希·诺伊曼:《大母神——原型分析》,李以洪译,东方出版社1998年版,第55页。

[2] 埃利希·诺伊曼:《大母神——原型分析》,李以洪译,东方出版社1998年版,第223页。

煌地发芽。我从黑暗的地下，升入阳光世界，在田野中开出新花。"这是生命的莲花，生生不息的圣花。

"东方所强调和崇敬的往往是自然界的普遍的生命力，不是思想意识的精神性和威力而是生殖方面的创造力。"[1]黑格尔谈到古代东方宗教艺术时指出："印度人所描绘的最平凡的事情之一就是生殖，正如希腊人把爱神奉作最古的神一样。生殖这种神圣的活动在许多描绘的形象里是很感性的，男女生殖器是看作最神圣的东西。"[2]在印度宗教里，对于以生殖为原始底蕴的创造力的崇尚是普遍的，除了女性生殖器以及作为其象征的莲花以外，还有著名的"林迦"（linga，男性生殖器）崇拜。值得注意的是，印度人描绘"林迦"时，通常把它置于莲花瓣上，或者以莲花瓣饰边，以莲花梗缠绕，从而象征着赋予生命的男女蓬勃的性活力。1980年，在福建省泉州市曾发现婆罗门教石刻，四方形，整体雕成龛形屋宇，龛内正中竖立着与磨状女阴（由尼）结合在一起的塔状林迦，下有盛开的莲花承托。显然，此乃印度教生殖崇拜的遗迹。这种和合阴阳的生命意象，使人不免想到藏传佛教中那象征至高修炼境界的"欢喜佛"，借弗洛姆的话可谓"一切创造力的基础"[3]，它是人类文化史上又一古老的原型或母题。象征生殖崇拜的莲花意象，在中国文化的方方面面有生动体现。华夏民间婚俗中常见"鱼咬莲""鱼吻莲藕""双鱼戏莲"

---

[1] 黑格尔：《美学》第三卷上册，朱光潜译，商务印书馆1979年版，第40页。
[2] 黑格尔：《美学》第二卷上册，朱光潜译，商务印书馆1979年版，第49页。
[3] 埃·弗洛姆：《为自己的人》，孙依依译，生活·读书·新知三联书店1988年版，第257页。

等寓意吉祥的剪纸图案,以鱼代男根而莲喻女阴,也是在阴阳结合中反映出祈盼早生子、多生子的民俗心理,其跟印度文化中将林迦与莲花结合有不谋而合之处。汉乐府《相和曲》中男女对唱:"江南可采莲,莲叶何田田。鱼戏莲叶间。鱼戏莲叶东,鱼戏莲叶西。鱼戏莲叶南,鱼戏莲叶北。"其中,鱼、莲在深层语义上也指向此,如闻一多指出:"这里是鱼喻男,莲喻女,说鱼与莲戏,实等于说男与女戏。"[1] 在广西民间,"武宣壮人尤信风水,称形似女阴的山为'莲花山',认为将祖坟葬于'莲花地',人丁必定兴旺。因此,在莲花山山脉一带,很多形像女阴的'莲花地'上都葬有坟墓"[2]。以莲花喻示女阴之例亦屡见于中国古代文艺作品,如明杂剧《玉禅师翠乡一梦》。从植物本身特性看,莲花之所以成为生殖(生殖器)崇拜的象征,当和它非凡的生命力有关。20 世纪 50 年代,在我国辽宁普兰店的泥炭土地层中曾出土古莲子,经碳-14 测定,距今已有千年以上,当时中国及苏联、日本等国的科学家以之作发芽试验,获得了成功。[3]

作为中国俗文学所创造的神话意象,混融三教的《封神演义》写剔骨割肉的哪吒太子因莲藕作躯体得以再生,从根底上看,除了有华夏本土固有的喜爱此花的民间心理积淀以外,也包含着来自南亚次大陆乃至东方民间信仰圈的原始基因;从母题上

---

[1] 闻一多:《神话与诗》,上海人民出版社 2006 年版,第 101 页。
[2] 谭茂同、黎子君、张廷兴:《武宣壮族翡翠鸟舞及其文化内涵》,《民间文化论坛》2007 年第 2 期。
[3] 陈俊愉、程绪珂主编:《中国花经》,上海文化出版社 1990 年版,第 154 页。

看，则是东方文化史上以女性生殖崇拜为实质的古老的莲花崇拜的神话复演。也就是说，正是在横跨中外、纵贯古今的多元文化因素的交汇熔铸中，成就了中华艺术殿堂里哪吒的审美意象和永恒魅力。

第九章 藏族《格萨尔》口头遗产

作为口头遗产，史诗类作品在中国少数民族地区积淀深厚。藏族生活在中国西部高原，拥有丰富的文化遗产。2009年，藏戏和《格萨尔》史诗成功申报人类口头和非物质文化遗产代表作。在中国少数民族三大英雄史诗中，藏族地区传唱千年的《格萨尔》尤其知名。如通常描述所言，《格萨尔》乃是世界上规模最大、演唱篇幅最长的英雄史诗，共有120多部、100多万诗行、2000多万字。从跨地域和跨国度传播看，该史诗还流传到了境外的蒙古国，俄罗斯的布里亚特、卡尔梅克地区，以及喜马拉雅山以南的印度、巴基斯坦、尼泊尔、不丹等国。诚然，作为"口头传统"（oral tradition），史诗在民间口口相传，活态存在，目前的采录对其行数、篇幅的统计并不具备终极性，但以上数据多少有助于读者了解情况。《格萨尔》史诗今为大众所知，本章论述重心放在从史诗说唱发展到戏剧搬演的"格萨尔藏戏"。该文化遗产体现着藏族崇拜英雄的审美情结，强化着藏族民众的族群认同，反映着藏汉交流的文化融合，是中华文化体系里闪亮的一部分。

第一节　英雄故事在青藏高原东缘

地处我国西部的四川是多民族省份，这里有位于青藏高原东缘的中国第二大藏族聚居地区。2018年7月，以"文化甘孜，精彩荟萃"为名的甘孜藏族自治州非物质文化遗产主题展在四川省府成都举办。据州里友人告知，300卷、8000余万字的藏文版《格萨尔王全集》将出版，这是甘孜藏族自治州与四川民族出版社合作的项目。《格萨尔》史诗故事大约产生于11至13世纪之间,这个时期,吐蕃王朝崩溃,整个青藏高原的藏族地区陷入群雄割据局面,"四川藏区则有德格、邓柯一带崛起的岭藏——格萨尔地方政权"[1]。当时,群雄争权夺地,互相征伐混战,民不聊生,史诗讲述的正是格萨尔王顺应民意征战四方、完成统一大业的英雄故事。格萨尔文化在川西北藏族聚居地区有深厚的根基和广泛的流传,甘孜藏族自治州德格县东北部的阿须草原相传是岭·格萨尔出生成长并征战一生的主要地区。[2]格萨尔藏戏的发祥地也是德格,"目前在藏区已发现7部极为珍贵的《格萨尔王传》木刻本中,有6部出自德格",格萨尔史诗说唱在甘孜藏族自治州"不仅艺人众多,而且受众也是全域的"。[3] 2006年12月,中国艺术人类学学会成立,并在北京举办了首届学术研讨会,与会代表有来自中国、日本、韩国的专家、学者近百人。[4]会上,有人谈及青海果洛的寺院格萨尔藏戏,云"果洛藏戏主要

---

[1] 黄智:《论〈格萨尔〉原始版本的形成与发展》,载甘孜藏族自治州文化体育和广播影视局编《2012格萨尔故里行——全国格萨尔学术论坛论文集》,大众文艺出版社2012年版,第73页。

[2] "康区德格是格萨尔王的诞生之地",此乃传唱《格萨尔》史诗的国家级非遗代表性传承人阿尼所言,他常常讲:去国外,他会说这是中国的格萨尔;在国内,他会说这是四川甘孜的格萨尔;在甘孜藏族自治州,他会说这是德格的格萨尔;在德格县,他会说这是阿须草原的格萨尔。阿尼,男,原名四郎多登,1942年6月出生,甘孜藏族自治州德格县柯洛洞乡色巴村人,曾赴英国、日本以及我国台湾、香港等地表演格萨尔说唱。

[3] 见全国文化信息资源共享工程2014年地方资源建设项目《四川非物质文化遗产多媒体资源库——西部康巴藏族民间艺术"格萨尔说唱"子库申报书》,该项目由四川省图书馆向文化部申请,由甘孜藏族自治州图书馆承建,申报书制作于2014年3月。

[4] 李祥林:《艺术人类学在当今中国——中国艺术人类学学会成立大会及首届学术研讨会侧记》,《新余高专学报》2007年第1期。

以演'格萨尔'史诗故事为主,亦称为果洛'格萨尔'藏戏。它源于四川省甘孜藏族自治州德格县左钦寺(也称大圆满寺),其寺历史悠久,尤以表演'格萨尔'藏戏闻名……"又说:"据寺院活佛介绍:四川省甘孜藏族自治州德格县左钦寺(也称大圆满寺)一世活佛的家族本为格萨尔王的后裔,某天他做了一梦,梦中的格萨尔王向他瞥了一眼,这一瞥很神奇,天眼被开了光,38员大将栩栩如生地现身于这位活佛的眼前。从此,四川、青海等地寺院便有了跳'格萨尔神舞'的习俗,果洛地区受其影响最深。"[1]果洛位于青海省东南部,与四川西北部的甘孜、阿坝相

格萨尔是藏族的大英雄(甘孜藏族自治州新龙县格萨尔广场,笔者拍摄)

---

[1] 曹娅丽:《"格萨尔"马背藏戏:一种奇特的文化现象》,载中国艺术人类学学会编《艺术人类学的理论与田野》上册,上海音乐学院出版社2008年版,第252、253页。关于格萨尔"羌姆",有神奇的传说:17世纪,五世达赖喇嘛的弟子宁玛派大活佛白玛仁真在离德格更庆寺100多公里地方修建寺院,建成后梦见格萨尔大王要他把《格萨尔》中故事及人物编成戏剧来演。醒后,活佛认为这是天神的授记,从此开始组织寺院僧众藏上神舞面具,以跳神的乐舞来表演格萨尔故事,舞多唱少,名曰"《格萨尔》羌姆",后来人们在亚日乃节上演出。

邻，也是藏族自治州，"与藏族全民信教一样，果洛人全民信仰格萨尔"[1]，格萨尔是民众心目中伟大的英雄。

史诗作为"口头文学"（oral literature），集叙事和歌唱于一体，其宏大结构中融汇着丰富的文化元素，"它是神话、编年史、列王传、圣徒传、神谱和家族谱系、箴言律法、哀歌、颂诗、碑志、情歌、民间传说、宗教寓言、虚构故事、书信、预言、随感录、启示录等表现形式的汇编，体现着一种百科全书式的写作方式"[2]。迄今在藏族地区活态流传的英雄史诗《格萨尔》，场面浩大，人物众多，情节曲折，形象生动，充满传奇性色彩和戏剧性张力，为其他艺术形式的移植和改编提供了重要资源。该史诗说唱既是唐卡、藏戏等民间艺术的灵感源泉，也为现代艺术创造提供了种种可能。由甘孜藏族自治州申报的格萨尔彩绘石刻，是口头文学与民间美术的美妙结合，已列入国家级非遗代表性项目名录。德格县位于甘孜藏族自治州西北部，与西藏江达隔金沙江相望，该地寺院众多。德格境内左钦寺又译"竹钦寺"、"竹庆寺"或"竹箐寺"，新出版的《德格寺院志》作"佐钦寺"，是藏传佛教宁玛派的六大母寺之一，有承传其法门的分支寺庙近300座。在石渠出生的宁玛派大师居迷旁是"岭卓"（格萨尔舞）创始者，"格萨尔舞蹈是偈颂唱词与民间舞相结合，寺院和民间均可表演的大众化舞蹈……其演员十六男十六女或八男八女。舞蹈动作和唱腔均可改变，但舞蹈的结构程序和唱词遵循原创版排演。该舞蹈共有四个舞段。第一段迎请舞，第二段供赞舞，第三

---

[1] 索南多杰：《果洛格萨尔信仰研究》，民族出版社2014年版，第70页。
[2] 万建中：《民间文学引论》，北京大学出版社2006年版，第137页。

段诸事业舞,第四段吉祥妙音舞。每段均有一首较长的歌词和舞蹈队型动作说明,表演时边唱边跳,每一动作都有丰富的象征意义。每一段之间有紧密的内在联系。……四个舞段中人们可领略到该舞蹈的创作旨意,意境设计,精神意义都紧紧围绕岭·格萨尔大王和三十员大将、诸战神护法以及众眷属而展开的。整个舞蹈充满欢乐吉祥"[1]。收入居迷旁文集的《歌舞幻化音乐》成书于1896年,包括"歌舞幻化音乐""林舞大乐音乐""庆祝舞跳法"三部分,其二便是迎请岭·格萨尔等众英雄(战神)降临驱魔,唱的是"雄狮大王天神之宝,战神伟玛威武大军,威风凛凛从天而降"。[2] 一般说来,格萨尔藏戏有寺院藏戏(羌姆)和舞台藏戏之分。17世纪下半叶,"五世达赖的弟子白玛仁真建立竹箐寺,不久该寺喇嘛在白玛仁真带领下,以跳神舞蹈的形式编演《格萨尔王传》中的部分故事情节,并从德格更庆寺戏班学习吸收唱腔,使演出更加生动"[3]。《格萨尔》之寺院戏发源于藏东德格竹庆寺,的确有悠久的历史。至于《格萨尔》之舞台剧则兴起于20世纪70年代末80年代初。在川西北藏族地区,把英雄史诗《格萨尔》故事首次以戏剧形式搬上舞台的,是甘孜藏族自治

---

[1] 益邛:《藏戏与〈格萨尔〉》,《甘孜日报》2015年3月28日。又云:该舞蹈全称"岭卓极乐金刚乐曲舞",民间叫作"岭卓",其"距今约有两百年的历史。它是迄今发现的记载最完整,历史最长的格萨尔舞蹈"。

[2] 彭书麟、于乃昌、冯育柱主编:《中国少数民族文艺理论集成》,北京大学出版社2005年版,第219页。

[3] 《中国戏曲志·西藏卷》,文化艺术出版社1993年版,第22页。又据该书《西藏其余创演剧目一览表》,18世纪的江达县岗托戏班也曾演出《格萨尔王传》,属于"德格戏系列剧"(第90页),而江达县在历史上系德格土司所辖。

州色达县业余藏戏团。[1] 据有关资料，德格县有五大教派祖寺：藏地噶举派（白教）祖寺八邦寺，康区萨迦派（花教）祖寺更庆寺，康区宁玛派（红教）祖寺竹庆寺，康区格鲁派（黄教）祖寺更沙寺，康区苯波派（黑教）祖寺丁青寺。其中，竹庆寺跟格萨尔藏戏的关联尤为密切。

格萨尔文化发达于藏东，"从藏传佛教宁玛派的纵向发展和横向分布来分析，康区虽然不是宁玛派的发祥地，但宁玛派在康区的传播和发展堪称藏区之首。故此，康区宁玛派浓厚的宗教文化氛围是格萨尔文化得以发展和广泛传播的主要土壤"[2]。2012年10月，由中央电视台和四川电视台联合摄制的纪录片《魅力四川》在央视9套播出，第五集"和谐共生"着重介绍多民族四川的藏、羌、彝文化，其中讲道："阿须草原，位于四川省甘孜藏族自治州的西北部。这里，是故事开始的地方。阿须草原上的吉苏雅格康多，是史诗中格萨尔的家乡……"中国藏族地区包括卫藏、安多、康巴三大区域，甘孜德格是康巴文化重镇。相传，史诗《格萨尔》的主人公就出生在这里的阿须草原，"德格民间，以说唱、藏戏、故事传奇、手抄本、地名等形式流传着内容丰富多彩老少有口皆碑的格萨尔王传，形成岭·格萨尔文化现象"[3]。史诗《格萨尔》之《英雄诞生》部中，介绍格萨尔大王出生在岭地的"吉苏雅格康多"，其地相传就在今德格县阿须乡

---

[1] 索南卓玛：《浅谈〈格萨尔〉藏戏》，《西藏研究》2008年第3期。
[2] 公保才让：《格萨尔石刻文化的人类学解读——论康区宁玛派与格萨尔文化的渊源关系》，《青海社会科学》2010年第3期。
[3] 《康巴风情》，甘孜州文化局编印出版，1999年12月，第206页。

岔岔村境内。甘孜藏族自治州内涉及格萨尔的地名甚多,仅在德格区域内就有数十处。作为藏戏体系中的地域性品种,"德格藏戏使用本地方言,戏曲舞步多采用寺庙跳神身段并参杂有本地民间歌舞舞步"[1]。追根溯源,"竹庆寺在过去由说唱格萨尔转化为演格萨尔方面开了先河"[2]。康巴地区著名学者居迷旁在格学上造诣甚高,他创立了"格萨尔念诵仪轨",并对"格萨尔传"伏藏本的开启多有贡献。不仅如此,如1980年四川民族出版社出版的《赛马登位》前言指出,《赛马登位》也是根据居迷旁的《奇妙传记秘密信息宝贝铜镜》中的无垢之词诠释而成。德格竹庆寺是康区很有影响的大寺院,格萨尔王作为莲花生大师的化身,是宁玛派供奉的主神之一。在藏传佛教寺院乐舞史上,竹庆寺率先以寺院羌姆形式演绎史诗《格萨尔王传》,为格萨尔文化的传扬开辟了新途径。不仅如此,竹庆寺还将《格萨尔》列为寺院传统剧目,参加德格地区一年一度的央勒节(藏历七月初一),为民众喜闻乐见。以德格竹庆寺为代表的寺院格萨尔藏戏,在四川、青海藏族地区广有影响,如青海湖畔的沙陀寺即以演格萨尔藏戏闻名,该寺在2000年还办起了学习格萨尔藏戏的学校(由僧人自筹资金及县政府资助)。沙陀寺在青海省刚察县,乃是德格竹庆寺的属寺,"是环湖地区颇有影响的藏传佛教宁玛派重点

---

[1] 甘孜藏族自治州文化局(新闻出版版权局)主编:《守望·绽放:中国·四川·甘孜州非物质文化遗产名录》,中国戏剧出版社2008年版,第38页。
[2] 四川省甘孜州文化局、甘孜州格萨尔办公室编:《史诗的家园——格萨尔故里文化遗产撷珍》,中国文史出版社2007年版,第165页。

寺院之一"[1]。

关于川、甘、青藏戏演唱《格萨尔》，20世纪80年代有学者指出："青、甘、川交界比较广阔的安多戏，和四川甘孜州的康巴戏、木雅戏，它们所传演的剧目，除开西藏传统藏剧以外，还有根据当地民间传说故事、历史人物传奇、古典文学名著和英雄史诗《格萨尔王传》改编的藏戏剧目。"[2]更早，民国时期，藏学研究先驱者任乃强在笔记中写道："出关时，屡闻草地有藏三国。在甘孜看戏，渴望其表演藏三国一出，以证异同。"[3]这里提到的"藏三国"，是来自汉语的称呼，指藏族《格萨尔王传》，因世人将格萨尔比附为《三国演义》中的关公。沙陀寺位于青海湖西岸，格萨尔寺院羌姆传入该寺的历史可追溯到300多年前。早在1770年，同仁郎加地方的高僧登玛郎珠来到刚察后，在布哈河边单龙江口一蒙古包内坐禅诵经，被沙陀寺的嘉措活佛等僧众邀请到该寺。到了沙陀寺后，他常常禅坐达旦，戒斋绝食，深得众僧拥戴，后来成为沙陀寺第二世尕日旦活佛。"登玛郎珠早年深造于四川竹庆寺，因此到沙陀寺以后，他把竹庆寺《格萨尔》寺院羌姆的表演传授给僧人们，每年八月初二上演。从此以后，沙陀寺就有了表演《格萨尔》羌姆的习俗，历久不衰，一直

---

[1] 曹娅丽：《青海藏戏遗产的传承与创新——以沙陀寺、珠固寺藏戏传承现状调查为例》，《西藏艺术研究》2008年第1期。

[2] 刘志群：《藏戏与藏区的傩文化》，载贵州省民族事务委员会文教处主编《中国傩文化论文选》，贵州民族出版社1989年版，第218页。

[3] 任乃强：《藏三国》，四川省《格萨尔》工作领导小组印，1994年，第1页。原刊《边政公论》1944年第四卷，第四、五、六期。随着三国故事传入西藏，"在拉萨、定日宗和太昭等地还建起'格萨尔拉康'，即汉族的关帝庙"（《中国戏曲志·西藏卷》，文化艺术出版社1993年版，第23页）。

延续到现在,是安多藏区最早表演《格萨尔》羌姆的寺院。据寺院有关人士介绍,沙陀寺表演的《格萨尔》故事内容,一般是群众较熟知的《赛马称王》《英雄诞生》《姜国王子》《辛丹内讧》等,参加演出的演员基本上是寺院的僧人。但是,随着时间的推移、时代的变迁,尤其是在当今经济文化大发展的进程中,许多群众也参与到表演《格萨尔》羌姆中,从而丰富了当地群众的文化生活。"[1] 表演者从僧侣到民众,影响面更宽。在青海果洛各寺院中,格萨尔戏剧的表演形式多样,主要有"马背剧、广场剧、傩剧(面具舞)和戏台剧",尤其以草原上演出的"马背剧"最具特色,"这种表演不受舞台限制,场景随剧情发展经常转换。表演风格强悍、干练,气势恢宏,有着浓郁的游牧文化气息"。[2] 此外,"在西藏那曲地区巴青县巴青乡一年一度的赛马会上,也有表演《格萨尔》藏戏的习俗。但是,这个地方演唱史诗的方式与其他藏区略有不同。他们按史诗所描述的内容,穿着不同的服装,以一个帐篷为一组进行演唱比赛,唱词当然是史诗中的内容,而曲调犹如安多的'则柔',比较特别"[3]。

"藏戏"和史诗"《格萨尔》"均已列入联合国教科文组织公布的人类口头和非物质文化遗产代表作名录。关于这部英雄史诗,2009年6月联合国教科文组织在给中国申报该项目的审议意见中有如此评价:"中国西北部的藏族、蒙古族和土族社区中共同流传的《格萨尔》故事,由一代代艺人杰出的口头艺术才华以

---

[1] 索南卓玛:《浅谈〈格萨尔〉藏戏》,《西藏研究》2008年第3期。
[2] 索南多杰:《果洛格萨尔信仰研究》,民族出版社2014年版,第141页。
[3] 索南卓玛:《浅谈〈格萨尔〉藏戏》,《西藏研究》2008年第3期。

韵散兼行的方式用串珠结构讲述着格萨尔王为救护生灵而投身下界,率领岭国人民降伏妖魔、抑强扶弱、完成人间使命后返回天国的英雄故事。在藏族地区,史诗艺人辅以服饰、道具(例如帽子和铜镜等)说唱。蒙古族史诗艺人则多是师徒相传,演唱时多使用马头琴或四胡伴奏,融汇了好来宝及本子故事的说书风格。史诗的演唱伴随着诸如烟祭、默想、入神等独特的仪式实践植入社区的宗教和日常生活中,如在诞生礼上演唱格萨尔王从天国降生的段落。众多的神话、传说、歌谣、谚语等不仅作为传统的一份子成为乡村社区的娱乐方式,而且对听众起着传授历史、宗教、习俗、道德和科学的作用。格萨尔唐卡和藏戏等的产生和发展,又不断强化着人们尤其是年青一代的文化认同与历史连续感。"[1]据甘孜藏族自治州说唱格萨尔的民间艺人阿尼讲,1984年他们去拉萨参加格萨尔研讨会,这次会议汇集了各地80多位格萨尔艺人,其中就有弹着琴以蒙古语演唱格萨尔的蒙古族艺人。这里提及仪式及其功能,也特别提及格萨尔唐卡和格萨尔藏戏。毫无疑问,藏戏也是传播格萨尔文化的重要载体。[2]在甘孜地区,无论民间文学还是民间美术乃至民间戏剧,格萨尔文化

---

[1] 诺布旺丹:《〈格萨尔〉申遗始末》,《中国西藏》(中文版)2010年第2期。
[2] "宁玛派赞颂格萨尔王功德最著名的经文要属《格萨尔》祈愿文和酬补经。德格版《米旁文集》中有关格萨尔的论著有:《格萨尔上师瑜伽部》(又译作《格萨尔喇嘛颂》《格萨尔如意祈祷词》2卷),格萨尔祈愿部7卷、颂词部3卷,招财颂经部6卷,酬补经8卷,幻术经2卷,杂经2卷。""比祈愿文更容易理解的最直观的表现形式还有:格萨尔羌姆、格萨尔唐卡、格萨尔塑像、格萨尔经幡、格萨尔石塔、格萨尔祭祀仪式、格萨尔藏戏和格萨尔石刻造像等等。这些众多的格萨尔文化载体大部分还是分布在宁玛派盛行的区域。"(丹珍草:《〈格萨尔〉文本的多样性流变》,《民间文化论坛》2016年第4期)

都有深厚的底蕴和生动的体现。根据藏族民间信仰，格萨尔大王是三怙主（观世音、文殊师利、金刚手）与莲花生大师为超度南瞻部洲的妖魔鬼怪、调伏刚强众生而特意显现的化身战神之王，为三世诸佛体性的总集化现，至于格萨尔大王的空行伴侣及其麾下八十员战将，亦是诸佛菩萨为救度众生的应缘化现。既然如此，格萨尔戏剧演出在藏族民众的心目中，不仅仅是供娱乐的，也具有非凡的逐魔驱邪、光大佛法的神圣意义。

第二节　从史诗唱述到戏剧搬演

　　藏语"羌姆"指跳神，是藏传佛教僧人的一种祭祀舞。《格萨尔》之寺院羌姆属宁玛派，表演时要戴面具。"现在八邦寺、更庆寺、竹庆寺、岔岔寺所拥有的面具平均在百具以上。其中，竹庆寺的面具最多，其拥有的《格萨尔》藏戏面具和寺庙神舞面具总达 200 余具。"[1] 这些面具是依次出场的 180 多位角色所戴的，有大鹏、龙、狮、虎、鹿、猴、狼、马、野牦牛、仙鹤、孔雀、雕、鹰、鱼、蛇等以及格萨尔王下凡前后所遇不同角色的代表。竹庆寺的格萨尔藏戏面具，造型生动，惟妙惟肖，数量多，在整个藏族地区尤具代表性，各地的格萨尔藏戏面具制作均以之为参照。根据有关资料，格萨尔羌姆的创始人为竹庆寺第五世活佛土登·曲吉多吉（传说是莲花生大士托梦让他去完成的），他出生于 1847 年。格萨尔羌姆始编于 1870 年，从剧本到曲调，从

---

[1] 杨嘉铭：《四川省甘孜藏族自治州藏戏及寺庙神舞面具调查》，《康定民族师范高等专科学校学报》2006 年第 1 期。

面具到服装，从戏曲音乐到身段步法，均由土登·曲吉多吉主持确定，具有浓郁的民族文化特色。该戏在竹庆寺破九节上正式跳演，流传至今。这位多才多艺的活佛还把藏传佛教的金刚舞融入其中，使仪式性表演更具有观赏性和教育性。自2002年以来，德格竹庆寺自行投资，恢复建立了该寺格萨尔藏戏演出团体，其传承人今有元登曲卓、洛戎曲杰等。[1] 又有说法，称格萨尔羌姆的产生跟修建竹庆寺的宁玛派大活佛白玛仁真有关，他是五世达赖的弟子。[2] 相传，白玛仁真建立竹庆寺后，一天晚上梦见格萨尔王让他组织喇嘛表演史诗中的人物故事，由此便产生了"格萨尔羌姆"。此后，每年寺院上期夏令安居结束，喇嘛到林卡过亚乃节时，照例要搬演《格萨尔王传》和《诺桑法王》。[3] 如此说来，竹庆寺搬演格萨尔事迹的历史就更久远了。寺院格萨尔藏戏的演出，阵容庞大，场面庄严，主要角色为格萨尔王和30员大将、11名烈女及其他将士（无论男女角色，均由寺院僧侣扮演），还有大鹏、龙、狮、虎、鹿、猴、狼、马、野牦牛等。平时表演，要数十人一起跳，多的时候达180人以上。表演的内容起初为《诞生记》《赛马登位》《施发大食财宝》等，后来不断增加，剧目达十多种。

在川西北地区，格萨尔藏戏以表现史诗英雄格萨尔王的人生

---

[1] 见非物质文化遗产名录项目申报书《德格藏戏》，四川省甘孜藏族自治州德格县文化馆制作，2007年4月。

[2] 何永斌、邹吉辉、李生军等：《四川民族地区国家级非物质文化遗产》，四川大学出版社2009年版，第121页。

[3] 刘志群：《我国藏戏系统剧种论》，载中国戏曲学会、山西师范大学戏曲文物研究所编《中华戏曲》第7辑，山西人民出版社1988年版，第122—144页。

历程为主,其剧目主要有四种。一是《诞生记》。展现格萨尔王从出生到少年时期的成长经历,主要有格萨尔被妖魔加害、被僧伦王另一爱妃嫉妒、流浪他乡的经历,以及小格萨尔运用智慧和法力降伏妖魔的故事。二是《赛马登位》。讲述格萨尔16岁时,为了岭国的统一,实现自己的夙愿,赢得珠姆的青睐,他在赛马中力挫群雄,勇登宝座,成为岭国首领的感人故事。这出藏戏让格萨尔在矛盾冲突中出场,表现出英雄面对困难和逆境时坚韧不拔的非凡毅力和对美好爱情的执着追求。三是《施发大食财宝》。主要讲述格萨尔王在征战期间,在掌握和统一了"大食"后,体恤人民疾苦,将所有财宝分赐给广大民众,展示了格萨尔王扶贫济弱、惩恶扬善的人格魅力。四是《霍岭大战》。记述和展现格萨尔王与霍尔王之间的部落冲突和战争场面,表现格萨尔英勇善战、不畏强暴的英雄气概以及完成统一大业的伟大志向。从民俗学角度看,格萨尔藏戏通常是在每年的藏历年、祭祀活动、宗教节庆等重大时段演示,之前由寺庙精心组织编排,不断有新的喇嘛和扎巴加入表演队伍,以老带新,传承技艺。表演场地通常是寺庙周围开阔的草原,演出时附近民众纷纷前来观看,场面甚大。从传播范围看,格萨尔藏戏起初是在宁玛派寺庙中交流表演,后来逐步在其他教派寺庙中得到传承和学习,影响面不断扩大。在德格地区的57座寺庙中,便有近20座不同教派的寺庙表演格萨尔藏戏。"发源于德格竹庆寺的《格萨尔》寺院藏戏主要流传在宁玛派寺院中。据调查,最早流传于四川色达县的色达寺、德格县的差差寺(格萨尔的诞生地),其后流传于青海省刚察县的沙陀寺、共和县的当家寺、贵德县的昨那寺、果洛州甘德县的龙恩寺、达日县的查朗寺等宁玛派寺院。"[1]从史诗说唱发展到戏剧搬演的格萨尔藏戏，影响日增，名声越来越大。

2009年6月，在第二届中国成都国际非物质文化遗产节的开幕式上，有海内外45支表演队伍亮相，其中便有来自色达县的格萨尔藏戏。经四川省推荐而列入国家级非物质文化遗产代表作名录的，有德格藏戏，也有色达藏戏。色达县位于甘孜藏族自治州西北部，青藏高原东南缘，地处两省三州（四川省的阿坝藏族羌族自治州、甘孜藏族自治州，青海省的果洛藏族自治州）六县（阿坝藏族羌族自治州的壤塘，甘孜藏族自治州的甘孜、炉霍、石渠，果洛藏族自治州的达日、班玛）接合部，全县平均海拔4127米，县城海拔3898米，面积9338.98平方公里。如今，当地建有格萨尔文化艺术中心，广场宽大，建筑气派。源于北派藏戏的色达藏戏，是安多藏戏在康区的延续与发展，其吸收了民间歌谣、舞蹈与说唱元素，并在寺院乐舞基础上从安多、西藏乃至汉族地区的戏剧及歌舞中汲取艺术营养，逐步形成自身特色。北派藏戏主要流传在多康地区，位于甘肃省甘南地区的著名黄教寺院拉卜楞寺乃北派藏戏的滥觞地，其创始人是第五世嘉木样协巴·罗喜桑木样单比坚赞，四川甘孜人，1920年他被确认为第四世嘉木样协巴转世灵童，圆寂于1947年。两年后，原色达县智钦寺活佛多智·仁真单比坚赞率25名僧人前往拉卜楞寺学习藏戏，他是北派藏戏第二代传人。1981年，以色达县班玛·塔洛仁波切为首的一批格萨尔研究者和藏戏艺人，将《格萨尔》史诗移植到藏戏

---

[1] 索南卓玛：《浅谈〈格萨尔〉藏戏》，《西藏研究》2008年第3期。

中，搬演在舞台上。作为格萨尔藏戏的倡演者，1936年出生的塔洛仁波切自幼在寺院学习藏戏，后成为"北派藏戏的第三代继承人"[1]，年事已高的他亦被列为国家级非遗项目之代表性传承人。据当地人介绍，色达格萨尔藏戏的演员一般在20人左右，但是道具颇为复杂，一场藏戏甚至有可能用到上千件道具和服饰，演出场面壮观，甚受民众喜爱。如今，在色达新建的格萨尔文化艺术中心，有对格萨尔藏戏及艺人的专题介绍；由色达藏剧团编演的格萨尔戏剧，也曾亮相在州府康定的大剧场里，为藏戏研讨会的代表们演出。

改革开放以来，民间剧团在中华大地上兴起并成为不可忽视的文化景观，[2] 这也见于川西北民族地区。"20世纪80年代中期，甘孜州恢复的藏戏团为7个，到2003年，已经发展到数十个，据色达县统计，该县业余藏戏团遍布各乡，已从1个发展到26个。"[3] 2002年《西藏旅游》刊发文章称"色达格萨尔藏戏团是全藏区最早把格萨尔藏戏搬上舞台的藏戏团"[4]。色达藏戏团在1949年成立，"1980年2月，在县各级领导支持下，为满足群众需要，剧团先后编演了根据藏族史诗《格萨尔王传》改编的神话故事剧《赛马登位》《取阿里金库》《地狱救妻》"[5] 等，

---

[1] 四川省甘孜州文化局、甘孜州格萨尔办公室编：《史诗的家园——格萨尔故里文化遗产撷珍》，中国文史出版社2007年版，第163页。

[2] 有关情况，请参阅李祥林《中国戏曲的多维审视和当代思考》第二章 "生存反思"，巴蜀书社2010年版，第56—108页。

[3] 杨嘉铭：《四川省甘孜藏族自治州藏戏及寺庙神舞面具调查》，《康定民族师范高等专科学校学报》2006年第1期。

[4] 刘乾坤：《藏戏格萨尔》，《西藏旅游》2002年第4期。

[5] 《中国戏曲志·四川卷》，中国ISBN中心1995年版，第413页。

在音乐唱腔、演出程式方面既承袭安多藏戏的特点又融入本地的曲艺、舞蹈元素，从而在安多藏戏中别具一格。多年来，色达藏戏团积极创作演出，陆续将《赛马登位》《地狱救妻》《取阿里金库》《岭国七勇将》等改编为藏戏并搬上舞台，2002年又录制了《赛马称王》的电视剧和《雪域骄子——格萨尔王》的VCD，对传播格萨尔文化有积极贡献。1986年后，该团先后应邀到西藏、青海、甘肃、浙江、广西和四川省九寨沟、成都西南日月城等地演出近万场，观众上百万人次。2005年，色达藏戏团赴波兰参加扎柯庞勒国际民俗节演出，捧回五项大奖；2007年，该团应邀赴英国巡演，再次以戏剧形式向异邦观众展示格萨尔文化的不朽魅力，赢得好评。不仅如此，色达藏剧团先后在青海黄南州泽库县，果洛藏族自治州班玛、甘德、久治县，阿坝藏族羌族自治州金川、壤塘县，甘孜藏族自治州丹巴县莫斯卡乡、新龙县中学、道孚县玉科镇、甘孜县大塘坝，以及色达县的年龙寺、洞嘎寺、旦吉寺、洛若寺、向阳乡等组建了16个藏戏团，并且定期派出编导人员巡回指导、辅导当地剧团提高表演水平，拓展传播区域。比如，青海果洛首个格萨尔藏戏业余演出团，即是上个世纪80年代初甘德县龙恩寺活佛班玛丹宝前往四川色达了解藏戏演出，又请该县藏戏专家塔洛到果洛进行指导后建立起来的。目前在果洛藏族自治州，有20多个业余剧团演出格萨尔藏戏，成为高原牧区引人注目的文化风景。

格萨尔戏剧在立足本体的基础上也在汲取其他元素中不断发展壮大。色达县将格萨尔藏戏从广场剧变成舞台剧，编导根据人物角色设计了简明生动的对白、富于变化的唱腔和富有特色的服饰，并在史诗说唱基础上，融入了本民族歌舞、体育、服饰等民俗元素，使之成为活泼明快、戏剧性强、适应面广的新型藏戏。不仅如此，着眼中华民族共同体内部的族群交往和文化传播，"色达格萨尔藏剧是民族文化交流的结晶。它在表演程式和乐器方面大胆地吸取了京剧、川剧和秦腔的一些东西，并加以本土化的改造，以丰富其表演艺术。在色达格萨尔藏剧身上，生动地体现了中华各民族在文化上'你中有我，我中有你'的'多元一体'关系和藏汉民族长期互相学习、亲密一家的水乳交融关系"[1]。甘孜藏族自治州地处民族交流频繁的走廊上，"你中有我，我中有你"的族群文化互嵌、交融在川西北地区多见，并且通过日常生活及文学艺术表现出来。结合藏东康区民俗，有藏族学者写道："在康定、巴塘一带，一个家庭就享受着汉藏两种文化交汇的日常生活，他们既过藏历春节，也过汉族的中秋节，既讲汉语，又讲藏语，既供佛像，又贴对联，既吃大米、蔬菜，又吃糌粑、牛肉……既崇拜大慈大悲的佛教精神，又崇尚能文能武的英雄精神。"[2] 藏族美术方面，2006年，甘孜藏族自治州的藏族唐卡（噶玛噶孜画派）被列入国家级非遗代表作名录。"八邦噶玛噶孜画派的唐卡，与藏地中西部地区的唐卡有着明显区别。八邦唐卡在透视上吸收了中国山水画的移动焦点透视法，这样就会让人产生看得多、看得全、看得远的视觉感受"，并且得益于

---

[1] 非物质文化遗产名录项目申报书《色达藏戏》，四川省色达县文化馆制作，2007年4月。
[2] 格勒：《略论康巴人与康巴文化的特点》，见泽波、格勒主编《横断山民族文化走廊——康巴文化名人论坛文集》，中国藏学出版社2004年版，第7页。

内地传统绘画之工笔、青绿山水、金碧山水等的影响；该派史上著名画师第十世噶玛巴曲英多吉是个追求创新的艺术家，他就"充分利用在康区、云南临近汉区和其他少数民族地区的有利条件，尽可能地接触汉族和云南纳西族、白族等民族的绘画艺术，充分吸纳更多民族的艺术养分，来充实和完善自己的艺术素养，发挥自己的艺术才能"。[1] 有如格萨尔藏戏，人称"藏东风格"或"康区风格"的噶玛噶孜唐卡中汉、藏文化元素交融明显，体现在创作手法借鉴和画面意象处理上。

使用藏语安多方言的安多区包括甘肃甘南州，青海黄南、果洛藏族自治州、环青海湖地区，四川阿坝藏族羌族自治州北部和甘孜藏族自治州色达县。"安多藏戏在20世纪50年代传遍了安多草原。1958年民主改革，寺院解体，那些返乡自食其力的僧侣、编导，将安多藏戏带到了民间，于是出现了僧俗混演的民间藏戏演出队。"[2] 在阿坝藏族羌族自治州，如研究者言，"安多藏戏被带到民间后，其唱腔加进了民间小调、草地山歌及说唱音乐。乐队也加进了唢呐、蟒筒和羊皮三弦，极大地丰富了戏剧的表现力。剧目也由过去的两个增加到十多个，若尔盖纳摩乡藏戏团和壤塘桑龙藏戏团还将藏族英雄史诗《格萨尔王传》中曲目《赛马登位》《江岭大战》《地狱救母》等改编为安多藏戏进行演出，所使用的唱腔采用格萨尔说唱专用唱腔与安多藏戏唱腔相结合的方

---

[1] 冯骥才主编：《中国唐卡艺术集成·德格八邦卷》，阳光出版社2011年版，第44、32页。

[2] 冯骥才主编：《中国唐卡艺术集成·德格八邦卷》，阳光出版社2011年版，第32页。

式进行表演，深受广大农牧民欢迎"。又说："若尔盖草原正在把世界最长的史诗——藏族的文学宝库《格萨尔王传》一部接一部地搬上舞台，变为藏戏连续剧，目前已出现了《赛马登位》《降魔伏妖》《征服大食》《门岭之战》《霍岭大战》等系列剧目。壤塘县藏戏团编创、演出了《地狱救母》，写格萨尔大闹地狱，战胜阎王，情节惊险离奇；阿西牧村的业余编导们独出心裁，大显身手，把《赛马》的功夫编为马背表演，把草原作天然舞台，虚实结合……"[1] 在首批阿坝藏族羌族自治州非物质文化遗产名录中，戏剧类有"格萨尔藏戏"，是由红原县色地乡茸塔寺申报的；2016年12月3日，在该县麦洼乡又有藏戏《格萨尔王》专场汇演，剧目包括《格萨尔王调兵遣将》《格萨尔王—阿达娜姆》等，观众是来自川、甘、青接合部的3000多名牧民。2016年夏天在壤塘县，笔者还有幸观赏了乡村幼儿园孩子们表演的格萨尔戏。

若尔盖县有红星乡业余藏戏团，"1978年3月8日该团演出了《霍岭大战》，轰动全县和川、甘边界"[2]，改编者乃是若尔盖·尼玛。壤塘地区的代表人物是俄旺旦真，经他改编的格萨尔藏戏，"演出形式新颖，演员们骑着真马，手拿真刀真枪，往返驰骋于草原上"[3]。演员装扮引人瞩目，以壤塘县业余藏戏团演出《霍岭大战》为例，剧中格萨尔王头戴帅盔，顶插黄、红、蓝

---

[1] 刘志群：《我国四川藏戏在现当代的重新崛起和发展繁荣》，《西藏艺术研究》2009年第2期。

[2] 《中国戏曲志·四川卷》，中国ISBN中心1995年版，第441页。

[3] 杨海青主编：《阿坝州非物质文化遗产集锦》，中国人民政治协商会议阿坝藏族羌族自治州委员会文史和学习委员会编印，2010年，第209页。

三色胜利宝幡和黄、红、蓝、绿四色小旗,身穿金黄色绘有蓝色云龙纹样的将军服,颈系红色围脖,一枚明镜护胸,背插黄、红、蓝、白四旗,下身着虎头、金轮腿靠,脚蹬彩靴,面部为油彩妆,唇上勾曲线形胡须,形象英武威严。[1]戴盔扎靠式的这身装束,不免使人想起汉族地区的戏曲。关于格萨尔史诗说唱的音乐构成,有论者指出:"众所周知在安多方言区内,藏传佛教以黄教为主,而黄教寺院是禁止僧侣演唱格萨尔的,到目前为止调查到的只有阿坝州的'桑龙寺'(壤塘县境内),它属于红教。该寺的活佛昂望旦增将格萨尔史诗中的《霍岭大战》改编成安多藏戏进行演出,但该戏的唱腔均系民间演唱格萨尔的专用唱腔,被原封不动地搬上舞台,并无一首唱腔是诵经调,且除了戏剧剧目之外,该寺并不单独演唱格萨尔。"[2]不过,据知情者告知,在青海果洛藏族自治州,黄教寺院也演格萨尔戏;在四川,甘孜寺演出格萨尔戏有名,该寺是甘孜藏族自治州最大的格鲁派寺院。[3]此外,法国学者石泰安在《西藏史诗和说唱艺人》中也指出:"说唱这部史诗是一种宗教行为,它具有庇护保佑的作用,并伴以殡葬仪轨。被喇嘛教接受之后,格萨尔于其中被作为战神

---

[1] 阿坝州文化局编:《阿坝藏族羌族自治州文化艺术志》,巴蜀书社1992年版,第82—83页。

[2] 马成富:《〈格萨尔王传〉的音乐构成》,载土登尼玛、周锡银主编《藏族英雄史诗与神歌——〈格萨尔〉研究》,四川人民出版社2000年版,第429—430页。

[3] 前一情况是2012年7月笔者在内蒙古首府参加中国艺术人类学学年会暨学术研讨会时,青海民族大学教授曹娅丽告诉笔者的;后一情况是2013年3月,笔者赴理县参加羌族村寨的"央儒节"时听西南民族大学教授杨嘉铭讲的。

对待。"[1]可见，关于格萨尔藏戏的演出情况，在藏族地区不可一概而论。况且，藏传佛教内部虽有派系分流，但从僧人修行实践看，各派法理之间还是多有沟通和融合的。如17世纪中期，在藏传佛教史上是格鲁派最兴盛时期，格鲁派第一序位活佛是西藏政教合一的领袖——第五世达赖喇嘛，他对格鲁派的弘扬兴盛作出重大贡献。据有关资料，五世达赖喇嘛外修格鲁派教义，内修宁玛派的大圆满法，他还是宁玛派的伏藏大师。2012年7月笔者赴阿坝县、红原县等草地牧区考察藏族文化，一路上阿坝藏族羌族自治州民协主席马成富又多次谈及当地格萨尔藏戏的唱腔特点及演出习俗，他还谈到在红原有区别于戏曲化形式的演述格萨尔英雄事迹的歌舞剧。也许，不同地区和不同教派对演唱格萨尔的具体规定和要求有差异，但格萨尔戏剧在德格藏戏和安多藏戏中出现的事实本身，让人感受到藏族民众对民族英雄的热爱之情，以及英雄史诗《格萨尔王传》穿越时空的巨大魅力。

具体言之，格萨尔藏戏有寺院、广场、舞台等类型。从表演形式看，格萨尔藏戏分四大类，一是历史较长的寺院格萨尔乐舞，二是具有传统藏戏特征的格萨尔藏戏，三是马背格萨尔藏戏，四是现代格萨尔藏戏。如今，格萨尔舞台戏剧在安多地区屡见搬演，其艺术形式也多样化。在黄河源头，青海玉树藏族自治州文工团1979年编排了以格萨尔为题材的《出征》，1981年编排了《汉地茶宗》《达色施财》等歌舞剧；1984年，海南藏族自治州文工团编排了《霍岭之战》，并到京、沪等地巡回演出；1992

---

[1] 石泰安：《西藏史诗和说唱艺人》，耿昇译，中国藏学出版社2012年版，第9—10页。

年,青海省京剧团将《格萨尔》搬上京剧舞台,大开观众眼界;2003年,海南州民族歌舞团根据《姜岭之战》改编了《姜国王子》,此乃该团继《霍岭大战》后再次将格萨尔故事以歌舞剧形式搬上舞台。凡此种种,不一而足。

第三节 独具特色的文化遗产

英雄格萨尔的故事深入人心,关于格萨尔藏戏在川西北区域的流传还有若干线索可寻。目前在甘孜藏族自治州德格县境内,宁玛派之外其他教派寺庙也演出格萨尔戏,这是值得更多研究的文化现象。宁玛派祖寺竹庆寺自不待言,此外,有协庆寺、岔岔寺、日照寺、本尼寺、满金寺、丁青寺、绒戈寺、门扎寺、龚垭寺、多扎寺、腰色寺、嘎托寺。这十多座寺院,分别属于本教以及藏传佛教的宁玛、萨迦、噶举派,如协庆寺亦在宁玛派六大道场之列,丁青寺乃康区规模最大、教权尤高的本波教祖寺。出自对格萨尔王的由衷崇拜,这些寺院的僧众以戏剧形式搬演格萨尔英雄事迹,具体时间有差异,或在藏历新年初,或在夏秋时节。"在各剧目的演出中,除陪舞者外,其余所有角色,诸如岭·格萨尔王、三十员大将、十三畏尔玛战神、珠牡以及其他女士,均戴面具。"[1]颂扬英雄格萨尔的戏剧,是藏族民众喜闻乐见的。

2012年秋,"格萨尔故里行"学术考察活动在甘孜藏族自治州拉开帷幕,活动由全国《格萨尔》工作领导小组办公室、四川

---

[1] 杨嘉铭:《四川省甘孜藏族自治州藏戏及寺庙神舞面具调查》,《康定民族师范高等专科学校学报》2006年第1期。

省文化厅、甘孜藏族自治州委和州政府主办。9月25日，在传说格萨尔王诞生地的阿须草原上，岔岔寺的女尼们穿上戏装，扮角亮相，为参加考察的专家学者以及当地群众献上一场格萨尔藏戏，让大家耳目一新。有媒体报道称，此乃目前唯一由尼姑演出的格萨尔藏戏。阿须草原距德格县城200多公里，海拔4000米左右。岔岔寺（又作差差寺、查查寺）是阿须草原上有较大影响的噶举派寺院，由甘珠大师创建，传说建寺制作"擦擦"（一种泥制脱模佛像）时，和泥时渗出的水变成了金水，人们视其为神奇吉祥之象，于是给建设中的寺院取名为"吉祥岔岔寺"。该寺现有僧众500多名，其中有觉姆（女众）修行院。寺院演戏之于噶举派可谓源远流长，历史上香巴噶举的高僧汤东杰布就是对藏戏形成有重大贡献者，民间奉之为"戏神"。如今，岔岔寺搬演的格萨尔藏戏也名声在外，受到学界肯定。藏族学者降边嘉措在其博客中谈到格萨尔文化的多样态发展时，就指出爱国爱教的高僧大德也热心于弘扬格萨尔文化，如德格县岔岔寺的寺主巴迦活佛对《格萨尔》文化情有独钟，在其主持下，早在20世纪80年代初就开始恢复和重建在十年动乱时期遭到破坏的格萨尔庙，并且在原有基础上建设格萨尔博物馆；巴迦活佛自筹资金，在德格县委、县政府的支持下，在传说是格萨尔诞生地的阿须草原建造了宏伟的格萨尔塑像。他还谈到，岔岔寺有一个以僧人为主的藏戏团，演出的剧目绝大多数都取材于《格萨尔》，如《英雄诞生》《赛马称王》《降伏魔王鲁赞》《霍岭大战》等；不仅如此，在阿须草原还有一个尼姑寺，巴迦活佛组织她们演唱《格萨尔》藏戏。他谈到，过去尼姑是不能登台表演的，如今在巴迦活佛带领下,解放思想,打破常规,尼姑也登台演唱,把《格萨尔》引进佛教文化活动。的确,藏戏演出,尤其是寺院藏戏演出,上场表演者按照惯例是男性,剧中有女角亦是男扮女装。如今在诞生英雄的阿须草原上,由女尼来演格萨尔藏戏,其意义非同寻常。纵观川西北藏族聚居区,这种现象并非是孤立的,其跟当代藏戏界的某种演艺趋向多多少少有呼应。今有人谈到甘孜县藏戏团在排演传统剧目过程中"吸收当地民歌、山歌溶入唱腔"等的改革时,就指出"特别是改过去喇嘛寺演出时男扮女角的陈习为女扮女角"。[1]

女尼演藏戏,在阿坝藏族羌族自治州亦见。曾有记者在距该州阿坝县城4公里的四洼乡尼姑寺,把前一年莫郎节在此拍摄的尼姑演藏戏的影像给尼姑们看,镜头中的尼姑们都经过乔装打扮,有藏王、卫士、大臣等造型,服装色泽明艳,几乎都是女扮男装,她们很快就认出了自己。2016年8月在壤塘县,笔者观看了乡镇幼儿园10多位孩子演出的

即将上场演出格萨尔戏的藏族孩子们
(壤塘县茸木达乡,笔者拍摄)

《赛马称王》,其中饰演格萨尔大王的就是一位身着盔甲、扮相帅

---

[1] 周翔飞:《甘孜州现存藏戏流派考略》,《四川戏剧》2007年第6期。

气的女孩子，她身边好几位扮演大将者亦然。由孩子们传承、演出格萨尔戏，今已成为当地的文化名片。已故西南民族大学教授杨嘉铭曾多次对笔者谈起 2002 年他在丹巴县莫斯卡村观看格萨尔藏戏，说村民演出场面令他感动，剧目为《赛马登位》等，村里的剧团是在活佛主持下建立的。丹巴县位于甘孜藏族自治州东部，南及东南与康定市交界，东与阿坝藏族羌族自治州小金县接壤，是嘉绒文化的发祥地之一，也是以藏、汉民族为主体的多民族聚居县。如今，丹巴的藏寨及碉楼闻名遐迩，为中外研究者及游客所知。属于丹东乡所辖的莫斯卡是偏远的牧业村寨，位于金龙大雪山旁，距县城近百公里，最高海拔 4300 米。金龙寺是村里最高大的建筑，建于清道光年间，属宁玛派，首任活佛来自青海果洛，土登尼玛是该寺第三世活佛，其后主持寺院的是日穹活佛。莫斯卡有康区著名的格萨尔彩绘石刻（已列入国家级非遗代表作名录），是 17 世纪开始雕刻的，当地还有格萨尔戏剧。相传，金龙寺与藏族英雄格萨尔渊源深厚，第一任活佛将寺庙与信众托付给了格萨尔保护，于是在藏历年、莲花生大师诞辰日等重大的日子，村民们要身着华丽的剧装，演出格萨尔藏戏以示纪念。金龙寺外的四方大院是开放式的演出场地，当地还为此建有一个小型剧场。不过，莫斯卡村搬演格萨尔戏的时间较迟，是从德格学习来的。2011 年 11 月在成都举办的德格八邦寺唐卡展览会上，杨嘉铭教授谈起莫斯卡村民演出的格萨尔戏，特别指出了这点。由此看来，格萨尔戏剧在当下川西北地区，依然在不断传播和扩大影响。

《格萨尔》史诗作为藏族口头文学作品，"自公元 11 至 12 世纪开始在三江源为核心的青藏高原腹地形成后，不断向外辐射，逐渐拓展到青藏高原以外的地区和民族中，在区域和地缘层面形成了格萨尔史诗流传的'核心区域'和'辐射区域'两部分，呈现出横跨青藏高原、蒙古高原和帕米尔高原的一个巨大的史诗流传带。格萨尔史诗不仅在我国境内的藏族、蒙古族、土族、裕固族、撒拉族、纳西族、羌族、门巴族、珞巴族、普米族、白族、独龙族、傈僳族中流传，在境外的巴基斯坦巴尔蒂斯坦、印度的拉达克、尼泊尔、不丹、锡金、蒙古、俄罗斯的卡尔梅克、布里亚特、图瓦共和国等国家和地区也有流传，成为'一带一路'不同族群间文明对话、互鉴和人类文化创造力的重要例证"[1]。着眼民族戏剧学，藏族人民搬演格萨尔王英雄事迹的戏剧，亦属于艺术分类中的"藏剧"范畴。目前，随着非物质文化遗产保护在世界范围的兴起，藏戏继列入首批国家级非物质文化遗产代表作名录之后，又列入联合国教科文组织公布的人类口头和非物质文化遗产代表作名录，其价值越来越受到关注。有如格萨尔说唱之后诞生的格萨尔唐卡和格萨尔石刻，格萨尔藏戏在青藏高原东南缘出现，这本身就是《格萨尔》至今活态流传的极好见证，它再度向世界表明了中国藏族这部伟大英雄史诗不衰的生命力。

---

[1] 诺布旺丹：《让通识读物助力史诗促进人类文明对话、互鉴》，载诺布旺丹主编《格萨尔史诗通识读本——朝向地方知识的现代性阐释》，中国社会科学出版社2020年版，序三第3页。

第十章　艺术人类学目光下的藏戏

说起藏戏，人们会想到西藏。其实，藏戏在称为"康"（译音）的藏东地区也兴盛。立足人类学，研究"藏戏"这样的少数民族艺术，有两个维度不可忽视：一是其地域呈现，一是其生活样态。本章着眼中国西部藏羌彝走廊，以四川藏戏为观察对象，结合在藏东甘孜、阿坝等地的田野考察，从艺术人类学视角就相关问题进行论析。[1]

第一节　从载入志书的藏戏说起

"如果我们站在号称'世界屋脊'的青藏高原上纵目遥望祖国大地，就会发现在高原的东北，有几道山脉连续地向东延伸，这就是青海的祁连山脉，宁夏的贺兰山脉，内蒙的阴山山脉，直至辽宁、吉林境内的大兴安岭。而在高原的西南部，也有几道山脉向南延伸，这就是由四川西部通向云南西北部的横断山脉。这一北一南的两列山峰及其邻近的高地，在地理上如同一双有力的臂膀，屏障着祖国的腹心地区——黄河中下游和长江中下游肥沃的平原和盆地；在文化上，这一地带则自有其渊源，带有显著的特色，构成了古代华夏文明的边缘地带。"从东北至西南成半月形环绕着中原大地的这个地带，就是考古学界所称的"边地半月形文化传播带"。[2] 在中国这条民族文化传播带上，从西北到西

---

[1] "首届四川艺术节·2015四川藏戏创新与发展系列活动"于2015年7月在阿坝藏族羌族自治州举办。7月21日，在州府马尔康举行的藏戏研讨会上，笔者就四川藏戏研究陈述己见，本章内容是在此基础上形成的。

[2] 童恩正：《试论我国从东北至西南的边地半月形文化传播带》，载文物出版社编辑部编《文物与考古论集》，文物出版社1986年版，第17—43页。

南的一段正是费孝通所讲的"藏彝走廊"的地理范围,蜀中学者李绍明对此亦多有阐释。[1]"藏彝走廊"是费孝通在20世纪70年代末至80年代提出并屡加强调的,随着学界对中国西部民族的研究不断推进,近年又有"藏羌彝走廊"概念出现并渐为人们使用。[2] 研究中国西部文化,无论"半月形文化传播带"还是"藏彝走廊"或"藏羌彝走廊",都少不了对其中重要节点四川的关注。

在当下国内学界,"藏羌彝走廊"成为热议的话题。从族群与文化的角度看,藏羌彝走廊位于中国西部腹心,从北到南涵盖横断山脉六江流域(岷江、大渡河、雅砻江、金沙江、澜沧江、怒江),自古以来是众多民族南来北往、繁衍迁徙和沟通交流的重要廊道,也是内涵深厚的历史文化沉积带,在整个中国区域发展和文化建设大格局中占有特殊地位。该区域位于青藏高原东南边缘,地处由低到高三级阶梯式中国地貌的第二阶梯,山川与河流多呈南北走向,是联系西北与西南的天然通道。在这片山高谷深的土地上,生活着藏缅语族中的藏族、彝族、羌族、傈僳族、白族、纳西族、普米族、独龙族、怒族、哈尼族、景颇族、拉祜族等族群;在此区域南部,有壮侗语族中的壮族、侗族、傣族,苗瑶语族中的苗族,乃至汉族、回族以及孟高棉语族的一些族体。自古以来,这条走廊是藏缅语族诸族群先民南下和壮侗、苗

---

[1] 请参阅李绍明《西南丝绸之路与民族走廊》,载四川大学历史系编《中国西南的古代交通与文化》,四川大学出版社1994年版;《藏彝走廊研究中的几个问题》,《中华文化论坛》2005年第4期。

[2] 张曦:《藏羌彝走廊的研究路径》,《西北民族研究》2012年第3期。

瑶语族诸族群先民北上的交通要道,是多民族交汇、融合之所。2014年,文化部、财政部出台了《藏羌彝文化产业走廊总体规划》,旨在加快发展特色文化,加大公共财政对西部地区、民族地区文化发展的支持力度,提出把藏羌彝文化走廊作为重大项目纳入中央财政文化产业发展专项资金扶持范围。巴蜀地区作为藏羌彝文化走廊上北连甘肃、青海而南接云南、贵州的枢纽,其版图上除了汉族之外还分布着10多个世居少数民族,这里有中国的第二大藏族聚居区、最大的彝族聚居区和唯一的羌族聚居区,这片区域拥有积淀丰厚且极具特色的民族文化资源。

高原牧区草地上的藏戏演出即将开始(阿坝藏族羌族自治州若尔盖县,笔者拍摄)

2015年4月30日,笔者所在高校召开科研工作会,有人谈到四川大学的区域优势时说:"我们有很多专家、学者,已经在研究西部地区的宗教、民族、文化等方面取得了很好的成果。尽管这些研究领域具有浓厚的地域特色,甚至可以说是比较'土',但越是本土的,就越有特色,也就越容易成为世界第一,越容易在国际上产生重要影响。比如,西部地区的羌族文化就很有民族特色，我校的专家、学者在这方面就产生了一批世界一流水平的学术成果。再比如，大熊猫是我们国家西南地区特有的珍稀动物，国际学术界还很少有学者去研究，而我们生命学院的科学家就专门针对熊猫繁育的课题进行了深入研究，产生了一批世界领先的研究成果。同样，我们在南亚研究、西藏研究、四川藏区研究等领域，也都有自己的独特优势，只要大家能持续、深入地去挖掘、去研究，就可能产生一流的学术成果。"[1] 这里，在"西藏"之外特别提及"四川藏区"，强调立足地域和族群深入研究中国藏族文化，此提醒是有必要的。从地理方位看，四川不但是中国西部横贯南北的民族大走廊上的关键省份，而且在当前中国政府倡议的"一带一路"框架下也占有重要位置。四川藏族聚居区文化底蕴厚重，四川藏戏艺术特色显著。如前所述，在青藏高原东缘，主要流传在牧区的"格萨尔藏戏"是中国藏戏的一大亮点。如今，藏戏和格萨尔史诗作为人类口头和非物质文化遗产代表作，均已被联合国教科文组织列入人类口头和非物质文化遗产代表作名录。在笔者看来，研究格萨尔藏戏有"一个中心、两条脉络"不可忽视。所谓"一个中心"，是指格萨尔藏戏的根源与四川地区瓜葛甚深。说到格萨尔藏戏，不能不提及四川藏族聚居区的德格县。今属甘孜藏族自治州的德格为中国藏族地区三大文化中心之一，相传史诗《格萨尔》的主人公就出生在这里的阿须草原，德格竹庆寺是宁玛派祖寺，该寺率先以寺院羌姆形式演绎史诗《格萨尔》，在格萨尔藏戏演出史上开了先河。所谓"两条

---

[1] 见四川大学校长办公室编《信息与动态》2015年第4期，2015年5月25日。

脉络",是指格萨尔藏戏在四川藏族聚居区的德格和色达至今仍以寺院戏剧和广场戏剧的形式存活、传承、流播着,无论前者还是后者,都跟神圣的信仰民俗相联系并且扎根在藏族人民的生活中。总之,关注藏族文化,研究藏戏艺术,除了西藏之外,别忘了中国西部的四川,犹如不能忘了青海、甘肃、云南等省份一样。

2006年初,中国艺术研究院召集各省、自治区、直辖市艺术研究机构负责人到北京开会,共同商讨艺术科研问题。会议期间,主持方通知了西藏、新疆、内蒙古、云南、广西、贵州等地人员参加全国少数民族戏剧书籍编纂会,却未通知四川。因为,在通常理解中,四川多不被视为少数民族聚居的重点省份。其实,历史和现实证明,少数民族(尤其是藏、彝、羌)在四川地区占有相当比重,四川少数民族文化在整个中国的位置也不可替代。为此,参会的笔者向主持方建议将四川列入名单,陈述了两条理由:(1)四川藏戏自有其表演系统和艺术特点,是西藏藏戏无法全部涵盖的,它至少跟青海、甘肃的藏戏是并立的;(2)目前中国,羌族聚居区就在四川,尤其是阿坝藏族羌族自治州以及国务院批准设立的北川羌族自治县,具有唯一性,而羌族有其独特的民间戏剧,如释比戏。编委会采纳了这番建议,最后成书收入了"四川藏戏"和"羌族释比戏"。此事提醒我们,地处藏东的"四川藏戏"乃至四川少数民族文化艺术的被关注度有待加强,学界对包括藏戏在内的少数民族艺术的认识还需深化。

第二节 多样化地域呈现中的藏戏

文化人类学提醒研究者要重视"地方性知识"(local knowledge),主张通过把握对象个性而在"深描"(thick description)过程中实现学术认知,这种理念对于藏戏艺术研究同样具有重要意义。中国藏戏有多个种类也有宽泛影响,据《中国大百科全书·戏曲曲艺卷》"藏剧"条目叙述,藏戏起源古老,其传统剧目有历史传说剧、民间故事剧、佛经故事剧、人情世态剧等,由于各剧团所处自然条件、社会习俗、语言特点、艺术影响各不相同,形成了以剧团为中心的不同流派,早期和后期有白面具派和蓝面具派,后期蓝面具派又分为四大支系,等等。尽管该书这番介绍是以西藏为主,但也提醒我们,藏戏有丰富的剧目和多样的流派,我们要结合具体的地域和族群也就是历史地理环境对其进行研究,既关注同中之异也关注异中之同。关于藏戏的传播与流布,2007 年出版的《中国少数民族戏曲剧种发展史》在介绍西藏藏戏与门巴戏时谈到藏戏的影响,指出:"藏戏在卫藏地区形成后,逐渐流传到西藏全区各地,如阿里的普兰、后藏的亚东、山南的错纳、昌都的察雅香堆等。藏戏还流传到四川的康区和嘉戎藏区、青海的黄南、甘肃南部的夏河等地区,其艺术影响远播印度、不丹、尼泊尔和克什米尔等国家和地区。"[1] 就其传播而言,藏戏艺术是跨地域和跨国境的,也是跨族群的,其对周边民族剧种

---

[1] 王文章主编:《中国少数民族戏曲剧种发展史》,学苑出版社 2007 年版,第 27 页。

如门巴戏等也有影响。[1] 门巴族分布在喜马拉雅山南坡的门隅地区，早在公元7世纪，门隅地区就在吐蕃王朝的控制下了。因此，门巴族受藏文化影响甚深，多通晓藏语，并且通用藏文，等等。

中国是戏剧大国，在历史长河中，中华本土戏剧形成了诸多地方化类型。从藏戏内部看，其种类按照地域、族群及方言划分，大而言之有卫藏、安多、康巴、嘉绒，小而言之有壤塘、色达、康定、理县，等等，各因地域文化融入而呈现多彩风情。如康巴藏戏，据有关资料，17世纪中叶西藏腹心地带的蓝面具戏江嘎尔、迥巴、觉木隆等流派的藏戏，包括白面具戏，先后传入康巴地区。经过当地人不断排演编制，"藏戏传入康区后逐渐与当地的康巴歌舞、说唱、曲艺等传统民间艺术相结合；在音乐、唱腔上，受方言语音、民间音乐、宗教音乐等方面的影响，风格上已和西藏藏戏有了一定差异，形成了康巴藏戏的独有风格"，比如木雅藏戏，"大量融入本地民间歌舞，已形成不同于其他藏戏的特有风格"。[2] 曾有青海的研究者反思权威工具书仅以西藏的

---

[1] 目前学界，有的书籍谈到藏戏对门巴戏的影响，曰："门巴戏是在民族歌舞、百艺基础上形成的戏剧，但借鉴了藏戏的艺术形式，其服饰、面具、舞蹈、唱腔，都与藏戏不无相似之处。"（顾朴光：《中国面具史》，贵州民族出版社1996年版，第283页）也有书籍将门巴戏归入藏戏系统，云："由于门巴族地处西藏，受西藏文化影响较深，其戏剧为西藏藏戏的移植，故列入藏戏系统之中。"继而又言："门巴戏中至少有一部分或其中的一种形式可归入藏区戏剧系统之内，是藏戏的一种移植。"（罗布江村、赵心愚、杨嘉铭：《世界屋脊的面具文化——我国藏区寺庙神舞及戏面具研究》，四川民族出版社2008年版，第137、173页）关于门巴戏与藏戏的异同，有待更深入的研究。

[2] 阿绒呷措、周翔飞、罗敏：《川西康巴藏戏五大流派的渊源及发展》，《西华大学学报》（哲学社会科学版）2008年第2期。

藏戏为"藏剧"立条目的局限，指出以安多语演唱的青海藏戏虽与西藏藏戏有区别，但仍应属于藏戏的范畴，是藏戏的不同流派。[1]又有论者提出"一个藏戏系统和诸多剧种、流派"[2]的观点，至今仍应重视。转而看四川地区，1990年四川民族出版社出版的《四川藏戏》也是按照地域和族群来划分藏戏大类的，即"德格藏戏"、"安多藏戏"、"康巴藏戏"和"嘉戎藏戏"，在各大系统下有的又分支系，如"康巴藏戏"涵盖康定、道孚、甘孜（县）、理塘和巴塘，"安多藏戏"下涵盖色达、壤塘、阿坝（县）、红原、若尔盖，"嘉戎藏戏"（嘉绒藏戏）涵盖马尔康、金川、小金、理县、汶川以及甘孜州的丹巴，等等。此外，有研究者立足甘孜藏族自治州，论述"甘孜（州）藏戏"时将其划分为"德格藏戏""色达藏戏""康巴藏戏"三大类型，其中"康巴藏戏"下面又分为巴塘藏戏、理塘藏戏、康定木雅藏戏、道孚藏戏、甘孜（县）藏戏五个支系，并介绍各自特点。[3]这种分类与前述大致相近，只是"康定藏戏"又连带着"木雅"这古老的族群名称。看来，关于四川藏戏的类型划分，尚有继续研究的空间。不管怎么说，以上介绍表明，在藏戏母体下实际上涵盖着因地域、族群、方言差异而特色各具的种种类型，这些多姿多彩的"在地化"（Localization）

---

[1] 刘凯：《藏戏剧种研究的提出、分歧与弥合》，《西藏艺术研究》1991年第1期；《再谈西藏藏戏与安多藏戏——雪顿节的藏戏演出与安多藏戏的诞生》，《中央民族学院学报》1987年第5期；《西藏藏戏与安多藏戏》，《中央民族学院学报》（哲学社会科学版）1985年第2期。

[2] 刘志群：《一个藏戏系统和诸多剧种流派》，《四川戏剧》1990年第6期。

[3] 东干·格西奇珠、白玛王青、张鹰：《浅谈四川甘孜藏戏源流及剧目》，《西藏艺术研究》2006年第1期。

类型本身也是藏戏生命力鲜活的证明。

研究四川藏族文化及四川藏戏艺术,理应牧区和农区并重。《阿坝藏族羌族自治州文化艺术志》载:"阿坝州的藏戏,源于甘肃省甘南藏族自治州拉卜楞寺,流布于阿坝、红原、若尔盖、壤塘等地。"[1]如18世纪传入四川的《贡波夺尔基》,便是取材于噶举派第二代祖师米拉日巴传记、劝化猎人皈依佛法并由拉卜楞寺贡唐三世旦贝卓美所编的安多戏。四川藏族的支系,有安多,也有嘉绒,还有白马、尔苏。除了分布于牧区草原的"安多藏戏"之外,在河谷地带嘉绒藏族分布的农区戏剧又如何呢?该书写道:"近年,据说还有嘉绒藏戏,现正进行广泛深入的调查。"[2]前述《四川藏戏》便已列出该藏戏种类,但文字介绍不足100字,很简略,云"现各地正在加紧调查、挖掘、整理"[3]。不过,该书在绘制"四川藏戏主要剧种分布图"时为嘉绒戏标明了分布区域,这是可贵的。20世纪80年代,在为编纂十大文艺集成志进行田野普查的过程中,人们发现了四川地区特有的这一藏戏种类。当时,为了明确对嘉绒藏戏的认识,1989—1991年间《中国戏曲志·四川卷》编辑部组织人员赴阿坝藏族羌族自治州作调查,走访民间艺人、寺院活佛、文化人士等。1992年岁末,在该志书负责人于一的主持下,又邀请文艺界和民族学界人士就此进行慎重的讨论,基本确认了来自四川地区的该剧种。唯其如

---

[1] 阿坝州文化局编:《阿坝藏族羌族自治州文化艺术志》,巴蜀书社1992年版,第77页。

[2] 阿坝州文化局编:《阿坝藏族羌族自治州文化艺术志》,巴蜀书社1992年版,第77页。

[3] 四川省民族事务委员会编著:《四川藏戏》,四川民族出版社1990年版,第14页。

此，后来在《中国戏曲志·四川卷》中，剧种部分才有了与德格藏戏、安多藏戏、康巴藏戏并列的"嘉戎藏戏"，强调了此乃"四川藏族戏曲剧种"，并称"据传早在唐玄宗年间，金川广法寺已有该剧种演出"，而"中华人民共和国成立后，嘉戎藏戏仍在小金一带演出"。[1] 大致说来，嘉绒藏戏主要分布在阿坝、甘孜以及雅安所辖的相关县域的嘉绒方言区，剧目有《吉祥颂》（《木茸》）、《格冬特青》（演述阿米格冬故事，"格冬"是人名，"特青"意为大哥、长兄，因格冬是家中长子）、《猎人与猩猩》、《老夫与少妇》、《曲斯古赞里》、《泽让兰芝》、《阿里阿太》、《贡布多吉》、《幸福种》、《一只羊》等近三十出，内容涉及历史题材、佛经故事、人物传说、生产习俗、生活趣事等，而根据当年调查，民间戏班有马尔康县（现为马尔康市）党坝乡嘎南村戏班、金川县卡拉足乡普鲁村戏班、丹巴县业余嘉绒藏戏团等。在金川等地，民间不但至今仍有嘉绒戏演出，其剧目甚至有从格萨尔故事取材的。[2]

村民演出嘉绒藏戏《猎人与猩猩》（2019年，廖小龙拍摄）

[1] 《中国戏曲志·四川卷》，中国 ISBN 中心 1995 年版，第 70 页。
[2] 2015 年 11 月下旬，我们去金川县，代表四川省民间文艺家协会为当地的"神山文化之乡"（民俗文化之乡）授牌，有关情况是熟悉地方人文历史的郑姓副县长告诉笔者的。

嘉绒藏族地区指以墨尔多神山为中心的大小金川河及梭磨河流域，包括阿坝藏族羌族自治州的小金、金川、马尔康、理县、黑水、壤塘和甘孜藏族自治州的丹巴、康定、道孚、泸定等县的全部或部分区域，以及雅安宝兴西北部。嘉绒位于中国西部藏羌彝走廊腹地，其文化有自身特点。作为藏戏的地域性呈现，嘉绒藏戏并非西藏（以及甘肃、青海）藏戏的直接翻版，《理县志》谈到以嘉绒语演唱的当地戏剧时就指出，"在松岗、卓克基、党坝、梭磨地区，有歌颂土司、头人的藏戏。这种藏戏相当于现在的地方戏……内容与西藏的藏戏大相径庭，因此，它的要求（主要是指唱腔、动作、道白等）也与西藏的藏戏不同"[1]。流传于川西北的嘉绒藏戏在剧目方面有自具特色者，如《阿米格冬》[2]等。据华尔丹活佛讲，嘉绒藏戏是汉语之称，其在嘉绒语中叫"陆嘎尔"，历史久远，嘉绒地区首次演出《阿米格冬》是在金川广法寺（原为本教大寺院雍仲拉顶，乾隆皇帝平定金川后改建为格鲁派寺院并赐"广法寺"匾额）。[3] 阿米格冬又称阿米格东、

---

[1]《理县志》，四川民族出版社1997年版，第662页。

[2] 说到嘉绒藏戏，不能不提及出生于马尔康、12岁出家为僧的嘉绒学者白湾·华尔丹（1915—2002，其名之汉语译音又作华尔旦、华尔登），嘉绒戏《阿米格冬》即出自他手。有书籍这样介绍他："作为嘉绒藏族德高望重的学者，在担任县政府副主席期间，潜心研究藏学，发表了《嘉绒藏族的起源》《关于嘉绒藏戏的几个问题》等多篇具有极高学术价值的论文……其编写的嘉绒藏戏《阿米格督》剧本，使嘉绒藏戏在戏剧界最终得到肯定。"（同美：《西藏本教研究——岷江上游本教的历史与现状》，民族出版社2013年版，第87页）《阿米格冬》现存1988年演出本，1992年由华尔丹本人提供给《中国戏曲志·四川卷》编辑部，由刘健翻译。

[3] 余斌：《重新走上舞台的嘉绒藏戏》，载严福昌主编《四川少数民族戏剧》，四川大学出版社2007年版，第71页。

阿尼格东、阿尼郭东等，乃嘉绒语之汉语译音，他是嘉绒民众心目中降妖伏魔的大英雄，每年在代汝节上会有取材于其英雄故事的歌舞、戏剧演出。在嘉绒藏族口头传说中，有阿米格冬神奇降生、降服妖魔的成套故事以及祭祀他的神圣仪式，其中积淀着该族群关于英雄祖先的集体记忆。"代汝"是嘉绒语译音，意为"功成圆满之日"，此乃嘉绒民间纪念阿米格冬完成降魔除妖大业的节日，有的地方（如小金）称为"格尔冬节"或"战神节"，理县谓之"甲纳节"，金川、丹巴又叫"糌粑年"。大致时间为农历十月十三和十一月十三，也有地方（如马尔康的梭磨、松岗一带村寨）过此节是在十一月的上弦日，小金、丹巴和理县的一些村寨则在农历二月，[1] 不一而足。对嘉绒藏族的研究主要见于20世纪30年代以来有关包括代汝节在内的各地纪念阿米格冬的习俗，亦见载于《嘉绒藏族史志》等书。证诸民俗，如今被列入国家级非物质文化遗产代表作名录的马奈锅庄，相传就是源于阿米格冬降妖成功时举行的庆祝活动。关于"十月十三"，民间口碑说阿米格冬消灭了嘉绒地区的妖魔鬼怪后，老百姓感谢他，要选他为王，但阿米格冬不肯而执意要回山林去，说每年十月十三日他会到嘉绒各地巡视，除妖驱祟，保佑乡亲们平安。[2] 从某种意义讲，节日之于人类社会，可谓是年年重复上演的"社会性戏剧"。通过代汝节，人们纪念先祖，以歌舞、戏剧模仿和再现英雄伟业，在对神圣日子的仪式性回溯中又迎接新的岁月到来，

---

[1] 雀丹：《嘉绒藏族史志》，民族出版社1995年版，第530页。
[2] 张学风、俄玛塔、格尔玛：《嘉绒藏族的阿米格东文化》，《西藏艺术研究》2011年第3期。

并且由此传承族群文化,强化族群联系,增进族群认同。此外,"存有藏族本土宗教——本教"[1]是嘉绒文化的特点之一,研究嘉绒藏戏不可忽视信奉"万物有灵"的本教思想对嘉绒民间生活及民俗艺术的影响[2]。

在上述嘉绒藏戏研讨会上,四川学者于一提交了论文《藏戏研究的新发现——嘉绒藏戏概述》,从历史、剧目、表演、音乐等入手对以嘉绒方言演出的该剧种给予充分肯定,文章指出:"近几年,一些戏剧专家和藏戏研究者对此进行了广泛的调查,把这沉睡多年的戏剧明珠发掘出来,为四川藏戏乃至整个藏戏、藏文化的研究增添了一份宝贵丰富的资料。"[3]来自西藏的学者刘志群在《嘉绒藏戏》一文中指出:"嘉绒戏不仅是个剧种,而且也是一种典型的傩戏。"在其看来,"嘉绒戏剧目多数是比较典型的藏族早期原始的傩戏和亚傩戏,它们保留着更多的原始傩文化的特征和信息,是藏族原始文化的一种'活化石'。因而在民俗学、宗教学、民族学、历史学、戏剧发生学、文化人类学等众多学科均具

---

[1] 赞拉·阿旺措成:《编译者的话》,载赞拉·阿旺措成等编《嘉绒藏族的历史与文化》,四川民族出版社2008年版,前言。

[2] 譬如,驱魔护教兴本(苯)是嘉绒藏戏《阿米格冬》的主题,首场幕前解说词赞颂英雄:"曾记得啊,在那一千四百多年前,藏王布德贡嘉率领臣民和苯波教僧众,在与妖魔鬼怪抗争的血雨腥风里,是您挺身而出,以非凡的本领降除妖魔,战功赫赫,赢得了民众的尊崇。"第三场阿米格冬出征前向藏王表态:"藏王、大师在上,我发誓,坚决消灭嘉绒的妖魔,救民于水火,弘扬雍中苯教之法,不获全胜,决不收兵!"藏王也对阿米格冬唱道:"阿米格冬啊,你头戴帅盔,苯教威望比天高。你身穿铠甲,人们将脱离苦难生涯……"

[3] 《四川省嘉绒地区藏戏问题研讨会资料汇编》,四川省民族事务委员会、《中国戏曲志·四川卷》编辑部编印,1993年版,第93页。

有不可多得的特殊研究价值"。[1] 说到"傩戏",不能不提及2004年四川文艺出版社出版的《四川傩戏志》,该书意在补充已有戏曲志书的不足,在剧种部分列有"嘉绒藏戏"和"德格藏戏",并称:"嘉绒藏戏历史悠久,艺术风格独特。"一说唐肃宗时已有金川广法寺僧人编演《郭董特青》(《格冬特青》),一说元至正年间丹巴多尔吉寺落成时也曾庆演此剧。[2] 关于嘉绒藏戏,该志书不但著录了《吉祥颂》《猎人与猩猩》等剧目,还在音乐部分收入《郭董特青》中"镇压独眼妖魔""为了大地的永恒坚固"等几段唱腔。值得注意的是,四川地区白马藏族的"伍舞"(十二相舞)、"跳曹盖"如今被学界从傩艺研究角度给予重视,二者也被列入了国家级非物质文化遗产名录。白马人主要分布在四川南坪县(今九寨沟县)和平武县,还有甘肃文县,眼下甘肃方面对白马文化资源正积极挖掘,举办了多项活动,推出若干成果,引起人们的关注。

有个问题须谈谈,受前些年学界某些提法影响,有人直接称嘉绒藏戏为"嘉绒傩戏"。此说法未必合适。尽管《四川傩戏志》也将嘉绒藏戏、羌族释比戏等纳入,但该书作为《中国戏曲志·四川卷》的补充,主要是在祈吉驱邪的仪式戏剧意义层面将其纳

---

[1]《四川省嘉绒地区藏戏问题研讨会资料汇编》,四川省民族事务委员会、《中国戏曲志·四川卷》编辑部编印,1993年版,第47、53—54页。

[2] 严福昌主编:《四川傩戏志》,四川文艺出版社2004年版,第52页。笔者当年也参与了该志书的编纂工作。

入该民间戏剧序列的,并不意味着直接称之为"傩戏"。[1]这种情况,跟岷江上游地区的羌族释比戏类似。2014年6月,由理县蒲溪乡申报的"羌族释比戏"被列入四川省第四批非物质文化遗产名录。当时,经阿坝藏族羌族自治州上报的该项目称为"羌族傩戏"。对羌族戏剧有多年研究的笔者深知此名称不妥,于是在省级非遗名录评审会上建议修正。笔者指出,本着文化人类学的理念,应当尊重羌族文化的"主位"(emic)说法,采用符合川西北尔玛人表述的"释比戏"之称,因为这不是在中原文化直接影响下形成的"傩戏",而是在羌族社会土壤中诞生的,是与其信仰民俗息息相关的仪式戏剧,用具有汉化色彩的"傩戏"二字为之定名不合适。评审会上,以上意见得到采纳,最终省级非遗名录公布时所用名称为"羌族释比戏"。同理,对于嘉绒地区的民间戏剧,从名称使用到课题研究,都应尽可能秉持这种尊重文化持有者主位立场的态度。

---

[1] 诚然,对嘉绒藏戏以"傩"相称不仅仅是现代才有的。"据《清宫史续编》中记载:'太和殿筵宴之礼,恭遇万寿圣节庆及元旦、国庆……内务府官员引朝鲜俳、回部、金川番童等呈百戏。……每岁除旧,赐外蕃蒙古王公等……金川番童各献杂戏……'。乾隆十分称赞嘉绒藏戏,认为'阿桂所俘番童,有习锅庄及斯呷鲁者,即番中傩戏也'。"(曲六乙编著:《中国少数民族戏剧通史》上卷,中国民族摄影艺术出版社2014年版,第243页)见于此处的所谓"傩戏"不过是异地观戏者说的,属于文化人类学所讲的"客位"(etic)之称,并非嘉绒藏戏所固有。而在《中国戏曲志·四川卷》里,嘉绒藏戏、德格藏戏等也是与"四川傩戏"并立的条目。

第三节 藏戏作为民俗艺术与仪式戏剧

创作与生活或曰艺术与生活的关系,如今被人们从常规层面谈论得太多,也有不少套话,笔者拟结合藏戏换个角度谈谈己见。今天,说到戏剧,人们总想到剧场中舞台上的艺术。其实,归根结底,藏戏存活在藏族民众生活中,甚至可以说就是藏族同胞的生活本身,是他们日常民俗生活的重要组成部分。归根结底,对藏戏艺术的理解,不能脱离藏戏所赖以发生、发展的生存语境。在马尔康参加藏戏研讨会期间,阿坝藏族羌族自治州文化局副局长巴桑告诉笔者,藏族民众对于观看藏戏其实有很高的热情,在草原上,在乡村中,即使接连几天看戏,他们依然兴致很高,因为这是贴近他们自己生活的艺术,这艺术本身就是组成他们生活的有机部分。前些年,在某次曲艺研讨会上,一位云南代表发言时讲到艺术的"接地气"问题,他以藏族曲艺(说唱艺术)为例指出,藏族曲艺之于藏族同胞(观众)是"零距离"的,并非城市舞台上那种高高在上的所谓专业艺术。他之所言,主张从艺术回归生活,"正涉及作为舞台艺术的曲艺和作为民众生活的曲艺之间的异同"[1]。同样,藏戏之于藏族民众,也是"零距离"的、"接地气"的,需要研究者从理解藏族民众生活的

---

[1] 李祥林:《曲艺之乡命名与文化遗产保护》,载董耀鹏、黄启国、龙丽君编《中国曲艺之乡的全新视界——中国曲艺之乡·岳池论坛文集》,四川美术出版社2011年版,第142页。

角度去感受、认识和把握。多年来,参加会议,撰写论文,举办讲座,笔者对"民俗艺术""民俗戏剧"讲得比较多,之所以在"戏剧"或"艺术"前冠以"民俗"二字,无非是意在说明诸如此类戏剧或艺术不单单是现代人所见甚多的舞台化作品,它们直接依存于世人的日常生活,甚至可以说就是大众民俗生活本身。深入藏族地区,考察藏族文化,研究藏戏艺术,尤其应该强调这点。事实表明,藏戏之于藏族同胞,跟他们的节日、庙会、神话、历史、信仰、仪式、习俗等紧密联系着,若是撇开后者谈论藏戏,会有很大的局限性。

汉语所称"藏戏",原本在藏语中的主位(emic)称呼是"阿吉拉姆"[1],后者直译为"仙女姐妹",该称谓自汤东杰布首创后沿用至今。汤东杰布是14世纪噶举派高僧,相传雅鲁藏布江上十几座铁索桥都是他通过演藏戏募捐修建的。他在修建首座铁桥时,从民工中发现了能歌善舞的七姐妹,于是在白面具戏("拔嘎布")的基础上吸收佛经传说和民间故事,指导七姐妹演出,借以宣扬佛法,教化民众,为行善修桥募集资金。七姐妹的表演打动了观戏民众,观众视她们为天仙,遂以名之。当然,这是关于藏戏的传说之一。历史上,汤东杰布在传统白面具戏的基础上改进,发展出了蓝面具戏("温嘎布"),继而又建立寺院戏班,编演佛经故事《智美更登》,使藏戏日趋完善。这位大师被

---

[1] 关于"藏戏"与"阿吉拉姆"之名称异同,桑吉东智在《乡民与戏剧——西藏的阿吉拉姆及其艺人研究》(民族出版社2015年版)之"导论"和"结语"中有反思性辨析,所言在理,可供参考。笔者赞同该书观点,但因此处讨论重心不在此问题,为行文方便,仍依据目前的习惯使用"藏戏"一词。

藏戏艺人尊奉为"戏神",前几年笔者在巴塘参加央勒节观看藏戏,就看见演出前艺人从室内请出绘有汤东杰布的唐卡,而在戏场上也设有其神位供奉。据《云乘王子》剧本作者在序言中讲,始创藏戏的汤东杰布"以舞蹈教化俗民,用奇妙之歌音及舞蹈,如伞纛复盖所有部民,复以圣洁教法及伟人之传记,扭转人心所向"[1]。

观看藏戏的村民和供奉在戏场上的汤东杰布(甘孜藏族自治州巴塘县,笔者拍摄)

从剧目看,传统藏戏多演神话故事,实乃从宗教仪礼和民间文艺中受益颇多。据有关资料,公元8世纪吐蕃赞普赤松德赞修建桑耶寺时,莲花生大师为调伏恶鬼所行轨仪中所用舞蹈就是寺院跳神的"多吉嘎羌姆"(金刚舞,简称"羌姆")的起源。羌

---

[1] 转引自谢启晃、胡起望、莫俊卿编著《中国少数民族历史人物志》,民族出版社1983年版,第106页。

姆是在原始本教巫师祭神仪式的基础上吸收民间土风舞演变而来的新的宗教仪式舞蹈。起初羌姆是在寺院里由僧侣表演，后来传入民间，逐渐成为僧、俗人众喜闻乐见的兼具宗教性和娱乐性的舞蹈。此外，在林芝地区有一种与寺院无关的"米那羌姆"（俗人跳神），是民间驱邪迎祥的祭祀性舞蹈。又如，"折嘎""喇嘛嘛呢"等对藏剧的产生也有重要推动，尤其是"喇嘛嘛呢"这种说唱艺术对藏剧影响甚大，藏剧的剧本往往是喇嘛嘛呢艺人的说唱故事脚本。[1] 从民间说唱走向角色扮演，"阿吉拉姆"在藏族地区一步步成熟壮大。

　　研究藏族民众生活与藏族民间信仰可知，藏戏演出和观看藏戏对于藏族同胞是一种神圣的仪式，具有不寻常意义。在马尔康参加研讨会时，笔者在剧场观看的《赤松德赞》由壤塘的寺院僧人演出，编导是俄旺旦真活佛。该戏表现"吐蕃三大法王"之一赤松德赞修建桑耶寺过程中与妖魔邪怪斗争的故事，舞台上的场景庄严神圣，演出者的表演一丝不苟，跌宕的剧情、肃穆的仪式、非凡的气氛，让每个在场者都受到感染，心中油然而生敬意。在四川藏族聚居区，以阿坝藏族羌族自治州为例，藏戏的演出时间"多是宗教节日或大的宗教活动中。一是藏历五月初四的祭山活动，藏语叫日桑卡，或依达夺巴；二是七月间的'日扎节'，即黄教寺院纪念西藏哲蚌寺开山寺祖甲央曲吉逝世的活动；

---

[1] 传统藏戏表演带有说唱痕迹，前几年在四川巴塘参加村寨的"央勒节"，我们看见，当地藏戏演出是唱一段后舞一段（唱是叙事性的，也就是介绍情节内容，唱与舞是分开的，即不是由舞蹈者而是以旁白方式唱出），如是反复，直至演完全剧，这跟汉族地区的戏曲表演有明显区别。

三是十二月二十九日'古垛'之后的大年初一、初二、初三"。从观戏心理看,"藏族农牧民把看藏戏,当着是请喇嘛念经、聆听法旨、朝圣拜佛一样……有些观众把看一次《智美更登》如目睹神容,胜过念读万卷经书之功德",[1]因而观戏场上一唱百和,经声琅琅,"虔诚的信徒是忠实的观众。由于过去藏戏内容,均为反映高僧喇嘛的功业善行,国王的济世雄才,从内容到形式,宗教色彩十分浓厚。观众看戏是接受教化和艺术享受,往往把演戏的僧侣视为神的化身,把戏中的台词当作佛的旨意。看戏的农牧民在台下脱帽躬腰、盘腿而坐,还双手合十,默诵经文,以示对神灵的崇拜,对伟人的缅怀……"[2]仅仅说此乃"过去"才有的状态,则不尽然,只要到民族地区做田野调查就会明白。在若尔盖草原,笔者观看了新编藏戏《草原上的太阳》,编剧是当地年逾古稀的尕让,该剧主要讲述被誉为"草原上的孔夫子"的尼玛大师办教育的故事。戏分三场,末场将格萨尔藏戏片段《霍岭大战》融入其中。演出以神山为背景,看戏的村民中有的自始至终手摇转经筒,虔诚地跪在草地上观看,那场景令人感动。的确,无论过去还是现在,藏族民众听高僧讲诵经文和观看戏剧(阿吉拉姆),都"非常注重身体的'在场'"和"'加持力'

---

[1] 阿坝州文化局编:《阿坝藏族羌族自治州文化艺术志》,巴蜀书社1992年版,第90页。

[2] 阿坝州文化局编:《阿坝藏族羌族自治州文化艺术志》,巴蜀书社1992年版,第91页。

的获得"[1]。对于这种跟当地民众生活紧密联系的演剧和观剧现象，必须从尊重民间信仰和民间心理角度加以认识、理解。今天，时代发展了，即使是在以纯艺术性观赏为目的的剧场化藏戏演出形式出现后，这种基于藏族民众生活有着特定神圣意义的演出和观看仍不能不说是藏戏存在的主要形态，研究者对此不可不正视。

无论名称还是剧目都提醒研究者，藏戏的起源及发展都跟藏族神话传说与信仰民俗有着千丝万缕的联系，它不仅仅是今天人们眼中所谓专业化、剧场化、舞台化的艺术，也不仅仅是单纯顺应娱乐、满足审美的休闲式观赏物（当然，不排除其中也有娱乐观赏性）。诚然，从所谓专业艺术眼光看，藏戏因舞台搬演而有了某种创作提升，有了新的样态发展，但是，从其生存基础看，藏戏因植根民众生活才保持长久生命活力。开完上述藏戏研讨会离开马尔康后，笔者去若尔盖草原观看的藏戏《草原上的太阳》，实际上是由牧区（该县红星镇扎窝村）民众演出的。一路上，与县文化馆易生（藏族）馆长聊天，他说，村民在重要的日子会演戏，演戏前要举行煨桑敬神仪式，人们会把村寨近期发生的大事及时编成戏来演，要宣讲村规民约，总之是驱邪迎祥、求吉劝善，"做功德"的，而对于藏族老百姓来说，由于这是"做功德"，甚至有"看一部戏，受用终生"之说。他所说的藏族民众视演戏观戏为"做功德"，道出了藏戏作为藏民之神圣生活的组

---

[1] 桑吉东智：《乡民与戏剧——西藏的阿吉拉姆及其艺人研究》，民族出版社2015年版，第208—209页。

成部分的实质。从事艺术人类学研究,观察艺术少不了两个维度:艺术学和人类学。"艺术人类学不仅仅把人类文化作为考察艺术的背景,也就是不仅仅把作为文本的艺术放到人类社会背景下来研究(犹如艺术社会学通常所做的,尽管这种研究对艺术也不可少),它的实质在于强调艺术就是人类活动本身,就是人类存在的方式之一,其根本任务是对艺术的起源、本质、功能及意义进行人类学的'还原',即回答'艺术是怎样的人类活动''人类为什么要有艺术'这类问题,因而它必然要从人类生存层面追溯艺术的原始发生,研究艺术在人类文化系统中的层级位置,探寻艺术作为人类活动的特性、功能及意义,在多学科跨文化视域中把握艺术作为人类活动的丰富蕴涵与鲜活色彩。"[1]还原就是回归,回到人类生活、人类艺术本身。

戏剧人类学(theatre anthropology)作为艺术人类学的分支,也遵循上述理念。若说戏剧文学研究是从剧本创作研究其意义,戏剧表演研究是从演员技艺研究其意义,那么,人类学则提醒我们除了此二者外,还必须从戏剧存在及演出的具体场景研究其意义,这对研究少数民族戏剧尤为重要。人类学通过让戏剧回归存在及搬演场景也就是回归人类活动本身,加深了我们对戏剧本质的认识,拓展了我们对戏剧意义的把握。犹如笔者在上述藏戏研讨会上所言,"藏戏绝不仅仅是舞台戏,藏戏是跟藏区人民的生活密切相关的,藏戏演出,严格讲是藏族同胞民俗生活的一

---

[1] 李祥林:《中国戏曲的多维审视和当代思考》,巴蜀书社2010年版,第261—262页。

部分，它本身就是民俗生活的组成部分"[1]。从艺术人类学看，只有在关注作为舞台艺术的藏戏的同时也重视作为民俗生活的藏戏，才能对之有全面、深透、到位的认识和把握，从而避免学术认知的偏差。在多民族中国，从民俗艺术角度研究本土民间演艺，尤其不可忽视少数民族艺术。以歌舞为例，在山高谷深的川西北岷江上游，诞生在黑水民间土壤中的融合着藏羌文化元素的铠甲舞（"卡斯达温"），便展现为歌舞艺术，融会了宗教情感，体现于仪式实践。诸如此类民艺，从仪式结构到表演形式，从符号编码到身体呈现，从族群生活到传统习俗，都值得艺术人类学或审美人类学研究者深度关注。

对于中国藏戏的认识一定要从藏族文化、藏民生活本身出发，不可简单套用专业人士所熟悉的中原乃至西方戏剧的概念去框定，否则会导致对藏戏这类民族民间艺术认识的偏差。有论者在反思学界研究从"拉姆"到"藏戏"的话语转换时，指出对"阿吉拉姆"的研究应"重新走向'田野'"以"重构一种既是传统的又是原创的研究话语"[2]，所言不无道理。尽管对包括"藏戏"在内的诸如此类少数民族艺术的命名已有多年并约定俗成，但该论者之言仍值得重视。如何从主位（emic）立场正视和尊重民族、民间是个大问题，笔者在若干论文中对此亦有学理性

---

[1] 李娜、曾晓鸿：《2015四川藏戏创新与发展会议综述》，《戏剧家·藏戏》2015年增刊。
[2] 桑吉东智：《乡民与戏剧——西藏的阿吉拉姆及其艺人研究》，民族出版社2015年版，第202页。

辨析和论述[1],可供读者参考。总而言之,在积极推进非物质文化遗产保护的今天,在多民族文化交流语境中,如何从主位立场认识和把握已被列入国家级乃至联合国非遗代表作名录的"藏戏",是学术界务必多加留心并且慎重对待的。

---

[1] 李祥林:《多民族·小传统·形而下——对中国美学研究视野拓展的再思考》,《百色学院学报》2010年第5期;《释比·羌戏·文化遗产》,载《中外文化与文论》第18辑,四川大学出版社2009年版,第3—14页。

第十一章

黑水『卡斯达温』之多面观

岷江古称"江源",在历史上具有重要的文化意义。在青藏高原东南缘横断山脉中段北端,黑水河作为岷江重要支流位于从茂县到松潘之间的岷江西岸,黑水流域也是藏、羌文化交汇融合区域,当地民族民间艺术有着诱人的魅力。黑水县今属阿坝藏族羌族自治州所辖,位于州西北部,平均海拔3500多米,境内群山起伏,坡陡谷深,地形复杂。诞生在黑水流域民间土壤中,融合藏、羌元素的"卡斯达温"(汉语叫"跳铠甲"),展现为歌舞艺术,融入了信仰情感,体现于仪式行为,有独特的审美韵味。见于不同村寨的跳铠甲,或以狩猎为主,或以征战为主,或以祭祀为主,彼此内容不尽相同,但是,三者都表现出与民间习俗的紧密关联,并由此在人神交融的境界中呈现出神秘又别致的意蕴。下面,结合当地民众生活与族群情感,从审美人类学角度对之加以解读。[1]

第一节 村寨中的歌舞艺术

艺术与宗教及信仰的关系,是艺术史研究的重要课题。"巫在中国古代原始社会中,既有'先知者'特别地位,行为又和舞不可分"[2],这是沈从文在谈到古代舞蹈时所言;"一切舞蹈原来都是宗教的"[3],研究艺术发生的西方学者更有此断语。尽管

---

[1] 2005年8月,顶着炎炎夏日,沿着岷江上溯,我们来到大山深处的黑水县,分别前往黑水河两岸的扎窝乡西里村、红岩乡俄恩村和维古乡维古村,观看了当地老百姓跳铠甲。本章论述即以此为依托。

[2] 沈从文编著:《中国古代服饰研究》,商务印书馆2011年版,第195页。

[3] 该尔兰德语,载格罗塞著、蔡慕晖译《艺术的起源》,商务印书馆1984年版,第169页。

人类艺术史不尽如此，但从艺术人类学研究那些古朴原始的舞蹈，确实不能不关注那凝结其中又跟当地民众生活息息相关的民间信仰因素。如今已被列入首批国家级非物质文化遗产名录的"卡斯达温"（铠甲舞），屡屡出现在非遗节、旅游节等各种展演场合，受到观众、游客的青睐。田野调查表明，在黑水地区民族村寨中，这铠甲舞既是一种载歌载舞的民间艺术，更是一种祈福求吉的仪式活动，是满足着当地民众精神需求的仪式艺术，跟当地民俗生活有密切关联。每年的转山会，是当地民间传统的祭山活动，一般为三天或七天，在此期间人们每天都要跳铠甲。"卡斯达温"是岷江上游黑水地区民族方言的汉语译音，"卡斯达"指"铠甲"，而"温"是"穿"的意思，因舞者身穿牛皮铠甲载歌载舞，汉语称之为"跳铠甲""铠甲舞"。据专业人士讲，该民族舞蹈是过去"完全不知道"的，20世纪80年代经过深入黑水民间发掘后才进入《中国民族民间舞蹈集成》，其表演场面令人震撼。[1] 又据黑水地区"阿尔麦多声部民歌"传承人讲，这种跳铠甲也是民歌多声演唱程序中的重要环节。这种民间舞蹈的仪式化，从在俄恩村（村名在当地话中指"能团聚人善战之地"，海拔2900多米）目睹的舞者在经堂穿上铠甲的庄严典礼中，从维古村得知的丧葬仪程中与喇嘛念经紧密相随的跳铠甲活动中，不难感受。由于这种仪式性，种种有关民间信仰的审美因素伴随着村寨"卡斯达温"的整个过程，渗透在其躯体中。

---

[1] 参阅林堃《蜀舞撷萃——我与四川民族民间舞蹈》，四川文艺出版社2019年版。2005年8月去黑水河畔民族村寨调查和拍摄"卡斯达温"，林堃先生与我们同行。

扎窝乡的铠甲舞,以朱坝村最有名。[1]"朱坝"在当地的读音为"珠瓦",意指"住在高山上的勇猛的人",海拔约3000米。此地铠甲舞以表现狩猎生活为主,更见原始、古朴,其活动程序由《煨桑》《围猎》《转山》等部分组成:出行前,女人们手捧美酒唱着歌为男人们送行,希望他们平安归来;接下来,男人们在玛尼堆前点燃松柏枝,十分虔诚地举行当地人俗称"熏(四川话读'秋'音)烟烟"的煨桑仪式,祈祷神灵保佑;祭祀完毕,男人们手持刀枪高声吼唱,跳起表现围猎场面的雄壮舞蹈,这气势据当地老人讲,连山林中的老虎听了也会被吓呆;狩猎归来的途中,男人们举行转山仪式,以示对神的感谢;最后,见到满载而归的勇士们,女人们跳起了欢乐的锅庄。在跳铠甲的过程中,有一项仪式引人注意,这就是舞者向天空中大把大把地抛撒"龙达",以祈神敬神。这"龙达",乃一张张方形纸片,有红、黄、蓝等多种颜色,上面印有神马、宝物等图案,据县文化局杨局长讲是表达吉祥的三宝和经文。在这群山环抱的村寨舞场上,望着玛尼堆前白色的煨桑烟雾升向天空,当五颜六色的"龙达"纷纷扬扬在人们头上飘下时,一种神圣感在人们心底油然而生。

"卡斯达温"载歌载舞,其民歌伴唱有单声、二声两种声部形式,后者尤具特点,演唱时用歌者的话来说讲究"中间鼓,两头平",常常出现小三度与大二度的和声音程。村民们的"卡斯达温"演唱,或男女群体对唱,或男声群体对唱,或女声群体对

---

[1] 由于种种原因,此行在扎窝乡见到的跳铠甲,是将山上朱坝村居民请到山脚下的西里村来跳的。地点虽有变动,但举行跳铠甲活动的程式依然。西里村位于黑水县城西41公里处,而朱坝村在山上,距离西里村有14公里。

唱，形式亦多样。黑水与松潘相邻，有如前者的"羌族多声部民歌"，后者的"阿尔麦多声部民歌"也是列入国家级非遗代表作名录的项目。民间艺术中，歌与舞往往不分家，闻声睹形，二位一体，审美具有综合性。有关团队在黑水地区为民歌传承人做抢救性记录时听其讲，"卡斯达温"是多声部民歌演唱系列中的一个部分，正说明"卡斯达温"中歌、舞紧密结合的艺术特征。既有歌，便有唱，亦有词。根据课题组的整理，扎窝乡朱坝村"卡斯达温"的内容有五段[1]：

第一段：《出行》。寨中的女人们手端美酒，口唱祝歌，为即将出行的勇士送行。德高望重的寨中老人开坛祝词，意为"山神、树神、石神，保佑我们出行，平安归来"。勇士们在短促的"wo ho"吼声中举刀列队行进，并与女子的歌声交相辉映。

第二段：《煨桑》。男人们在玛尼堆前点燃松柏枝，随后与女人们围着玛尼堆用虔诚的歌舞表达心中的祷告与祈求。

第三段：《围猎》。勇士们手持刀枪高声吼唱，并伴以围猎而舞的表现形态。女人们在旁围圈歌舞，表达内心的祝福。

第四段：《转山》。狩猎归来，寨中的人们举行转山仪式，并用歌舞表达对神的感谢。

---

[1] 如我们在黑水调研"卡斯达温"时所见，多声部民歌是以当地语言演唱的，课题组在村民的帮助下翻译了歌词。相关资料后来保存在四川省音乐舞蹈研究所。当年同行调研的向葵女士为查询资料提供了帮助，谨此致谢。

第五段：《欢庆》。女人们看到满载而归的勇士们，幸福地和他们唱跳起欢乐的锅庄。

维古（在当地语言中意为"丫口上鸟飞不过的围墙之地"）海拔1900多米，地处交通要道的河谷半山地带，是茂县通往黑水的必经之地。该乡民众跳的铠甲舞，根据施用场景分为两种：一种属于庆典性跳铠甲，是在重要庆典、祭祀时举行的；一种属于丧事性跳铠甲，是村寨中有威望者去世时举行的。庆典铠甲舞的情节内容有六段，形式为不穿铠甲歌舞。首段是《敬神》，诵词大意为："相信神会让我们天下太平，香火长盛，风调雨顺，五谷丰登。"第二段是《求神》，诵词大意为："愿神护佑我们世间无妖魔鬼怪，人畜兴旺，众生皆大欢喜。"第三段是《从神》，诵词大意为："一切听从神的旨意，愿生灵、人类平安吉祥，扎西得勒。"第四段是《告别》，诵词大意为："我们就要远征，请神保佑在战场上英勇杀敌的健儿们胜利归来。"第五段是《欢聚》，诵词大意为："天好地好，我们从战场胜利归来，畅饮庆功酒，高唱庆功歌，欢跳庆功舞。"末段是《迎宾》，诵词大意为："欢迎远方的客人同我们一道喝上一杯庆功酒，让我们欢聚一堂，唱起动人的歌，跳起欢乐的舞，让友谊长存。"庆典性"卡斯达温"表演是在维古村晒场上举行的。据村寨民众告知，作为隆重的仪式，丧事性铠甲舞有十二段，跳者要身穿铠甲。按照当地习俗，村寨中若有战死的英雄或有威望的老人去世，火化那天，男人们身穿铠甲，围绕火化场地转圈跳铠甲。在提供给相关部门拍摄以留存资料的三个村的铠甲舞中，俄恩村的主要展示征战内容，包括《出征》《征战》《欢庆》三段。男儿们身穿铠甲,挥舞刀枪,列队行进,吼喊厮杀,气势雄壮。开场"征战"部分,要由寨中德高望重的老人开坛祝词,女人们手捧美酒为出征者送行,场面神圣庄重。

从煨桑到转塔,从祈神到谢神,从开坛到祝酒,整个跳铠甲进程都充满了浓浓的村寨仪式氛围,无论男女老少,参与者与其说是在唱歌跳舞求娱乐,毋宁说是在举行庄严、神圣的仪典,表达着他们内心中驱邪向善的神圣祈愿。从文化人类学角度看,这载歌载舞的仪式活动,植根他们从古到今的信仰,关系他们身体力行的生活;这载歌载舞的仪式活动,把他们从"世俗时空"中的常人,转变成了"神圣时空"中的舞者。这种从世俗到神圣的角色转换,发生在跳铠甲活动中每个参与者身上,尤其是在领舞的男性老人身上得到突出体现。如在朱坝村民众跳铠甲过程中,领舞的老人让所有在场者注目,让人油然而生敬意。这位老人(名叫曲吾,生于1928年)手执法器,身着铠甲,一丝不苟、神情肃穆地率领勇士们唱着,舞着。他那庄重的神情和威严的身姿,使人不禁想起古老的三星堆文化遗址中那个在胸前平举双手、握着神器、主持仪典、沟通神人世界的青铜大巫师立像。他手中的法器为黑色角形,上面有诸多环状凸起的节,长度有半米多,当地人称为"瑟新"(汉语译音)。据领舞者告知,这是独角兽的角,此兽乃是传说中的神兽。值得注意的是,庄重威严的领舞者不论是跳舞时,还是休息间歇与人交谈时,始终将右手中的法器(神兽的角)在额前平行举着。询问老人何以如此,他说这是法器,按规矩只能水平执着。若竖立,向上是对天不敬,朝下是对地不敬。此物传子,不过,若是儿子不会跳铠甲,亦可借给其他领舞人。当然,村寨中只有歌唱得好、舞跳得好的人，才有资格做领舞者……他的娓娓讲述，更加深了村寨仪式歌舞"卡斯达温"的神秘之感。

审美人类学提醒我们，铠甲舞之于黑水人不是单纯的歌舞，除了它的艺术学意义外，其作为仪式行为的多样化社会功能不容忽视。有论者将这些功能归纳为三种。（1）它是村寨之间的结盟，"在历史上，村寨之间因草地、宗教等问题而经常发生冲突与战争，村寨之间为了安全和力量的壮大，时常会有两个或数个村寨之间在某一时刻为某一目的而结为同盟"，此时此刻，跳铠甲是不可缺少的。（2）在战争爆发时为战士出征壮行，它渲染了同根同族的族群情感，即所谓"通过'卡斯达温'这种仪式和所表达的神圣感，信仰把整个社区、族群结合在一起"；而且，"通过出征乐舞，信仰为人们提供了支持和安慰，即能帮助那些即将要出征的人们克服对于战场上的一切未知事物的恐惧"。（3）跳铠甲也在村寨祭神驱鬼仪式中发挥重要作用，此时"铠甲舞是将信仰以一种民间民俗文化的表现形式出现，它有效地融入社区的日常生活，并在其中扮演重要角色，这在乡村的社区生活中是有着积极意义的"。[1] 这时候，身穿铠甲的武士，手持刀枪、弓箭，将用糌粑面做成的种种鬼邪形象鸣枪击毙后埋入地洞，盖上泥土，用石磨压紧，让其永世不得翻身作孽。以面粉做成鬼魅或有害之物形象在通过刀砍枪击后埋入地洞，诸如此类，乃是岷江上游地区民族村寨中常见的驱逐邪祟仪式，如在羌族地区，释比"为人治病作法时，往往须送花盘，即事先用荞面或麦面捏成作

---

[1] 杨曦帆：《藏彝走廊的乐舞文化研究》，民族出版社2009年版，第278页。

法需要制备的各种形状的'妖魔鬼怪',置于一个可以用手端走的木板上,作法时将其送到十字路口。送花盘时不仅演唱中下坛经,还须念咒语"[1]。又如丧葬仪式上跳铠甲,类似的仪式性舞蹈亦见于跟黑水相邻的茂县羌族村寨中。

在文化人类学领域,"语境"(context)问题向来受关注。人类学家博厄斯指出:"本世纪出现了许多研究社会人类学问题的新方法。以往那种从各个时代,各个地域搜集了一些欠缺自然联系的、零散的证据,就来构造人类文化史的旧方法已经越来越不行了。"如今,"人们力图建立各种不同的文化特性之间的稳固联系,并以此来建立更为广泛的历史联系",也就是说,"人们愈来愈感到,脱离了一般背景,就无法理解文化的任何特性"。[2] 研究岷江上游黑水地区古老原始的民间铠甲舞,仅用纯舞蹈学或纯艺术学的眼光不够(尽管这也很重要),本着尊重对象原生形态原则,务必立足该舞蹈所运行于其中的"地方性知识"(local knowledge),尤其要注意其所赖以存在的社会、历史、文化或曰心理、信仰、习俗的整体情境。从艺术人类学看,正是在对跳铠甲活动之信仰场景、民俗生活的还原中,我们得以窥见其在黑水人的生活中丰富的功能和意义,而不仅仅把它视为从具体生活场景中剥离出来而只剩下音符旋律和肢体动作的"艺术",更不是当今旅游景区人为安排在旅游者面前的表演。今天,由于时代背景转换,这种有着民间信仰根基的仪式功能呈现弱化之势,这是

---

[1] 吕大吉、何耀华总主编,和志武等主编:《中国原始宗教资料丛编:纳西族卷·羌族卷·独龙族卷·傈僳族卷·怒族卷》,上海人民出版社1993年版,第507页。

[2] 弗兰兹·博厄斯:《序》,载露丝·本尼迪克特著、王炜等译《文化模式》,生活·读书·新知三联书店1988年版,第1—2页。

作为学术研究者的我们考察和研究黑水铠甲舞不可忽视的。总之，要对这种民族地区歌舞的功能及意义有准确认识，必须立足文化人类学立场，对其进行人类学的审美场景还原。

第二节 意味深长的符号显示

符号学在当今学界是热门话题。按照哲学家的说法，人是这个世界上"符号的动物"（animal symbolicum）；所谓文化，用符号学概念阐释，也无非是"符号动物"人类创造并运用符号活动的产物，其中体现着人类的能动性。黑水地区"卡斯达温"的神圣性，除了表现在舞者肢体的律动中，从其着装及道具上对某些符号的使用也可见出。舞者服饰有男女之别，以牛皮铠甲最有特色，为男性所披。这铠甲，无袖，长度过膝，穿时需扎上腰带。铠甲由一块块长3寸、宽1寸的牛皮构成，用皮绳将其一片片连缀起来，甲片与甲片之间边缘叠压，皮面用土漆处理过，呈光亮的红褐色。在黑水地区，我们看见舞者们身着的大多是现代仿制的新铠甲。随着岁月推移，由于种种原因，过去几乎家家备有的老铠甲如今在村民手中仅存三件。[1] 从铠甲外形及图案象征上

---

[1] 严格说是两件半，因其中一件已残破。2005年这次我们在俄恩村见到了两件。2002年，我们曾赴岷江上游地区调查民族民间文化现状，回来后在向四川省人民政府提交的调研报告中专门谈及此事，呼吁政府部门将仅存的几件老铠甲收藏起来，放入博物馆，以免再流失。在2005年这次调研活动中，据俄恩村66岁的老人洪波讲，在20年前，他们村的铠甲有20多件，每组都有3—4件；在1949年以前，每家最少也有1—2件铠甲。然而，20世纪八九十年代以来，这些具有文物价值的老铠甲逐步流失，让人痛心。

看，跟今天新仿制的牛皮铠甲相比，老铠甲的最大不同在于铠甲片上绘有多种神奇符号，如"卍"字纹、回形纹、花形纹以及六字真言等，其中"卍"字纹引人注意。服饰是文化的载体，显然，这老铠甲不仅仅是物质意义上的护体之物。跳铠甲的老人告诉我们，这老铠甲由108片牛皮组成，上面刻有吉祥经文，代表108座庙宇，穿上它可以保佑出门狩猎、征战的勇士们平安、吉祥。信仰民俗在黑水地区铠甲舞中无处不在的渗透，由此可窥见。

追溯人类文化史，"卍"或"卐"是极古老的审美符号。其在汉语中读作"万"，在藏语中读作"雍仲"，在梵文中为"Svrivatsa"，在西文中叫"gammadion"。该符号的常见形式有左旋（卍）和右旋（卐）（以及诸多变体），两种写法均见于佛教经籍。"卍"纹古老，就其原型意义言，一般认为当跟太阳以及火的自然崇拜和象征有关。这个神圣的审美符号，作为装饰图案和吉祥代码，在多民族中华文化史上普遍有见。明清时期，"卍"纹演变为四方连续图案，成"卍"字回纹锦，也就是《营造法式》所讲的"曲水万字"，犹如水网河道四通八达，寓意吉祥富贵绵长不断，民间则俗称"路路通"。古典小说《红楼梦》中，贾府有个丫鬟取名"卍儿"，是因母亲养她时梦见得了一匹锦，上面是五色富贵不断头"卍"字花样，所以取名叫"卍儿"。这"富贵不断头"的吉祥符号，在中华民俗史上使用广泛，如唐代曾流行卍字镜，四川成都羊子山、河南陕县刘家渠、湖南益阳赫山庙等地唐墓出土的文物可证。京城圆明园"万方安和"曾有卍字殿，以33间房屋组成"卍"字平面图案，今房屋不存，但烫样保存在北京图书馆。在川西北岷江上游尔玛人的刺绣中,"卍"和"卐"亦常见。又据有关资料,被汉语读作"万"的"卐"在藏语里称为"雍仲",这吉祥"雍仲"符号在藏族民众眼中是表达吉祥含义的,这点跟汉族相近。在四川地区,金川昔有"雍仲拉顶",是著名的本教寺院。或以为,该符号起源于印度和欧洲,中国民俗生活里处处有见的"卍"字符号是随着佛教东来而从印度输入的。的确,这个神秘的符号在佛门世界中广泛使用,跟佛教瓜葛甚深。释迦牟尼像的胸部即有该符号,以示佛祖之"瑞相",意为"吉祥万德",象征吉祥、美好、光明、神圣。然而,诸多考古成果和民俗事实表明,中国文化史上的"卍"或"卐"字符号未必来自印度佛教。在松潘本教寺院山巴寺所在的山巴村藏民家中,"其壁柜装饰图案便是'卍'和'卐'皆有;至于山巴寺里,'卍'字符号也见醒目地使用。此外,中国藏区考古表明,该符号出现在西藏岩画中亦有数千年历史,如日松区任姆栋岩画中既有'卍'又有'卐',其时代大约在公元前1000年,当属于早期本教文化遗存"[1]。在属于新石器时代的马家窑文化遗址的陶器上可见到这个神圣符号,考古学告诉我们,"马家窑文化的居民当是戎、羌族系的祖先"[2]。佛教起源的时间则相当于中国的春秋时代,佛门创始人乔达摩·悉达多跟华夏儒家圣人孔夫子亦大致同时。如此说来,把中国文化史上早已有之的"卍"

---

[1] 这是2013年6月下旬我们在松潘山巴村所见。另外,请参阅李祥林《古羌源流·彩陶文化·民俗符号》,载王砚主编《丝绸之路彩陶暨嘉峪关历史文化学术研讨会论文集》,兰州大学出版社2017年版。

[2] 《中国大百科全书·考古学》,中国大百科全书出版社1986年版,第303页。

或"卍"字符号指认为来自印度佛教,也就于理欠通。

考古成果表明,马家窑文化首先发现于甘肃临洮马家窑,分布范围较广,东起泾、渭河上游,西至黄河上游龙羊峡,北抵宁夏清水河流域,南达四川岷江流域。经济生活以农业为主,兼及狩猎。就出土的随葬品来看,以陶器为主,彩陶纹样主要是几何形花纹,线条为主,黑色为基调,图案精美,纹样丰富,多姿多彩,令人惊叹。岷江上游地区屡屡发现的彩陶等考古器物表明,新石器时代已有先民在此区域活动。从岷江、大渡河、雅砻江等流域出土的石器形质以及陶器风格来看,其跟甘、青地区的马家窑文化非常接近,可见西北氐羌先民早在原始社会后期已逐渐向四川岷江上游一带迁徙。考古学家童恩正指出:"从新石器时代代到西周,北方边地民族按由东而西而南的模式进行迁徙的文字记载虽告阙如,但从四川汶川姜维城遗址和建山寨遗址发现的彩陶来看,可见马家窑文化的影响已经深入四川,这可以作为氐羌民族早期南迁之证据。"证诸文献,"至少从公元前五世纪开始,当北部或西部的民族因故需要迁徙时,循着这一路线游动的记载可谓史不绝书"。[1] 2007年,有田野调查者在茂县三龙乡采录杨姓羌族老人(生于1921年)所唱的一首酒歌,其中明言"羌族从甘肃迁徙到四川"[2],透露出羌人的族群记忆。陕南与川北相邻,去陕西走访,在宁强县城东山上的羌族博物馆中,在略阳县

---

[1] 童恩正:《试论我国从东北至西南的边地半月形文化传播带》,载文物出版社编辑部编《文物与考古论集》,文物出版社1986年版,第36页。
[2] 万光治主编:《羌山采风录》,人民音乐出版社2011年版,第108页。

城中心广场的大型壁塑上,我们皆看见对这种族群迁徙史的图像呈现。既然如此,在马家窑遗址中屡见的"卍"或"卐"字符号出现在岷江支流黑水流域仪式歌舞跳铠甲的服饰上便不足为奇,其中铭刻着古老的文化记忆。从舞蹈发生学看,"舞"与"巫"有关联是文化人类学屡屡指证的事实。因此,黑水人把"卍"以及诸如此类神圣符号绘在牛皮铠甲上,就意味着让这铠甲染上神性的光辉,也好比是给身着铠甲的勇士们披上了具有无比神力的护身符,由此体现出他们祈神求吉祛邪的古老信仰。有舞蹈研究者亦云:"'卡斯达温'的舞蹈(在狩猎前与征战前的祭祀活动中产生),就是使'武'在'巫'的力量作用下,而将'武'的动作抽象化,并转化为他们对天地迷狂式的祈祷。"[1]人们手持刀枪跳起的"卡斯达温"是展示勇力的武舞,也是浸透着巫仪气息的神圣舞蹈。

在美术考古领域,马家窑彩陶是学界关注的热点,探索其符号寓意给人们以极大乐趣。有关"卍"字符号的诸家论述,可供舞蹈人类学研究者参考。总之,绘有神秘符号的牛皮铠甲,不是凡俗之物,其在当地人心目中具有神圣性。在俄恩村以征战为主题的跳铠甲活动中,出征前勇士们来到碉房顶层供奉着神像的经堂,神情肃穆地向神灵参拜之后,穿上了这绘有吉祥符号的牛皮铠甲,希望神灵的力量护佑他们在战场上刀枪不入,所向披

---

[1] 杨莉:《古舞探踪——"卡斯达温"舞蹈文化的传承》,载四川省音乐舞蹈研究所编《四川黑水河流域民间歌舞——卡斯达温》,四川美术出版社 2007 年版,第 33—34 页。

靡……川西北岷江上游地区世世代代生活在大山里的人们，衣、食、住、行都仰仗大山的赐予，相信"万物有灵"的他们对于山、石、树等的崇拜为众所周知。朱坝村以狩猎为主题的铠甲舞之开篇《出行》中，寨中女人端着美酒为男儿送行，德高望重的老人开坛祝词，虔诚地祈祷"山神、树神、石神，保佑我们出行，平安归来"。由于这种神圣性以及对这种神圣性的深信不疑，黑水人将绘有吉祥符号的铠甲奉若神物，同对待他们心目中的神灵一样虔诚。平日里，牛皮铠甲有专门的存放仪式（比如作宝塔形堆放并供奉）。三套"老铠甲"中，我们未能见到的那一套就放在俄恩村某喇嘛家中，据主人讲，正在念经封持，也就是将铠甲封入箱底保存起来，每年仅在固定时候也就是跳铠甲时才取出……如此说来，犹如划分"神圣"（sacred）与"世俗"（profane）的人类学家所言，这牛皮铠甲并非"世俗"之物，而是只属于"神圣时间"中使用的有着特定意义及功能的神奇物品。这经过喇嘛诵经、绘有神奇符号的铠甲，一旦披在跳铠甲的舞者身上，他们便经历着一种从"世俗"向"神圣"的身份转换，领受一种庄严、崇高的精神洗礼，并由此获得超世俗的角色认可。

　　运用肢体动作的舞蹈是身体展演的艺术，对身体（body）的文化关注，向来是人类学重视的。族群元素上融合吐蕃与古羌文化的跳铠甲，多以圆圈式集体舞蹈呈现，其队形或左旋或右旋，会使人联想到旋转的"卍"或"卐"。在藏羌审美文化史上，"卍"或"卐"在原型层面跟太阳崇拜有关，源于古老的信仰。甘肃、青海是古羌人栖居地，在古羌人生活的该地区屡屡发现新石器文化遗址，如马家窑、半山、马厂，还有铜器时代的齐家、四坝以及卡约、寺洼、辛店等，已出土的件件实物表明"整个甘青远古文化与羌人或其先民都有一定联系"[1]。此外，1985年考古工作者在西藏日土县日松区、日土区和多玛区发现了三处古代岩画，研究者认为是吐蕃时期以前的作品，其年代下限当不晚于吐蕃早期。古老的西藏日土岩画中既有"卍"又有"卐"，乃是原始宗教自然崇拜的产物。关于该符号的左旋和右旋问题，有研究者指出："日土岩画中出现五处'卍'形和两处'卐'形符号。一般来说，前者多在佛经、佛像上出现，而后者与前者方向相反，在藏语中称为'雍仲'，是西藏本教的标志。"[2] 该符号起初是画一圆圈，边上绘出若干道光芒，随着构形减化，逐步演变成"卍"或"卐"。象雄王朝时代，人们称之为"雍仲"。在象雄语中，"雍仲"最初当为太阳永恒或永恒的太阳之意，后来成为坚固不摧、永恒常在以及吉祥妙善的象征。象雄王朝时期，开创本教这西藏本土宗教的顿巴辛绕祖师便以"雍仲"作为教派标志。公元7世纪传入西藏的佛教也使用这标志。西藏岩画，马家窑彩陶，羌族刺绣，汉区织锦，诸如此类，都因一个古老的审美符号沟通着彼此情感，体现出审美共通性。

不难想象，在岷江上游地区巍峨的群山怀抱中，在寨子里碉房侧祭塔前，当一个个勇士身披铠甲，手持刀枪，在青稞美酒的激发下，敞开嗓门儿唱起古老原始的和声复调民歌，舒展肢体跳

---

[1]《羌族简史》，四川民族出版社1986年版，第2页。
[2] 张建林：《日土岩画的初步研究》，《文物》1987年第2期。

起刚劲雄壮的舞蹈时,随着音乐祈福和身体律动,他们内心中充盈着何等超凡的神圣性审美情感。由于这种情感融注,黑水民间铠甲舞充满着超越世俗的审美意味,给人以非凡的审美冲击力。

第三节 相通的色彩审美和身体律动

色彩和线条是诉诸视觉审美的两种基本对象。审美心理研究表明,对色彩的审美选择不仅仅属于生理问题。"从文化人类学的角度看,我们不能断言各民族的色觉毫无共同之处,或者指称某种色彩只能取悦于某一民族。色彩的客观物理性质和人类视觉生理机能的特性是各民族色觉共同倾向的物质基础和基本原因。但是,在承认色觉人类普遍性的前提下,由于复杂的社会条件和情感因素对色觉的'干预',我们也必须承认色觉的个性差异,即色彩文化的民族特点。"[1]除了客观原因和先天因素,后天的习得、族群的传统、文化的类型乃至集体的无意识对色彩审美的影响也不可忽视。村寨中,身披铠甲的"卡斯达温"舞者头盔上,有一束高耸的白色羽毛装饰惹人注目,引人联想,透射出当地审美中的尚"白"意识。立足原型解读,切入文化心理底层,这种以"白"为尚的审美风俗,未必不可追溯到黑水人的原始信仰。四川藏族大部分信仰藏传佛教即喇嘛教,有"格鲁"(黄教)、"宁玛"(红教)、"噶举"(白教)、"萨迦"(花教)诸教派。此外,还有历史悠久的"本教",俗称"黑教",原是佛教传入之

---

[1] 梁一儒:《民族审美心理学概论》,青海人民出版社1994年版,第217页。

前藏地本土原始宗教，发源于西藏古代政治宗教中心象雄地区（今阿里地区南部），至今在民间影响深远，其后来受到藏传佛教影响，成为类似藏传佛教的一个教派。在岷江上游地区，对本教的信奉常见，邻近黑水的松潘有多处本教寺院，如松潘县城以北30公里处小西天圣山脚下的尕米寺，由来古老，远近闻名。本教以"万物有灵"的自然信仰为主，反映出原始文化遗风。至于藏传佛教，是唐宋以来随着阿坝地区僧众入西藏朝拜，逐渐引入此地的。在万物有灵观念支配下，人们以天、地、日、月、星辰、山川、林谷、土石、水火等自然物为崇拜对象，并且在山头、房顶、经塔等他们视为神圣的地方供奉着代表神灵的白石。在藏族民众心目中，白石乃至白色与神的法力、神的灵验密切相关，如每年藏历五月初五是拉萨河谷祭祀农业神的日子，清晨，盛装的人们唱着古老的祈神歌，用藏毯包裹着白石放到自己产量最高的农田里，并围绕白石用装饰华丽的耕牛犁出五道田垄，分别撒上青稞、小麦、油菜和豌豆种子，十天后再到田里观看种子发芽情况，安排一年的农事。[1] 这种白石，作为护佑人们生活的神灵象征，在黑水县扎窝、俄恩、维古等村寨中，或见于屋顶，或见于窗檐，或见于祭塔，处处有之。神圣的白石崇拜，作为凝聚着族群审美情感的"集体无意识"，在黑水河两岸居民中由来已久，普遍存在。

说起白石崇拜，人们会想到如今主要聚居在川西北岷江上游的

---

[1] 林继富：《灵性高原——西藏民间信仰源流》，华中师范大学出版社2004年版，第415页。

羌族。羌人信奉"万物有灵",以白石作为"显圣物"(hierophany)代表天地间种种神灵,这也是其民间信仰的主要特征。羌寨甚至有以"白石羌寨"命名者,其村头立牌介绍云:"白石羌寨位于茂县县城西北角的甘青村,其建筑'依山居止''垒石为室',寨中羌民尚白,以白为善,崇拜白石。"接着在讲述"羌、戈大战"中羌人得天女抛下的白石相助而战胜戈基人的故事后写道:"为报答神恩,白石羌寨的羌人便以白石作为天神及一切神灵甚至祖先的象征而进行崇拜,并在山间、地头、林间、屋顶、门窗、室内供奉白石,白石羌寨因而得名。"理县通化乡西山羌寨的"俄比且迪"(白石祭)祭祀场上那三尊代表先祖的白石曾令笔者印象深刻。在西部少数民族中,羌族白石崇拜颇知名。[1]位于中国西部的四川,也是多民族聚居的省份,有着形态多样的少数民族文化。岷江上游地区,阿坝藏族羌族自治州境内,以藏族、羌族为主,是藏、羌、回、汉交汇共存地区。据田野调查,"把白石作为自己崇拜的偶像",乃是操羌语支语言的居民的共同特点,他们"除了语言和文化上的共同特征外,在原始图腾、风俗习惯等方面都还有不少蛛丝马迹的线索可循"。[2]在语言定位和民族归属上,"黑水县的基本居民是讲羌语的藏族"[3]。当地人自称

---

[1] 有关论述,请参阅李祥林《民俗事象与族群生活——人类学视野中羌族民间文化研究》第一章"白石象征与族群代码",中国社会科学出版社 2018 年版。
[2] 孙宏开:《试论"邛笼"文化与羌语支语言》,《民族研究》1986 年第 2 期。
[3] 《羌族简史》,四川民族出版社 1986 年版,第 148 页。有关情况,读者还可参阅西南民族大学西南民族研究院编《川西北藏族羌族社会调查》,民族出版社 2008 年版,第 425—426 页。

"尔玛"（或"日麦"），羌语"尔玛"是指本条沟或本地区的人，也就是本族的人。黑水县位于四川盆地西北边缘山地向丘陵、平原过渡的高山峡谷地区，既与藏族地区相邻又与羌族地区接壤，一方面受藏文化影响，一方面受羌文化影响，两种文化的交融在黑水一带非常明显，并由此彰显出自身特色。比如，古籍记载古羌人丧葬习俗："死则焚尸，名为火葬。"（《旧唐书·党项传》）在黑水民俗中亦有火葬。熟悉岷江上游文化的民族学家于式玉在其考察著作之"黑水民风"篇中，讲到黑水人信奉喇嘛教，但因邻近羌族地区又崇拜白石，连喇嘛教转"古拉"的经塔和祭山神的土堆上也放着白石，凡是神圣的地方都放着白石，可见是两种宗教信仰的结合体。即是说，他们本是崇敬"白石"的民族，尽管接受了藏传佛教，但原有信仰尚未完全改变。[1]

"时若晨光鹩鸟灿，夷峒番碉白石烂"（吴嘉谟《雪山天下高》），清人诗中此语记录了川西北少数民族村寨的景象。纵观川西北乃至整个西南少数民族地区，白石崇拜不仅仅见于黑水这一方区域。根据《四川省阿坝州藏族社会历史调查》，"嘉绒藏族普遍敬白石头，供在每家屋顶小塔塔顶上。各寨山神（各有名字）的石堆上面也放白石头。这白石的意思，嘉绒藏族多不能说明。绰斯甲传说许多年前，该地有外族侵入，菩萨托梦，以白石头把敌人打退，因此家家供奉白石"[2]。嘉绒藏人中的这个神奇

---

[1] 相关论述见《于式玉藏区考察文集》之"黑水民风"篇，中国藏学出版社1990年版，第220页。

[2] 《四川省阿坝州藏族社会历史调查》，四川省社会科学院出版社1985年版，第235页。

传说,跟岷江上游羌族叙事长诗《羌戈大战》中的相关叙事有相通之处,后者通过释比之口唱道:羌人遭遇魔兵,情势危急,忽然间,"白衣女神立云间,三块白石抛下山;三方魔兵面前倒,白石变成大雪山"[1]。田野调查资料表明,在藏羌彝民族大走廊上,在川西北地区甘孜、阿坝的嘉绒人当中,白石崇拜风俗的确盛行,"每户嘉戎人的土地中,都要供三块大白石,旁边还要放众多的小块白石。有的则将白石在地中叠成塔形,上面再供三块大的白石,其形有如金文的皇字。每年农历九月,各家请巫师纳巴在地中白石周围念经一次,并插上几枝树条(山神土地爷的箭)。……神山崇拜、土主崇拜、祖先崇拜,在嘉戎人里集中表现在对白石的崇拜之中"。而且,"凡是建筑物的上方和表面,凡能供放白石之处,均依其高下,供上大小不等的白石。墙上则用白石嵌成牦牛头或'卍'形、'山'形等纹饰"。总而言之,"嘉戎人对于白石,正是将其当作雪山之精与土地之神来崇拜的"。[2]直到今天,白石崇拜依然见于川西北地区藏族村寨。
"色彩的感觉是一般美感中最大众化的形式。"(马克思语)的确,对于色彩之美的感受,乃是人类的一种天性,人们世世代代生活在色彩斑斓的大自然中,逐渐产生了对色彩的审美意识,并将这种审美赋予了种种"在地性"社会内涵。岷江上游的羌、藏民族不但崇拜白石,也视白色为圣洁崇高的象征。羌人尚白,以白色为善为

---

[1] 罗世泽、时逢春搜集整理:《木姐珠与斗安珠》,四川民族出版社1983年版,第93—94页。

[2] 邓廷良:《嘉戎族源初探》,《西南民族学院学报》(社会科学版)1986年第1期。

美（《明史·四川土司·茂州卫》云"其俗以白为善，以黑为恶"），反映在服饰上，民间多有缠白头帕、裹白绑腿的习俗。在藏族民俗中，每逢年节喜庆，人们会用白石灰于门外画上"卐"字图案，表示吉祥如意。"藏族崇尚白色，因为在佛教信仰中，白色象征圣洁与高尚，这种宗教的审美心理，反映在信仰者的服饰上。藏族普遍喜用白色衣料做衬衫，在礼节中多献白色哈达……"[1]当年，在政府主持下集体编纂的十部文艺集成志书之舞蹈卷记载"卡斯达温"服饰时，除了介绍舞者帽子上的白色鹰羽，亦指出："穿白色藏式男衬衣、深色彩裤，外套牛皮铠甲。"[2] 2006年6月，在成都举办的首届国际非遗节上，来自黑水的"卡斯达温"表演者头盔上那白色的羽毛给人留下鲜明的印象。在岷江上游地区藏、羌同胞眼里，洁净的白色跟美好、光明、圆满、善良、真诚等概念紧密相连，也连接着神灵的世界，是最美好、最吉祥、最崇高、最神圣的颜色。这种植根于民间土壤的尚"白"观念，作为一种凝结着原始文化基因的"集体无意识"，积淀在黑水地区民众的文化心理结构深处，体现在他们的生活与艺术中。跳铠甲者头饰上的白羽，可谓是这种集体无意识的审美折射之一。换言之，从审美色彩选择受制于"某些重要的社会因素"来看，置于跳铠甲者头顶上这醒目的白羽，很容易使观者联想到黑水人屋顶上那高高供奉的白石。这白石之"白"和白羽之"白"，在审

---

[1] 冯敏：《万户千门入画图——巴蜀少数民族文化》，四川人民出版社2001年版，第58页。
[2] 《中国民族民间舞蹈集成·四川卷》下卷，中国ISBN中心1993年版，第1158页。

美上构成某种有趣的对应，二者作为民俗象征符号以其诉诸视觉的"有意味的形式"，从客观上强化了仪式歌舞跳铠甲的神圣性，透射出超越凡俗的审美光彩。

藏、羌相邻，从族群互动和文化交融看，川西北民族地区黑水的跳铠甲又"与茂县赤不苏区一带的羌族民间祭祀舞'克西格拉'（'跳盔甲'）大同小异，唱词中的语言也带有较多的羌语成分，但在服饰上略有区别。唐朝诗人卢伦的《塞下曲》中，曾描述了古代羌兵所跳的'金甲舞'，它与流传至今的'克西格拉'，卡斯达温以及哈玛的情景较为相似，在舞蹈的形成和演变上可能有着同源的关系"[1]。"哈玛"为嘉绒语译音，根据藏文经典《贡波》《日阿拉》的记载，意思是"神兵"，主要流传在阿坝藏族羌族自治州的马尔康草登、金川绰斯甲等地。相传，"哈玛"是格萨尔王派来的"神兵"所跳之舞，其舞者也身着牛皮甲衣，"头戴生牛皮制成的头盔，盔的两侧绘有太阳、月亮图案，前插四根后插三根白色鹰羽毛"[2]，手持兵器跳起舞来气势威武雄壮。茂县、黑水相邻，"克西格拉"是羌语译音，也叫"盔甲舞""跳盔甲"，是为战死者、民族英雄以及村寨中德高望重的老人举行大葬仪式时专由年满16岁以上男子跳的舞蹈，其舞者也是手持刀枪、弓箭、棍棒等，"头戴用生牛皮做成的头盔，盔顶插数根雉鸡毛。身穿白麻布大襟长衫，外套皮甲，皮甲用长约7厘

---

[1]《中国民族民间舞蹈集成·四川卷》下卷，中国ISBN中心1993年版，第1147页。
[2]《中国民族民间舞蹈集成·四川卷》下卷，中国ISBN中心1993年版，第1140页。

米、宽3.5厘米的生牛皮块串连制成,束牛皮腰带"[1],唱着《哈那若嘀》(祭祀歌)、《格查里嘞噜依嗦》(下葬歌),颂扬死者功德,表达怀念情感,在"嘀、嘀、嘀、嘀哈"以及"啊哈、哈、欧、欧"的吼声中庄严地进行,舞蹈队形有"小万字格""大万字格"等。2015年2月24日,应茂县羌族朋友邀请,笔者背上行囊来到牛尾羌寨,次日正月初七是该寨子传统的"哟咪节"。晚上,围着暖暖的火塘,端着醇香的玉米酒,品着诱人的老腊肉,坐在76岁尤姓老人家里拉家常,老人告诉我们,羌话"哟咪"(译音)指的是跳甲,即通常说的铠甲舞,正月初七跳甲祭祀神灵祈求吉祥是牛尾羌寨世代相传的古老习俗。当地羌语称跳铠甲为"哟咪热"("热"是舞的意思),该节名称便由此而来。"穿上铠甲衣/举起你的刀和叉/没有刀枪棍棒石块也好使/米来来,十三岁以上的男儿们/大家都来跳铠甲舞。"穿上铠甲,唱歌跳舞,"问你铠甲歌有哪几种/铠甲歌有五种……正月初七是什么节/正月初七是'人节'/铠甲歌舞一个也不可缺"[2],这是村民所唱。牛尾寨位于茂县北部,岷江西岸,叠溪海子上方,距县城约70公里,邻近松潘,整个村寨地处高山峡谷,海拔在2300米至2800米,村民对保持传统文化有自觉意识。正月初七上午,村里跳甲的男子们排成长队,手举刀枪吼着,唱着,舞着,声势

---

[1]《中国民族民间舞蹈集成·四川卷》下卷,中国ISBN中心1993年版,第1355页。
[2] 尤德林主编:《牛尾羌》,白山出版社2015年版,第78—79页。尽管村寨经历过从高山到河坝的迁徙,但多声部民歌演唱、跳铠甲习俗等在牛尾羌寨保持下来。按照习俗,村里年满13岁的男儿都要手举刀枪参加正月初七在神树林的跳铠甲活动,只是由于岁月变迁,牛皮铠甲如今在村里已经找不到了。

雄壮地走向神树林，场面相当感人……

在岷江上游地区，以上几种民间舞蹈（卡斯达温、哈玛、克西格拉、哟咪）彼此流行地域相近，表现形式相通，内在神韵默契，同中有异也异中有同。因此，从文化结构到艺术形态，从象征符号到展演场景，从身体表现到仪式功能，从族群生活到传统风俗，凡此种种，着眼民俗艺术而不仅仅是从纯舞蹈学或纯艺术学角度看，都有值得审美人类学研究者深入探寻的东西。

第十二章 羌族石敢当崇拜的意象呈现

石敢当崇拜在中华大地很普遍，其作为具有神性的审美意象也见于羌族地区，有口头表述也有物质呈现，有历史遗存也有当代制作。就造型艺术言，羌寨石敢当是民间美术作品，也是信仰民俗的载体。2008年"5·12"地震的灾后重建中，石敢当意象在地方选择中成为典范化的羌族审美文化符号得到大力彰显，屡屡亮相在川西北岷江及涪江上游羌区的城镇村寨及舞台演艺中。"羌"的族名见载于甲骨文，他们自称"尔玛"，其族群历史跟华夏民族一样古老。如今羌族聚居在岷江及涪江上游，主要在汶川、理县、茂县及北川等地。立足多民族中国语境，究其由来，析其内涵，尔玛人敬奉的石敢当既是其族群表达的审美符号，也是中华民族共同体中多元文化融汇的产物。

第一节 石敢当在羌族地区

石敢当信仰多见于川西北羌族地区，[1]投影在尔玛人的口头文学、民俗戏剧、造型艺术、民居建筑等上，并且在当地接受中被"羌化"，形成在地性传说和意象。当代羌地作者笔下有"山东泰山为中华羌族第一神山""泰山是羌族第一大神山"[2]之说，由此传递的文化信息值得注意。汶川龙溪有"羌人谷"之称，该地羌文化尤其是释比文化保存甚好。当地流传着民间故事《泰山石的由来》："传说，在龙溪沟山脚下有一个村寨，寨里有

---

[1] 或曰："就'泰山石敢当'言，几乎遍及所有羌族村寨。"（季富政：《中国羌族建筑》，西南交通大学出版社2000年版，第263页）

[2] 杨光成：《桃坪史话》，《西羌文化》编辑部编辑出版，2007年10月，第3页。

个小伙子,名叫泰山。泰山幼年丧爹,从小跟着邻居和乡亲们上山砍柴,将柴背到集市上卖成钱,买粮奉养眼瞎的娘。月复一月,年复一年,泰山长成了大小伙子,他眉清目秀,心地善良,常常帮助困难人家分忧解愁,挑水拾柴,乡亲们都很喜爱他。"小伙子泰山所在的羌族村寨有个怪异现象,每天太阳偏西,寨子里就飞沙走石、鬼哭狼嚎,吵得全寨人不安宁。因此,天刚擦黑,人们就不敢出门,即使是请释比做法事,仍管不了几天,随后一切如故。一天傍晚,正当狂风大作、鬼哭狼嚎时,家家关门闭户,泰山打开房门想看个究竟,顿时各种怪声全无。此后,每逢村寨不得安宁时,只要身躯伟岸的泰山往寨口一站,霎时便风止声息,平安无事。泰山能消灾避难,乡亲们请他每天傍晚到寨口站岗,保佑清静平安。"天长日久,泰山就成了这里的'保护神',人人都舍不得他,离不开他。"有一天,泰山上山砍柴,突然山体崩塌(滑坡),把泰山埋住了。"泰山不幸逝世后,寨子里又不得安宁了。乡亲们为了纪念泰山,请来石匠,用条石雕刻上泰山的头像,耸立在村口路旁、房前屋后,并由释比作法一通。说来也怪,自从立了泰山的石像,寨子里又像泰山在世一样,恢复了往日的宁静平安。"[1] 由于滑坡时被埋的泰山只露出头部,所以雕刻泰山时只雕头部,不雕身子,身体部位写着汉字"泰山石敢当"。在尔玛人的口头文学中,泰山石敢当已完全化身为某沟某寨的羌家小伙子,成为一个神性化的羌族英雄。

在川西北羌区,石敢当又称"吞口石"。民间羌戏《送鬼》

---

[1] 汶川县人民政府编:《羌族释比的故事》,2006年6月,第35—36页。

中，主持法事的释比唱道："神水一碗油一瓢/一段咒语驱邪魔/一口神水喷出口/两团神火往上燃/邪魔妖怪皆吓跑/永保主家得平安/神水三口喷出来/三团神火往上腾/邪魔妖怪送出门/门前立个吞口石/鬼邪禁入神请进/家家户户永太平。"[1] 这出羌戏从释比经演化而来，内容是事主家孩子生病，请来释比为之做驱邪法事，最后释比"打油火"将鬼邪赶出门去，边走边唱。如剧中所唱，这"吞口石"是羌寨人家立在门前的，其功用在于"鬼邪禁入"。近年出版的《羌族释比经典》录此戏文时未加标点符号，此前有《羌族释比文化探秘》收录此戏，其按照释比唱经的习惯，对后六句根据韵脚断为三句一节："三口神水喷出口，三团神火往上腾，邪魔妖怪送出门。门口立个吞口象，禁入鬼邪准进

羌寨人家门前立有祛邪佑宅的石敢当（汶川龙溪东门口羌寨，笔者拍摄）

---

[1] 四川省少数民族古籍整理办公室编：《羌族释比经典》下卷，四川民族出版社2008年版，第2237页。

神,家家户户永太平。"[1] 小戏《送鬼》本是用羌语演唱的,羌族有语言无文字,以上二书由于著者及出版年代不同,对采录的口头剧本进行汉文翻译时有异同。无论前书的"吞口石",还是后书的"吞口象(像)",均指的是羌族民间信仰中"禁入鬼邪准进神"的石敢当。吞口是面具文化的变异性体现,多取造型夸张的龙、虎、狮等兽面,以威风凛凛的神异形象镇压鬼邪魔祟。羌族地区的石敢当主要由头部吞口及碑身、碑座组成,或以为,吞口与碑石结合是石敢当进入川西北羌区被尔玛人敬奉后所形成的族群特征。其实,在西南地区,与吞口像组合的石敢当不仅仅见于羌族,《中国傩神谱》收录的"泰山石敢当"[2] 采自贵州黔中地区,其模样便是张口露齿、衔着宝剑的吞口面具,而"泰山石敢当"五字书写在口中吐出的长舌上,具体形制有别于羌族地区所见。无论是过去还是现在,将碑石与吞口组合的例子普遍见于川西北羌族地区。

羌地石敢当上部"吞口"的造型多种多样,学界对此早有关注和论说。20世纪40年代,考古学家卫聚贤深入汶川、新都等地做田野调查,发现当地的石敢当上部多雕有兽头,于是结合地方风格作了推断和解释,认为这是羌地民间狗图腾的体现。卫聚贤在《泰山石敢当》中有如下描述:

  这次到汶川时,在路上看见人门口竖一石碑,碑上刻"泰

---

[1] 于一、李家骥、罗永康等:《羌族释比文化探秘》,中国戏剧出版社2003年版,第137页。

[2] 余大喜编著:《中国傩神谱》,广西民族出版社2000年版,第57页。

山石敢当"五字，碑上端刻一兽头，兽为大口吐舌。……问其他人名此曰"吞口"。言此神最灵，而且比一切神的神力为大。是以四川各地人奉此神最多。

中秋日余到新都县桂湖游览，由桂湖公园至文庙的一条马路两旁，各有一碑，上端雕为狗头。但在峨嵋县双福镇及泸县澜泥渡所见之吞口，其像凶恶，口张甚大，舌出甚长，口中横衔一剑，而泸县澜泥渡的且有新近用鸡血洒在此碑上，并且有很多鸡毛贴在碑上。回到重庆，在李子坝我们办公的旁边交通银行隔壁亦有此碑，上端雕狮子头，舌不吐出，项下有两爪露出，下刻为"泰山石不敢当"六个字。

……

余疑此事与狗有关，我在新都县看见二吞口上为狗头，以此告常（任侠）先生，伊云由磁器口至歌乐山的道中一小村路旁有一"泰山石敢当"碑上雕一全身的狗伏在碑端。这种吞口固然鹿虎狮狗均有，但余以为原始是由狗的崇拜而来。

……

我的结论是：羌民在古时以狗为图腾，后以狗为灵的神，故于各地雕吞口，但以得罪了这个狗神，没有方法可以免祸，唯有大山上的石头可以堵挡得住。因为羌人原居四川，有时北过岷山的大山，但过山后多为汉人所征服，故汉人移居四川者，于吞口口中横穿一剑。有截杀义，又刻了"泰山石敢当"五字，而"大"字古音读为"太"，有人刻成"太山石敢当"，后人误为山东泰山的人名石敢当者可以镇邪，因刻成"泰山石敢当"了。[1]

刘锡诚在引述卫聚贤关于石敢当是狗图腾的推测后指出："在石敢当的上端雕一狗头（或狮头）的情况，在广西的壮族居住区内也有。近宋兆麟先生刚从广西、贵州一带考察归来，面告我，他在左右江一带的一个村寨里，发现了一家的门前竖立着一石碣，上部雕成狗头，并向我展示了他拍的照片，狗头高昂，形貌严峻。有的狗胸上还阴刻着'石敢当'的字样。如果宋先生所见，属于瑶族聚居地区，那么就可以证明卫聚贤先生关于图腾崇拜遗迹的观点是有道理的了。然而，即使我们把雕有狗头的石敢当碑碣认定为羌族居民的狗图腾的遗迹，我们还是无法了解也无法解释为什么会出现狮头或其他兽形头的石敢当碑碣。卫先生也说到'这种吞口固然鹿虎狮狗均有，但余以为原始是由狗的崇拜而来'，但毕竟语焉不详，没有足够的材料论证。"[2] 真相如何可再探究，但石敢当崇拜至今在川西北羌寨多见是事实。

在岷江上游地区，近年有调查者走访汶川、理县、茂县的若干羌寨后，就所见 31 尊石敢当进行比较，发现仅有一尊无头部吞口。据调查者讲，刻头像的这 30 尊石敢当中，碑体上部有石刻造像的可分为人面、兽面、鬼面三类，划分依据是：有标准人类头部和面部形态的为人面，有标准兽类头部和面部形态的为兽面，介于前二者之间、既带有部分人面特征又带有部分兽面特征的为鬼面；人面又分为戴帽和脱发两种，兽面分为狮面、虎面、

---

[1] 卫聚贤：《泰山石敢当》，《说文月刊》1940 年第 2 卷第 9 期。
[2] 刘锡诚：《石敢当：灵石崇拜的遗俗》，《东岳论丛》1993 年第 4 期。

龙面及其他四种。以上村寨中，桃坪有四种兽面，还有鬼面，但无人面。八个羌族村寨的石敢当造像，如表[1]所示：

区域	形态
桃坪寨	兽面（虎形、狮形、龙形、其他）、鬼面
汶川县（高店子村、羌锋村、禹碑岭村）	兽面（虎形、龙形）、人面、鬼面
茂县（道财村、永宁村、渭门村、椒元村）	兽面（狮形）、人面

岷江上游三县八寨中，以汶川的形态类型为最丰富（尽管兽面只有两种），茂县的石刻形态较前两地要单一得多。纵观羌寨所见之泰山石敢当，尽管碑体上部造像各异，局部装饰也各有差异，但还是存在如下共性：（1）无论人面、兽面还是鬼面，几乎都是张嘴的，而且大部分的舌头是吐出的，还有近半数的口中横插宝剑；（2）许多泰山石敢当的石碑上都刻有道教符号，如太极图和八卦；（3）除了有两块石敢当碑体无字外，其余均刻有"泰山石敢当"五字，部分石敢当在前面或后面加"敕令"两字，或是石碑顶端两侧分别刻有"日""月"二字。

在岷江上游地区，除了石敢当外，关于"吞口"也有羌化的地方传说。石敢当也叫解救石，如卫聚贤所言，羌族民间习称"吞口"。1984年3月，从羌民口头搜集到以下故事：古时候，羌寨有一对夫妻啥都好，就是没有儿女。说来也神奇，老婆婆80

---

[1] 程鹏、赵长治、陈洪东：《羌族地区泰山石敢当调查研究》，载《地方文化研究辑刊》第三辑，巴蜀书社2010年版，第196页。

岁的时候竟怀孕生下一个儿子,取名裸培。原来,这孩子是天上神人下凡,五岁能种地,十岁能打猎,十五岁就扬名各村寨。这对老夫妻生下裸培后,不久便去世了。一次,裸培去深山打猎,整整打了八年。回来后,走进寨子,发现家家都关门闭户。一打听,才知道后山出了个魔王,残害羌人。裸培决心除魔,他作了充分准备,凭勇力使计谋灭了魔王及小妖。在与妖魔的大战中,裸培自己也身负重伤。他爬进山洞,看见许多受害羌民的尸骨,流下伤心的眼泪。泪水滴在尸骨上化作一颗颗血珠,顿时,一具具尸骨复活了。为民除害的英雄裸培死后,羌民们十分怀念他,便用木瓢画上裸培的像,挂在家里镇魔祛邪。从此,尔玛人家的门口都挂着裸培画像,这像叫作"吞口儿"。(《裸培镇魔》)羌寨勇士裸培化身"吞口"的故事,脍炙人口,其篇名今也收入《中国少数民族古籍总目提要·羌族卷》。关于"吞口",羌地作者还有说法是"羌族释比祖师的神像,羌族释比的神杖头上刻塑的就是释比祖师阿爸木拉的头像"[1],将其与羌族释比文化联系起来。英雄裸培也罢,释比祖师也罢,在羌族村寨,人们将泰山石与吞口像结合起来,旨在强化其神性的威力。

"石敢当。镇百鬼,压灾殃,官利福,百姓康。风教盛,礼乐张。"[2] 石敢当之于羌人是超现实的圣物,具有多方面的职能和功用,其作为镇宅物立于门侧最常见,也立于村口要冲以护卫村寨平安。2008年"5·12"地震后重建的北川吉娜羌寨,依山

---

[1] 杨光成:《桃坪史话》,《西羌文化》编辑部编辑出版,2007年10月,第3页。
[2] 清俞樾《茶香室续钞》卷十九引宋王象之《舆地碑目记》,见吕宗力、栾保群《中国民间诸神》上卷,河北教育出版社2001年版,第330页。

傍水，村民将石敢当立于河畔村旁，其意亦然。此外，石敢当也保佑出门行人，释比唱相关经文即意在祈求出门诸事顺利，如释比经《敬泰山石神》："行善之人出远门／前来敬拜泰山石／泰山石本真神灵／驱妖除魔法力高／弟子今朝远途行／敬请神灵护我身。"不仅如此，经文还祈求泰山石神保佑："心想事成皆如意／金榜题名行官运／保我父母皆长寿／无灾无痛无疾病／万民安乐百事兴。"[1] 除了辟邪镇魔，健康、长寿、功名等诉求也被纳入祈愿中，石敢当在羌民心目中的神力实在是大。

第二节　身世由来和意象羌化

来到北川新县城"巴拿恰"（羌语，指集市），穿过高大的牌坊，主街入口左右碉楼式建筑体上高大的"泰山石敢当"引人注目。说起石敢当，人们首先会想到泰山，想到泰安，想到山东。2008年"5·12"大地震后，对口支援北川羌族自治县的正是山东省[2]，而石敢当信仰与齐鲁大地有很深的瓜葛。目前，列入

---

[1] 四川省少数民族古籍整理办公室编：《羌族释比经典》上卷，四川民族出版社2008年版，第455页。

[2] 就地震后山东对口援建的北川而言，据"北川县委党史研究室、地方志办公室主任黄宪礼解释，关于'泰山石敢当'的传说，在北川地方志中并没有详细的记载。但是根据有关资料，北川羌寨中的石敢当就是现在山东的泰山石敢当。'地震后，山东省对口援建北川县，很多羌族人在新建成的羌寨角楼中增加了泰山石敢当，也是表达对山东人的感激之情。'黄宪礼说。"（王倩：《北川羌寨也有"泰山石敢当"》，《齐鲁晚报》2010年2月24日）灾后重建的北川羌族村寨中新增了不少泰山石敢当景观，可以说这跟当地民众表达对援建方山东的感激之情有关，但归根结底，从内地汉族地区传入的石敢当崇拜在川西北羌族地区由来已久并沿袭成俗。

首批国家级非遗代表作名录的有"泰山石敢当习俗",由山东省泰安市申报。石敢当又称泰山石敢当,是中国旧时宅院门外或街衢巷口所立的小石碑,因碑上刻着"石敢当"字样,故名之。据有关资料,作为民间驱邪、禳解方法之一,立石敢当的风俗始盛于唐代。有的石敢当在碑额上还刻有狮头、虎首等浅浮雕。"保平安,驱妖邪"是石敢当崇拜习俗的基本内涵,据有关说法,石敢当信仰源于泰安市泰山区某镇某村,现已遍布全国,甚至远播海外。古代文献中对此习俗多有记载,如清代山东文人王士禛《古夫于亭杂录》卷六:"齐鲁之俗,多于村落巷口立石,刻'太山石敢当'五字,云能暮夜至人家医病。北人谓医士为大夫,因又名之曰'石大夫'。按:'石敢当'三字,出《急就篇》,师古注但云'所当无敌'。石贤士祠,本汝南田间一石人,有妪遗饵一片于其下,民遂讹言能治病,是两事而讹为一也。'太山'二字,义亦难解,或以劭为太山太守而转讹耳。"此处所言"太山"即"泰山",川西北羌族地区民间书写石敢当亦见"泰山"和"太山"混用。石敢当传说收入近年出版的《泰山风物》《泰山传说故事》《泰山民间故事大观》等书,神话电视剧《石敢当之雄峙天东》叙述石敢当出生时也讲"泰山玉皇顶的灵石——石敢当破石而出"(第三集),如今泰安年年举办泰山石敢当文化节。

如前所述,石敢当崇拜很早就传入羌族地区并衍生出"羌化"的审美意象。口头文学之外,石敢当羌化又体现在与姜子牙、西夏、白石等相关联的表述中。《中国傩神谱》收录"泰山石敢当"和"姜子牙",二者不重合,以后者为"主神"而前者为"凶神"。[1]《中国羌族建筑》即记录为"门神·泰山石敢当（姜子牙）"，该书是作者走访考察羌族地区近十年的成果，有图有文，案例采自茂县黑虎、三龙、沟口、永和、较场以及理县桃坪、汶川龙溪等地羌寨。该信仰何时传入羌地，史无明确记载，或以为，"明清时，汉族宗教传入羌区，姜子牙（姜太公）成为羌族信奉神灵之一，供在门的左侧，这就是'泰山石敢当'。'石敢当'来源于姜子牙传说：即姜子牙封众将士为神后，自己却无神可封了，只好变成'石敢当'，意为武神之首，有驱魔除灾之力"[2]。子牙与炎帝都姓姜，古汉语中"羌""姜"相通，在尔玛人心目中，姜乃"羌之一部……后羌转化为族名，姜则成为姓氏，神农氏即为姜姓"[3]。在茂县灾后重建的坪头羌寨，村后山坡有"羌祖庙"，神殿中并排供奉的金身塑像即为炎帝（手握稻谷）、大禹（手中执锸）和姜子牙（手握书册）。[4] 夏商周三代

---

[1] 余大喜编著：《中国傩神谱》，广西民族出版社2000年版，第18、56页。

[2] 季富政：《中国羌族建筑》，西南交通大学出版社2000年版，第7页。羌族地区有研究者引此后接着写道："据说姜子牙为古羌人。姜子牙封神来自于中国神话名著《封神榜》和依托这些神话传说演变成的各个戏种，这些综合性艺术进入羌区后，逐渐被借鉴和利用，形成独特的有羌族宗教思想的美术雕刻作品。"（彭代明：《多民族文化环境下羌族民间雕刻作品的现代性探索》，《阿坝师范高等专科学校学报》2009年第1期）又，澳门新桥区桥巷有石敢当行台，建于清光绪二十年（1894），是街坊公众议事的地方，后来附近镇守莲溪的石敢当碑石被供奉进室，渐渐形成现在的庙宇，庙中供奉的主神是石敢当，并祀姜太公、玄坛、观音、关帝等。每年农历正月初七为石敢当神诞，举办庙会，并以神像作保境巡游，有各种仪式性表演。可见，将石敢当与姜太公联系起来敬奉，是中华民间普遍的现象。

[3]《羌族词典》，巴蜀书社2004年版，第79页。

[4] 李祥林：《城镇村寨和民俗符号——羌文化走访笔记》，巴蜀书社2014年版，第128页。实地走访中，听村民讲，该庙原本是龙王庙，现有名称及格局是灾后重建呈现的。

开启了王朝更替的中国历史,姜太公是辅周灭商的重臣,而在坪头村神树林中所立石刻"羌族军傩灭纣"(灾后重建所立),画面展示的即是羌人作为周之盟友伐纣灭殷的场景。归根结底,诸如此类对"我族"历史的回溯所呈现的是一种"集体记忆",其"在本质上是立足现在而对过去的一种重构"[1],透露出为"我族"追根溯源的文化意识。

由此出发,川西北羌人敬炎帝也祀姜子牙,当地知识阶层称后者为"中华古羌第一名将",并且写道:"西周开国大将功臣姜尚,姓姜,名尚,字子牙,道号飞熊。传说他乃炎帝之后,其祖在虞夏之际因协助大禹治理九州水患有功,受封于吕(今河南南阳),以吕为氏号。……《封神演义》第一百回'武王封列国诸侯'中说:'姜姓,侯爵。系炎帝裔孙伯益为四岳,佐禹平水土有功,赐姓曰姜氏,谓之吕侯。其国在南阳宛县之西南。'"在羌族作者所撰《中国羌族帝王人物录》中也有姜子牙,其被称为"山东齐国创始人羌族伟大军事家"。[2] 在川西北羌族民间,老百姓直接奉之为神(如理县桃坪乡增头寨,供于中门左侧,就是出门左边)。证诸当地习俗,每年秋收还天愿,羌民要请释比唱经文《南安且》,意为向姜太公还鸡愿,献祭一只大红公鸡。20世纪上半叶美国民族学家葛维汉赴岷江上游调查,在他记录的释比辟邪咒语中,有"天煞归天,地煞归地,年煞月煞,日煞时

---

[1] 莫里斯·哈布瓦赫:《论集体记忆》,毕然、郭金华译,上海人民出版社2002年版,第59页。

[2] 张利和:《中华古羌第一名将——姜尚》、杨光成:《中国羌族帝王人物录》,二文载《羌年礼花》编辑部编《羌族历史文化文集》第五集,1994年10月,第114、1页。文字有所校正。

煞,一百二十个凶神恶煞,姜太公到此,诸神会备,一送一千里,二送二千里,三送三千里……一送送在天罗地网,再也不得翻身"[1]。在平武县锁江羌族乡,民间端公做法事所请正神中,既有太上老君也有姜子牙。

以神力保佑"家家户户永太平"的石敢当,在川西北羌族地区多见。理县桃坪羌寨发展旅游较早,该寨有多座石敢当,均系老物件。去过的游客想必记得那座立在人家门口、其旁有"农业学大寨"石碑的石敢当。该石敢当为矩形青石碑,高约1米多,造型有特点,其上部为圆圆的头,饱满的额头上有一圆形发髻,刻着"阴阳鱼",双眉上竖,怒目圆睁,眼球外凸,鼻孔两侧有粗大的胡须上卷,口含利剑,颈部有串珠项链,碑身刻以楷书"敕令泰山石敢当",整个造像狰狞威武,令人望而生畏。

理县桃坪羌寨这尊文物级的石敢当在岷江上游知名度甚高(笔者拍摄)

---

[1] 李绍明、周蜀蓉选编:《葛维汉民族学考古学论著》,巴蜀书社2004年版,第113页。

桃坪羌寨余家老房子的石敢当，则头部造型似狮子，兽面上色，有朱砂涂层残留，碑身在"泰山石敢当"上方亦刻"敕令"二字，其头部下方两侧还刻有"日""月"二字。桃坪羌寨导游介绍该石敢当高150厘米、宽40厘米，口中衔着"西夏剑"，是"西夏文物"。称该石敢当造型有西夏特征，这种表述多年前即见且言之更详，曰："该石敢当发现于一废弃民居夹墙中，高150厘米，宽40厘米，从造型看，是头部脱发式石敢当，面目狰狞，眼球外凸，张着血盆大口，口中衔剑，颌骨方正，鼻型夸张，鼻孔较大，鼻孔两侧各刻一绺向脸颊上方飘逸的粗大胡须，宽大厚实的前额上刻有两道深深的皱纹，其头部发型为西夏李元昊所颁之《脱发令》中规定的发型，即头顶部挽一髻，两边留鬓发于耳后，其余部分均脱发。"[1]此处所言西夏人秃发风俗，据羌地作者表述，指的是"元昊遵从鲜卑拓跋氏祖俗，于公元1032年3月向全国发布'秃发令'，剃光头，戴重耳环。原党项羌人披发、蓬首，与汉俗无别。羌人秃发以示与汉民有别"[2]。将田野事象同古代历史直接画上等号，这种表述尽管未必是定论，但毕竟反

---

[1] 张翔里、曾长明、王嘉俊：《桃坪羌寨发现西夏图腾泰山石敢当》，《西羌文化》2007年第1期。该文还强调"石敢当是羌系民族原始崇拜思维意识中特有的守护神和具有镇宅功能之神"而"'泰'在古羌语中是大之意，西夏语中也继承了'泰'这一羌语词……泰山是羌人对大山的统一尊称"，等等。如此表述，颇有意思。

[2] 杨光成：《中国羌族帝王人物录》，载《羌年礼花》编辑部编《羌族历史文化文集》第五集，1994年10月，第66页。证诸美术考古和历史文献，西夏男子这种脱发习俗在敦煌莫高窟壁画中便有反映；《续资治通鉴长编》卷115（景祐元年十月丁卯）亦载"元昊初制秃发令，先自秃发，及令国人皆秃发"，等等。一般认为，元昊颁布的秃发令有强化民族意识的意义。

映出当代尔玛人言说古史的族群意向。因为在川西北羌族地区，"对元昊的选择和认同以及相关表述更多见于当代尔玛人对'我族'历史的讲述中"，顺应着他们的"族群需要"，[1]服务于当今羌地文化建构的目标。

"石敢当崇拜源于羌人远古时期对石的崇拜与信仰，泰山石敢当是羌人白石崇拜和山崇拜结合的产物。"在灾后重建的北川吉娜羌寨有此介绍，又云："泰山石敢当是羌民族崇拜的守护神和镇宅神，立于家门口、碉楼前和寨子入口处，具有驱魔、镇宅、辟邪，保佑人畜平安的神力。"羌人号称"云朵上的民族"，石敢当崇拜在依山而居、敬奉灵石（白石）的当地生活中不难见到。山神崇拜盛行于羌族民间，"二、八月朔日，烹羊煮酒祀山神为社"，此乃清嘉庆《汶志纪略·风土》所载当地习俗。山神是"羌族信仰的最主要的神灵之一"[2]，羌地村寨各有其山神，羌民每年要举行隆重的祭山仪式，叫祭山会、山神会或山王会，祈神保佑人畜兴旺，五谷丰登，地方太平。一般以村寨为单位在神树林或祭祀塔前举行，届时选会首，请释比，一年有二至三次，祭仪隆重。《四川傩戏志》述及释比戏演出习俗时，也着重介绍了羌语称为"苏布士"的祭山会并附有照片，如今这已是列入省级非物质文化遗产名录的项目。对羌族来说，山神不仅仅代

---

[1] 李祥林：《民俗事象与族群生活——人类学视野中羌族民间文化研究》，中国社会科学出版社2018年版，第116页。2018年4月，笔者去宁夏考察西夏王陵及贺兰山岩画，也从造型上对比过川西北羌族村寨的石敢当头像与西夏王陵前建筑遗物柱础上的力士像，揣摩二者的异同。

[2]《羌族词典》，巴蜀书社2004年版，第209页。

表某座山头,其所辖范围包括与人们生活相关的神山、神林、鸟兽、村寨、田地等。山神给百姓以地皮、草场、树林,大山又出产药材、木材、野兽等,为人们提供物质生活保障,他是统辖四周、护佑村寨的最重要的地方保护神。所以,尔玛人格外崇敬山神,一年中他们的重大祭祀活动"以祭天神最为常见,以祭山为最隆重"[1],而天神、山神以白石为象征物。"在我国石与石神崇拜最有代表性的要算是羌族的白石崇拜了。"[2]信奉万物有灵的羌人以白石代表神灵,他们的白石崇拜极具民族特色。[3]从仪式功能上把石敢当和白石同等看待,也见于今之羌民。[4]如学界言,石敢当的产生与山崇拜、石信仰有密切关联。[5]对于祀山神敬白石的羌人来说,接受泰山石敢当信仰并逐渐将其羌化

---

[1] 四川省阿坝藏族羌族自治州茂汶羌族自治县地方志编纂委员会编:《茂汶羌族自治县志》,四川辞书出版社 1997 年版,第 706 页。

[2] 乌丙安:《中国民间信仰》,上海人民出版社 1995 年版,第 55 页。

[3] 羌族白石信仰极具特色,详细论述请参阅李祥林《民俗事象与族群生活——人类学视野中羌族民间文化研究》第一章"白石象征与族群代码",中国社会科学出版社 2018 年版。羌族口头文学中关于白石是拯救、护卫尔玛人的英雄化身的传说(如《白石神》《勒夏的故事》等)屡见,前述羌族地区民间故事讲泰山石敢当、吞口是保护村寨的羌家小伙子的化身,从口头诗学的程式理论看,正遵循着相同的表述逻辑和叙事模式。

[4] 2010 年 2 月 11 日,腊月二十八,有记者在北川乡村羌家院内看见石敢当,"据平桥村妇女主任熊兴琼介绍,白石是羌族人的幸运石,'泰山石敢当'与白石的意义差不多,都是驱邪、保平安。在她很小的时候,就见过'泰山石敢当'的石碑,但是就是不清楚石碑的来历和故事。她也只是听说有一个叫'石敢当'的人为百姓驱妖治病,放置'泰山石敢当'后,妖怪看到就会吓跑。"(王倩:《北川羌寨也有"泰山石敢当"》,《齐鲁晚报》2010 年 2 月 24 日)

[5] 陶思炎:《石敢当与山神信仰》,《民族艺术》2006 年第 1 期;刘锡诚:《石敢当:灵石崇拜的遗俗》,《东岳论丛》1993 年第 4 期。

为自家习俗,是顺理成章的。此外,四川是移民大省,探究石敢当信仰在川西北羌区的传播,亦不应忽视移民文化的影响。石敢当崇拜起源甚古,一般认为,在镇宅辟邪的石敢当前面加上"泰山"二字是明清以来的事。[1] 自秦至清,四川历史上有多次大规模移民潮,尤以明清时期移民入川影响最深,学界对此多有论说。

第三节 如今作为典范化羌符号

2008年"5·12"地震后走访川西北羌族地区,时时可见石敢当被作为典范化的族群符号之一在羌族地区各地灾后重建项目中得到强化展示。[2] 如迄今犹在茂县中国羌城演出的大型歌舞《羌魂》中,舞台景观装置便有巨口獠牙的石敢当造型。在汶川县城,与博物馆相对的岷江大桥头建有石敢当文化专题园区,中间是一座巨大的方形立柱式石敢当,周围辅以各种形态的石敢当造型,该展示园区是地震后精心打造的。仔细观察,这座巨碑式石敢当顶部的四面造像各不相同,还有低处栏杆立柱上的各种石

---

[1] 通常认为石敢当前加上"泰山"二字始于明清之际,有研究者通过考证台北"中央研究院"傅斯年图书馆收藏的金代泰山石敢当拓片,将这时间上推至南宋高宗绍兴年间。(叶涛:《泰山石敢当源流考》,《民俗研究》2006年第4期)

[2] 从当代展示案例看,把来自羌族地区的石敢当作为典范化的羌文化符号,不仅来自尔玛内部认同,也见于他方外部认可。2009年9月,第七届中国国际园林花卉博览会在山东济南举办。在北川羌族自治县园区内便设置了碉楼、石敢当、大禹治水雕塑等景观。这里,来鲁地展示的"羌风羌俗"中有泰山石敢当,或者说,此处泰山石敢当是作为"独具特色"的羌文化景观出场的。

敢当,或似狮,或如虎,或像龙,或张口,或含剑,或吐舌,或额有"王"字,或额有太极,凡此种种,可以说是川西北羌族聚居区各地石敢当造型的集中展示。

汶川县城岷江畔的石敢当文化园(笔者拍摄)

来到茂县新建的尔玛天街,其中庭也立有巨无霸式的泰山石敢当,相当引人注目,而在羌城广场,在碉楼式观光塔侧,也有造型取自脱发式石敢当的高大立柱。在北川新县城,面对禹王桥的巴拿恰入口两侧,有嵌入墙体的巨型石敢当,造型为扁平石碑式,其面部造型因两侧须发上扬似角,看起来像龙王。如前所述,基于族群意识赋予的口头传说故事以及多样化的艺术造型表明,石敢当信仰在川西北羌族聚居区流传已久并扎根甚深,早已入乡随俗地融入当地民间社会,成为一种属于尔玛人的"地方性知识"。来到羌族地区,无论是看见尔玛人家镇宅的石敢当,还是看见路口道边护寨的石敢当，人们都不会奇怪，因为明白此乃羌地风俗之一。然而，对于灾后重建中出现在城镇村寨的不少石敢当景观，论者则见仁见智。有人谈到羌地石敢当的当代变迁时指出："羌区现存的泰山石敢当，大多为古老的遗留物，而在现代的房屋建筑中已很少使用了。但笔者在调查中也发现了一些新立的泰山石敢当，这些泰山石敢当多是作为开发旅游的吸引物。如在桃坪羌寨新寨门口就对称立有两尊泰山石敢当……这两尊泰山石敢当虽有驱鬼之态，雕刻精美，但纯粹沦为了旅游开发的装饰物，无论是具体的形态还是功能等，都与古老的泰山石敢当有着很大的出入，成为了被刻意构造的、吸引游客之用的'伪'羌寨文化符号。"也就是说，在该论者看来，这种新造石敢当作为符号化的旅游景观实乃"伪民俗"，因为"其中的信仰成分已荡然无存"。[1] 对此问题，该怎样看待呢？

其实，这个问题很难非此即彼地一刀裁断。首先，对具体的建造案例要作具体分析。对羌人来说，祛除邪祟、保佑平安是石敢当的基本仪式功能，放在家中镇宅，立于村寨护村，置于路口桥头，都意在抵挡鬼邪、禳祸消灾。顺从仪式化思路推衍，2008年"5·12"地震灾后重建中将石敢当设置在理县桃坪新寨的寨门口和安放在北川新城巴拿恰的入口处，诸如此类，在人类心理层面不也同样具有镇邪、逐祟、禳灾、避祸、佑民、护城等仪式功能和神圣意义么？这里，与其说新建造的石敢当景观是今天人

---

[1] 程鹏、赵长治、陈洪东：《羌族地区泰山石敢当调查研究》，载《地方文化研究辑刊》第三辑，巴蜀书社2010年版，第200—201页。

为打造的"伪民俗",不如说是石敢当的固有民俗含义在新的场景中依然得到传承、延续乃至放大。诚然,从旅游学看,这新建造的石敢当属于具有现代装饰意味的旅游景观,是吸引游客眼目的对象。但是,从民俗学看,其又何尝不是顺应民众辟邪心理的民俗物件,是满足民众需求的对象。民俗是由人来活态传承的大众生活,民俗犹如流动的河,既勾连着过去和现在,也关涉着今天和未来。换言之,昨天开启着今天,今天接续着昨天,认识民俗、把握传统需要有这种辩证观念。因此,从活态流动而非僵滞固化的民俗生活审视羌族石敢当崇拜,对新场景中诸如此类事象唯有持见客观、评判中肯才是正理。其次,对羌人的文化选择要有客观认识。石敢当在今天羌族文化展示中成为彰显族群文化的重要符号之一,的确跟当代尔玛人立足族群需要的文化选择有关。奠定在尔玛人族群意识基础上的这种选择,首先体现在羌、姜认同。采录于 20 世纪 80 年代的《角角神的故事》(收入《羌族民间故事集》)云:"在远古时代,汶山郡(现在的汶川县)的一个山寨上,有个叫羌源的妇女,她是炎帝的后代。"[1] 羌源的儿子叫羌流,整个故事跟《诗经》中周朝始祖弃(其母姜嫄)的故事很接近,《茂汶羌族自治县概况》亦云"周的祖先弃是羌人姜嫄的儿子"[2]。该故事又题作《尕尕神》,列入"神和神性英雄神话",讲述人高云安和采录整理者王世云皆属羌族。故事流传于汶川县草坡乡,其中羌源作"姜原",羌流作"姜流",开篇云:

---

[1]《羌族民间故事集》,中国民间文艺出版社 1988 年版,第 342 页。
[2]《茂汶羌族自治县概况》,四川民族出版社 1985 年版,第 10 页。

"古时候有个神女,名叫姜原,她是阿巴白叶的女儿……"[1]后书有杨吉生(羌族)序,云:"传说中的炎帝神农氏是羌族的部落首领,他创造了农业和医药……此后,他又与周部落联姻;为西周王朝的建立和兴盛立下了汗马功劳……"羌字从羊、人,姜字从羊、女。马长寿指出,"作为姓氏的'姜'和作部族名的'羌'二字,在中国古音上是一致的"[2]。《羌族简史》亦写到,"'姜'应是羌人中最早转向农业生产的一支","传说我国农业始祖炎帝'神农氏'即为姜姓"[3]。羌族敬奉炎帝为先祖,称为"阿巴炎"。炎帝姜姓,"炎帝的部落大体出自青、甘、陕的西羌,当这支以牧羊为生的羌部落,越过陇山山脉,东进宝鸡渭水流域——姜水之畔时期,羌人的后裔分裂出了诸多部落,如申、吕、许、齐等。后来申、许、齐、吕诸族并列,归入吕族系统。商、周之际,吕族中还出现了一个人物'吕尚',因吕人先祖为炎帝,炎帝为姜姓,故称'姜尚'"[4]。综合言之,川西北羌人从民俗信仰上接受了石敢当,也从族群认同上接受了姜子牙,他们进而将二者结合起来也很自然。就这样,在羌与姜、炎帝与姜尚的连带叙事中,透露出以华夏认同为前提的羌人婉转的族群表达。

对石敢当信仰的文化选择,从基于族群意识的羌人表述看,

---

[1] 《中国民间文学集成·羌族故事集》,该书由阿坝藏族羌族自治州文化局编印,第44页;序由副州长杨吉生作并署时间为1988年元月10日,后记所署时间为1989年元月19日。

[2] 马长寿:《氐与羌》,广西师范大学出版社2006年版,第82页。

[3] 《羌族简史》,四川民族出版社1986年版,第1页。

[4] 王钰主编:《神农山与神农文化》,中国文史出版社2007年版,第5页。

又一个原因是对西夏也就是党项羌的认同。古"羌"曾是驰骋中国西北的族群泛称，如今聚居在岷江及涪江上游的羌族是其后裔的一支。尔玛人祭祖认祖的族群寻根意识，在羌文化核心区茂县以"中国羌城"命名的建筑群中有鲜明体现。"羌民族朝拜圣地"，此乃茂县中国羌城的三大定位之一。位于岷江西岸的中国羌城是"5·12"地震后所建，山坡上有当地习称祭祖殿的羌圣祠，以前后三殿的格局供奉着尔玛人敬祀的三位先祖：炎帝、大禹、元昊。来到建筑气派的中国羌城，顺着山坡拾阶而上，迎面是大门向北的"李元昊纪念大殿"，门楣上有太阳及卷云浮雕，两侧刻着西夏文字，内部为圆顶帐篷式，四周亦以西夏文作壁饰，正中便是形象威武的元昊金色坐像。党项是建立西夏王朝的主体族群，党项羌也是羌之历史研究的重要话题。根据史书记载，元昊为西夏开国皇帝，党项族人，北魏鲜卑拓跋氏之后，李姓乃唐王朝所赐。或曰党项族属西羌一支，故史有"党项羌"之称。按照当代羌地作者的表述，"元昊，羌族"，其"政治建设，组织建设，军事建设，思想建设，都以独特的羌民族风格彪炳史册"[1]。川西北羌族对西夏及元昊的选择性认同，基于两点：一是族源，一是文字。关于前者，历史上茂州与西夏地缘相近，学界关于"党项是否为岷江上游羌族来源"存在不同看法，或以为全部是，或以为局部是，但平心而论，"不排除历史上有党项人迁入岷江上游的可能性，因而川西北羌族敬奉元昊为先祖之一也

---

[1] 杨光成：《中国羌族帝王人物录》，载《羌年礼花》编辑部编《羌族历史文化文集》第五集，1994年10月，第62、67页。

不是毫无缘故，但要说茂汶地区羌族全部是党项羌的后裔，这显然又不符合历史事实乃至民间口碑"[1]。关于后者，川西北羌族有语言无文字，西夏王朝在元昊主政时创立了西夏文，这让今之羌族知识阶层倍感兴趣而有"羌文夏字"或"夏国羌文"之说，云："在夏国年号大庆元年（1036），羌王李元昊称帝前，亲自创造羌文。"这羌文夏字举国通用，流传八百多年。"羌文夏字以会意为主的构字法，是依据本民族的语言造的字。显示出羌民族语言文字的特色和羌语言音韵的优美。"[2]在岷江上游，羌地学人编印的内部刊物《西羌文化》就曾以对应的西夏文作刊名。证诸田野，2011年3月笔者去安县（今四川绵阳安州区）参加睢水踩桥民俗活动及研讨会，在罗浮山羌民经营的尔玛楼内墙上也看见大写的西夏文"羌"（羌）[3]，既是室内装饰，又用以彰显族群特色。除了党项羌和西夏文以外，如今川西北尔玛人将羌寨石敢当头部发式与元昊的《脱发令》也就是西夏男子的秃发习俗联系起来，所表达的族群认同心理是无二的。与此同时，也从表述上再度强化了"石敢当是羌族的守护神"。

石敢当崇拜既是中国传统社会的重要民俗事象，也是羌族地区的重要民俗事象。对此事象的认识和把握、解读和评价，需要

---

[1] 李祥林：《民俗事象与族群生活——人类学视野中羌族民间文化研究》，中国社会科学出版社2018年版，第117页。

[2] 杨光成：《羌人列国要记》，中国人民政治协商会议茂县委员会主编，1989年10月，第63、70页。

[3] 李祥林：《城镇村寨和民俗符号——羌文化走访笔记》，巴蜀书社2014年版，第19页。

避免肤浅和武断，需要立体式的面面俱观，既要看到文化传播也要看到文化交融，既要尊重民俗历史也要正视族群现实，既要观察符号表象也要透视意象深层。为了达此学术目标，以尊重文化持有者和地方性知识为前提的审美人类学立场是必不可少的。

第十三章 彝族文艺美学及文化传统

从整体上考察中华文化，离不开多民族立场和多民族视野。就文艺美学言，由此探视中华美学史上的汉族以外族群理论有重要现实意义。不必讳言，在汉学为主位的中原传统诗学或文论视域中，作为族别"他者"的汉族以外族群诗学长期被边缘化，人们对之的关注和研究有待加强。中华文艺美学史上，中原汉语诗学成就斐然，汉族以外族群的诗学成果也古已有之，而且各具特色和价值。其中，扎根本民族传统的彝族文艺美学便是代表之一，是值得重视的中华美学资源。

第一节 举奢哲和阿买妮

从时间维度讲，"彝族诗学与中国文论"这话题应包含古代和现代两个层面，但本章仅仅以彝族传统诗学与中国古代文论对读为着眼点，其他问题留待以后或他人来说。之所以作此选择，一是古代诗学和现代诗学有较大的分野，就二者做比较研究是个很大的话题；二是彝族传统诗学与中国古代文论已是既定形态，加之中国古代文论研究迄今仍可谓是"显学"，论述起来相对容易把握且有现实意义；三是在传统与古代的范围中，以"中国"冠名的古代文论研究领域迄今对彝族传统诗学仍关注不够，其中有不少问题值得学术界反思。[1] 聚居中国西南地区的彝族有文

---

[1] 诚然，从汉语诗学历史及汉语诗学体系看，中国历史上对古代文论做出贡献的也有彝族的学人，如清代中叶文论家李云程，他的《古文笔法百篇》（又称《古文快笔》《古文笔法》）是对汉语写作理论、古文系统理论的总结，其中不乏个人见解。但是，这不属于本章讨论范围。

字,诗学智慧发达。古往今来,彝族创造了丰富多彩的文艺作品,留下了凝结思想成就的诸多文献典籍。毕摩[1]是彝族敬奉的祭司,毕摩文化对彝族社会的影响深入骨髓。检索彝文古籍,不难见到经毕摩之手留下的种种古代彝族文艺理论,如《彝族诗文论》《彝语诗律论》《彝诗九体论》等。凉山流传的《毕阿史拉则传说》是列入国家级非遗代表作名录的项目,阿史拉则(又作"阿苏拉则")作为大毕摩在史书上和口碑中名声赫赫,不仅因为他有呼风唤雨、未卜先知的神奇法力,也因为他写下大量经书,保存和传播了彝族的历史与文化。20世纪80年代搜集的有关传说之九即为《拉则传经文》,故事讲述阿史拉则"死后变成一只鸟在一丛山林中吐着血在一块石板上用它的尖嘴写着字,拉则的儿子格措在那里学着、写着、读着"[2]。这是一个令人感动的神话。又,彝族叙事长诗《卖花人歌》云:"彝家的故事能填满山谷,彝家的古经就象那瀑布,三天唱绿一面坡,九天唱满一个湖。"[3]种类多样的彝文古籍中的确不乏诗学方面的精彩论著,犹如举娄布佗在《诗歌写作谈》里所言:"从那古时起,彝地人世间,著书藏书多,诗文论著多。"其中,尤具代表性的有

---

[1] 彝语"毕摩"(汉语译音又作"布摩""呗耄"等),"毕"指祭祀、诵经,"摩"义为长老。毕摩是彝族社会中主持宗教仪式的祭司,又是文字、书籍等的掌握者,用今天的话来讲,可谓是彝民社会中的高级知识分子。

[2] 凉山州集成编委会编:《凉山民间文学集成》(下·故事卷),西南交通大学出版社1993年版,第177—178页。

[3] 本章所引彝族诗文论除了加注者外,请参见举奢哲、阿买妮等著,康健等翻译整理《彝族诗文论》,贵州人民出版社1988年版;买买提·祖农、王弋丁、王佑夫主编《中国历代少数民族文论选》,新疆人民出版社1987年版;彭书麟、于乃昌、冯育柱主编《中国少数民族文艺理论集成》,北京大学出版社2005年版。

《彝族诗文论》《彝语诗律论》等。

《彝族诗文论》作者举奢哲是古代大毕摩、大作家。"在彝文里,'奢哲'指知识渊博的圣人,'举奢哲'即是对拥有渊博学识的某些著名布摩的尊称。从彝族远古哎哺时代诞生的布摩举奢哲开始,出现了为数不少的举奢哲,而其中以南北朝时期出现的举奢哲最为突出。……他是彝族古代著名的经师、思想家、教育家、史学家、诗人、作家、文艺理论家、医药学家和工艺美术家。"[1] 他知识渊博,著述宏富,著有《祭天大经书》《祭龙大经书》《做斋大经书》等系列经书,以及《黑娄阿菊的爱情与战争》《侯塞与武佐》《降妖捉怪》等文艺作品,被彝人世代敬奉,彝文古籍即云:"古时的人间,知识大无边。有知识的人,他来安天门。天上知一半,地下全知道。天门他来开,地门他来管,有知识的人,宇宙他来管……先贤举奢哲,他来传知识。他是什么人,至尊的大师。"[2] 根据彝族"盐仓"家谱记载,举奢哲生活的时代为清康熙三年(1664)往上推六十六代,大致为南北朝至隋朝期间,也就是跟汉语诗学史上《文心雕龙》作者刘勰、《诗品》作者钟嵘等的生活时代相近。出自举奢哲之手的《彝族诗文论》,被视为彝族古代文论的奠基之作,用五言诗写成,共包括"论历史和诗的写作""论诗歌和故事的写作""谈工艺制作"等五个部分,从立足文艺创作的实际出发,就想象和虚构、

---

[1] 杜佳鸣、向中银:《试论举奢哲的史学思想》,《贵州师范大学学报》(社会科学版)2002年第5期。

[2] 贵州省毕节地区民族事务委员会编、贵州省毕节地区彝文翻译组译:《物始纪略》第一集,四川民族出版社1990年版,第77、82页。

作品的内容及作用、文艺的审美功能和教化功能等问题展开论述，触及诗文理论中若干根本问题，不乏真知灼见。比如，对诗的作用，举奢哲在《彝族诗文论》中的概括是：既可"唱来颂君长，唱来赞君长"，又可"唱来骂君长，唱来恨君长"，是表达人们对统治者爱与憎的社会情绪的风向标；还可以在日常生活中把它当作"相知的门径，传情的乐章"，是人与人之间交流情感、表达爱意的媒介与工具。又如，说到"诗""史"的异同，人们往往会想到欧洲文艺美学史上赫赫有名的《诗学》，想到古希腊哲学家、美学家亚里士多德对此的精彩论述。其实，在东方诗学领域，被族人尊称"先师"的举奢哲也以其经验之谈，谆谆提醒从事写作的人：叙述历史务必事事求真，诗歌创作需要驰骋想象，二者遵循着不同的写作规律。他是这样说的："所以历史家，不能靠想象。不像写诗歌，不像写故事，诗歌和故事，可以是这样：当时情和景，情和景中人，只要真相像，就可作文章。可以有想象，夸饰也不妨。"为此，他针对故事创作的真实与虚构问题提出"须有六成真，可有四成虚"，或者有"七成真实，三成想象"，认为如此方可"把人写活，把事写真"。这位彝族学者尽管生活年代晚于古希腊哲人亚里士多德，但由于地域和语言的巨大界隔，若是简单套用比较文学中的"影响研究"来观照二者恐怕很难。在笔者看来，从尊重言说者的"主位"（emic）立场出发，二位诗论家观点实际上是各有其文化发生土壤的"英雄所见"。换言之，东方世界的举奢哲和西方世界的亚里士多德，他们作为诗学家在对各自民族文化的深刻体验和感悟中，阐发了有关"诗""史"异同的重要观念。

"诗歌叙天文,诗歌叙地理"[1],这是彝族先民自古就有的诗学认识。彝族文化史上,传授知识、论诗写书的伟大先哲除了举奢哲,还有著名的女经师、女诗人、思想家、教育家、文论家阿买妮(阿默尼)。追溯历史,文字、农耕乃至医药的发明在彝民心目中跟女性相关,彝族经籍《物始纪略》《西南彝志》便记载彝文创制于远古以女性为中心的时代,并且极力称赞"女性有知识,女性有智慧"。对彝族文化贡献大的阿买妮甚至被尊为神,称为"恒也阿买妮"("恒也"在彝语中有"天上"之意),如据彝族文献记载,阿买妮是人文运年时代杰出的宣教师,是善恶分明、救苦救难、传承文化的"天师"。阿买妮有《独脚野人》《奴主起源》《猿猴做斋记》《横眼人和竖眼人》等作品,见于彝文古籍著录的《彝语诗律论》是这位彝族女性在文艺理论上的杰出贡献,该书用五言诗体写成,共 2000 余行。在这部比李清照《词论》更早而且篇幅远非后者能比的诗学著作里,诗人兼诗歌理论家的阿买妮从创作美学角度讨论了彝族诗歌的体式和声韵、作者的学识和修养等重要问题,见解精辟,论述到位。翻开《彝语诗律论》,我们看到,既写诗又论诗的阿买妮从创作美学入手论述相关问题,从头至尾都是一边举诗歌创作例子,一边讲诗歌创作理论,既有实践针对性又有理论提升性,由此体现出理论和实践联系的论诗原则,相当可贵。今有研究者指出,无论从理论内容还是从理论形态的精湛程度看,《彝语诗律论》"都堪称是一部优

---

[1] 贵州省毕节地区民族事务委员会编、贵州省毕节地区彝文翻译组译:《物始纪略》第一集,四川民族出版社 1990 年版,第 223 页。

秀的彝族古代诗学著作"[1]。

此外，立足当代，从"性别"（gender）和"族群"（ethnic）这两大学术热点切入中国文学批评史和中国文艺美学史，以冷静、客观的目光透视多年来学界对此历史的传统表述和惯性书写，就会发现一种"缺席/在场"的奇怪现象。所谓"缺席"，是说长期以来在中国文论史的书写中，女性批评和少数民族批评大多是在视域之外并且缺少席位和话语权的；所谓"在场"，是说女性批评和少数民族批评尽管常常被遗忘在主流化书写的史著之外，但自古以来二者的客观存在是任何人也抹不去的。长期以来，思维定势使然，在历史形成的男性本位和汉族中心的话语框架中，作为性别"他者"的女性批评和作为族别"他者"的少数民族批评在传统中国文论体系中同处边缘地位，造成了中国文论史在书写上的某种偏向。中国古代文学批评及理论研究史成为独立学科的标志是 1927 年陈钟凡的《中国文学批评史》问世，1997 年北京师范大学出版社出版的《回顾与反思——古代文论研究七十年》即以此为学科起点。《回顾与反思》分别从资料整理、史的编撰、专题与范畴研究以及大陆和港台、古代与现代等入手梳理了古代文论研究的历史与现状，涉及的信息不可谓不广，但遗憾的是，书中不见有关于女性文论的专门章节。[2] 明乎此，再来看彝族阿买妮的诗学，其在中国文学理论发展史上的成就和

---

[1] 巴莫曲布嫫：《鹰灵与诗魂——彝族古代经籍诗学研究》，社会科学文献出版社 2000 年版，第 220 页。

[2] 参阅李祥林《性别、民族、中国文艺批评》，《民族文学研究》2008 年第 2 期；《徘徊在缺席和在场之间——中国文学批评史上的女性声音》，《南开学报》（哲学社会科学版）2014 年第 4 期。

价值绝不可低估。

彝族诗学著作涉及的美学话题宽泛，不限于文学。举奢哲的《彝族诗文论》中，就设有专章"谈工艺制作"，其开篇云："在那古时候，世间的人们，啥也不知道——不知啥叫美，不知啥叫巧。"接下来，便叙述栖居在岩洞、箐林的先民开始动脑筋、想主意建造房屋，"房屋造好了，手艺也会了"，"心灵手也巧，技术更高超"。心灵了，手巧了，又"打石做工具"，并用石刀将捕猎的动物剔肉剐皮，用兽皮制作衣物，然后再开采铜矿、铁矿、金矿、银矿，"从今往后呢，就在人群中，雕绘便兴起。金银器物上，刻凤又雕龙，景象万千种"。随着"工艺和技术"的发展，又有了房屋的装饰，有了衣裳的绣花。衣服绣花分男女，"花饰不大同"，而且花色多样，"有绣五彩云，有绣火闪形，有绣龙凤图，有绣百花盛"。彝族有古老的文明，也有发达的民间工艺，如今天被列入非物质文化遗产代表作名录的漆器、银器、刺绣、服饰等制作技艺，令人由衷赞美。举奢哲在其诗学论著中谈房屋建造，谈工具制作，谈雕绘工艺，谈刺绣技术，凡此种种，为我们研究彝族造物历史和工艺美术提供了不可多得的信息。这种对本民族工艺史的论述，也见于后世彝族诗学家笔下，如大致生活在唐代的布塔厄筹在《论诗的写作》中讲诗人写"工匠"得知"工匠根"（来历），讲到戈阿娄（传说中能工巧匠的祖师爷）三个儿子如何去开矿冶炼白银、黄金以及寻找卤水熬制食盐。随后，布阿洪在《彝诗例话》中，也言及彝族古歌中讲述阿龙嫁女，种麻纺纱织布为其女儿制作嫁妆，等等。"彝地山岳多，山多水也多。"[1]彝族诗人笔下多写山水之美,这跟他们的生存环境有关。阿买妮在《彝语诗律论》中谈到如何描写大山、大河、动物、植物之美时,就每每赞颂"美呀大山美,翠呀大山翠;大山的各处,处处好风光;大山的四方,处处绿油油",并留下一段警示性文字:"很古的时候,白云大山上,住有一对獐。白云大山呀,它是獐的家,也是獐的屋。獐在山里时,美呀大山美,翠呀大山翠。如今有一天,獐被人抓住,獐给人捉来。白云大山呀,真呀真可怜。獐在的时候,美呀大山美,翠呀大山翠,可是如今呢,獐也不见了,山也不美了。可怜呀可怜,大山多可怜。可怜呀可怜,可怜獐子呀,确实真可怜!"动物被捕猎,大山美不再,这实际是一个深刻的人类学隐喻:由于人的贪婪,由于人对周边自然环境的掠取,人与大自然的和谐关系被破坏了。由此反射出的,正是彝族向来重视与大自然保持和谐相处关系的生态美意识。

第二节 审美范畴异同

《文心雕龙》在中国文论史上影响深远,"风骨"作为其中名篇,是刘勰"把汉魏以来品评人物的'风骨'概念,取其精神,加以改造,移用于文学"[2]的成果,而"骨"亦是贯穿华夏古

---

[1] 彭书麟、于乃昌、冯育柱主编:《中国少数民族文艺理论集成》,北京大学出版社2005年版,第347—348页。

[2] 赵则诚、张连弟、毕万忱主编:《中国古代文学理论辞典》,吉林文史出版社1985年版,第443页。

典美学体系的核心范畴之一,"两汉人物品鉴重骨法"[1],诗歌、绘画等也时时讲"骨格""骨力"。值得注意的是,在中原传统美学之外的彝族阿买妮的诗学论著中,也随处可见"骨"范畴的使用,不但表述自成系统,其美学含义亦别具特色,如:"举奢哲说过:'每个写作者,在写诗歌时,声韵要讲究,人物要写活。诗文要出众,必须有诗骨,骨硬诗便好,题妙出佳作。'"又如:"文章讲音美,诗贵有硬骨;无骨不成诗,无音不成文。"在她看来,"诗骨从旨来","写诗抓主干,主干就是骨",创作者要根据不同内容确立不同的诗"骨",所谓"诗骨如种子,种子有各样,各样种不同",同理,"诗骨各有异","因诗而不一",切忌笼统划一。作品是有机的整体,"骨"与"肉"相对,"骨肉紧相连,整体不能分",诗人务必处理好二者关系,否则,"只有骨头在,没有血肉身,写出的诗文,骨立就差了"。按照彝族诗歌美学理论,这"骨"直接与诗歌的情、意、美相关,是关系作品能否传世的命脉所在,它决定着作品的艺术生命力,"诗若无骨力,任你写得多,再多也无用,后传没有根"。因此,这位女诗学家再三强调诗歌要有"骨力"。阿买妮之后,大约生活在宋代的布阿洪论述"诗的美"和"诗的精"也认为"凡是好诗呀,诗的骨力精,诗的骨力劲",与之同理,"经文也一样,骨力就是主,骨力就是干",因此,"每个诗作者,写诗要抓骨","诗体和诗骨,都是诗的主"。[2] 放宽视野,对"骨"的看重又是彝族文化的极重

---

[1] 成复旺主编:《中国美学范畴辞典》,中国人民大学出版社1995年版,第659页。
[2] 彭书麟、于乃昌、冯育柱主编:《中国少数民族文艺理论集成》,北京大学出版社2005年版,第391、399页。

要特征之一，非唯体现在其传统诗论里，也投射在其画学中。以出自凉山彝族毕摩之手的民间美术为例，他们在仪式中绘制的神图、鬼板就是以线条来"画骨"作为其构图的主要方式的。当年，马长寿曾从毕摩经籍中搜集彝族绘画，将其分为"原始图画""番汉化画""汉化画"三种，指出第一种"为木笔濡墨所绘，故古朴可爱，饶有罗彝原始文化之风格"，是属于"纯罗式的"。[1]

务必看到，彝族绘画对"骨"有其独到的美学理解和艺术处理。毕摩画是彝族绘画中最古老者，有彝族作者说："根骨论是笔者对凉山彝族毕摩绘画艺术的基本审美理念的一种概括。用最原始简易的竹签为画笔，以锅烟灰、动物血、赤土研磨成墨黑或红色，在兽皮、布料、纸、木板、鬼魅偶像上描绘，它从'内质结构'入手，创造了独特的'根骨'画法、'髅骨'画法。即用随意、扭曲、变形的手法描绘对象，从内往外画，先画'骨'，后画'皮肉'，即观物之表而绘物之里，反其道而行之，是凉山彝族毕摩独特的绘画技法，这是毕摩画师寻求艺术样式的最高境界。毕摩画师能悟出这一独特的绘画技法，并运用于实践中，这对彝族毕摩绘画语言的探索乃为最大的突破。这种绘画理念来源于彝族人更深层次的哲学思想，彝族人是最讲究'根骨'意识的。彝族先民有用根骨思想划分等级的习俗。以骨头的纯正程度来鉴定其地位和等级，由此划分出骨头'硬'或'软'，即'高贵'或'低贱'等等，这种崇骨习俗在凉山彝族毕摩画中得到了充分的体现。在日常生活中或人们的精神领域也讲'骨气''骨

---

[1] 马长寿：《凉山罗彝考察报告》，巴蜀书社2006年版，第522、518页。

力'等,这与凉山彝族毕摩画中的'内质结构'画法有着直接的关联。"[1]此前,有彝族学者撰文指出:"彝族毕摩绘画却恰恰相反,其特征是不是从皮肉看骨头,不是由表及里,而是从骨头看皮肉,由里及表,可谓'画龙画虎先画骨'。"[2]在其看来,出自毕摩之手的经书、神图、鬼板是大凉山彝族原生宗教的产物,从其神秘诡谲的图像、"画骨"写意的线条、泼墨凝重的字符、古拙质朴的形制中,可以见到历史悠久、蕴涵深厚、活化生动的原生性巫祭造型艺术,并从中读解其丰富的民俗文化底蕴,也可由此寻绎诸多早已淹没在历史风尘中的古文化谜底,从而为考究中国远古羌戎文化源流中的彝族毕摩文化、纳西族东巴文化以及"藏彝走廊"的族群历史与文化分合之关联提供参照。2012年4月,在四川省第五批省级非遗项目代表性传承人评审会上,有凉山彝族自治州美姑县毕摩绘画传承人刷日拉都的材料,其中介绍其技艺特点时即指出:"抓住'骨'的本质特征,以'线条'为主要造型,舍其外形轮廓,画物之'骨'像。体现出拙稚古雅、浑然天成的韵味,又富有力感。"[3]在彝族的审美意识中,"'骨'凝聚了对象的灵性与血脉,只要抓住了'骨'便切中并概括了对象的根本;'骨'连带着对象的'血亲'与'近亲',只要画出了'骨',便把握并超越了对象以及与对象发生关联的'类

---

[1] 瓦其比火:《论彝族毕摩绘画艺术的形式表现与审美意识》,《四川戏剧》2009年第5期。

[2] 巴莫曲布嫫:《"画骨"传统与文化渊流——彝族毕摩巫祭造型艺术探源》,《民族艺术》1998年第3期。

[3] 四川省第五批省级非物质文化遗产项目代表性传承人推荐表《毕摩绘画·刷日拉都》,凉山彝族自治州美姑县文化馆编制,2011年10月。

群'之全部和整体"[1]。尊重"地方性知识"的当代人类学提醒我们,对于任何一个族群,对于任何一种文化,只有尽可能尊重当地人的"主位"立场,结合其"在地性"语境,关注其"在地性"生成,才能把握其"在地性"特征,认识其"在地性"价值。

"画骨"的毕摩绘画也被借用在舞台意象创造中
(彝族大型歌舞《秘境家园·尼木美姑》,笔者拍摄)

"天地有万物,万物都有根"[2],凉山彝族克智说辞中有此语句。在族群意识上注重血脉根基的彝族文化中,"骨"以及

---

[1] 巴莫曲布嫫:《神图与鬼板——凉山彝族祝咒文学与宗教绘画考察》,广西人民出版社2004年版,第132页。该书有专章"'画骨'风格与文化传承",言及彝族民间绘画的"根骨"意识和"画骨"传统,可供读者参考。务必指出,从画论角度看,来自彝族的这种"画骨"理论自有其民族文化内涵及特色,倘若简单搬用汉族绘画美学中的"画骨"学说去阐释,是会错位的。
[2] 凉山彝族自治州人民政府组织选编:《中国彝文典籍译丛》第2辑,四川民族出版社2006年版,第194页。

"根"作为彝族传统诗学范畴,有基于本民族的文化积淀和本位内涵。对万事万物之根脉的看重是彝族文化一大特征,如《彝族创世志》云:"白雁迎土根,青鸿迎地根,兹吐迎女根,凤凰迎男根。胆肺人的根,身躯人的根。舅家的住地,所有根源到。"[1]翻开彝文古籍《物始纪略》第一卷,我们看到,紧接在"天地的产生"之后,便是"风的根源""雾霭的根源""万物的根源""种植的根源""医药的根源""女权的根源"等重要篇章,关于"根源"的叙事占了其中相当大的篇幅。彝族民歌《谁是发明创造的英雄》[2],以天真小孩刨根究底的口吻一口气提了20多个问题,如"射落六个太阳七个月亮的英雄是谁""开天辟地的英雄是谁""修房造物的是谁""打卦占卜的是谁""驯养马匹的是谁""火把节是谁兴起的"等,然后一一作答,也在口头文学中强化着族人的万事求根源意识。对"根"的重视之所以成为彝族诗学传统,盖因彝族文化本身有强烈的"寻根"诉求,《指路经》所昭示的"魂归祖界"即是彝人心目中的永恒意象。"彝族是一个崇拜知识、喜欢思考、用诗思维的民族,对一切事物都要寻根问底,探索其渊源,寻究其来历。寻根是彝族的一种普遍的思维方式,这种寻根思维,正是彝族古代文学的旨归。"[3]他们深信,"万物有根源","有根枝叶茂","有源水才深",并且再

---

[1] 陈朝贤、杨质昌主编:《彝族创世志》(艺文志),四川民族出版社1991年版,第23—24页。
[2] 吉则利布、克惹丹夫、阿牛木支整理译注:《彝族传世民歌》,四川大学出版社2018年版,第17—18页。
[3] 王明贵:《彝族古代文学总观》,《民族文学研究》1999年第3期。

三告诫"叙根别错乱",谱系要清楚。[1]反映在彝族诗学中,"根"这个范畴屡屡出现,如"文根""诗根""音根""书根"等,佚名《彝诗史话》讲"彝诗书之根,书根要讲音,音要讲音根","写诗要抓根,根要诗中有;有根诗有体,无根诗不生",举娄布佗《诗歌写作谈》称"谈诗要寻根,有根方为上。彝诗无根底,不算好诗章"。彝族诗学中的这"根",又是与"骨"范畴密切关联的,基于本民族生活及文化中特有的血统观念。[2]至于阿买妮《彝语诗律论》讲的"诗有多种角,诗角分短长","韵协声调和,诗角更明朗",这"角"就更是有关彝族格律诗的又一独特诗学范畴,其涵义有待学界深入阐发。在多民族中国,在民族与民族之间长期文化互动的语境中,少数民族诗文论有跟汉族诗文论相通之处,与此同时,也不乏有其自我文化积淀和族群特色的话语系统,对其中异质性特征我们要充分尊重,切忌作简单化的"大一统"式对待,更不可戴着有色眼镜视而不见。

诗性智慧使然,"彝文文献中,有许多是史诗、神话文学作品,这些古籍大都是五言或七言的诗体。几乎每部彝文文献都是绚丽多彩的诗句,表现手法非常高明,艺术性强,语言生动,内容丰富,思想性和哲理性很强的文学作品,对于研究彝族文学有

---

[1] 贵州省毕节地区民族事务委员会编、贵州省毕节地区彝文翻译组译:《物始纪略》第一集,四川民族出版社1990年版,第256—257页。

[2] 如方国瑜指出,彝人见面,彼此"盘根古""找亲戚""认家门"是传统习惯。(方国瑜:《彝族史稿》,四川民族出版社1984年版,第3页)彝族谚语也说:"河是鱼根本,山崖是蜂根本,家支是黑彝根本,百姓是土司根本。"(朱文旭:《彝族原始宗教与文化》,中央民族大学出版社2002年版,第269页)这种文化意识,自然而然地渗透在彝族的艺术及美学中。

很高的价值"[1]。如前所述,"以诗论诗"是本土诗学传统,唐代司空图就是以四言诗形式论诗,如"超以象外,得其环中","不着一字,尽得风流","意象欲出,造化亦奇"等。其实,在汉族以外族群中,诗性智慧本是他们天然所擅长的。这种被学术界称为"后设诗歌"(metapoem)的以诗评诗形式,在汉族以外族群中并非鲜见。譬如,五言诗体是彝族诗歌的主流,举奢哲在《论历史和诗的写作》中就讲:"彝族的语文,多是五字句,七言却很少,三言也如此,九言同样是,也是少有的,五言占九成,其余十之一。""以诗论诗"在其他彝族诗论家笔下亦见,如生活年代大约为南宋时期的布麦阿钮,其《论彝诗体例》曰:"诗文有各种,各种体不同,各有各的风,各有各的骨,骨肉各有体,血肉各有分。诗歌有多样,各样有差别。""诗中各有主,主体各不同,题由主所出,骨肉紧相连。""万类诗中出,各各显圣灵。性质各不同,四季乃分明。"不同的文艺作品有不同的骨,犹如彝人内部有"黑骨头"和"白骨头"之分,彼此是混淆不得的,这是诗文创作和诗文审美不可忽视的关键问题。彝族以诗论诗也很有特点,例如佚名的《论彝族诗歌》云:"对于诗歌呀,诗歌体又多,文体各有类,类在诗美妙。谈到诗美妙,美妙在哪里,怎样才美妙?我来说一说。妙在有文根,根在扎得深,深在知识富。知识靠积累,积累靠钻功。钻功在刻苦,刻苦在勤奋……"从修辞方式看,由于上下句之间使用了连珠体,让人读起来朗朗上口,不但有奇妙的形式美,而且便于诵读和记忆。

---

[1] 朱文旭:《彝文古籍及其研究价值》,《兰州学刊》2012年第5期。

针对以上问题，有论者指出："少数民族是用'诗'进行思维的，这也同样反映在他们的诗论上。祜巴孟的《论傣族诗歌》虽然用的是散文体形式，但语言内质却仍是'诗'的，也就是说，它是通过一种诗性的语言来表达对文学艺术的理性认识，这在整个少数民族中具有一定的普遍性。这与他们仍然大量保留着原始思维经验有关。事实上，这种以'诗'来进行理性思考，而不是通过逻辑概念来表达，也是整个中国古代诗学的悠久传统和特点，这与西方理性主义诗学是不同的。这一点，在少数民族诗学中表现得尤为突出。"[1] 单从文体形式看，从散文化的"诗性语言"到格律化的"诗歌语言"，后者在诗论之写作技巧上又有推进。总之，"以诗论诗"既见于汉族诗学，也见于少数民族诗学。"这究竟是一种什么样的文化现象？颇值得深入研究。对于这种文化现象，我们不能简单地就归之为谁影响了谁的问题，也不能依据这一点就认为哪一个民族的诗学更为古老和悠久，但中华民族共同的文化背景，应该是形成这一文化现象的深层原因。"[2] 也就是说，立足"同中有异，异中有同""你中有我，我中有你"的中华美学及艺术的历史背景，我们对此当有实事求是的认识和把握。

---

[1] 张胜冰：《从远古文明中走来——西南氐羌民族审美观念》，中华书局2007年版，第203页。

[2] 张胜冰：《从远古文明中走来——西南氐羌民族审美观念》，中华书局2007年版，第204页。

第三节　其他话题

彝族有文字，亦有丰富的文献（祭经、律历、诗文、谱牒、卜书、碑刻、信札以及见于木牍、布帛、铜器、陶片、皮甲、兽骨、畜角等的）。如在云南，在红河哈尼族彝族自治州发现的木刻本《尼节审》有5000余行，在罗平县发现的《玄通大书》有14余万字，镇雄县搜集的彝文古籍有300多部；[1] 又如贵州，据彝族学者王子尧介绍，毕节市七县一区就有彝文古籍16000余册（部），其中七星关区有1800余册、大方县2200余册、威宁彝族回族苗族自治县1100余册、赫章县3000余册、黔西县1150余册、织金县180余册、纳雍县1300、金沙县800余册、百里杜鹃区300余册。在贵州省六盘水市，水城、盘县、六枝、钟山四县区共有8000余册（部）。彝文古籍在民间散藏数量不少，以汇集川滇黔彝族文献的《爨文丛刻》为例，收入《千岁衢碑记》、《说文》（又名《宇宙源流》）、《帝王世纪》（又名《人类源流》）、《天路指明》、《夷人做道场经》、《玄通大书》、《武定罗婺夷占吉凶书》、《献酒经》、《解冤经》、《权神经》等十多种彝文经典。[2]

---

[1] 巴莫阿依：《彝族祖灵信仰研究》，四川民族出版社1994年版，第164—174页。
[2] 爨文即彝文，该书由丁文江编，翻译者是贵州大定的彝族经师罗文笔，全书连注音、释读、意译共100余万字，1936年由商务印书馆出版。1981年起，由马学良主持学术团队，对《爨文丛刻》进行增订，随后出版。丁文江是与李四光、翁文灏齐名的地质学家，当年深入彝族地区的他"还是少数民族语言文字研究的拓荒者"（丁文江编：《爨文丛刻》，四川民族出版社1986年版，序第1页），为保存彝族文化作出了重要贡献。

凡此种种，从资源存量看不可谓不丰厚。研究彝族传统诗学，有名有姓的作家理应重视，佚名论著也不可忽略。如今被定名为《彝诗史话》的篇章，出自古籍《实勺家谱》（实勺乃古时彝族最显赫的部族之一），其篇幅不算短，其中论述了彝族诗学开山祖师举奢哲、阿买妮的业绩，是不可多得的彝族古代文论史料。类似篇章还有上述佚名的《论彝族诗歌》，其中对彝诗之"体"的分析以及对如何写好这些"体"的论说，对于创作者甚有参考价值。

除了专篇外，彝族说诗论文道艺的言语又不时闪烁在其传世文献的字里行间，如水西土语区的《西南彝志》中有"论歌舞的起源""论尼伦的歌场""论天地的歌场"等篇章，涉及远古彝家"哎哺"（天地、阴阳、男女）社会也就是原始时期的文艺起源及仪式呈现，其中谈到歌师找对手时云："'我俩是慕施，以歌诗相会。你知的要唱，你懂的要吟，读论文也可，歌雅颂也行……'歌师宣雅颂，歌师讲论文。"又云："广阔斋场里，平坦舞场上，歌诗又论文，论文又读史，滔滔不绝的，幽雅真悦耳。"[1] 所谓"慕施"，指歌师、歌手，他们能说擅唱，是彝族文艺及民俗活动中的重要人物。乌撒土语区的《彝族创世志》里亦有"没有引歌笙，歌师难开口"，"但无引歌灯，歌师难开口"之类记述，还记述了歌师请东南西北中五方"歌神"的仪式过程："你若是歌神，请下歌

---

[1]《中国少数民族古代美学思想资料初编》，四川民族出版社1989年版，第431—432页。

场来,下来设歌场。""你若是歌神,请下歌场来,下来执歌事。"[1]歌场上,人们着艳装摆酒宴,"赛大调小调","其舞皆优美",还有"人熊拿舞具,欢虎举舞灯,雄狮吹芦笙"的表演,[2]好不热闹。彝文古籍《土鲁窦吉》(意为"宇宙生化")以阴阳(哎哺)立论,其中篇章《哎哺演化的花样》讲天地间的"花样"由于阴阳二气作用而"九千阳花样都开""八万阴花样亦现""九千禾花样都出""八万果花样亦现",诸如此类,可以从哲学美学角度释读。"克智"(又译"克哲")是凉山彝族口头文学瑰宝,常见于婚娶场合,带有斗智力赛口才的论辩色彩,男女两家参加婚礼者各自选出己方思维敏捷、知识丰富、能说会道的人作为代表,一边对坐饮酒,一边展开针锋相对的舌战,有进攻有防守,其论辩内容海阔天空、包罗万象,或叙事或抒情,或讲史诗,或引谚语,使用的语言通俗易懂,脍炙人口,富有音乐感。马长寿当年记录彝族婚俗时形象地称此为"口赛",云:"或赛庶物之起源,或夸远近之族谱,或述英雄美人之故事。滔滔讲述,口如悬河。远处闻之,如说大鼓书,如隔城骂战。近座诸人,并觉其气冲斗牛,沫溅四邻。其舌战胜者亦领主人红布一匹,抱于脑际,与跌交之胜者有同荣焉。"[3]作为彝族社会流传广泛的诗体口传文学,"克智"说词中谈到这种口头竞赛式艺术

---

[1] 陈朝贤、杨质昌主编:《彝族创世志》(艺文志),四川民族出版社1991年版,第295、281、299—300页。

[2]《中国少数民族古代美学思想资料初编》,四川民族出版社1989年版,第434—435页。

[3] 马长寿:《凉山罗彝考察报告》,巴蜀书社2006年版,第420页。"跌交"指摔跤。

对听众有巨大吸引力时亦云:"大地的人们,个个来听词,七天不放牧,七夜不吃饭。"[1] 如此谈论文艺的审美感染力,堪与汉语诗学中讲的孔子闻《韶》乐"三月不知肉味"相媲美。在云南楚雄,彝族谚语中的"访故事如深山里寻菌,编戏如金沙江里淘金","山上没有千姿百态的杂木,春天就没有万紫千红的花朵;世上没有形形色色的人,台上就没有各色各样的戏",诸如此类,则是对创作实践的经验总结,透露出朴实的美学观念。

彝族诗学发达,跟他们有本民族文字并世代尊崇知识、重视教育的优良传统不无关系。"附哎哺发光,产生了知识"而"贤人观察后,述它有根源"[2],此乃彝文古籍《土鲁窦吉》所言。彝语"哎哺"指阴阳,该书以阴阳理论阐释天地万物的由来及发展,意思是从观察阴阳变化产生了人类知识。对此问题,除了哲理式论述外,还有神话式叙说。相传,被毕摩奉为师祖的阿史拉则就是在大自然中观察鸟鹊,听其在树上唱歌,看其用嘴在地面画符号,于是"他就照样儿画,照样儿唱,拜鹊儿为师傅",由此受到启发,创造了彝文,写下了许多经典,"知识越发丰富"。[3]举奢哲在"谈到诗美妙"时,就指出:"妙在有文根,根在扎得深,深在知识富。知识靠积累,积累靠钻功。钻功在刻苦,刻苦

---

[1] 马布都等编译:《凉山彝族克智精粹》,四川民族出版社2005年版,第65页。
[2] 王子国整理、翻译:《土鲁窦吉》,贵州民族出版社1998年版,第229—230页。
[3] 吕大吉、何耀华总主编,何耀华等主编:《中国各民族原始宗教资料集成:彝族卷·白族卷·基诺族卷》,中国社会科学出版社1996年版,第253—254页。2020年8月,火把节前夕,我们去凉山彝族自治州金阳县参加村寨传统的剪羊毛节(当地彝语叫"哟莎茨")。车行高山,道路盘旋,一路上当地彝族朋友屡屡给我们讲述有关毕阿史拉则的故事,鉴于在当地保存的相关传说丰富,由金阳县申报的"毕阿史拉则传说"被列入了国家级非物质文化遗产代表性项目名录。

在勤奋。苦练长见识,识广构思新,笔下出影形。"(《论彝族诗歌》)后人赞美先师举奢哲,亦云:"举奢哲他呀,读书很用功,眼过千卷书,能背千篇文。读过多少年,背过多少月。"[1]流传在大小凉山的《玛牧特依》,汉语意译为《教育经》《训世经》,是重要的彝族教育经典,其中强调人需要学习和终生学习。尽管彝族社会重根骨意识、讲阶层区分,但在他们看来,世间万事万物,论地位没有高过"知识"的,哪怕是掌管天下的君权也只能居其次,请听:"世间谁为大,世间知识大,君是第二名,臣是第三名。"因为,"有了知识后,知识代代传。用知识祭祖,用知识祭天,用知识祭祀,用知识诊病,知识收妖魔。有了知识后,君用它掌权,臣用它司令,工用它造物,子用它孝父,女用它敬母,探索大小路,条条通大道"。[2]在彝族民众看来,"世上无知识,一切都没有","有了知识后,人间很繁荣"。知识不但指引着为君为政之道,而且成就着百工技艺,规范着礼仪风俗,协调着人类生活,繁荣着人类社会,创造着人类文明。通过学习,"人有知识后,用来管宇宙,用来造树林,用它来种地。知识传开后,人人靠知识。世上的人们,代代都聪明。知识是金门,知识是银门,知识是铜门,知识是铁门,四门都有了,世间永流传"。[3]作为彝族诗学的鼻祖,举奢哲、阿买妮正是为彝族人民

---

[1] 彭书麟、于乃昌、冯育柱主编:《中国少数民族文艺理论集成》,北京大学出版社2005年版,第440页。
[2] 贵州省毕节地区民族事务委员会编、贵州省毕节地区彝文翻译组译:《物始纪略》第一集,四川民族出版社1990年版,第60、80—81页。
[3] 贵州省毕节地区民族事务委员会编、贵州省毕节地区彝文翻译组译:《物始纪略》第一集,四川民族出版社1990年版,第58、78、81页。

"传知识"的"大先贤";被定名为《物始纪略》的彝文古籍中,有名为《传知识》的专篇,这绝非偶然。今天,世人都熟悉近代西方学者讲的"知识就是力量",却不知在中华本土,古老的彝文典籍中老早就说过"学呀学文化,知识出力量,脑筋变聪明,人们都心灵"。[1]彝文古籍《土鲁窦吉》中亦再三强调"人生无知识,元气不充足",再三指出"人有了知识,成人威荣高","知识乾坤本,凡思者长寿","人有了知识,富贵又昌达"。[2]人有了知识才具备内在美,所以凉山彝族谚语说"鸟的美在翅膀,人的美在思想"。这种尊知识、重文化的族群理念,千百年来成为彝族民众头脑中根深蒂固的意识,助推着彝族史上本民族美学体系不断丰富和发展。

古往今来,中华美学及艺术研究是在不断拓宽视野中向前发展的。转换视角看历史,超越长踞中心却不免狭隘的传统中原诗学观,从汉族以外族群的"主位"立场出发关注彝族以及长城内外、大江南北诸多汉族以外族群的诗学资源(古代的和现代的),并且在族际比较视野中展开对其内涵的发掘和阐释,这对于我们以多元互动的文化理念深化整体意义上的中国文艺研究,完善整体意义上的中国诗学史、文论史书写,乃至进行当代意义上的"中华话语"的美学体系建构,都有重要学术价值和现实意义。诚然,过去长期由于语言和地域的距离,"我国少数民族大多分

---

[1] 贵州省毕节地区民族事务委员会编、贵州省毕节地区彝文翻译组译:《物始纪略》第一集,四川民族出版社1990年版,第109—110页。

[2] 王子国整理、翻译:《土鲁窦吉》,贵州民族出版社1998年版,第274、271、272、283、435页。

布在边疆,同经济、文化发达的中原地区相距甚远,在地理位置上具有'边疆性';而在文化上,汉文化是中原地区的主流文化,汉族文学占主导地位,进入中原地区的文学作品必须是汉文的。这样就造成大部分少数民族文学作品进入不了中原地区,在文化上具有'边缘性'"[1]。在此局面下,迄今有关中国古代诗学史的撰述基本是以汉语为表达媒介的,而少数民族语言写作的诗学典籍被译成汉语甚晚,众多研究者也就自然难以顾及后者。但是,又不能不看到,从《彝族诗文论》《彝语诗律论》等被译为汉文出版的20世纪80年代到经历了世纪转换的今天,已经过去许多年了,如此局面再延续下去是没有道理的。既然诸多族群的血缘维系着中华民族大家庭,既然诸多族群文化相激相荡的交流融合铸就了中华民族文化的整体,冠以"中国"之名的文学理论、文艺美学研究就不能长久滞留在单一族群视域中,其历史的书写也理应在汉民族美学与其他民族美学的多元观照中免除缺失,走向完善。

---

[1] 梁庭望、张公瑾主编:《中国少数民族文学概论》,中央民族大学出版社1998年版,第223页。

第十四章 火把节的审美人类学透视

凉山彝族自治州布拖县有"中国彝族火把节之乡"的美誉。节日是族群生活的重要体现，当地人亲切地称本民族年节为"眼睛的节日""嘴巴的节日"，归根结底，这欢意浓浓的火把节是"'人'的节日""'人'的颂歌的节日"。2015年10月在布拖举行的关于彝族火把节保护与发展的学术研讨会上，笔者以"当代视野中的彝族火把节"为题做大会发言，讲述的话题即为"彝族火把节是'人'的节日"。立足审美人类学，结合有关彝族火把节的口头表述和行为实践进行透视，可以加深我们对此少数民族节日的人文价值和美学意义的认识。

第一节 "火"为标志的彝族节日

火把节是彝族年节文化中极重要的部分，堪称彝族文化的一个标志性符号，彝族同胞对火把节有高度认同和深厚感情。在中国西部，在藏羌彝文化走廊上，过火把节的不仅仅是彝族（还有傈僳、纳西、拉祜、普米等族[1]），但相比之下，彝族火把节最有代表性，犹如白石崇拜之于羌族。因此，今天人们一提起火把节，首先就想到彝族；在国家级非物质文化遗产代表性项目名录中，彝族火把节亦是首批就被列入的。这个以"火"命名的节日，被世人谈论最多的是"火"（该节又名"火节"，明沈德符

---

[1] "火把节，是我国西南地区彝、白、傈僳、拉祜、纳西、普米等族的传统节日。各地节期不一，四川彝族一般在每年农历六月二十四日左右。"（《中国民间故事集成·四川卷》下册，中国ISBN中心1998年版，第828页）不仅如此，在西南诸民族当中，有关火把节的口头文学还同中有异，"各有关于这个节日的来历的不同神话传说"（袁珂：《中国神话史》，北京联合出版公司2015年版，第410页）。

《万历野获编》卷二十四"风俗·火把节"云"俗言火把节,野史作火节"),节日活动中最壮观的场面也是夜晚人人手持蒿枝的"打火把"。对节日火把场面的描述在明代蜀地文学家杨慎的《夜宿泸山》有见,并被书写在邛海畔泸山景区大门前,诗云:"老夫今夜宿泸山,惊破天门夜未关;谁把太空敲粉碎,满天星斗落人间。"[1] 又如,彝族认为过火把节是要长出的谷穗像火把一样粗壮。后人以此祭火驱家中田中鬼邪,以保人畜平安。节日期间,青年男女点燃火把,到村寨田间活动,边走边把松香撒向火把照天祈年,除秽求吉。人们还利用集会欢聚之机进行社交或情人相会,还有在节日期间开展商贸活动的。纵观人类发展史,"火"之于人类文明的至关重要意义不言而喻,其对于彝族生产生活的重大作用也人人皆知。火把节之于彝族,是"火"的颂歌,也是"人"的颂歌,对彝族火把节中所突出的"人"这个主体以及"人"的智慧、力量、精神,应给予充分关注。

在中国西南地区,彝族分布在川、滇、黔、桂的广大地带上,这里山高谷深,地形复杂,文化多样。关于火把节的来历,因为地区差异在彝族民间形成了种种传说,这些传说组成了一个丰富多彩的口头遗产体系,并被收集在书籍中,也投射在网络上。就当下所见,《中国民间故事集成·四川卷》收录两则火把节传说,分别采自美姑和金阳,均涉及天神的儿子或管事死于人间壮士之手后的"赔罪"型故事。关于火把节的传说,为今人常见者有三种。其一,相传天神恩梯古兹派喽啰到凡间危害众生和庄稼,人们在英雄支格

---

[1] 此诗又名《观火把节》,据考证是杨慎贬谪云南后某次返蜀途经建昌时所作,见孙德刚《杨慎〈观火把节〉诗考》,《凉山大学学报》2002年第2期。

阿鲁率领下毫不畏惧，在农历六月二十四这天用火把焚烧了害虫，战胜了天神，于是彝族人把这天定为火把节，代代相传。其二，据《西昌县志》，唐开元间有邓赕诏，系六诏之一。蒙舍诏欲吞并其他五诏，于星回节召五诏令饮于松明楼。邓赕妻慈善劝丈夫不要去，丈夫不听，临行前赠夫以铁钏，结果其夫至蒙舍诏后因火焚楼而丧命。慈善凭铁钏寻回其夫遗骸。蒙舍诏惊异其聪慧，以币聘之，慈善以夫君未葬为辞，于樱城自守。蒙舍诏以兵围之，三月食尽，慈善盛服端坐而饿死。由此，滇俗形成六月二十四日火把节，火把用以照田祈年，以炬之明暗占卜丰歉，届时戚友会聚，宰牲饮酒，夷汉同之。其三，是说远古时期天上的大力士和地上的大力士二人摔跤，前者被后者战胜，狼狈地逃回天上，跑到天神面前拨弄是非。天神不分青红皂白，迁怒于人间，遣派大量害虫到地上糟蹋庄稼，危害人民。人们点燃火把到田间驱除虫害，战胜了天神，这天正好是农历的六月二十四日，从此彝族人把这天定为火把节。以上三个

彝族神话英雄形象也展示在火把节彩车上（四川西昌，笔者拍摄）

传说，从故事类型看，或传自口碑，或见于文献，有神话性表述，有历史性叙事，对此该如何理解呢？

　　以上传说，乃是关于彝族火把节的众多传说中较有代表性的说法。诚然，火把节传说众多[1]，也可以有诸多解析。由于行文篇幅有限，笔者暂且放下因时代、地域、社群而异的这个"诸多"，就立足文化人类学，从读解这三个传说出发，再结合其他方面，努力透视彝族火把节的人文意义。比较上述三种传说，传说一和传说三所述内容透露出更久远的根基，它们讲述的是彝族社会中铭记着古老文化记忆的"神话历史"，把我们的目光引向彝族先民的"神话生活"。关于火把节起源的诸如此类神话性叙事，在彝族地区流传最广，也最为普通彝族百姓所耳熟能详。纵观彝族火把节传说，正如彝族学者所指出，"火把节传说有很多异文，虽来源各有不同，但都大同小异，其文本结构都按人与神的斗争──→人战胜神──→神进行报复──→人再次战胜神──→庆贺胜利和夺得丰收的叙述程式来结构故事。这些不同的文本都具有强烈的人本精神，都是以宣告人的胜利、神的失败而告终的，这与神话中以神为主导的叙事方式是不同的"[2]。如上所述，《西昌县志》记载的则是跟唐代大理六诏历史有关的一个烈女型故事，在地域性叙事中她被称为"慈善夫人"，说她"美貌又能干"，在蒙舍诏主皮罗阁搞阴谋烧死连她丈夫在内的其他五个诏

---

[1] 四川民族出版社1994年出版的《彝族文学史》第三编将彝族地区各地火把节传说梳理归纳为九类，诸如此类故事为我们多向度解读火把节这个彝族文化的载体提供了参考资料。

[2] 巴莫曲布嫫语，见央视网·民俗频道·火把节专题《节日解析：火把节的民俗文化内涵》，2003-07-22。

主后,拒绝了皮罗阁的逼婚而最后守节而亡。由于这种烈女型故事,也有说法称"火把节是纪念古代一位彝族女性的节日"[1]。纵观彝族民间文学与民俗生活,其中不乏跟女性发生联系的传说故事,也体现出彝族社会历史上某种未必不明显的尊崇女性情结[2]。然而,无论从故事发生的时代看,还是从道德化的历史叙事看,较之洋溢着初民诗性智慧光辉的传说一和传说三的口头叙事,传说二无疑是后起的(且不说该故事的地域性)。当然,不管故事是早起还是晚起,对"人"的颂唱、对"人"的赞美都是彝族火把节及其起源传说中最耀眼的主题,而这种以人为本的"人本文化"又是以对善的张扬和对恶(不管这"恶"的主体是神还是人)的抗击为基调的。

关于火把节起源,彝族学者所著《凉山彝族礼俗》辑录的三个代表性故事与上述稍有出入,如其中女性故事说的是彝家美女拒绝荒淫残暴的汉官逼婚而宁死不屈,叙事融入反抗压迫的意识,曰:"很早很早以前,彝区地域辽阔,遍地居住着彝人。彝家的姑娘十分漂亮。特别是阿诗阿娜美得无言可喻。汉官到处打听美人,听到哪里有美人就抢,就夺,美人的未婚夫抓来就关,美人的爱人抓来就杀。"阿诗阿娜的未婚情哥也被杀害了,抢了

---

[1] 伍精忠:《凉山彝族风俗》,四川民族出版社1993年版,第201页。
[2] 尊崇女性情结在彝族文化史上有古老的根源,如彝文古籍《物始纪略》中有专章"女权的根源",云:"很古的时候……子却不知父,子只知道母。一切母为大,母要高一等,所有的事务,全由女来管……她就是君长,人人都心服,一切听她话,她说了就行。"(贵州省毕节地区民族事务委员会、贵州省毕节地区彝文翻译组译:《物始纪略》第一集,四川民族出版社1990年版,第36—37页)历史上,彝族社会曾经历从母系到父系的转变,在此转变之前,女性作为"人"之颂歌的主题是自然的。

她的汉官要她做小老婆。阿诗阿娜"一心一意想着不能玷污彝家姑娘的纯洁",她假装允嫁,对汉官提出三点要求:"第一件,给我换全新的绫罗绸缎制作的衣裙;第二件,办隆重葬礼送我的情哥哥;第三件,须请我父老兄弟九方人。"见诸事办妥后,女子进入洞房,点燃大火,殉身火海。[1] 就族群叙事看,见于口头的这个烈女型故事又跟《万历野获编》卷二十四所录有相近之处,后者引《南诏通记》:"汉时有酋长曼阿奴为汉将郭世忠所杀,其妻阿南,汉将欲妻之,赠以衣饰。阿南恐逼己,给之曰:'能从我三事则可,一作幕次祭故夫,二焚故夫时衣,易新君衣,三令国人遍知礼嫁。'明日如其言聚国人,张松幕置火其下。阿南袖刃出,令火炽盛,乃焚夫衣,告曰:'妾忍以身事仇!'引刀自断,身扑火中。国人哀之,以是日然炬聚会以吊节妇。"[2] 道德化文本中这个节烈女子的故事,在泾渭分明的善恶判断下唱出的依然是"大写的人"的赞歌,表达着彝族社会传统的"人"观。"乌云遮不住太阳,冰雪压不死野草","青草不怕石头压,伸出头来腰仍直","宁为短命贞洁鬼,不作偷生失节人","走路要走得弯,为人要站得直","一人立志,万夫莫夺",[3] 彝家谚语所道出的这种人格精神,也体现在此事例中。就整体言,《凉山彝族礼俗》所录三个故事,无论口头神话还是历史传说,突出的主题仍是:"它们贯穿着与天斗,与神斗,与邪恶斗,并最后

---

[1] 王昌富:《凉山彝族礼俗》,四川民族出版社 1994 年版,第 383—384 页。
[2] 沈德符:《万历野获编》,中华书局 1959 年版,第 623 页。这个故事亦见于清《大理府志》等。
[3] 《中国谚语集成·四川卷》,中国 ISBN 中心 2004 年版,第 26、178、185、146 页。

能取得胜利的思想。"[1]

总而言之，在扬善拒恶的口头与书面叙事之主旋律中，彝族火把节所高扬的并非"神本文化"，而是"人本文化"——从正面彰显"人"的力量和价值的文化。

第二节 "人本精神"的表述及张扬

上述火把节传说，有的是跟彝族崇拜英雄先祖的传统相联系的。神话传说中的支格阿鲁，又译支格阿尔、支格阿龙，是彝族人民敬奉的伟大祖先，他的英雄故事在大小凉山广泛流传，其神圣出生如彝族古歌《勒俄特依》所唱："远古的时候，天上生龙子"，"龙鹰滴下三滴血"，"就要生个大神人"……[2]支格阿鲁的英雄业绩中有"射太阳"和"降雷神"，所突出的正是人类在恶劣自然环境中为自我生存所做的不懈抗争，是"人的力量"借助神话代码的宣示。前者讲述他用神弓仙箭射落天上六个太阳和七个月亮中的五个太阳和六个月亮，只留下太阳和月亮各一，让人间过上了美好生活；后者讲述射日之后又有雷神作怪，支格阿鲁捉住雷神将其降服，使之不再祸害人类。本来，在人们熟知的故事版本中跟火把节起源直接相关的是"支格阿鲁家乡"的另一

---

[1] 王昌富：《凉山彝族礼俗》，四川民族出版社1994年版，第384页。
[2] 凉山彝族自治州人民政府组织编：《中国彝文典籍译丛》第1辑，四川民族出版社2006年版，第24—28页。

英雄[1],但作为民间文学所讲的"箭垛式"人物,支格阿鲁本人也被当作火把节起源故事中抗击自然灾害、维护族群生存的英雄主角,在笔者看来,这种口头叙事中的"挪移"现象(无论发生在过去还是今天)对于有崇尚英雄先祖传统的彝民来说,按照他们的思维逻辑未必不是顺理成章的。不管怎么说,这两个传说都是在"人"与"天"(神)的抗争中肯定、突出、张扬着人的"本质力量",唱响着天地间大写的"人"的赞歌。此外,循此思路解读,不难看出前面介绍的三种传说之三是彝族英雄先祖崇拜体系中的又一支系,故事里的地上大力士在民间口碑中有名有姓,较普遍的版本是:远古时期,天上的大力神思惹阿比和地上的大力士俄体拉巴比赛摔跤。思惹阿比失败后上天拨弄是非,天神大怒,撒下众多害虫糟蹋庄稼,粮食颗粒无收,民不聊生。英雄俄体拉巴率领人们点燃火把驱虫除害,战胜了天虫。还有一种传说是:天神恩梯古兹派出的喽啰到人间收苛捐杂税被杀后,为了报复而放出害虫祸害人间。俄体拉巴带领大家用火把焚烧害虫以保平安。无论支格阿鲁还是俄体拉巴,他们都是彝民尊奉的救世型英雄先祖,火把节起源传说中有关二者的超现实叙事,是彝族古老的祖先记忆中神话思维的灿烂结晶。

---

[1] 这位英雄即俄体拉巴(又作黑体拉巴),据有关传说,支格阿鲁射日除灾后,地上的人们过上了安居乐业的日子,可是,嫉妒人类幸福生活的天神又派天兵作孽于人间,后来支格阿鲁的故乡出了个英雄小伙叫俄体拉巴,他力大无穷又英勇无畏,率领族人与天神抗争。这个故事见于有关媒体。目前,《中国歌谣集成·四川卷》(中国ISBN中心2004年版)收入冯元蔚采录翻译的《支格阿龙》,四川民族出版社2008年出版沙马打各、阿牛木支主编的《支格阿龙》,其中均不见有支格阿鲁与火把节关联的叙述。那么,将支格阿鲁列入火把节起源故事的英雄谱,会不会是某种"传统的发明"呢?对此有兴趣者,可继续探究。

诚然，鬼神信仰在视万物有灵的彝族社会中普遍存在，但在对待神与人的关系上，彝族自有其观念和认识。有论者指出："凉山彝族认为，天地有神，并与人发生着联系，神常与人共同'生活'，时而和睦相处，时而刀枪相见，生死搏夺。……同时，凉山彝族还普遍认为，神并非万能，神仍然存在软弱、无能的一面，人能胜神。作为原始'教科书'的神话中，恩梯古兹就是至高无上的天神。他掌管着天地间的一切事和物，然而，他常在人们面前显得无能为力、无计可施。人和鸟兽的联盟行动，常使这位天神陷于被动、反求于人，而不得不按人们的愿望和要求办事的地步。《勒俄特依》中富有戏剧美的'武武娶天女'的神话便是其中的一例。大凡许多民族对神以敬祭求安，而凉山彝族除对家神外，一旦神降病、祸于人，则以枪炮击逐。他们认为神并不可怕，神也怕人、服人。这是彝族原始而朴素的、对立于唯心主义'神主宰一切'的谬论而存在的接近于唯物论的认识。"[1] 所谓"唯心""唯物"之说是时代给著书所留下的印记，此处不议，但这位论者所述，恰恰指明了彝族鬼神观念有其民族独特性，这种独特性对我们从"人"的角度解读彝族火把节不无启发意义。正如"彝族认为鬼有善、恶之分"[2]，神的行为在他们眼中亦有善恶之别。"善者以善相待，恶者以恶相待"，"亲善处朋友，凶狠对敌人"，"善无善报，善事无人做；恶无恶报，恶事纷纷来"，"放羊的应得羊，种粮的该得粮，栽恶的自遭殃"，"宁为善者忧，

---

[1] 王昌富：《凉山彝族礼俗》，四川民族出版社1994年版，第406页。
[2] 吕大吉、何耀华总主编，何耀华等主编：《中国各民族原始宗教资料集成：彝族卷·白族卷·基诺族卷》，中国社会科学出版社1996年版，第117页。

不为恶者喜","善必寿长，恶必早亡","为善最乐，作恶难逃",[1]彝族口头谚语有此表述。这种朴素的善恶分明观念，对我们理解彝族口传文学中的"人神相争"故事至关重要。当然，不屈服于天神之"恶"，并不等于说不与自然和谐相处，这在彝家人是心知肚明的。此外，关于火把节起源的人与神相争传说中，有的版本涉及"赔罪"说，云：天神恩体谷兹因儿子恩体拉巴死于跟地上大力士底里史热比高低，"为了惩罚人间的人，声言要在六月二十四日这天降灾于人间。人间的其他人不知道恩体拉巴死于底里史热之手，所以大家只得不明不白地向恩体谷兹赔罪，大家都说我们赔的是'没听到过的罪，没见到过的罪'"，从此每年六月二十四这天家家户户"杀牲口祭天，打火把以示赔罪"，希望天神勿降灾人间，[2]甚至打火把也被说成是人们担心晚上天神看不见赔的东西而为其"照亮"。[3]透过现象看实质，对此仪式性的"赔罪"，不妨视为彝民在"人神相争"中张扬"人"的胜利后一种试图修复和重新协调人、神（天）关系的象征性补偿行为。

纵观彝族神话传说，有关"人神相争"的叙事把情感重心向

---

[1]《中国谚语集成·四川卷》，中国ISBN中心2004年版，第94、95、97、100—101页。

[2]《中国民间故事集成·四川卷》下册，中国ISBN中心1998年版，第827—828页。有书籍称此为"屈神说"主题传说，但指出在关于彝族火把节起源的诸说中仍以"胜神说"主题传说居多。（四川省文联组编写：《四川民俗大典》，四川人民出版社1999年版，第241页）

[3]管树华主编：《中国民间文学集成·攀枝花市故事卷》，四川民族出版社1990年版，第266页。

"人"倾斜的例子并不鲜见。前文提及"武武娶天女"神话,武武又作武吾,指居木武吾,是彝族先祖故事中的重要人物,其家族谱系及非凡事迹见于史诗《勒俄特依》等。1987年从昭觉彝族乡民口头采录的故事《洪水漫天地》讲述到,"远古的时候,恩体谷兹是天神。石尔俄特过世,俄特俄勒过世,俄勒却布过世,却布居木过世"[1],人间的却布居木家养了三个儿子,老幺便是居木武吾。彝族口头文学记述,地上的人们在耕地时不小心触犯了天神母亲家的火葬墓,大怒的天神降下滔滔洪水一心要灭掉人类,洪水后幸存的居木武吾为了种族繁衍,在他救过的动物帮助下娶了天女[2]:"洪水泛滥后,没了女人。为了繁衍人类,被居木武武救于岸上的鼠、蛇、鸟等回报救命之恩,共同设计娶'天神'之女,却遭到了天神恩梯古兹的强烈反对:'神女怎能下嫁凡奴?!'鼠、蛇、蜂等略施小计,叼走其祖灵、叮咬其妻,使天神无法可医,只好求救于居木武武,'只要医好病,什么条件都应许。'小动物们头日敷良药,次日敷痛药反复捉弄之。'天神'答应妮拖姑娘下凡嫁人才上良药。"[3]在四川雅安地区石棉县栗子坪彝族乡采录的版本中,对大洪水后得救的蛙、鼠、蛇、蜜蜂、老鸦等动物设计帮助居木武吾娶天神女儿的过程,有颇为细

---

[1] 《中国民间故事集成·四川卷》下册,中国 ISBN 中心 1998 年版,第 764 页。

[2] 在《勒俄特依》所述洪水后人类始祖神话中,居木武吾(又作曲木乌乌)因藏身木柜随水漂到山上而得救,"曲木乌乌从木柜里出来,烧起火塘,救了漂荡而来的几种动物(有长蛇、蛤蟆、蜜蜂、乌鸦、老鼠等)。这些动物感他的恩,商议:地上的人都死绝了,人类就要灭种,要向天神替曲木乌乌求婚"(方国瑜:《彝族史稿》,四川民族出版社 1984 年版,第 411 页)。

[3] 王昌富:《凉山彝族礼俗》,四川民族出版社 1994 年版,第 337 页。

致、生动的描述。[1]妮拖姑娘就是居木武吾求娶的天神的三女儿兹俄妮拖,在关于人种起源的彝族神话中,她与居木武吾生下三个儿子,"长子名乌乌拉依,说出汉语,是汉族的始祖;次子名乌乌斯三,说出藏语,是藏族的始祖;三子名乌乌庚兹,说出彝话,是彝族的始祖。汉藏彝原是亲兄弟分衍出来的"[2]。根据口头传说,三个儿子生下来原本是哑巴,鸟儿从天神那里偷听到秘密后告诉了居木武吾,夫妻俩在火塘里燃烧黄竹使之爆裂,溅出火星才使三个儿子在惊叫中用不同语言说出话来。在彝族神话《勒眯取火》中,洪水退后动物们还帮助居木武吾从防守严密的天神恩体谷兹家偷学回了生火技术。诸如此类神话传说里,连自然界的动物也成为"人神相争"事件中助"人"取胜的帮手,[3]奇妙的口头叙事真的是意味深长。

第三节　"圣""俗"之间的行为实践

至于"眼睛的节日""嘴巴的节日"之类民间口碑[4],同样

---

[1]《中国民间故事集成·四川省雅安地区卷》上册,1990年8月,第12—13页。
[2] 方国瑜:《彝族史稿》,四川民族出版社1984年版,第411页。
[3] 类似叙事也见于火把节传说,天神因其到人间强征租税的管家被龙洞秋夫妇误杀后要后者赔罪,"彝族人们为龙洞秋两口子除掉这个恶人而大喜。所以,这一带的动物和植物都同意共同赔偿这个人命"(《中国民间故事集成·四川卷》下册,中国ISBN中心1998年版,第829页)。
[4] 按照彝族民间口碑,"眼睛的节日"主要指火把节,"嘴巴的节日"主要指彝族年。其实,从肯定和张扬世俗人生欢乐的角度看,火把节又何尝不是饮酒吃肉、大快朵颐的"嘴巴的节日"。

是从行为实践层面表明对火把节等的关注依然落脚在对现实人生和世俗生活的看重。

20世纪90年代出版的《凉山民间文学集成》收录了两首火把节歌，一云"来唱火把歌，点上三把火，来呀耍火把"（《唱火把》），一云"过年有定时，节定耍火把，来吧齐来耍"（《火把颂》），[1]两首歌都突出一个"耍"字（尤其是后者，再三唱的是"过节要耍三火把""良宵莫不耍火把"等等），可见彝族火把节洋溢着浓厚的世俗娱乐色彩，其目光是紧紧盯在纵情欢乐的活生生的"人"的身上的，是人的生活的"欢乐颂"，如采自金阳的故事所述：害虫来袭，火把燃起，人们举着火把行走在田间地头保护庄稼，"用火把烧死了害虫，夺回了丰收。彝族人感到无比高兴"，宰羊杀猪煮鸡做荞粑来庆贺，"还举行了各种欢乐的活动，有斗牛的、斗羊的、斗鸡的、赛马的、摔跤的，还有比美的"。[2]在凉山彝族地区，"火把节亦名'过小年'，每年六月二十四日，在昼间，各夷家椎杀牛羊，饮酒作乐以为贺，或一村共杀牛羊若干，众分其肉，烧而食之。在夜间，各村夷人齐集广场，中掘大火坑一，上架大铁锅，男女老幼，团团而坐。一时乐声大作，舞蹈如风，歌声远闻，震颤林木，是曰'火把节'，又曰'跳锅庄'。其俗，青年男女，牵手扶腕，绕锅庄而转，且歌且舞……歌舞既终，各持火把相斗，于是漫山遍野，火光夭矫，

---

[1] 凉山州集成编委会编：《凉山民间文学集成》（上·歌谣卷），西南交通大学出版社1993年版，第263、265页。
[2] 《中国民间故事集成·四川卷》下册，中国ISBN中心1998年版，第830页。

狂欢极乐，以此为最也"[1]。浓情满满的火把节三天，从祭火、传火到送火，从美食、靓装到竞技、歌舞，无不贯穿着群体狂欢，充盈着大众娱乐。通过这个人人参与的狂欢节，彼此又联系了情感，增进了交往，保持着文化记忆，强化着族群认同。彝族支系罗武人在火把节上要跳名为"大锣笙"的集体舞蹈，其《跳笙调》唱道："世世代代，罗武的生活很苦，只有像今天，才是我们欢乐的日子。不要怕天，不要怕地，我们都来唱，我们都来跳，欢欢乐乐度过今天的火把节。""每年火把节，都要这样唱，都要这样跳，不是现在才唱，不是现在才跳，老祖辈就唱，老祖辈就跳。我们都是照老祖辈唱，我们都是照老祖辈跳。"[2]《都载哆啰哄》是凉山彝族专门在火把节上唱的曲子，其开始便呼唤"舞火来玩火"，不但招呼并提醒"年轻姑娘们：快快舞火来玩火，今年不玩明年后年婆家去，那时后悔也枉然；年轻男人们：快快舞火来玩火，今年不玩明年后年杀敌去，死后想玩也枉然"，而且在尽情娱乐狂欢中大声宣告"过年三天没有吃错的，嫁娶三天没有说错的，过节三天没有玩错的"[3]，把这种着眼当下生活、注重现实人生的取向表露无遗。

从信仰民俗看，火把节之于彝族不单单是世俗性娱乐活动，一首采自喜德县的民歌唱道："来呀快来耍火把，用火把烧尽害

---

[1] 吕大吉、何耀华总主编，何耀华等主编：《中国各民族原始宗教资料集成：彝族卷·白族卷·基诺族卷》，中国社会科学出版社1996年版，第373页。

[2] 朱文旭：《彝族原始宗教与文化》，中央民族大学出版社2002年版，第125、127页。

[3] 王昌富：《凉山彝族礼俗》，四川民族出版社1994年版，第396页。

虫，用火把烧尽灾害，用火把烧尽饥荒。请赐给我们吉祥，保佑我们健康成长。"[1] 火把节除了具有驱虫除害的象征寓意以外[2]，还有庄严神圣的祭祖仪式。"凉山彝族每年固定的祭祖时间为彝族年和火把节"[3]，祭祖仪式在作为民俗生活的彝族火把节中绝不可少，只是各家根据经济情况有杀鸡宰猪献牛羊等差别而已。如在布拖县，据当地作者介绍，节日的头天"每家每户都先杀一只鸡，用鸡肉和荞粑祭祀祖灵，以图消灾、避祸、保平安"，并且向祖先唱道"今天是吉日，今天是火把节，我们今天过火把节了，你们的后代儿孙们，一年只在彝族年、火把节、粮食换新节三个节日中祭祀你们"，"求祖先保佑儿孙们"。[4] 祭祀已经逝去的"人"（祖先），求其保佑活着的"人"（后代），犹如

---

[1] 吉则利布、克惹丹夫、阿牛木支整理译注：《彝族传世民歌》，四川大学出版社2018年版，第125页。

[2] 关于火把节作为禳灾除害之象征，清同治《会理州志》叙述岁时民俗有云："云南鹤庆有妖物居山洞中，出则风雹损禾。一道人令居民乘夜然火，击鼓以助声威，遂除其患。今犹然火把以禳雹也。"（丁世良、赵放主编：《中国地方志民俗资料汇编·西南卷》，书目文献出版社1991年版，第382页）当然，打火把之于从事农耕的彝民不仅仅具有象征性，结合其生产生活从实用层面看，火把节前后在凉山彝族地区亦是收割苦荞时节，民国《西昌县志》记载火把节便说"持炬游田间者，焚除害虫，有益农事不小也"（丁世良、赵放主编：《中国地方志民俗资料汇编·西南卷》，书目文献出版社1991年版，第372页），因虫子见火光便飞扑，自投罗网，这是火把驱虫的原理所在。也有人认为，人们对火把节一是从心理出发敬天祭祖，希望天神与祖先保佑自己获得丰收；一是从照田烧虫的具体行为实践出发，以保证农业收成不受虫灾、旱灾等影响，从而获得丰收。可见，火把节的第一文化要义应是"农业祈丰"，是对人类有实用意义的农耕礼仪。

[3] 巴莫阿依：《彝族祖灵信仰研究》，四川民族出版社1994年版，第67页。

[4] 阿都日以：《激情燃烧的火把——彝族阿都文化集》，四川民族出版社2014年版，第6页。

《护送祖灵经》所唱"祭祀祖妣安,子孙会兴旺"[1],无论倾诉思念还是表达祈愿,"人"的主题在此都不言而喻。着眼地域差异,跟火把节相关的具体仪式除了祭祖外,也有的是祭山,在西南山地村寨中,这对依山而居的人们是自然而然的。归根结底,祭山仍是希望作为地盘业主的山神护佑村寨平安幸福,着眼点还是人的生存与生活,犹如红河、元阳彝族祭山经所唱:"人间的五谷种,是山神爷赐予。世间的牲畜禽,是山神娘所生。我们的金银,是山神爷生产。我们的铁铜,是山神娘冶炼。""鲜肉端上桌,香饭盛碗里,米酒倒盅里,全都供山神,祈求山神爷,永远保佑彝家,过上好日子……"[2] 2015 年 8 月赴贵州省威宁县参加傩文化国际研讨会,农历六月二十四这天,我们有幸在该县板底乡目睹当地彝族火把节仪式,其整个活动是在下午到傍晚进行的。人们先是在百草坪一山包(人称"向天坟")前聚集,设立祭台,献上牺牲,由毕摩诵经并主持庄重的祭山仪式,祈求风调雨顺,祈求村寨平安;祭山转山之后,回到村寨,在火把场侧草坡上观看由村民表演的"撮泰吉"(彝语译音又作"撮衬姐""撮特基"等,大致意思是"人类变化的戏剧",简称"变人戏",其作为仪式性民间戏剧,凝结着当地人独有的族群记忆),晚上是狂欢性宴饮、歌舞、打火把。了解"撮泰吉"的底蕴便知,民俗

---

[1] 凉山彝族自治州人民政府组织选编:《中国彝文典籍译丛》第 6 辑,四川民族出版社 2014 年版,第 13 页。

[2] 吕大吉、何耀华总主编,何耀华等主编:《中国各民族原始宗教资料集成:彝族卷·白族卷·基诺族卷》,中国社会科学出版社 1996 年版,第 87 页。

傩艺在此传递给我们的依然是对"人事"的张扬。[1]

彝族村寨过火把节,村民表演"撮泰吉"(贵州威宁板底乡,笔者拍摄)

整体言之,祀祖祭山、驱虫除祟等仪式是神圣的,饮酒吃肉、歌舞竞技等活动是世俗的,正是在文化人类学所讲的"圣"(sacred)之礼仪与"俗"(profane)之娱乐的双声部中,彝族火把节唱响着"人"的精神生活与物质生活的赞美之歌。也就是说,彝族文化所固有的敬祖、向善、彰显人的智慧、突出人的力量、讴歌人的精神、赞美人的生活,这些堪称本民族文化精髓的元素都在一年一度的火把节中得到了诗意性的集中展示和符码化的生动体现。唯其如此,对于彝族火把节,无论从口头表述还是

---

[1] 颇具原始色彩的"撮泰吉"用彝语表演,戴面具,其中人物有五:彝大哥、苗二哥、汉三哥、彝大嫂和山林老人。这种彝、苗、汉的多民族组合,使人不免联想到前述居木武吾与天女结合后生下的三个孩子分别为三个民族祖先的神话。这保留在彝族村寨的"变人戏",也体现出有关人之由来及初民生活的原始叙事。

从行为实践看,与其说它是"火"的颂歌[1],毋宁说它是"人"的赞歌,是对彝族社会中传统深厚的以"人"为本文化的积极肯定与美妙歌唱。放大来看,这种对"人本精神"的张扬,跟注重现实人生的中华文化整体语境也是合拍的。

---

[1] 实质上,这"火"的颂歌未必不是以"人"的生存与生活为主旨的颂歌。彝文古籍《博潘特依》之《物种的起源》中讲述火的起源即云"远古的时候,大地之上空,降下奇特物……变成火燃烧……它为何而燃,为人类繁衍而燃,为人类利益而燃"(凉山彝族自治州人民政府组织选编:《中国彝文典籍译丛》第1辑,四川民族出版社2006年版,第86页)。当代彝族诗人引此并检索有关火的神话传说及祭火习俗后亦高声吟唱:"火不灭呵,人不灭!"(阿库乌雾:《神巫的祝咒》,中国戏剧出版社2010年版,第67—68页)一首彝族民歌也唱得很有意思:"我们和太阳和谐相处,曾使普照的太阳为我所用。我们和火神和谐相处,它曾使仇敌窝巢起大火……"(沙马拉毅收集、整理、翻译:《原生态彝族民歌》,四川民族出版社2009年版,第250页)

第十五章 侗族村寨的戏剧审美文化

结合"藏彝走廊"或"藏羌彝走廊"论说西部族群的文化和艺术，继续围绕中华民族多元一体及融合发展话题，把目光转向中国西南部，再去看看侗族的文化艺术。侗族有本族语言，属于汉藏语系壮侗语族侗水语支，无文字，多通汉语。一般认为侗族是从古代百越的一支发展而来的，过去称为"峒人"，自称"甘"（gam）。侗族主要从事农业，以种植水稻为主，有悠久的历史，兼营林业。走访可知，侗寨的稻田、鼓楼、风雨桥等构成的美丽画面往往给人留下美好印象。目前，侗族主要分布在湘、黔、桂的毗连地区。

第一节　湘西侗寨有傩戏

2006年5月，由国务院公布的首批国家级非物质文化遗产代表作名录中有"傩戏（侗族傩戏）"。该项目放在"传统戏剧"类，与武安傩戏、池州傩戏、德江傩堂戏、沅陵辰州傩戏等一道并入"傩戏"（项目编号：Ⅳ-89）。"傩戏（侗族傩戏）"这个项目由湖南省新晃侗族自治县申报，也是主要流传在该县侗族村寨中的民间仪式戏剧，民族风情浓郁，为当地人喜闻乐见。

"侗族傩戏"是书面称呼，当地民间习惯叫"咚咚推"。具体说来，"咚咚推"流行于新晃县贡溪乡四路村天井寨，由于演出是在"咚、咚"（鼓声）、"推"（小锣声）的锣鼓伴奏中进行的，因此得名。"咚咚推"起源于何时难以查考，四路村天井寨最早的居民为龙姓侗族人，系明朝永乐十七年（1419）从湖南靖州迁来，"咚咚推"在当地老艺人口碑中有"头在靖州，尾在天井"之说。以此推论，该民间戏剧有可能是明代从湖南靖州传来的。

除了这种流行说法以外，据调查者介绍，"咚咚推"的来历在当地还有其他表述，如"傩戏传人龙立军指出：'根据民国二十二年的《龙氏族谱》中提供的信息，来到天井寨定居的第一代龙姓人氏龙金海是前零陵太守龙伯高的后裔。《古文观止》之《诫兄子严敦书》称龙伯高是陕西西安人。'他认为侗族傩戏与中原的傩文化有密切的关联"。也有传承人认为，"今新晃侗族自治县上古时期属古西南蛮地。自古以来，此地民间盛行祭祀之风，确切地讲，新晃侗族傩戏是原始祭祀仪式活动的当代遗存"。[1] 从族群互动和文化交融看，"咚咚推"作为侗族民俗艺术或仪式戏剧是融汇了多民族文化的，如曲六乙所言：新晃侗族傩戏"更多地吸收了汉族戏曲的影响，表演的综合性和技巧性都有所提高，而且能演出反映汉族世俗社会生活的连台本戏"[2]。在文井寨，集体性驱邪求吉的"咚咚推"由村民自扮自演，对白、唱腔全用侗语，角色要戴面具，只用锣鼓伴奏，唱腔音乐是在当地山歌、小调、劳动号子、祭祀音乐的基础上发展而来的。其表演别致，上场后演员的双脚合着锣鼓点，踩着三角形不停地跳着（三步完成一个三角形），称为"跳三角"。据介绍，"跳三角"是前辈艺人受牛的形体动作启发而创造的台步，牛头低下与两只前脚组成一个三角形，牛尾垂下与两只后脚又组成一个三角形。由此看来，是侗族的农耕文化孕育了这种民间艺术的表演技巧，舞蹈化的台步源于生活

---

[1] 池瑾璟：《口述史视野中的新晃侗族傩戏研究》，《音乐探索》2016年第4期。
[2] 曲六乙：《中国各民族傩戏的分类、特征及其"活化石"价值》，载贵州省民族事务委员会文教处主编《中国傩文化论文选》，贵州民族出版社1989年版，第11页。

又高于生活。此外，其跟当地民间信仰及民俗生活有密切联系，在春节等重大节日或者是遇天灾、瘟疫时，按例要演"咚咚推"。

天井寨昔有盘古庙和飞山庙，盘古庙在寨东，飞山庙在寨西，二庙的神龛都是大柜子，演戏的面具、服装就放在柜里。两家每年轮流在春节期间祭祀，演出"咚咚推"。"咚咚推"的演出程序包括开台祭祖、唱戏、收台等，戏开演前必祭祖，祭祀的是开天辟地的盘古王和民族英雄飞山公。前者为众所周知，这里说说后者。2017年底，笔者去了广西柳州三江侗族自治县。据当地介绍，"程阳八寨"是该县侗族聚居人数尤多之地，该地侗族文化也保存较好。在"程阳八寨"之一"东寨"（又写作"董寨"），有座飞檐翘角、气势不凡的飞山庙，供的是"飞山公"杨再思。杨乃靖州人（祖籍江西），是南方苗、侗民众敬奉的少数民族首领，生于唐咸通十年（869），卒于后周显德四年（957），葬于贵州黎平。他是唐末五代"飞山蛮"酋长，号十峒首领，人称"飞山太公"，事迹见于《宋史》。唐朝末年，藩镇割据，王室衰微，天下纷争，时局板荡。当时叙州（治所在今黔阳县西南）南部一带苗、侗各民族在首领潘金盛、杨再思等人的率领下逐渐兴旺，形成一个以湖南靖州飞山为中心的族群集团"飞山蛮"。民间傩仪中视之为保地方平安的"土主"，如湘西辰州符有"飞山咒"，曰："古今变化，锄强护国。黄榜标名，今到永路，辰沅靖州，渠阳案上，威显神通。飞山土主，英惠侯王，请降坛前……"[1]广西三江是杨再思多有留迹之地，其传说故事亦见于程阳当地侗

---

[1] 梁波、李苑：《辰州符：神奇还是神化》，作家出版社2007年版，第56—57页。

族。[1] 在程阳，每月初一、十五要举行常规性祭飞山公活动，农历六月和十月则有大型祭祀活动。东寨飞山庙门前，有一副醒目的行草对联："澄清烽火烟赤胆忠心昭日月，开辟王化路宣仁布义壮山河。"联文出自宋代陆游之手。路边，有新刻（立于2012年）石碑述其生平事迹，曰："杨再思虽生于汉族官宦家庭，却融合于峒苗蛮少数民族，并成为历史上著名的'飞山蛮'十峒首领"，再思身后，"五溪地区各族人们和散居在湘、桂、黔、川、鄂及东南亚各国的杨氏后裔，广思其德，先后建飞山庙或飞山宫上万处，祀为神灵，奉为祖先，每年其生辰六月初六和忌日十月二十六日，均举行大型庙会祭祀活动"。有些地方，人们还抬着飞山公神像到各家各户祈福，或举行求雨仪式，民间谓之曰"抬太公"。着眼多民族中国文化，这位汉族家庭出身又得朝廷追封的杨再思能被南方苗、侗百姓作为神灵敬奉，其中有值得深入研究的东西。

湖南新晃侗族自治县与贵州天柱县毗邻。天井寨位于湘西山区，距县城60公里左右。据调查，此地在明代永乐年间始有人迁入居住。据民国二十二年（1933）《龙氏族谱》记述，龙姓45世祖龙地盛与弟弟龙地文于元顺帝年间从贵州榕江（旧称古州）的乐里乡平茶，迁徙至湖南靖州飞山脚下，一年后兄弟分家，龙地盛又迁往今新晃侗族自治县平溪龙寨。明洪武年间，其子龙金

---

[1] 譬如，当年在程阳大寨杨姓人家发现的侗族古歌《嘎茫莽道时嘉》《远祖歌》）汉译本，其中遗失部据当事人回忆就有内容讲述"飞山令公帅众与楚兵打，《嘎茫莽道时嘉》中称为'飞山图楚'（侗音）。（按：当是五代十国时，飞山令公杨再思与楚王马殷之战。）"（过伟：《中华民间文化与民族文学》上册，作家出版社2008年版，第83页）大寨与飞山庙所在的东寨，彼此相邻。

海、龙金湖从龙寨迁到四路村盆溪。永乐年间某日，龙氏兄弟见一白牛入一山谷未出，于是登顶查看，见其地脉"山环水绕，气聚风茂，可以为宅"，遂于永乐十七年（1419）由盆溪迁往5公里之外的新址，取名"天池"（后世易名为"天井"）。晚于龙姓迁入天井寨的还有姚姓，"咚咚推"便是在二姓的世代传承中得以保留的。表演中使用的角色面具，俗称"脑壳子"，侗语称"交目"，是当地艺人用楠木雕刻后上色而成的。仅见于新晃侗族自治县天井寨的侗族傩戏，根据有关介绍，现存面具36副：其一是三国人物12副，包括关公、刘备、张飞、周仓、吕布、貂蝉、华佗、甘夫人、糜夫人等，其中关公面具使用率最高，所有三国戏均有关公出场；其二是傩神2副，包括姜良、姜妹，他们是传说中的侗族祖先，但此面具不是演员戴的，仅供冲傩时供奉；其三是鬼面具6具，包括土地、雷公、雷婆、小鬼公、小鬼婆、瓜精；其四是动物面具3具，包括公牛、母牛、狗；其五是其余人物13具，包括刘高、官员、秀才、巫师、王婆、强盗、癞子各1具，差役2具，兵丁4具。在多民族交往的语境中，来自汉族地区的《三国演义》对侗族村寨影响甚深。如在侗寨风雨桥的桥亭神龛上，就屡见供奉关羽神像，还有横批"文武俱全"以及对联："智勇保蜀赴鲁擒庞斩颜威震华夏，忠心报国寻玄劈关戮将气贯神州。"[1] 剧目方面，诸如《桃园结义》《过五关》《古城会》《华佗救民》《云长养伤》《关公捉貂蝉》《关公教子》等也为侗乡民众喜闻乐见，在"咚咚推"中所占比重较大。当然，经

---

[1] 李祥林2017年12月23日抄录于广西三江侗族自治县"程阳八寨"之普济桥。

过本民族生活的多年在地性熏陶,三国题材进入侗族傩戏后也被烙上侗化的审美印记,有了区别于汉地的异质性特点,譬如:在《桃园结义》中,"刘备、张飞、关羽三人排定大小的爬树、搬石头、甩稻草都是侗族民间常见的游戏活动,而在《三国演义》中是没有这些情节的";在《关公捉貂蝉》中,"小鬼帮貂蝉挡箭,关公学侗族巫师作法降服小鬼的情节,在《三国演义》中也未曾见到"。[1]

第二节 侗戏作为非遗项目

"国家非物质文化遗产中国侗戏",此乃写在广西三江某地侗寨戏台上的文字。此处说的"侗戏",是与前述"傩戏(侗族傩戏)"同时列入首批国家级非遗名录的(项目编号:Ⅳ-83),但跟后者不是一回事。作为非遗项目的"侗戏",由贵州省黎平县申报,该县是"侗戏"发源地。1990年7月,在侗戏创始人吴文彩的家乡黎平县茅贡乡腊洞村曾举行"纪念侗戏诞生一百六十周年剧目调演暨学术讨论会"。侗戏演出多系业余性质,如今在开发旅游的侗族村寨,在中心广场建有露天舞台,每天由村民演出侗戏。[2]少数民族戏剧是中华戏剧大家庭的重要成员,在目前非遗保护语境中也受到重视,侗戏是首批列入国家级非遗名录者,当地对此感到自豪。这种载歌载舞的民俗艺术诞生在侗寨的生活土壤中,流行于南部侗族方言区并以口传身授方式传承。三

---

[1] 池瑾璟:《口述史视野中的新晃侗族傩戏研究》,《音乐探索》2016年第4期。
[2] 如2018年8月笔者在肇兴侗寨观看的《珠郎娘美》,此乃侗戏的经典剧目,每天由村民们为游客演出。

江侗族自治县位于广西北部，与贵州从江县、湖南通道侗族自治县等相邻，是全国侗族人口最多的县。侗戏，侗语译音称为"戏更"，最初形成于贵州的黎平、榕江、从江一带，后来传往广西三江和湖南通道等侗族聚居区。侗戏是在侗族民间说唱"嘎锦"（叙事歌）和"嘎琵琶"（琵琶歌）基础上"受到汉族剧种的影响和催化"[1]而形成的，以唱为主，其音乐称"唆嘎"（歌腔），表演时着侗装、说侗话、唱侗曲，富有民族特色。"此外，在侗戏中还有使用汉语演唱的汉族曲调，统称为'客家腔'。"[2]区别于叫"桑嘎"的歌师，"剧团里有戏师，侗话叫'桑戏'，主要任务是教戏，演出时担任'掌簿'，既是提词，又具有'把场'的性质。在艺术方面，他是剧团的组织者与领导者"[3]，其地位甚至高过戏班的班主。尽管"桑戏"和"桑嘎"有区别，但实际上侗族戏师多才多艺，他既能做演员，也能做导演，同时能编歌、编剧，戏师往往也是歌师。在其看来，只有自己会唱会演，才能够教别人怎么唱怎么演。除了这些以外，还有个问题很重要，就是把认识汉字作为对戏师的最基本要求。究其缘由，盖因有语言的侗族没有本民族文字，侗戏传承除了师带徒手把手式的口传身授以外，其剧本依靠汉字注音标示，也就是借汉字给侗语记音后才留下文字剧本。既然如此，汉字在侗戏的传承中所起的

---

[1] 王文章主编：《中国少数民族戏曲剧种发展史》，学苑出版社2007年版，第349页。

[2] 毛公宁主编：《中国少数民族风俗志》，民族出版社2006年版，第468页。

[3] 曲六乙编著：《中国少数民族戏剧通史》上卷，中国民族摄影艺术出版社2014年版，第347页。

作用不可谓不重大。[1] 在侗族村寨，戏师作为掌握本民族戏剧的艺人深受尊敬，黎平文联刊物有文即云："在传统的侗族社区里，文化传承人是受人尊重的，是充满文化自信的，因为拥有民族文化而在生产生活中具有明显的优越性，祭师、歌师、戏师、建筑师、工艺师等在村寨里普遍受人尊重，社会地位较高。"[2]

在族群互动的多民族中国，侗戏是侗族人的艺术创造，也是多民族文化融合的产物。从侗戏起源看，清朝嘉庆、道光年间，黎平县腊洞寨秀才吴文彩（约1798—1845）等以侗族大歌、琵琶歌为基础，吸收汉族戏曲的程式及手法，组建侗戏班社并编排剧目，让表演者身着侗装并用侗话演唱，由此拉开了侗戏的帷幕。这位吴文彩，"读过好多汉文书籍看过汉家戏"，受汉文化熏陶甚深，同时又对本民族文化有清醒的自觉，他有感于"汉家有戏好欢乐"而"我们侗家没有戏"，于是沉下心来，"关门闭户三年整编了侗戏《梅良玉》"，由此创立了本民族戏剧。正如侗族《戏师传》所言："是他开的荒坡，是他垫的基石，要寻侗戏祖师，当数文彩第一。"[3] 据有关资料，吴文彩从小入私塾读书7年，因家境清贫，13岁随父干农活。他秉性开朗，聪明好学，对本民族的叙事歌、礼俗歌、情歌、酒歌有浓厚兴趣，不仅爱唱、弹、跳、舞，而且爱编歌，

---

[1] 在中国，对于有语言无文字的族群，汉语作为通用交流工具依然重要，如川西北羌族；即使是有语言有文字的族群，也有人称汉语是其"第二母语"，如笔者熟悉的从事双语写作的彝族作家。

[2] 杨志勋：《对侗族传统村落原生文化价值认识及保护利用思考》，《黎平侗族大歌》2015年第1期。

[3] 彭书麟、于乃昌、冯育柱主编：《中国少数民族文艺理论集成》，北京大学出版社2005年版，第699—700页。

他编的历史歌《开天辟地》《吴家祖宗》《历代皇帝》和劝世歌《酒色财气》《乡老贪官》等至今流传。中年时，他出游过王寨、茅坪、洪江、古州、丙妹、三江等地，开阔了视野，看了汉戏、桂戏等，爱编歌的他萌发了编侗戏的念头。回家后，闭门三年，改编出《李旦凤姣》和《梅良玉》两部侗戏。吴文彩不但受汉族戏曲等启发创编侗戏，出自他手的这两部作品也移自汉族题材：《梅良玉》是根据汉族说唱本《二度梅》改编，《李旦凤姣》是根据汉族传书《薛刚反唐》改编。后来，侗戏不断地从桂剧、彩调、祁阳戏、花灯戏等其他剧种汲取养分，逐渐提高并完善，最终形成有说有唱、曲调丰富、别具风格的独立剧种。《戏师传》是一首侗族琵琶歌，侗语称"旋桑戏"，其中就叙唱了吴文彩等13位侗族戏师及其作品。

清光绪元年（1875），侗戏从贵州黎平传入广西三江，并流传开来。1952年，三江侗族自治县在林溪区也就是今"程阳八寨"所属林溪镇设集会，各乡的戏班都来演出（那时全县业余戏班有50多个），场面可观。阳烂乡桂剧艺人杨正明（侗族）等看了侗戏，回去后也带领一班人演出根据侗族故事改编的侗戏，受到观众喜爱。又据侗族《歌师传》，"林溪的吴银龙编出《陈世美传》，全部共有一百七十多首歌这么长"[1]，从中不难看到汉族地区戏曲的影响。早期侗戏演出形式为坐唱，有时也戴面具，后来发展为走唱，表演有民族特色。由于民俗根基深厚，"侗族每

---

[1] 彭书麟、于乃昌、冯育柱主编：《中国少数民族文艺理论集成》，北京大学出版社2005年版，第694页。

个村寨都有业余性质的剧团"[1],戏班除了在自家寨子演出外,春节或二月二、三月三等会期也去别的寨子,到各寨巡回演出,沟通、联系村寨之间的感情,也为青年男女谈情说爱提供机会。从戏俗看,侗家有"月也戏",指寨与寨之间相互邀戏的传统,而"月也"即"游乡做客"之意。说到侗戏,除了贵州黎平,也不可忽视广西三江。从人物看,从三江侗族自治县林溪乡走出来的有名戏师如生于1928年的吴贵元,他从9岁起就开始帮父亲抄写侗歌侗戏,12岁学唱琵琶歌,1979年出席全国民间歌手、民间诗人座谈会,到20世纪90年代初,他已创作、改编、移植20多个侗戏剧本,其中有《秀银与吉妹》《老树新花》《白蛇传》等。吴贵元的师傅吴居敬(1908—1982),也出生于三江林溪,被誉为"当代的吴文彩",其创作的《秦娘梅》等继文彩创立侗戏后"中兴了侗戏"[2]。2018年,由三江侗族自治县非物质文化遗产保护中心申报的"侗戏编剧人才培养"得到国家艺术基金资助,看来不是偶然。从活动看,1985年6月底7月初,湘、黔、桂三省(自治区)首届侗族文艺会演在广西三江举行,三江侗族自治县代表队演出了《琵琶缘》;次年,第二届侗族文艺会演在贵州黎平举行,三江侗族自治县代表队演出了《银耳环》。在三江当地,有多支侗戏班子活跃在城镇村寨,也热热闹闹地举办全县侗戏汇演。如2017年11月在第十四届中国(柳州·三江)侗族多耶节上,就有15个乡镇及县城片区的25个侗戏队参演,从

---

[1] 曲六乙编著:《中国少数民族戏剧通史》上卷,中国民族摄影艺术出版社2014年版,第347页。

[2] 过伟:《中华民间文化与民族文学》上册,作家出版社2008年版,第349—350页。

节目单看，18、19日两天有良口乡平公侗戏班演出《梁祝》片段，有林溪镇业余侗戏团演出的《莽子》片段，有同乐乡高武屯文艺队演出的《婆媳关系》，有梅林乡省口队演出的《金汉》，有富禄赛区的岑旁文艺队演出的《刘进玉女》，有八江镇人和文艺队演出的《误会》，有县城赛区的独峒风情表演队演出的《善待老人莫贪心》，等等。民众对观演侗戏有积极性，所以参赛队伍多。

通常，在秋季剪完禾把后开始排练和演出侗戏，到春节"月也"是演出高潮期。在老戏师们的记忆中，演侗戏前要立坛请师傅（侗戏的开创者），仪式中祝祷词云："阴师父，阳师父，吴文彩师父，不请不来，一请就来，马上开台。"[1] 就创作言，侗戏流传的剧目较多，题材来源较广，主要有二：或是描写侗族生活，根据侗族琵琶歌、民间故事等改编，这类作品有《金汉列美》《珠郎娘美》《丁郎龙女》《善郎俄梅》《金俊与娘瑞》《吴勉王》《萨岁》[2] 等；或是反映汉族生活，根据汉族的故事及剧目改编和移植，这类作品有《梅良玉》《生死牌》《翠香记》《李旦凤姣》《梁祝姻缘》《毛洪玉英》《春草闯堂》等。1955年林溪乡业余侗剧团将吴居敬编剧的《秦娘梅》带到北京参加全国群众业余音乐舞蹈会演，获得了优秀演出奖和演员奖。这出戏至今是贵州和广西侗戏班子的保留剧目。

---

[1] 杨通山、蒙光朝、过伟等编：《侗乡风情录》，四川民族出版社1983年版，第293页。

[2] "萨岁"是侗族敬奉的大母神，学界关于其原型有"日神说""蜘蛛神说""冼夫人说"等多种说法，其中还有"女娲说"。有论者将萨岁与女娲的神迹做了多方面比较，认为萨岁应"是更原始、更古老的女娲神的侗族称法，或说是侗族化的女娲神"（吴文志：《萨岁为女娲神考略》，《贵州民族研究》1990年第2期）。至于该女神是先见于汉族还是先见于侗族，则难考证。

村寨旅游舞台上的侗戏演出（《珠郎娘美》，肇兴侗寨，笔者拍摄）

此外，较受欢迎的侗戏剧目还有《门龙》《雪妹》《乃桃补桃》《金汉》《莽子》等。侗戏从汉族戏曲或故事取材的剧目，故事情节跟其他剧种的同类作品大致无二，但基本结构与格式是按照侗戏特点编剧的，在汉、侗文化融合中体现出在地性审美特征。侗戏从民间说唱发展而来，其剧本讲究尾韵、腰韵、连环韵，一出戏便是一首叙事长诗，此乃较之其他剧种的特色所在。侗戏分场不分幕，时空转换靠演员上下场体现，剧名多以人物命名，角色分生、旦，以二人对唱为主且道白少；音乐是在侗族琵琶歌、叙事歌、大歌和山歌的基础上吸收汉族戏曲音乐发展而成的，"贵州地区主要腔调有［平板］（嘎信）、［哭板］（嘎丢）、［大歌］（嘎麻）"，广西三江地区"唱腔主要有［普通腔］、［哭板］、［仙腔］三种"[1]。乐器包括管弦乐和打击乐，前者有二

---

[1] 曲六乙编著：《中国少数民族戏剧通史》上卷，中国民族摄影艺术出版社2014年版，第342页。

胡、牛腿琴、琵琶、低胡、月琴、扬琴等，后者有鼓、锣、钹、小镲。侗族有语言无文字，剧本主要是靠口传心授，也有借汉字记音的。20世纪20年代成书的《戏师传》，述及13位侗族的戏师以及他们创作的13部侗戏，保存了弥足珍贵的侗戏史料，被学界誉为"侗族的《录鬼簿》"。《戏师传》出自黔地佚名作者之手，末尾唱道："我走的地方不很多，历代的戏师编不齐。还有湖南、广西不到过，那里的戏师没编入。"[1] 从侗族地区村寨多有戏班看，戏师的数量不会少。

除了上述侗戏以外，湖北恩施侗族地区还有歌舞小戏"地花灯"[2]，又称"十样锦""花姑子"，由男女二人或三人表演，这种载歌载舞的民间演艺显然跟邻近民族的同类艺术相通。

第三节 有审美特色的侗乡戏台

走进侗寨，不难发现，鼓楼是举办村寨祭祖、议事等重大活动的地方[3]，戏台是村民休闲娱乐的要地；鼓楼、风雨桥被视为侗乡的重要标志，侗剧、戏台也是侗寨不可忽视的要素。"鼓楼是侗家的标志性建筑，侗戏班的组织即以鼓楼为单位，一个鼓楼有一个戏班。"换言之，"一个寨子分若干姓，以鼓楼为标志，

---

[1] 彭书麟、于乃昌、冯育柱主编：《中国少数民族文艺理论集成》，北京大学出版社2005年版，第702页。

[2] 毛公宁主编：《中国少数民族风俗志》，民族出版社2006年版，第468页。

[3] 鼓楼作为侗寨的标志，也与家族、族群有密切关系。2018年8月笔者走访的贵州黎平肇兴侗寨就有5座高大的鼓楼，由分居五个自然片区的陆姓五大房族分别建造，并以"仁、义、礼、智、信"分别命名，如"仁团鼓楼""礼团鼓楼"等。从中又可窥见传统儒家文化在西南少数民族地区的传播和影响。

许多鼓楼对面建有戏楼"。[1] 当地有资料介绍广西三江侗寨的非遗保护对象有"侗族大歌、侗族木结构营造技艺和侗戏",受保护的传统建筑亦有"岩寨鼓楼、万寿风雨桥、马鞍戏台、岩寨戏台、平坦戏台、平坦鼓楼"[2]。对于"饭养身子歌养心"的侗家人来说,唱歌、唱戏是重要的民俗审美活动。从物质文化遗产看,"鼓楼、风雨桥、吊脚楼、古寨门、戏台等侗族建筑艺术载体与建造技艺、侗族大歌、刺绣艺术、稻作文化等非物质文化遗产构成了完整的当地侗族文化体系";从非物质文化遗产看,"民间活动主要有赛芦笙、坐夜、月也、唱侗戏、多耶、对侗歌;传统手工艺有吊脚楼、鼓楼等侗族建筑技艺、侗族服饰的刺绣技艺、侗族银饰艺术品的制作技艺、侗族打油茶、传统风味酸肉、酸鸭、酸鱼、酸菜等腌制办法以及藤编、竹编、草编等日常用品的加工艺术等"。[3] 按此表述,侗戏和戏台是侗族文化不可分割的部分;若是缺少了侗戏及戏台,"当地侗族文化体系"就谈不上"完整"。戏台和鼓楼作为典范化的侗族景观符号,彼此配置方式多样,审美特色亦鲜明。下面对侗乡戏台文化的论述,乃以广西三江程阳八寨为例[4]。

马鞍寨(又写作"马安寨")的戏台,位于鼓楼左侧,坐北

---

[1] 王文章主编:《中国少数民族戏曲剧种发展史》,学苑出版社2007年版,第329、345页。

[2] 《平岩村》,中国传统村落宣传册,三江侗族自治县住房和城乡建设局编印,2017年12月。

[3] 《平岩村》,中国传统村落宣传册,三江侗族自治县住房和城乡建设局编印,2017年12月。

[4] 以下所述,主要依据的是2017年岁末笔者去广西三江侗寨考察的所见所闻。

朝南。该寨依山面水，地形似马鞍，沿河三面田野环绕。我们下榻的民宿客栈是陈姓店主开的，就在重檐七层的鼓楼后方坡下。鼓楼建在坡上，处在寨子中心的最高点，门匾黑底绿字以隶书大写"马鞍鼓楼"，匾内上方有白色楷体小字写着"鸣鼓楼乐乐楼鼓鸣"，顺念倒念意思一样，饶有趣味，而匾内左右两侧，还配有楷书白色小字对联"楼矗寨中聚众而乐，鼓置梁下遇事则鸣"，将鼓楼之于侗族村屯的重要意义言之甚明。鼓楼前方，坪地宽敞，地面以青石板铺就，其左侧便是飞檐翘角、屋檐三重的歇山式木结构戏台。台口正面上方有黑底金字匾写着"莺歌燕舞"，两侧是红底金字木刻对联："民间侗戏金汉另媄赞遍侗乡，侗族大歌多声多部誉满天下。"字迹均为楷体。戏台为长方形镜框式，三面突出，两侧封以木板为墙面，有上马门和下马门，门侧放着几把表演用的长短芦笙，一幅大红标语"传统村落的空间布局承含着人类与自然和谐相处的历史智慧"横贯舞台，幕墙上还挂着若干获奖证书，如"2005年广西'农村欢乐演出年'文艺会演二等奖""2016年三江县第三届侗歌多耶大赛林溪赛区优秀奖"等，还有2006年柳州市文化局授予的非遗保护传承基地牌子，写着"侗族木建筑技艺传承点"。犹如鼓楼，戏台顶部大梁上挂着许多以侗家编织、刺绣做的菱角形香包，梁上写着"风调雨顺""国泰民安"等。戏台前，地面一排整齐嵌就的石板上刻有若干符号，跟周易爻卦的"爻"字相近，也像吊脚楼。戏台左侧，坡下路边一通新碑刻着"马鞍戏台序"，内容大致是重建戏台的缘由以及中间经历的波折等，从中可知马鞍原有戏台，是20世纪80年代村民们出资自己动手修建的，现有戏台则由政府投资重建于2003年，老戏台被"拆迁到对河公路边另建"。文中提及撰序者为新戏台写的三副对联,不妨摘录在此:"名匠绘新图紫陌红尘添锦绣,新台展雄姿黄童白叟庆升平"(楷书,贴于中柱)、"欢迎佳宾歌好舞美耶浓千般乐,喜建新台天时地利人和万事兴"(仿宋体,贴于后柱)、"木匠师傅妙手修座戏台如花似玉,马鞍民众欢心扶贫项目既得所有"(隶书,贴于后柱)。农历冬月初七(冬至后第二天),是当地侗家"吃冬"的日子,村屯内家家户户都在忙碌,准备着招待亲友的宴席。屯内道路,寨外田埂,时见提着礼品走亲戚的人们。清晨,在鼓楼侧,我们看见有人家杀猪在操办席桌;午后,阳光暖暖,在鼓楼坪以及戏台上,好些村民在晒太阳,围着桌子兴致勃勃地玩他们说的"字牌"[1],戏台也是村里人闲暇活动的场所。

三江程阳八寨飞檐翘角的侗寨戏台(笔者拍摄)

---

[1] 村民手中的长条形牌上数字为黑、红二色,又分别以不同的汉字写出,如"三"与"叁"、"九"与"玖",由此形成四人玩的四种花色,跟笔者在家乡四川所见的几种长条形纸牌的花色及玩法都不同。

岩寨的戏台，与高大的塔形鼓楼正面相对。鼓楼和戏台之间坪地宽敞，中心用黑色小卵石铺砌出一圆形方孔的铜钱形纹样。岩寨三面环山，东南面为林溪河，地势北高南低。来自西南面的小溪从山间穿过，在寨北折转向东南，穿寨而过汇入林溪河。这条小溪将寨子分东西两区，溪东二水之间的三角地带构成寨子的东区，属于岩寨原先寨子的范围。其东西两侧以溪河为湟濠，北面靠山处原有防卫的寨墙，现存阁楼式"冲边寨门"位于小溪边，让人犹能想见侗寨当年的不凡气象。前述林溪河边萨坛及阁式老鼓楼，即位于东区。岩寨内交通主要有5条石板路，外部溪流和内部小溪、水塘、水井构成了保证村民生活的供水系统。寨子里，大字书写国家级非遗"中国侗戏"的戏台所对的鼓楼是10来年前建的，而根据旅游路标指示，这里还设有非物质文化传承展示中心。高大的新鼓楼前有立牌介绍："'岩寨鼓楼'是岩寨的标志性建筑，老鼓楼始建于清代宣统元年（公元1909年），新鼓楼建于2005年，楼高近三十米，檐层十五层，由四根主柱和十二根衬柱组成，为了建造鼓楼，岩寨每家每户都踊跃出钱出力，捐钱捐物捐木头，没日没夜的出义务工，仅用一年的时间就建成了景区内最具规模、雄伟壮观的鼓楼，鼓楼里的每一根柱子，每一块瓦片都凝聚了寨民的心血、汗水和智慧，是侗族人民团结和力量的象征。"一模一样的岩寨鼓楼介绍牌亦见于河边老鼓楼，让人不免纳闷：是老鼓楼异地迁建了？或者，新鼓楼是择新地修建的？语焉未详。倒是有关规划图纸作了区分，河边者叫"1号岩寨鼓楼"，新建者叫"2号岩寨鼓楼"。鼓楼是村民们出钱出力修建的，在鼓楼门前，也有石碑记录了村民们捐钱捐物的功德。鼓楼对面，木结构戏台宽敞高大，三重檐而顶层为斗拱繁复的歇山式,原木色,甚气派。台侧小屋门前,挂着"林溪乡平岩村岩寨屯老年人协会""妇女之家"等牌子,立着"村规民约"宣传栏。戏台前,横幅写着"中国传统村落——平岩村丁酉年传承民族文化传统活动",两侧木刻对联嵌入"岩寨"写着"寨地源泉雪碧净饮用天然矿泉长生百岁福,岩景山川添锦绣起伏山坡披襟竹木绿色装"(横批"千年侗寨妙奇侗乡优雅山庄貌全完美"),柱上纸贴对联残语为"三五人充当千兵万马发号令南征北战……""六七步跨过四海九洲听指挥横冲直撞……"。传统村落、自然山水、文化遗产、旅游景观,诸如此类话语将侗寨的现状、功能、意义等加以混声表述,透露出多种诉求。林溪河对面,高耸着平寨新建的"独柱鼓楼",下午的太阳暖洋洋的,有十来位包着白头帕、身着青色衣的老年妇女坐在长凳上晒太阳,她们是由相关部门组织在此为游客表演侗歌的。戏台则在鼓楼右后侧河边的休闲广场,亦高大,景区旅游公司演艺中心设在此处。广场上有彩色宣传画,展示唱歌、看戏、打糍粑、杀年猪、传说故事等民俗内容。戏台出入口贴着一份"表演队七月份演出节目单",是常规性歌舞等节目,每天两场。

在贵州黎平肇兴上、中、下侗寨,有以"仁、义、礼、智、信"分别命名的五处鼓楼(其中"仁团鼓楼"是省级文物保护单位),其与戏台是分开建造的;戏台与鼓楼,或正对,或侧对。在三江侗乡,还有戏台与鼓楼结合的"鼓楼戏台"或"戏台鼓楼",可谓是中国戏台建造史上的奇观[1]。这种建筑,上部是鼓

---

[1] 这种别具特色的侗寨戏台,学界似乎少有关注,如《中国戏台》(1996年)、《中国大百科全书·戏曲曲艺》(1983年)、《中国少数民族戏曲剧种发展史》(2007年)等书中未见相关叙述。

楼而底座是戏台,通常台口下方似吊脚楼式悬空,譬如位于独峒乡林略村者,"林略村花鼓楼,兼有戏台功能,农闲时节,寨民以侗族民间故事为题材,自编自演侗戏,登台演唱"[1]。遗憾的是,该村在2009年遭受了一场大火,尤具侗族特色的鼓楼戏台也化为灰烬。独峒乡位于桂、黔、湘交界处海拔1336米的"侗族圣山"三省坡南麓,地处桂北三江县西北面,前述程阳风雨桥最早的木匠师傅就出自该乡平流村。在侗族民间口碑中,鼓楼有侗寨的"寨胆"之称,鼓楼通常建在寨子中心,但也有出于防火考虑以及方便田里干活的人听戏而建在寨屯边上的。除了独峒乡林略村鼓楼戏台外,良口乡和里村有三座戏台,其中两座亦是鼓楼戏台。从建筑形式看,程阳八寨的平懂鼓楼、平寨戏台也多多少少具备这种鼓楼戏台或戏台鼓楼特征。三江侗乡,鼓楼多,戏台也不少,有古香古色的,也有今天新建的,无论新老,都寄寓着侗家人的文化情怀和审美趣味。一般说来,一个侗寨有一个戏班,可是在有500户人家2000多人口的良口乡南寨村不止一个戏班,其鼓楼四周竟然有3个戏台,加上原来废弃的两个,村里共有5座戏台。直到今天,建戏台、唱侗戏仍是村民眼中的大事。2017年1月15日,三江侗族自治县八江镇高迈村归座屯举行新戏台落成庆典,附近村屯群众以唱侗戏、对山歌、多耶、百家宴、芦笙踩堂等方式进行庆祝,喜迎新春。在戏台众多的三江侗乡,台口对联也是可欣赏的文化景观。譬如,洋溪乡培吉寨将寨名作为藏头,其戏台联曰:"培养道德人才寓娱乐而催化,吉纳宝华地利借舞台作庆祝。"独峒乡高亚村有石牛泉,水甘甜,以

---

[1] 卿要林:《三江侗乡鼓楼探秘》,《南国今报》2016年6月7日。

之酿酒亦醇香爽口,该村戏台联因此成文:"高北石牛泉风物雄天下,亚南侗族戏娱乐赛神仙。"也有以剧目"娘梅"(侗剧《秦娘梅》)为题撰藏头联的,如:"娘子恃情深先鬼后治鬼,梅花斗雪放后春先报春。"如前所述,侗家有唱"月也戏"也就是做戏客的习俗,此乃以唱侗戏为平台的集体交往,兼具社会性和审美性。一般在农历正月进行,主要活动形式为甲寨到乙寨去演唱侗戏,对唱侗族大歌,男女青年交友,老年人走亲访友,等等。借此机会,有村寨在"月也"时出题对对子,如林溪乡高友村到岩寨"月也",后者以高友村的"高"字给出上联"高山流水情不尽",前者则取岩寨的"岩"字对出下联"岩壁苍松万古青"。[1] 此外,良口乡和里村三王宫始建于明嘉靖年间,是祭祀夜郎王竹多同三个儿子的大庙。据有关资料,该宫戏台上一古(木刻)一今(纸写)两副对联相映成趣,古联云"为将相为公侯举止行藏劝世人立功立德,作忠良作奸佞声音笑貌醒当时谁是谁非",今联曰"人人看秀人人人人看人人看人,真真假假真真真真假真真假真"。关于后者,有人断句为:"人人看,秀人人,人人看人,人看人;真真假,假真真,真真假真,真假真。"出自今人笔下的对联虽是文字游戏,却也手法不凡,妙趣多多。

侗乡的戏台,大大小小,飞檐翘角,形态生动,意趣多多,也是一道别致的村寨审美景观。由鼓楼和戏台所营构的文化空间,是物质的也是精神的,是世俗的也是艺术的,从中透露出侗家人审美化的日常生活。

---

[1] 王文章主编:《中国少数民族戏曲剧种发展史》,学苑出版社2007年版,第355—356页。

第十六章 尔苏藏族文化及比较分析

在中国西部，在大渡河、安宁河、雅砻江三江流域之间，在历史人文相关并杂居共处的藏、彝、汉等民族之间，有一个奇特的尔苏文化圈。"尔苏"是四川少数民族中有特色的族群，分布在凉山的甘洛、越西、冕宁、木里以及雅安的石棉与汉源、甘孜的九龙等地。尔苏今属藏族的支系，有自己的语言，大多居住在海拔2000米左右的中高山区，其作为族群研究中别具风貌的个案，受到学界关注。"环山鸡节"是由石棉县申报的尔苏传统节日，今已列入首批四川省非物质文化遗产名录，该节日对于强化族群认同和彰显地方文化有积极作用。以此节日为焦点，本章立足多民族中国语境，从审美人类学的比较视野出发，结合历史和现实、文献和田野，主要在与川西北羌族等的对读中就尔苏文化进行考察。

第一节 节日"古扎子"

尔苏藏族以农历八月为岁终，他们在这时候过年。在石棉蟹螺堡子，环山鸡节的时间在农历八月初九至十三。[1] 下面，主要围绕笔者2017年9月28至29日田野调查所见，结合相关事象，从仪式角度对之进行观察和析说。

---

[1] 蟹螺堡子的环山鸡节包括前一天的"朗格（儿）比"（指"还山鸡"）和后一天的"古扎子"（指"过年"），类似汉族的大年三十和正月初一。研究尔苏藏族文化的学者李星星告诉笔者，在其他地方，也有二者分开过的，前者在农历三月而后者在农历八月，即春祈秋报的时日。在石棉，"古扎子"是尔苏语对该节的称呼。在李星星笔下，"环山鸡节"写作"还山鸡节"，指当地人的"放山鸡"仪式。

"古扎子"祭祀仪式

石棉境内的尔苏人以堡子为单位,依山而居,过节时祭祖、祭山就在神山上和神树前。"古扎子"意为过年,所有尔苏人过了这天后都会年长一岁。前一天,家家备好供品,一般说来包括三匹肋巴的腊肉、一坛杆杆酒、一只白公鸡、一把香柏杆、一碗米饭、一碗豆腐、一个鸡蛋、一碗糌粑,以及糖果等,放在圆形簸箕中。9月28日(农历八月初九)这天下午,村民们列队迎接客人到来,随后举行了熏沐簸箕、舂打糍粑、白鸡祭祀、萨巴祈福等活动。次日上午,也就是"古扎子"仪式的正日,以吹海螺为号催人上山,听到号声,各家由主家男人将盛满供品的簸箕用头顶着来到村内集合地"弄作莫",然后由长者带路,排队上山。29日这天,从"弄作莫"出发的队伍分为两支,由不同家族组成,从不同方向上山,在三岔路口汇合,然后同走一条道继续上行。前面有二位长者手持火把站在道路两边,以示火门,上山者都要经过火门,意为同进一道门,表示祖宗同源、堡子团结。上山后,来到树林中有高大神树的地方,依次在各自祖先灵位前排列,摆上供品。右侧燃起一堆柏枝,各家端着祭品从火烟上熏过,再祭祖、祭山。由长者祷告念经,所有人磕头祭拜,并由长者向跪拜者头上抛撒糌粑面,表示祝福。之后,各家将香柏枝架起,上面放少许供品,烧在自家祖先的灵位前,并再次行磕头礼。磕毕,全体起立,口呼"哦菲"。至此,上山祭仪完成。祭拜者端着簸箕下山,一路口呼"哦菲"以示吉祥如意,村口有妇女们迎接,彼此歌声应和,一直唱到"弄作莫"。到了"弄作莫",在坝子中间放上三角架,烧一堆白香,挂一块腊肉,放一坛杆杆酒，以此为中心，男女老少围着唱歌跳舞。然后，男女对唱比赛，胜者将获得腊肉。随后，由几名用糌粑粉抹成花脸的男子作驱邪表演，当地称为"耍坛"。仪式末尾，一位手执羚羊角和龙头法器的萨巴领头，带着几位萨巴跳羊皮鼓收场，他们头上都带着五佛冠。整个活动过程中，还有杆杆酒开坛、用糌粑粉抹花脸表祝福以及娱乐项目筛糠、民歌演唱等。

在萨巴的主持下，尔苏男子头顶供品上山祭祀（蟹螺堡子，笔者拍摄）

水与火的洁净仪式

从审美人类学看，水与火在信仰民俗及宗教仪式中往往具有神圣意义。尔苏藏族称为"古扎子"的过年仪式中，正是如此。一道潺潺溪流从蟹螺堡子穿过，桥对面有棵高大的"风水树"。来宾们过桥入寨，桥头燃起一堆柏树枝，浓浓的桑烟飘起，每个经过之人都以手揽烟向己，祈求神佑。旁边有五六位中年萨巴（尔苏语译音，又作"沙巴""舍巴"，指尔苏村寨中的民间宗教人士），敲着或大或小的双面羊皮鼓。72岁的萨巴王志全站在桥头，一手端着盛有清水的铜瓢，一手以神树枝蘸瓢中清水洒在过桥入寨者头上、肩上，并念经文表示祝福。接着，尔苏姑娘上前敬酒、献哈达。在尔苏人眼中，这清水是神圣的水，这火烟是神圣的烟，借助这水与火，庄严的萨巴为大家施行了"古扎子"中去污秽求洁净的重要仪式。上山祭拜，祭者经过火门，端着供品在桑烟上熏，还有祖灵前那一堆堆香柏枝燃起的祭祀之火，把每个在场者都带入年节祈福的神圣时空中，给本族人烙下不可忘记的族群记忆，给外乡人留下难以忘怀的观光感受。在堡子内集合村民的宽阔场坝"弄作莫"上，入口路边也有燃枝煨桑的火堆。头裹白帕、身着艳丽服装的妇女们排成两行，她们每个人面前都放着圆形竹编簸箕，那是她们拿到溪边清洗后用来盛装"古扎子"仪式供品的器物。随后，在萨巴的带领下，妇女头顶簸箕，手拿刷把，列队沿着山道来到风水树旁的溪流边，依然排成左右两行，边唱歌边挥动刷把用清澈溪水洗着各家的簸箕，那场景相当生动。从世俗层面看，这是洗涤家用器物，似乎没有什么特别的；从神圣层面看，这是通过水的清洗让凡俗之物（日常家用的簸箕）变身成了神圣之器（盛装供品的器具）。借水、火行洁净仪式，是中国文化史上古老的风俗，广泛见于长城内外、大江南北，只是各有其"在地化"呈现。

戏剧化的逐祟仪式

9月29日上午，在萨巴的主持下，"古扎子"仪式按程序进行。男子们头顶装着腊肉、香烛等祭品的簸箕，随萨巴上山祭祖祭山，唱始祖歌，祈求风调雨顺、寨子平安。根据习俗，妇女们不参与祭祀，她们在村口等候。祭祀结束后，男人们下山来到村口，妇女们唱歌迎接，歌声此起彼伏。两支队伍汇合，男前女后，来到村里场坝，逆时针转圈载歌载舞，唱"莎里安多曼"，人人兴高采烈。场地中央，燃着柏香，摆着杆杆酒，三根树枝支起的架子上挂着一块长长的腊肉，由萨巴开坛念经。有原生态山歌演唱，有现代青年歌手献艺，有对歌比赛（场中那块腊肉是用来奖励胜者），还有传统娱乐项目"筛糠"等。演唱的歌曲，有尔苏人的，也有木雅人的（这边村寨的尔苏、木雅都是划归藏族的支系）。活动进入高潮，有人用盆端出糌粑粉，载歌载舞的男男女女抓起糌粑粉互抹花脸，连客人们也被抹上了，大家你看我、我看你，欢声笑语不断。下山路上，场中表演，人们再三口呼"哦菲"，表示吉祥。上午活动的末尾，是驱除邪祟的仪式，一段戏剧化的表演，使人联想到岷江上游羌族村寨演出的羌戏《刮浦日》[1]。进入"弄作莫"，上场表演的是三位男子，均用白色糌粑粉抹成花脸，前面一人端着盛有火灰等的撮箕作退行状，中间一人拄着拐杖背着背筐随行，末尾一人手持长柄斧头道具作驱赶状。三人在场中转圈表演，动作夸张，表情滑稽，旁边还有人不断抓起糌粑粉洒向表演者，四周观看者哄笑不断。最后，驱赶到场地外沟边，持箕者倒掉火灰等，扔掉撮箕，表示邪祟已被驱赶了。整个表演，以动作为主，不时有吼喊声（与笔者2015年在贵州威宁看的彝族村寨仪式戏剧"撮泰吉"亦有相近之处，只不过情节较简单）。尔苏人的驱邪逐祟仪式有多种，上述是其中一种，从抹花脸、扮角色、有道具、有一定情节、有生动表演等特征看，可谓是一出具有傩文化色彩的民间小戏。或曰，此乃尔苏人的"坛戏"，值得从事傩戏、傩文化研究者留意。

---

[1] 参阅李祥林《作为"寨子戏"的羌族民间仪式戏剧的活态存在——来自理县蒲溪尔玛人村寨的田野报告》，《浙江艺术职业学院学报》2018年第1期。

祭祀后尔苏村民的"耍坛"表演(蟹螺堡子,笔者拍摄)

第二节　尚白的审美风习

"色彩的感觉是一般美感中最大众化的形式。"(马克思语)对色彩之美的感受,乃是人类的一种天性,人们世世代代生活在色彩斑斓的大自然中,逐渐产生了对色彩的审美意识,并将这种诉诸视觉的审美逐渐内化,赋予其种种"在地性"的文化内涵。归根结底,人类对色彩的审美选择,不仅仅属于生理问题,其跟人们的生活、习俗、历史传统、文化类型等也多有瓜葛。考察川西尔苏藏族文化圈,不难发现,尔苏人对白色怀有特别情感。

白石敬奉

尔苏村寨崇拜"觉"(jo),其体现为白石。"觉"的全称是"斯巴觉"(si ba jo,汉语译音又写作"什巴觉""石八觉""思巴觉"等),指经过萨巴施礼和血祭的圣石。"白石是'石八觉'的化身"。[1]笔者看见,蟹螺堡子聚集村民的场坝中有棵笔直高大的柏树,树根处供奉着一块卵形白石,石侧插着腰部削成若干四瓣丫状的青青的神树枝,石前摆着腊肉、糍粑等供品。28日下午,萨巴们在此念经杀鸡并将鸡血淋在白石上举行祭仪,傍晚萨巴在这里表演特技法术。作为族群信仰的标志,"觉"代表着"世间无处不有、无处不在的神灵",在尔苏藏族心目中,"她很神圣,本身是白海里面洁净的白石变化而成"。关于这神圣的白石,一则口口相传的神话讲述着:"在很远古很远古的时候,什么都没有的时候,东方的大地全是白的,叫'白地'。白色的大地上有一片白色的海。"一只大鸟飞来,"这大鸟在东方白色的大地和海洋上空,围绕着白色大地和海洋飞翔。……在大鸟绕圈环飞的日程中,白色大地的白海当中生出白石",大鸟停息在白石上,"开始学习生殖繁衍。白石因此而受孕怀上了崽崽。……白石怀孕九个月生出了一双'黑头猴子'。'创世天神'看见'黑头猴子'诞生了,高兴万分,就变成了大山,然后升空而去。'天神'走了以后,山和石头就变成了'觉'"。所谓"黑头猴子",指的是人类,即尔苏藏族的祖先。在尔苏藏族古老的神话叙事中,被称为"觉"的白石具有原始母性,关联着世界的由来,也关联着人类的诞生。但是,"'黑头猴子'出世以后都是长生不死的,也就是说尔苏人原先都是长生不死的。'觉'认为这样不行,于是作出规定,不要长生不死,要有生有死。'觉'叫人

---

[1] 吕大吉、何耀华总主编,满都尔图等主编:《中国各民族原始宗教资料集成:鄂伦春族卷·鄂温克族卷·赫哲族卷·达斡尔族卷·锡伯族卷·满族卷·蒙古族卷·藏族卷》,中国社会科学出版社1999年版,第959页。

们生育，叫生者要死。但说的这个死不是真正的死，只是离开生者到天上去，与母亲'觉'在一起"。[1] 从此，人类便有了生与死，但死是原始的回归，所以萨巴主持丧葬仪式时要给死者念指路经。这个原始意味浓厚的口头神话，从白地说到白海，再说到白石，不免让人联想到岷江上游崇尚白石及白色的羌族。

尔苏人以白鸡献祭白石和神树（蟹螺堡子，笔者拍摄）

山地族群依山而居，生产与生活跟巍巍大山息息相关，其信仰总是跟他们心目中的圣山联系着，尔苏人也不例外。在四川藏族聚居区，有如嘉绒人以"墨尔多"为他们世代敬奉的圣山一样，尔苏藏族以"则尔山"为圣山，那里也是他们的魂归之地。在尔苏村寨，萨巴给死者做"开路"法事，就要按照固定线路把死者灵魂送往则尔山。尔苏萨巴送魂仪式没有送魂图经，吟诵三天三夜的经文全凭心记。萨巴口颂经包括尔苏藏族的族源和宗族的发展史、迁徙路线等。念经指路、招魂安魄、驱鬼杀鬼，最终目标是把亡灵送回远古时期的祖居地。再送入天、送入云，送到老祖先人的麾下，成

---

[1] 李星星：《归程：藏彝走廊尔苏藏族的神话民族志》，民族出版社2017年版，第1—2、12页。

为先祖的一员。[1]古老的"觉里曼姆"是尔苏村寨的祭祀歌,在蟹螺堡子的"古扎子"仪式上,笔者听见村民们在萨巴的带领下反复唱此歌,而这首祭祀歌也只在重大祭祀活动"古扎子"中才唱,平时是不唱的。"觉里曼姆"的主题就是歌颂并祈福于"觉",而祭"觉"是"古扎子"最重要的仪式。根据民族学者的描述,"则尔山无论其形、其神,同时也就是'觉'……她既是源头,也是归宿"。这则尔山实为尔苏语"re er mo"之译音,其中"re"指山,"mo"是表示女性的后缀,"所以,则尔山同时也有'女儿山'的汉语名称,还享有'穿着白裙的仙女'之美誉",至于"er"在尔苏语中,"不仅有'白'的含义,也有石头的意义"[2]。

白鸡、白羊等

举行"朗格(儿)比"这天,蟹螺堡子的尔苏村民祭白石"觉",用的是一只白鸡。村内场坝上,高大的柏树下,几位萨巴站在树根立有白石"觉"的祭坛前,待主祭者王志全念经后,持鸡者以鸡拜四方,再杀鸡将血淋在白石上,并将鸡毛沾在神树枝及腊肉、荞馍、糍粑等供品上,还把鸡翅尖、鸡爪尖和鸡嘴壳(代表整鸡)斩下来献给"觉"。此乃杀鸡祭祖仪式。傍晚,又牵来一头白羊,在萨巴念经后杀之。以白鸡、白羊作为献祭的牺牲,体现出尔苏村民对白色的看重。据调查者言,川西北羌族民间有"还鸡愿",

---

[1] 参阅古涛《川西南藏族的神灵崇拜和驱鬼驱邪仪式研究》,《西昌学院学报》(社会科学版)2013年第3期。
[2] 李星星:《归程:藏彝走廊尔苏藏族的神话民族志》,民族出版社2017年版,第21—22页。

如理县通化乡立木基等寨子举行山王会（祭山神），"每年秋收后，于八月一日祭山王还鸡愿，各寨各备一白石代表山王"[1]。又，尔苏萨巴使用的法器有以银、宝石装饰的白色海螺。不仅如此，"尔苏人宗族分支有时会采取分别保存分支信物的做法。……他们将白海螺从中间剖为两半，分支两家各持一半，约定今后以此信物作为宗族内部相认的信物"[2]。29日"古扎子"这天，场坝上尽情歌舞的村民也用糌粑粉把脸涂白以示吉祥。重"白色"之俗，还体现在萨巴为死者举行的送魂仪式中。尔苏人信奉万物有灵的原始宗教，在为死者举行送魂仪式时，出殡前萨巴要先念驱邪咒鬼经，然后便念指路经给亡灵指点回归之路，曰："白地城内有白房，那是先祖的居所。顺着白路走白房，口渴就饮白色水。大地西方黑土地，勿入西方黑鬼屋。莫走黑色鬼邪路，莫饮黑色鬼邪水。喝白水来走白路，看见白狗是祖地。若有白鸡房上鸣，直奔祖居莫回头。人间做人守纲纪，尊老爱幼讲孝道。路过阴间莫逗留，快速通过鬼门关。抛开一切怨与恨，跟随先祖奔故地。驾起白云上天堂，位归先祖佑后人。"[3]除了仪式中尚白以外，尔苏藏族的服饰中也有同类体现，最突出的就是妇女们的白头帕。2017年6月，笔者应邀去凉山彝族自治州甘洛县考察当地文化，13日从清溪峡谷、海棠镇返回，傍晚在某山庄举行的主客联欢晚会上，看见不少衣着

---

[1] 吕大吉、何耀华总主编，和志武等主编：《中国原始宗教资料丛编：纳西族卷·羌族卷·独龙族卷·傈僳族卷·怒族卷》，上海人民出版社1993年版，第558页。

[2] 巫达：《宗族观念与族群认同——以四川藏族尔苏人为例》，《北方民族大学学报》（哲学社会科学版）2014年第4期。

[3] 参阅古涛《川西南藏族的神灵崇拜和驱鬼驱邪仪式研究》，《西昌学院学报》（社会科学版）2013年第3期。

漂亮的彝族女子围着篝火跳锅庄，其中有几位服饰有别并且头上盘着白色帕子的妇女颇引人注目，她们是当地的尔苏妇女。石棉蟹螺堡子的妇女的服饰在色彩和样式上跟岷江上游羌区不乏相近之处，其头上亦有白头帕，只是不像甘洛妇女的头帕盘得那样大。妇女头上的这种白帕在羌族村寨常见。

以"白人"自称的尔苏

尚白的尔苏人亦自称"白人"，如学界指出："'尔苏'（Ersu）是尔苏人的自称，'尔'（Er）是'白'的意思，'苏'（Su）是'人'的意思，'尔苏'意为'白人'。历史上汉族曾称他们为'西番''番族'，他们使用汉语时也多自称'番族'，当地彝族则称他们为'俄助'（Opzzup）。"[1] 据有关介绍，尔苏人过节，要

---

[1] 巫达：《尔苏语言文字与尔苏人的族群认同》，《中央民族大学学报》（哲学社会科学版）2005年第6期。史称尔苏人为"西番"，但"西番"并非仅仅是对尔苏人的称呼，比如，云南学者在其著作中言及"西番"时主要谈的是普米族（见尤中编著《中国西南的古代民族》第五章第九节，云南人民出版社1980年版）。历史上，"西番"是汉人对中原以西少数民族群体的代称，孙宏开撰《西番译语考辨》中指出："所谓'番''西番''蕃''西蕃'，是史书对西南少数民族的泛称……而'番'或'西番'则泛称甘肃、四川、云南等地的操藏缅语族中不同语种的各少数民族。"（白滨等编：《中国民族史研究（二）》，中央民族学院出版社1989年版，第327页）广义的"西番"作为泛称，"它在不同的时间、空间里有不同的指代，或曰吐蕃，或曰西羌，或曰古宗，或曰巴苴。如在唐宋乃至元明时期的史书中，'西番'指广泛分布于今青海、甘肃等地的西羌或吐蕃民族……"[李志农、刘虹每：《"西番"族称辨析》，《北方民族大学学报》（哲学社会科学版）2017年第1期]由此想到西夏字"𗾺"，今天川西北羌族多指认其为"羌"，但据学界研究，该西夏字读音为"勃"，其在西夏文献中既用于指"羌""西羌"，又用于指"西番""吐蕃"。（参阅杨富学、陈爱峰《西夏与周边关系研究》下编第一章第一节，甘肃民族出版社2012年版）既然如此，无论从历史还是从地域讲，研究尔苏藏族，不可忽视其与四周的族群关联及文化异同。

将白石烧红放在堂屋里，对着大门口，把青蒿叶盖在石头上，浇上一瓢清水，再将祭祖敬山的食物从冒出的热气上熏过，行洁净仪式。如前所述，尔苏人建房采用石木或土木结构，有碉房及碉楼样式的民居（在蟹螺堡子，山坡上老寨子入口左侧，至今尚存两面坡屋顶的矩形双层石砌建筑，村民称为"碉楼"），他们也崇拜白石、巨石。在尔苏人心目中，经过萨巴主持仪式被赋予神圣性的石为灵物，代表神灵亦代表祖先，能通神、鬼、人，可以祛邪祟招善福。在川西北羌族地区，尔玛人号称"云朵上的民族"，向来有以白为善之民间信仰，他们对天地间神灵的信仰也集中体现在对以白石为象征的崇拜上。在岷江上游羌区，村寨里，处处可见尔玛人对"俄菲""阿渥尔"（羌语对白石的称呼）的虔诚奉祀。白石崇拜是羌族文化的典型性标志之一，有关白石保佑尔玛族群平安的神话，有关白石替尔玛村寨祛除邪祟的传说，在川西北羌族地区处处有闻。尔玛人的生活也跟山间石头结下了不解之缘，"依山而居，垒石为屋"是古书对他们族群生活特点的记载，其民居建筑至今存此风貌。于是，在青藏高原东南缘，在川西北藏羌地区，便有了座座石头砌就的层层递升的碉房和高高矗立的碉楼，让前来观赏的游客惊叹并赞美不已。

第三节　尔苏与尔玛之对读

一个族群，栖居在川西山区，自称"尔苏"（ersu），如今划归藏族；一个民族，生活在岷江及涪江上游，自称"尔玛"（erma），他们乃是羌族。"尔苏"与"尔玛"都在四川，都在青藏高原东南缘的高山深谷中，都是四川少数民族中独具特色的群体，他们均是民族学者、人类学者感兴趣的研究对象。海拔不低的山谷是二者的栖居之地，他们拥有各自的族群记忆和口述历史，外界也流传着有关他们的种种堪称神奇的传说故事。着眼人文地理，尔苏人处在彝、汉之间，尔玛人处在汉、藏之间，他们所在区域均为中国西部藏彝走廊上民族迁徙和文化交汇的重要节点。对读"尔苏"与"尔玛"，审美文化方面有趣的东西历历可见。

"白"之于藏羌

"尔苏"亦写作"耳苏"，有学者指出："耳苏是古羌戎的遗裔之一，他们崇拜白石，名为'思巴觉'（意为'开创石'），这是古羌戎的白石崇拜遗风。"[1] 川西北尔玛人是古羌人中的一支，如前所言，白石对于尔玛人来说是神灵的象征，见于村寨山间、人家屋顶那祭祀山神、天神的塔子上。史诗《羌戈大战》中，也讲述了天神抛下白石帮助尔玛人战胜了戈基人，使前者得以在岷江上游扎根立足。"人们认为白石是很神圣的"，在尔玛村寨，"这些白石通常压在神林、羌族寺庙、家中房顶的神龛上，有时也被放在墓穴的顶端和房屋大门的墙上，作为镇邪之用"。[2] 岷江上游的尔玛人尚白，以白色为善为美，《明史·四川土司·茂州卫》便说"其俗以白为善，以黑为恶"。这种色彩

---

[1] 宋兆麟著文，（古代）佚名绘图：《会说话的巫图——远古民间信仰调查》，学苑出版社 2004 年版，第 101 页。

[2] 李绍明、周蜀蓉选编：《葛维汉民族学考古学论著》，巴蜀书社 2004 年版，第 123 页。

心理，反映在日常服饰上，即人们多有缠白头帕、裹白绑腿的习俗。当然，尔玛人推崇神圣的白色，日常生活中也喜爱缤纷的五色，有羌族作者写道："羌族历来崇尚白色，常用黑色和蓝色，喜爱红色。通过对羌族民俗文化中色彩运用的概述，我们可以得出：白、黑、红、蓝四色是羌族代表色的结论，它显示了羌族文化的内涵和典型特征。"[1] 对这几种色彩的和谐运用，如今在石棉、甘洛等地尔苏妇女的服饰上体现鲜明，以至于初见这些妇女的外来游客往往以为其服饰是羌装。结合上述，对读可知，尔苏人和尔玛人尽管都属于四川地区崇拜白石的族群，都视白石为代表神灵的象征物，但在对其来源及功用的表述上又各有其族群特色。放宽眼界，除了尔苏与尔玛以外，在川西北民族地区，如今划归藏族的木雅、贵琼、扎巴、嘉绒等支系也崇拜白石，如：在石棉蟹螺堡子，与尔苏人和谐相处的木雅人"不仅在房顶供奉白石，而且每家都保留了白石"；道孚、雅江的扎巴人，"房顶四角均供有白石神，甚至修建房屋还在砌墙时，往往在墙壁中间砌一圈寓有某种宗教意义的白石"；在"至今广大的嘉绒区，白石崇拜的风俗极盛"，并以之为"土地神"。[2] 至于嘉绒人在田地中央放上白石代表大地之神，"称为'阿妈色朵'，意即金石头妈

---

[1] 周巴：《羌族文化拾零》，中央民族大学出版社2015年版，第47页。
[2] 吕大吉、何耀华总主编，和志武等主编：《中国原始宗教资料丛编：纳西族卷·羌族卷·独龙族卷·傈僳族卷·怒族卷》，上海人民出版社1993年版，第478—480页。

妈"[1]，此跟尔苏人尊奉原始母性的"觉"又不无相通之处。走访川西北藏羌地区，当地人对白色的崇尚和喜爱普遍有见，这是研究该区域族群文化者所熟悉的。

高山羌族村寨的白石祭（理县通化乡西山村，笔者拍摄）

尔苏萨巴和羌族释比

"萨巴"又作"沙巴""舍巴""什巴"等，是蟹螺堡子尔苏巫师自称的译音，其是尔苏文化的重要传承者，也是当地各种仪式与节庆的组织者和主要表演者。尔苏社会中有"萨巴"，尔玛社会中有"释比"，他们作为民间宗教人士，都是本族文化的重要掌握者和传承者，都堪称是各自民族的"高级知识分子"。曾有藏族学者指出，羌族的"释比"与藏族本教的"斯巴"或"斯本"读音近似。[2] 那么，在尔苏"萨巴"和尔玛"释比"之间，

---

［1］ 吕大吉、何耀华总主编，满都尔图等主编：《中国各民族原始宗教资料集成：鄂伦春族卷・鄂温克族卷・赫哲族卷・达斡尔族卷・锡伯族卷・满族卷・蒙古族卷・藏族卷》，中国社会科学出版社1999年版，第957页。

［2］ 同美：《西藏本教研究——岷江上游本教的历史与现状》，民族出版社2013年版，第378页。

我们会想到又会发现什么呢？尔苏人有"萨巴文"，是祭师萨巴使用的，有200个左右的单字，也有少量衍生字和会意字。常在文字中配用白、黑、红、蓝、绿、黄色来表示不同含义，如绿色代表木，黄色代表土，红色代表火，等等。从图画脱胎的萨巴文，属于刚刚跨入文字行列的原始象形文字，至今已乏识读者。甘洛尔苏萨巴使用的"扎拉玛"图画文字，保留了10多种内容涉及历史、宗教、天象、历法、医药等的文献，价值不凡。根据萨巴口头传说，尔苏人在迁徙到大渡河以南之前，曾经拥有卷帙浩繁的萨巴经书。尔苏人跟一个名叫"浦"的古代民族发生了战争，战败后在迁徙路上迫不得已将37匹骡子驮的萨巴经书全部烧毁，为了把祖先留下的萨巴经文记在心中，萨巴们将经书烧毁后的灰烬用水调合后喝到了肚子里。从此以后，萨巴们可谓"腹有经文"，尔苏人的萨巴经都是靠萨巴口授传承的。尔玛人记忆中的家园在甘青河湟之间，他们本是驰骋在中国大西北的游牧族群，史称"西戎牧羊人"，民间叙事长诗《羌戈大战》见于释比唱经，其中就讲述了尔玛人历经艰辛迁居岷江上游的神话历史。尔玛民间有关于羊皮鼓来历的种种传说，基本故事是讲天神把写有文字的经书给了释比，在后者返回途中，经书不小心被羊吃了，从此文字失传。多亏金丝猴指点他杀羊取皮绷鼓，随着击鼓声声，释比方能忆起经书内容。直到今天，羌族释比的经文也依靠释比一代一代心授口传。除了口念的经文外，释比手中还有羌语译音为"刷勒日"的图经。[1] 2015年列入第四批中国档案文献

---

[1] 李祥林：《濒危的羌族口头遗产和图像经典》，载《中国俗文化研究》第十辑，巴蜀书社2015年版，第143—154页。

遗产名录的《刷勒日》，系羌族释比做法事专用的，以图像为主，内容涉及狩猎、游牧、农耕、衣食住行、婚丧嫁娶、祭祀还愿等内容，其为折叠式彩绘书牒，或80多幅，或100多幅。图经上有线描着色（由蓝、黄、红、绿、黑各色构成）、服饰各异的人物形象，以及花草、动物、日月等等，色彩鲜艳，造型生动。由于少有文字说明，一般人看不懂，现仅有少数释比能识读其部分内涵。

尔苏图画文字和《羌族释比图经》（笔者提供）

2009年，在成都举办的第二届非物质文化遗产节国际论坛上，笔者与民族学家李绍明聊起中国西南少数民族的图像文献，他说这类文献濒危度高，但学界对其研究不够，有待展开和深化。实事求是地讲，尔苏文化和尔玛文化在当今现代化进程中都面临挑战与冲击，如何抢救及保护二者同是迫在眉睫的事。

语言、文字及历史

尔苏人和尔玛人，都在其神话传说中保存着有关迁徙以及文字的族群记忆，哪怕是片段。尔苏人对自己的根总是秘而不谈，有人推测他们在历史上是躲避追杀的族群，被有意无意切断的族谱叙事中当隐藏着极沉痛的历史性创伤。尔苏人和尔玛人，均可谓是有自己的语言但无自己的文字。尔苏人讲尔苏语，尔玛人讲尔玛语,二者在民间都俗称"地脚话"。在中华民族大家庭里,按照语言学家的分类,尔玛人的话(羌语)属于汉藏语系藏缅语族羌语支,尔苏人的语言也属于羌语支的一种。[1] 岁月悠悠,古史茫茫,世事沧桑。尽管缺失文字是个遗憾,但转换角度看,由于固有的语言系统发达且传承至今,尔苏人和尔玛人都在对自身文化的坚守中创造并积累了不可多得的口头遗产。他们的神话,他们的故事,他们的歌谣,他们的语言,他们的乐舞,他们的风土人情,他们的生产生活,一言以蔽之,他们的历史、社会、文学、艺术、习俗、宗教等成为今天海内外民族学、民俗学及人类学研究者高度关注的对象,并非偶然。对于讳言自我历史的尔苏人的族群来源,汉文文献缺乏记载,时人有种种猜测性的探究。如,尔苏人与羌多有关联,汉晋以来史书提到分布在这一带的羌人部落名称有 20 多种,过去尔苏人除了族内通婚外,只与石棉等地的羌人通婚,这跟其祖先与羌有关相印证。还有说法是,他们以前也曾住在成都平原,尔苏人的诗歌和唱经里每卷必出现的岷江、峨嵋等地名应是佐证,尔苏人保存的 37 卷经中,每卷开头都会念"岷江沱沱哈古什",他们深信自己的民族有一个充满秘密的历史。还有推测说,羌人的一支党项人建立了西夏国,尔苏人会不会是西夏灭国后逃来此地的一支党项羌人呢?"历史为后人留下诸多悬案,最终解答也许不重要,我们感兴趣

---

[1]《羌族词典》"羌语支"条:"羌语支是我国汉藏语系藏缅语族内的一群语言。……这个语支的语言全都分布在我国境内,包括 11 种现行语言和 1 种文献语言。它们是:羌语、普米语、木雅语、嘉绒语、尔龚语、扎语、却隅语、贵琼语、尔苏语、纳木依语、史兴语和西夏语。""羌语支本身可分为北支和南支。北支受藏语支的影响大,南支受彝语支的影响大。"(第 177 页)

的是族群与族群之间生动的文化交往。"[1] 在蟹螺堡子等村寨，尔苏人与木雅人和谐共居，像"母虎历法"这类文化遗产亦是他们世代共用的。关于后者的族源，常见说法亦认为其跟西夏有关系，称木雅人可能是党项羌的后裔，是党项羌与当地土著先民融合繁衍的后代。[2] 总之，尔苏与尔玛之间，尔苏与其他族群之间，有许多秘密等待探究，而对这些秘密的探视，有助于我们更深入地理解和把握中华民族内部的族群关系和审美意识。

---

[1] 李祥林：《"尔苏"与"尔玛"》，《凉山文学》2019 年第 1 期。

[2] 当代尔玛人讲述族群史时也多提及党项，2008 年"5·12"地震后岷江西岸新建的中国羌城祭祖殿中也有元昊塑像。有关情况参阅李祥林《先祖敬奉　族群想象　文化认同——从四川茂县"中国羌城"说开去》，《西华大学学报》（哲学社会科学版）2017 年第 3 期。

第十七章 古典戏曲中的多民族语言

自古以来，中国是多民族国家，汉语作为跨民族、跨地区的国家通用语是历史形成的。李约瑟在《中国科学技术史》中论述汉语言文字时，称其是"促进中国文化统一的一个多么有力的因素"[1]。与此同时，多民族元素在中国的族际交往中也投射在汉语言文字里，体现出文化融合色彩。方龄贵的《清代戏曲中的蒙古语》，就一方面探讨了清代戏曲中的蒙古语，一方面又列举其中的非蒙古语，如"拂庐"（吐蕃语）、"篓珂忍"（契丹语）、"萨那罕"（女真语）等。[2]这些来源多样的外来词均借汉字标音，是后人欣赏前朝剧作时不可忽视的内容。元曲包括散曲和剧曲，其创作者多为汉族，元曲作品也以汉文写作，但元朝是北方少数民族入主中国的朝代，不同民族语言的交汇在此时期表现非常明显，并生动地投射在民间言语和文艺作品中。本章论述以元明戏曲为主，对汉族之外多民族语言的运用进行考察。

第一节　多染胡语的元曲

"秦王扫六合，虎视何雄哉。"（李白《古风五十九首》之一）自秦结束中原六国战乱一统天下之后，华夏神州便以多民族的统一国家存在着。一般认为，汉族以外的中国北方民族通常分为五大系统：一是匈奴，二是突厥，三是东胡，四是肃慎，五是西域各族。五大系统的各族，分别生活在大漠南北、外兴安岭、白山

---

[1] 李约瑟：《中国科学技术史》第一卷第一分册，科学出版社1975年版，第60页。
[2] 方龄贵：《古典戏曲外来语考释词典》，汉语大词典出版社、云南大学出版社2001年版，第479页。

黑水之间、葱岭东西。这五大系统，很早就与内地往来交流。自从张骞拓开西域通道，北方从中亚陆路，南方从西南海上，二道交通，不断有他邦异物输入中华，耀人眼目。例如，古代文献中屡见"饆饠"（又作"毕罗"，以字记音，见《资暇录》《青箱杂记》等），是来自他方的食品之名，前人对其所指执见不一，向达辨曰："《青箱杂记》谓饼一名饆饠。按升庵诸人之言近于臆说。饆饠既非波波，亦非磨磨，或因毕国得名，乃是今日中亚、印度、新疆等处伊斯兰教民族中所盛行之抓饭耳。"[1]他在论述唐开元前后长安之胡化现象时，从"胡服"说到"胡饼"，还谈及西来的"葡萄酒"（高昌）、"三勒浆"[2]（波斯）等。当然，以至今新疆流行的抓饭解释饆饠是否为定论，可以再作探讨。借此例子意在说明，古往今来这些不断加盟汉语词汇阵营的外来词，增加了人们理解的难度，也带来了释读的乐趣。蒙古族是长期生活在北方蒙古草原上的少数民族，以游牧为主，驰骋在马背上，但其几千年来与中原农耕区域的政治、经济、文化一直保持着联系。当其入主中原建立元朝后，这种联系、交流愈益扩大和加深。如邻国学者指出，忽必烈想按照前所未有的综合设计来"创造一个新型的世界国家和横跨东西的交流圈"，他"首先将目

---

[1] 向达：《唐代长安与西域文明》，生活・读书・新知三联书店1957年版，第50页。
[2] 关于"三勒浆"，美国加利福尼亚大学教授谢弗写道："三种印度古代的诃子都统称为'triphala'，梵文的意思是'三果'。汉文也将它们称作'三果'或'三勒'，'勒'（*rak）是吐火罗方言中这三种水果各自名称的最后一个音节。吐火罗语是中亚的一种重要的印欧语系语言，而'三勒'各自的汉文名称似乎也是来源于吐火罗语。这三种名称分别是'庵摩勒'（梵言'amalaki'）、毗黎勒（梵言'vibhitaki'）以及诃黎勒（梵言'haritaki'）。"（谢弗：《唐代的外来文明》，吴玉贵译，中国社会科学出版社1995年版，第314页）

标置于建立一个在草原世界和农耕世界两方面都具有基础的国家上"[1]。时代如此，国情使然，元朝社会出现多元文化交汇、融合也就是自然而然的事情。

唐朝兴盛时期，来自西北诸国的贡品有琥珀、氍毹、鸵鸟、狮子、越诺、石蜜、青黛、胡药、葡萄酒、玉金香、赤玻璃、玛瑙瓶、胡旋女、波斯锦、金线织袍等，南方诸国贡品有象牙、犀牛、沉香、玳瑁、火珠、鹦鹉、菩提树、菠棱菜、频伽鸟、龙脑香、蔷薇水、浑提葱、朝霞布等。[2]至于珠宝，据《天工开物·珠玉》载："凡宝石皆出井中，西番诸域最盛。"元代陶宗仪《辍耕录》卷七"回回石头"条，记录了多种宝石，如"剌""鸦鹘""甸子""助木剌""昔剌泥""避者达""撒卜泥""助把避""红亚姑""你舍卜的""马思艮底""屋扑你蓝""乞里马泥"等，名称即来自异邦。常任侠指出："到辽金、元时，北京已是很发达的都市，元代名大都，西域色目人来者尤众。珠宝商多色目人，专有售珠市。……以上《辍耕录》在一三三六年所记的宝石，是元代回回人的阿拉伯语名称。"[3]其中，"助木剌"指祖母绿，是波斯语"zunurrud"的译音；"亚姑"是"agate"的译音，指的是玛瑙。物质交流也助推着语言传播、风俗变化，比如，唐朝两京风尚尤重效仿突厥等的衣着打扮，戴胡帽，穿胡服，甚至在城市里也搭起帐篷，"胡风的盛行波及到了语言文字

---

[1] 杉山正明：《疾驰的草原征服者：辽 西夏 金 元》，乌兰、乌日娜译，广西师范大学出版社2014年版，第308页。该书立足世界史格局，对于从辽到元的当政者如何建立"多民族之巨大中国"有着力论述，可供参考。

[2] 张泽咸：《唐代工商业》，中国社会科学出版社1995年版，第469—470页。

[3] 常任侠：《东方艺术丛谈》，上海文艺出版社1984年版，第249—250页。

领域，唐朝有些汉人是懂得突厥语的。当时有一部供正经学者使用的突厥—汉语词典，而且在唐朝的一些诗歌中，也表现出了突厥民歌对唐诗诗体的影响。有许多虔诚的佛教徒还学习了梵文"[1]。又如，蒙古语中的"站""胡同""褡裢"等，不但见于元代文人笔下，且被汉语吸纳，成为汉语词汇。中华文学史上，"唐诗，宋词，元曲"，后浪赶前浪，潮流继潮流，一代有一代之文学，一代有一代之成就。元曲包括散曲和剧曲。有元一代，在北方地区大都、平阳、真定等城市里，以散曲套数咏唱为根本，从诸宫调、唱赚、金院本等汲取养分，一种新的艺术样式便诞生了，这便是剧曲或杂剧。"有'词山曲海'之称的元曲在把160多种杂剧、约4300首（套）散曲以及200多位作家留给后人的同时，也把一大堆有关作家、作品乃至语言、习俗等方面的疑问和悬案摊开在我们面前"，比如，"元曲是用汉语言创作的，元代则是少数民族入主中国的时代。双重的文化关系，决定了我们对元曲的把握不能不在其语言上下特别的功夫"，[2] 给予特别的关注。

从语言传播和文学比较角度看，元杂剧作家笔下除了对汉语的方言俗语娴熟运用之外，受中国多民族文化的熏染，也屡见对蒙古语、女真语、契丹语等外来语（汉语之外）的借用。明代曲学家王骥德指出："金章宗时，渐更为北词，如世所传董解元《西厢记》者，其声犹未纯也。入元而益漫衍其制，栉调比声，

---

[1] 谢弗：《唐代的外来文明》，吴玉贵译，中国社会科学出版社1995年版，第48页。

[2] 李祥林：《元曲索隐》，四川教育出版社2003年版，前言1—2页、第263页。

北曲遂擅盛一代，顾未免滞于弦索，且多染胡语。"（《曲律·论曲源》）因此，从多民族视角研读元曲，务必留心其中"宋、金、元三朝遗语"（王国维语）。戴望舒指出："研究元曲中的方言俗语，愚意应从两方面着手：一是从宋元人笔记、语录等书中研究宋元的方言市语，尤其是宋代的俗语，因为在元曲中，宋代的俗语是大量地保留着；二是研究蒙古语。"[1] 他推测，当时可能有《蒙汉字汇》之类工具书流行世间，作为元曲创作者的参考书。宋代以来，北方少数民族地区先后出现了契丹族的辽朝、党项族的西夏、女真族的金朝。西夏有语言有文字，川西北羌族回溯"我族"历史时对此再三提及，以"羌文夏字"相称，而"西夏为蒙古所灭，但元昊称帝时创造的西夏文字到明代犹存，失传的西夏文字今已发现，对其的研究成为西夏学的重要课题"[2]。元朝以蒙古族统治中国百年左右，期间北方少数民族文化在吸收中原汉族文化的同时，也给后者以深刻影响。这是中国历史上又一个不同民族、不同文化相互碰撞、交汇、磨合的时期，此时少数民族语言在汉语中留痕甚多，成为汉语词汇的一个重要来源。当时，北方人士多通习蒙古文，除了江浙、福建等南方省份外，朝廷降诏均以蒙古文书写。许多汉族文人也学习各民族语言文字，元朝中央的蒙古国子学和回回国子学亦招收百官子弟之俊秀者入学，攻习内容以蒙古文字、回回文字为主。因此，考察用汉

---

[1] 戴望舒：《谈元曲的蒙古方言》，收入其《小说戏曲论集》，作家出版社 1958 年版，第 88 页。
[2] 李祥林：《民俗事象与族群生活——人类学视野中羌族民间文化研究》，中国社会科学出版社 2018 年版，第 121 页。

语写作的元曲时，对来自北地的蒙古语，以及借自女真、契丹、波斯等民族的词语，不可不关注。

元曲擅盛一代，其"多染胡语"，乃文化交融、时风使然。当年，王国维举例："爷老二字，中国夙未闻有此，疑是契丹语。《唐书·房琯传》：'彼曳落河虽多，岂能当我刘秩等。'愚谓曳落河即《辽史》屡见之拽刺。《辽史·百官志》云：'走卒谓之拽刺'，元马致远《荐福碑》杂剧，尚有曳刺，为傔从之属。爷老二字，当亦曳刺之同音异译，此必北宋与辽盟聘时输入之语。"（《宋元戏曲考》）马致远《荐福碑》第二折："（曳刺上云）一匹好马也。（正末唱）见一个带牌子的曳刺随着。（云）敢问吗？（曳刺云）你问甚么？（正末唱）这人姓甚名谁？（曳刺云）姓张是张浩。"又："（曳刺云）洒家是个曳刺，接相公来，则被那块子马走的紧，洒家紧赶着，跟不上，接不着相公。"关于契丹对中原的影响，沈从文考察河南偃师酒流沟宋墓杂剧砖刻（丁都赛等）时，指出其中"所见几个杂剧女子，多依旧着吊敦演出"，这吊敦又作钓墪，并引北宋政和七年（1117）诏令"敢为契丹服若毡笠、钓墪之类者，以违御笔论"等释之，[1]可见这服饰来自契丹。再如，"回回语"在元代作家笔下时见提及，"诸家早已检出，元代的所谓回回语，一般指的是波斯语"[2]，这是应当注意的。元曲中用汉字标音的外来词汇，时常出现在少数民族作家笔下，以及描写少数民族故事的作品中。比如，人称"蒲察李五

---

[1] 沈从文编著：《中国古代服饰研究》，商务印书馆2011年版，第508—509页。
[2] 方龄贵：《古典戏曲外来语考释词典》，汉语大词典出版社、云南大学出版社2001年版，第442页。

大金族"的李直夫是女真人，杂剧《虎头牌》是其代表作。剧中屡见女真习俗描写，女真语也时见，如第二折："我也会吹弹那管弦，快活了万千，可便是大拜门撒敦家的筵宴。"这里，"撒敦"系女真语，据"涵芬楼本《华夷译语》人物门：亲眷作'兀舌里撒敦'；《卢龙塞略》卷一九译部·译上·伦类门：'亲眷曰兀里撒墩'。按兀里和撒墩重复为义，均训为亲族。"[1] 所谓"撒敦家的筵宴"，指亲戚家的宴席。此语亦见于其他作家笔下，如关汉卿《调风月》第四折："双撒敦是部尚书，女婿是世袭千户。"又如贾仲明《金童玉女》第四折："堕尘埃，为贵客，托生在大院深宅。尽豪奢衒气概，恁聪明更精彩，对着俺撒敦家显耀些抬颏。"至于"大拜门"，据考"是金人的礼节。查《东京梦华录》提及'婿往参妇家，谓之拜门'。可见大拜门者，即庄重的亲戚交往之礼也"。[2]

胡人牵驼形象也出现在画像砖上（魏晋，嘉峪关；唐代，敦煌，笔者拍摄）

又，无名氏杂剧《抱妆盒》楔子："小官姓陈名琳，现为宋

---

[1] 方龄贵：《古典戏曲外来语考释词典》，汉语大词典出版社、云南大学出版社2001年版，第26页。"敦""墩"皆女真语记音。

[2] 许政扬：《许政扬文存》，中华书局1984年版，第156页。

朝一个穿宫内史,一生近贵,半世随朝,谢圣恩可怜,赐一套蟒衣海马,系一条玉带纹犀,戴一顶金丝织成帽子,嵌的是鸦鹘石。"末句的"鸦鹘石",乃指宝石。"鸦鹘"又作"鸦忽""牙忽""押忽",如《元史·尚文传》:"西域贾人有奉珍宝进售者,其价六十万锭。省臣平章顾谓文曰:'此所谓押忽大珠也,六十万酬之不为过矣。'一坐传玩。"据《元史语解·名物门》:"雅库特,回语蓝宝石也,卷八十七作牙忽,又作押忽……"以此称呼宝石,见于维吾尔语、波斯语及阿拉伯语等,显然是个自中亚传入的外来词。又,"吐吐麻食"是元代有名的一种食物,若干饮食、烹饪书籍如《饮膳正要》《居家必用事类全集》等都记载了它。元杂剧中,无名氏《延安府》第二折写回回官人对做的饭菜不满意,把厨子叫来一顿臭骂,其中提到当时的流行食品"吐吐麻食"。这"吐吐麻食",又写作"秃秃麻食"。元代宫廷食谱《饮膳正要》中,"秃秃麻食"名列"聚珍异馔"中,解释为"手撇面",其制作方法是用"白面六斤""羊肉一脚子,炒焦肉乞马",然后"用好肉汤下,炒葱调和匀,下蒜酪、香菜末"。《饮膳正要》称秃秃麻食有"补中益气"之效。杨显之的《酷寒亭》杂剧中,有"秃秃茶食",当是秃秃麻食之误写。又写作"秃秃麻失",在无名氏《居家必用事类全集》中亦列入"回回食品"一类中,曰:"如水滑面,和圆小弹剂,冷水浸,手掌按作小薄饼儿,下锅煮熟,捞出过汁,煎炒酸肉,任意食之。"(水滑面是一种面条,将揉好的小块面剂放入凉水中浸泡两个时辰左右,再取出制成)这里,将吐吐麻食的制作及吃法交代得很清楚。

又,"和和饭"多次出现在元杂剧作家笔下。"问甚么馒头皮馄饨馅和和饭，有酒食先生馔。"这是《太和正音谱》卷下所引马致远《岳阳楼》第二折【梧桐树】曲，其中，将馒头、馄饨、和和饭三种食物并提。无名氏《村乐堂》杂剧叙述一桩发生在金朝的勘案故事，第三折亦写道："（正末云）一腿子麻鞋是甚么哩！卖二百文小钞，三口子老小盘缠。是甚饭？（俫儿云）和和饭。"这"和和饭"是什么？先说"和和"，在元代，这其实是北方少数民族对韭菜的称呼，《至元译语·菜果门》对此言之甚明。此外，明代姚旅《露书》卷九所收蒙古语韭菜作"我恶"，译音亦近。韭菜在中国饮食史上由来已久，《诗·豳风·七月》即云："四之日其蚤，献羔祭韭。"元杂剧《村乐堂》第三折中，正末所扮乃是令史张本，因蓟州府同知李某（女真族人）家里出了命案，负责勘案的张本前往牢狱去查问犯人，临行前曾叮嘱孩子"着你娘做些酷累来"（酷累是什么，待考，有研究者从蒙古语角度释义为"干奶酪"[1]，可备一说），但后来给他送来的是"和和饭"。所以，便有了上面这番父子对话。自称"汾州西河县人"的张本，是个信奉"尔俸尔禄，民膏民脂；下民易虐，上苍难欺"的汉族官吏，从上述对话看，平日里靠老婆"扎麻鞋"挣点小钞补贴家用的他，今天因出门办公事，本想让老婆给他改善一下伙食，不料"又是和和饭来"。一"又"字，表明这"和和饭"当是普普通通的家常饭菜。汾州即今山西汾阳。元杂剧《酷寒亭》中，从那个在回回马合麻宣差衙里为仆的南方人张保抱怨吃不惯主人家里"大蒜臭韭"的伙食可知，韭菜是北方人喜欢吃

---

[1] 方龄贵：《古典戏曲外来语考释词典》，汉语大词典出版社、云南大学出版社2001年版，第392页。

的。"和和"在元明散曲中亦不难见到,如《词林摘艳》卷一所收【正宫·醉太平】小令:"近新来贫病两相磨,怎生般奈何。白肉面翻做了糠磨磨,软羊羹变作了齑和和。"

在这些作品中,少数民族语言可谓是表现少数民族的生活、习俗、性格、形象等所不可缺少的要素。或曰,它们已然成为一种民风民俗的识别标志。

第二节 戏文中的蒙古词汇

由蒙古族入主中原的元代,整个社会都处于各民族文化碰撞、交流、融合的氛围中。元杂剧就诞生在中华各族群互动与文化熔冶的语境中。留迹于元杂剧作家笔下的蒙古语词,是当时多元文化交融后烙下的重要印记。整体言之,蒙汉语言的相互渗透与影响是元代社会语言的一个重要特征。据统计,出现在元杂剧作品中的蒙古语词汇有100多个。通过分析可知,元杂剧中的蒙古语作为一种外来语(汉语之外的),具有鲜明的草原游牧文化特征,一方面反映了蒙古游牧文化对中原戏剧文化的影响,另一方面也体现了两种文化背景下产生的语言词汇体系的差异。[1]

"火不思"之名屡见于元代文献,如《元史·礼乐志》介绍宴乐之器:"火不思,制如琵琶,直颈,无品,有小槽,圆腹如半瓶榼,以皮为面,四弦,皮绊,同一孤柱。"元散曲有佚名【双调·水仙子】:"番鼓儿劈彪扑桶擂,火不思必留不剌扑,簇

---

[1] 郝青云:《元明戏剧中蒙古语词的文化解析》,《内蒙古民族大学学报》(社会科学版)2010年第5期。

捧着个带酒沙陀。"这是一种弹弦乐器,由北方游牧民族创制,大约是在唐代从中亚沿丝绸之路传入中原,又名"浑不似",《辍耕录》卷二十八曰:"达达乐器,如筝、秦琵琶、胡琴、浑不似之类,所弹之曲与汉人曲调不同。"所谓达达,即鞑靼(《草木子·杂俎》),指的是北方少数民族。关于该乐器的起源,民间还有与汉代嫁入胡地的王昭君相关的传说:"琵琶古名枇杷,又名鼙婆,昭君常用琵琶坏,令胡人改为之而小,昭君笑曰:'浑不似。'后讹为胡拨四,又讹为虎拍思,又讹为琥珀思,纷纷聚议,其实即琵琶一物也。"(《两般秋雨盦随笔》卷四)又写作"浑不是""和必思""胡不思"等。究其由来,"火不思一称虽为蒙古人所袭用,但其根源实出于突厥语。Redhouse《新土英辞典》第 674 页:kopuz,一种最古老的突厥乐器,形状近似 baglama,又第 120 页:baglama,一种民间的弹拨乐器,有弦三对;kopuz 当即火不思一语所自出,不过所指的乐器形制并不尽相同而已。值得注意的是:火不思这种乐器在历史上最早见于何时,学术界还没有一致的意见。……日本学者林谦三则认为:火不思的原语 qobuz 本来不是一个特定乐器的专名,而是包括各种弦乐器的泛称。知者,形制同于后世火不思的乐器,在唐代的西域确已存在。一九〇五年勒柯克(Le Coq)在新疆吐鲁番所得一幅古画,绘有一童子手持乐器弹奏的形象,其乐器形制与后世的四弦火不思极为相似。经考定,此画的绘制年代至迟不出九世纪初"[1]。去新疆地区,可经常看见当地人手中这乐器。

---

[1] 方龄贵:《古典戏曲外来语考释词典》,汉语大词典出版社、云南大学出版社 2001 年版,第 299—300 页。

元代由蒙古族主政，更多借词来自蒙古语，有的迄今仍沿用。如"哈巴狗"，源自蒙语"xaba"，又叫"狮子狗"，是唐代从西域引进的。元杂剧用例，见《魔合罗》第二折："你投东往西行，投南往北走，转过一个湾儿，门前有株大槐树……门上挂着斑竹帘儿，帘儿下卧着个哈巴狗儿，则那便是李德昌家。"《渔樵记》第二折："哎呀！连儿、盼儿、憨头、哈叭、刺梅、鸟嘴，相公来家也，接待相公。打上炭火，酾上那热酒，着相公荡寒！"《桃花女》第一折："（周公云）我这阴阳有准也。（彭大云）是你这阴阳有准，石留住不活了？老官人，你把这阴阳收拾起罢。你这阴阳是哈叭狗咬虼蚤——也有咬着时，也有咬不着时，我不信你了。"又如"胡同"，古代作"衚衕"，来自蒙古语，因行走取水，渐渐形成两边筑有房屋的小巷，后来以之称小巷，如李好古《张生煮海》第一折："你去那兀羊市角头砖塔儿胡同总铺门前来寻我。"四川人习惯叫巷子，北方人叫胡同。今天，在世人的印象中，"胡同"也成为北京城内老式民居建筑的标志性审美符号，勾连着怀念往事、铭记传统的审美心理。在元杂剧作家笔下，"胡同"一词也被用来比喻像街巷一样的情势，而且颇形象，如关汉卿《单刀会》第三折："你孩儿到那江东，旱路里摆着马军，水路里摆着战船，直杀一个血胡同。"在散曲家张可久笔下，又写作"胡洞"，如："客留情春更多情，月下金觥，膝上瑶筝。口口声声，风风韵韵，袅袅亭亭，锦胡洞莺招燕请。"（【双调·折桂令】《酒边分得卿字韵》）还写作"湖洞"，如："紫箫声冷彩云空，十载扬州梦，一点红香锦湖洞。"（【越调·小桃红】《寄春谷王千户》）至于"锦胡同"之称，见于王实甫《丽春堂》第一折，读者可以对照。

非汉语的外来词进入汉语文本，由于是借字表音，所用汉字往往不那么固定，有较大随意性，所谓"番语对音，无定字也"（福格《听雨丛谈》卷二）。譬如源于蒙古语"bagatur"的"拔都"，《元史》中多见，戏剧中更是如此，意为健儿、勇士、好汉、英雄；蒙古人甚至以之为贵族称号，如成吉思汗的父亲叫也速该把阿秃儿，后者又是把儿坛把阿秃儿之子。[1] 元杂剧之例，有"巴都儿来报大王呼唤，不知有何将令，小学生跑一遭去"（郑光祖《老君堂》楔子）、"拔都儿！将毛延寿拿下，解送汉朝处置，我依旧与汉朝结和，永为甥舅，却不是好"（马致远《汉宫秋》第三折）。明代戏曲中，如汤显祖《邯郸记》第十二出："把都们，一齐杀过关南转西以擒唐将。"沈鲸《鲛绡记》第二十三出："把都儿，今夜好冷，又睡不着，拿吐吐磨、打辣酥来吃。"邱濬《五伦记》第二十出："［末］多少人马？［净］人说到八千五百把都儿。"检索古籍，该词译音在汉字书写中有20多种，如：八都、八都儿、八都鲁、拔都鲁、拔都儿、八秃儿、拔阿都儿、霸都、巴都儿、波豆儿、把都儿、霸都儿、霸都鲁、把阿秃里、拔突、巴图鲁、把突儿、拔秃儿、把秃儿、巴图尔、把阿秃儿、拔都、把多儿等。

后世京剧及地方戏舞台上，犹见"巴图鲁"一词，有学者指出："京剧和一些地方剧种里每当'番邦'主帅或将领号令进军的时候，差不多总有一句官中台词：'巴图鲁，杀！'为人所熟知的例子有《挑滑车》里金邦四太子完颜宗弼（兀术）在奠酒祭旗

---

[1] 雷纳·格鲁塞：《蒙古帝国史》，龚钺译，商务印书馆1989年版，第39页。

后的发布总攻牛头山军令:'巴图鲁,催军!'"[1]这巴图鲁,"按训为勇士、豪杰的 batur 一语,在阿尔泰语系突厥语族、蒙古语族、满——通古斯语族诸语中是相通的,汉字标音满洲语中的'巴图鲁'即是此语,时亦作把土鲁、巴兔鲁,而通常作巴图鲁。……这个语词在清初周祥钰等编写的清宫大戏《忠义璇图》中也见过,作'巴图噜'。剧演梁山泊宋江及宋金交兵事。其第二本第一出金主上高台介白:'众巴图噜,就此撒开围场者。'"[2]根据有关资料,巴图鲁源自蒙古语"英雄"(蒙古语西里尔文 баатар,即"巴特尔"),到明末成为女真人的称号,后又发展为清朝赏赐武将的封号。东北地区民间文学中有"乌勒本"(满语"ulabun","传"或"传记"之意),今称满族说部,其说唱本子按照三分法,与唱述满族历史的"窝车库乌勒本"和讲述家族故事的"包衣乌勒本"并立的,有诵唱英雄或历史人物的"巴图鲁乌勒本"。"巴图鲁"勇号通常有两种:或只作巴图鲁,不再加上别的修饰词语,此乃普通勇号;或在巴图鲁之上还添加其他字样,是为专称勇号,如

---

[1] 吴晓铃:《巴图鲁——京剧零札之八》,《戏剧电影报》1983 年第 15 期。吴先生在这篇文章中还谈到京剧等戏中的满洲语,云:"我们从事古典戏曲、地方剧和散曲、曲艺以及小说研究的人,常常在选作品时不得不割舍有些理应入选的作品,原因之一便是注不出这些音译的非汉语词汇。清代子弟书里的'满汉兼',每一句唱词都有半句是满语的音译,给今天从事曲艺研究的人带来困难。四十年代以前,富连成科班有一出《请清兵》,演吴三桂事,《读旨》一场,有大段满语的朗读,然后由通事口译成汉语制诰体的'奉天承运,皇帝诏曰'文字。我听九十一岁高龄的北昆侯玉山老人说,这段满语台词是北昆老辈传授给喜连成班的,老人也追忆不出全段原词,一个很好的语言对译材料,便这样失传了。"为此,他深感遗憾。

[2] 方龄贵:《古典戏曲外来语考释词典》,汉语大词典出版社、云南大学出版社 2001 年版,第 480 页。

清朝三代元勋鳌拜被授予"满洲第一巴图鲁",晚清名将僧格林沁也曾获得"湍多巴图鲁"封号。有论者指出,清太祖、太宗时得此赐号者皆为满族,顺治至嘉庆时期随着名号制度完善,"baturu"赐号不再为满人所垄断,"已经遍及整个中华民族的其他蒙古族、汉族、藏族等各主要民族",从而"实现了满语名号借词语言的多元性,也体现了中华民族'多元一体'文化的构成"。[1]

又如"打剌酥",源于蒙古语"darasu",是对"酒"的称呼。元杂剧《小尉迟》中,有个胃口特好而被封为"净盘将军"的李道宗,是个由净角扮演的插科打诨的家伙。听说番兵来临,鄂国公尉迟敬德将领兵前往抗击,这个皇族出身的酒肉将军也想沾沾光捞捞功,便去找丞相房玄龄请战,要求挂元帅印上阵去,在遭到拒绝后,他佯作气冲冲地唱出一曲:"房玄龄徐茂公真老傻,动不动将人骂。不知道我哄他,把我当实话。去买一瓶打剌酥吃着耍。"在元杂剧中,该词的汉文书写亦多种多样。或作"打剌苏",如无名氏《存孝打虎》第二折:"安排着宴会,金盏子满斟着赛银打剌苏,胆瓶中插一枝万金千柳,帐房内摆几个描不成画不就娇滴滴酥胸胡女,帐房外三二百员鬓黄发乱番官。"或作"打剌孙",如无名氏《射柳捶丸》第四折中,明明吃了败仗的葛监军,来到元帅府却谎报打了胜仗,还摆出架子大咧咧地说:"不是我老葛夸大言。到的雁门关,见了耶律万户,我和他战二百余合,不分胜败。我佯输诈败,那厮赶将来,被我一锁喉箭射死了,得胜还营。有好打剌孙拿两碗来,与我解困。"或作"答

---

[1] 綦中明、刘丽华:《清代 baturu(巴图鲁)赐号考略》,《湖南广播电视大学学报》2015 年第 1 期。

剌孙",见关汉卿《哭存孝》第一折。元明以来,该词又写作"打剌速""达喇苏""答剌速""达拉素"等。古典小说《水浒传》里的"大辣酥",也指的是这杯中之物,见第二十四回:"西门庆也笑了一回,问道:'干娘,间壁卖甚么?'王婆道:'他家卖拖蒸河漏子,热烫温和大辣酥。'"明代人的著作里又写作"打酪酥",如张瀚《松窗梦语》卷三记述北地少数民族风俗:"其地不产五谷,惟牧驼、马、牛、羊,食其肉,衣其皮,取其血乳置浑脱中,酿之月余,名打酪酥。宴会席地而坐……打酪酥亦依次传饮。"汤显祖的《牡丹亭》中有"打剌"一语,亦当指此。

总之,古代文艺作品中借用外来语,由于翻译用字不固定,有时在同一个作家的笔下也会出现一词多写的情况。"借词"折射出不同族群、不同地域文化的传播和交流,是我们从语言民俗角度研究中国文学艺术所不可忽视的。纵观元明作家笔下,来自蒙古、女真、契丹以及其他民族的借词不少,如:"必"(我)、"赤"(你)、"备"(有)、"哈里"(回)、"兀该"(问)、"孛知"(舞)、"卯兀"(坏)、"兀速"(水)、"哈敦"(妇人)、"那颜"(官人)、"扎撒"(法令)、"撒袋"(箭袋)、"粘罕"(汉人)、"站赤"(驿站)、"必答"(我们)、"安答"(盟友)、"古答"(亲家)、"阿的"(这、那)、"撒和"(应酬、打点)、"哈答"(坚硬、坚强)、"腾克里"(天)、"哈茶儿"(地)、"火牙儿"(二、两个)、"秃鲁哥"(缎子)、"察赤儿"(帐篷)、"铁力温"(头、首领)、"库鲁干"(女婿)、"阿可赤"(轻轻地、悄悄地),等等。前贤所著《元朝秘史》《蒙古字韵》《元史语解》《蒙鞑备录》《黑鞑事略》《至元译语》《华夷译语》《女真译语》《蒙古杂字》《回回馆杂字》《高昌馆杂字》《辽金元三史国语解》,当今出版的《金元戏曲方言考》《元剧俗语方言例释》《元明戏曲中的蒙古语》《元曲释词》《戏曲词语汇释》《诗词曲语辞汇释》《诗词曲语辞例释》，以及《蒙汉词典》《汉蒙词典》《女真文辞典》《满汉大辞典》《八思巴字与古汉语》《波斯语汉语词典》等，可供今人了解宋元以来小说戏曲中外来的他民族词语时作参考。

务必看到，由于是文艺创作，在元代作家笔下，蒙古语不仅仅出现在蒙古人口中，说蒙古语的除了汉人，还有历史上的女真、突厥、沙陀等部族的人。再说，某些词在蒙古语中有，也见于其他如突厥语、女真语乃至波斯语、阿拉伯语等，实乃通用之词。对此，阅读元明戏曲时务必灵活把握，切忌钻牛角尖儿。此外，作为一种艺术手法，元明戏曲中使用外来词有点像今天在特定戏剧情境下故意让台上人物说方言土语，旨在营造某种情景氛围和审美效果，正如许政扬在《元曲语释研究参考书目》中谈到戏曲中运用蒙古语、女真语等时所言："使用外来语，可以取得喜剧效果。"[1]

第三节 多民族语言的艺术化运用

《孔雀胆》是郭沫若创作的历史剧，所演故事发生在元末，有真人原型。红巾军由川入滇，元王朝在云南的统治者梁王（蒙古族）逃往楚雄，幸有大理九代总管段功（白族）援救，才得脱险回昆明。梁王嫁女阿盖于段，并对其封官奖赏。后来，段被诬谋反遭到杀害，痛不欲生的阿盖用锦被给丈夫裹尸送回大理安葬，并用汉、蒙、白语混合以《愁愤》为题写下一首古体诗：

---

[1] 许政扬：《许政扬文存》，中华书局1984年版，第155页。

"吾家住在雁门深,一片闲云到滇海。心悬明月照青天,青天不语今三载。欲随明月到苍山,误我一生踏里彩。吐噜吐噜段阿奴,施宗施秀同奴歹。云片波粼不见人,押不芦花颜色改。肉屏独坐细思量,西山铁立风潇洒。"[1]其中,"踏里彩"是蒙语锦被名;"吐噜吐噜"是可惜、可怜之意;"阿奴"是白语对丈夫的爱称;"奴歹"意为不幸,指施宗、施秀同段功一样遭杀害;"押不芦花"是传说中能起死回生的灵草;"肉屏"指骆驼背;"铁立"指松林。类似的多民族语言混用,也见于元杂剧作家笔下。北地民族语言的使用,让元杂剧所呈现的大漠风情更见彰显。同时,语言也是刻画人物的重要艺术手段。除了反映民族风情、彰显地域特色以外,外来词语被剧作家灵活地运用于角色定性和人物塑造,增强了舞台审美效果。

元杂剧《哭存孝》首折,反面角色李存信上场来自报家门,吐出一连串让今人搞不懂的词语:"米罕整斤吞,抹邻不会骑,弩门并速门,弓箭怎的射?撒因答剌孙,见了抢着吃;喝的莎塔八,跌倒就是睡。若说我姓名,家将不能记;一对忽剌孩,都是狗养的。"这些令人费解的字眼,均是外来语的音译词。其中,"米罕"是肉,"抹邻"是马,"弩门"是弓,"速门"是箭,"撒因答剌孙"是好酒,"莎塔八"是醉,"忽剌孩"是贼。一连串汉语和外来语夹杂的道白,无非说的是:肉整斤地吞食,马是不会骑的,弓箭也射不来,见了好酒就抢着吃,喝醉了跌倒便睡,若说我的姓名,自家也记不住,我们是一对贼,都是狗养的。不难

---

[1] 谢启晃、胡起望、莫俊卿编著:《中国少数民族历史人物志》,民族出版社1983年版,第98页。

看出，这是戏剧作家故意替这家伙安排的科诨，意在给其鼻梁上抹白而丑化之。《哭存孝》，全名为《邓夫人苦痛哭存孝》，是一出以历史传说为题材的悲剧，写武艺高强、屡立战功的飞虎将军李存孝，被整天吃喝、贪图安逸的李存信和康君立陷害而死的故事。剧中，二李一康都是沙陀部李克用的义儿家将。该剧开场，一番插科打诨式的自报家门，便把陷害存孝的两个坏家伙"不会开弓蹬弩"、只知吃喝玩乐的丑恶嘴脸刻画得活灵活现，由此表现出创作者的爱憎情感。类似这种以满口胡语刻画番将的例子，也屡见于明清戏曲，如汤显祖的《牡丹亭·围释》一折。李存信在上述道白之后，接着说："俺父亲是李克用。阿妈喜欢俺两个，无俺两个呵，酒也不吃，肉也不吃；若见俺两个呵，便吃酒肉，好生的爱俺两个。"这里的"阿妈"，也是少数民族语言，指父亲。同剧中，李存孝自报家门讲得很明白："有阿妈李克用，见某有打虎之力，招安我做义儿家将。"这"阿妈"，是女真族对父亲的称呼，又见无名氏《货郎旦》第三折："阿妈有甚话，对你孩儿说呵，怕做甚么！"亦写作"阿马"，如关汉卿《调风月》首折："这书房存得阿马，会得宾客。"元杂剧中，"阿妈"除了是子女对父亲的称呼外，也可作为下人对主子的尊称。传为关汉卿所作的《五侯宴》第二折中，两种用法都有。起初是李克用之子李嗣源说："为因俺阿妈破黄巢有功，圣人封俺阿妈太原府晋王之职，俺阿妈手下儿郎都封官赐赏。"继而是李嗣源的随从番卒叫王嫂过去见李嗣源："兀那婆婆儿，俺阿妈唤你哩。"后一"阿妈"，跟京剧舞台上仆从称呼主子为"爷"之类相似。那么，对母亲又怎样称呼呢？元杂剧《哭存孝》里，李克用和刘夫人出场，李存信称他俩为"阿妈、阿者"。这与"阿妈"对应的"阿者"，亦女真语，是称呼刘夫人的。该剧第二折，李克用目送替存孝辩解的刘夫人下场后，对康李二人说："康君立、李存信，你阿者去了也。倘若存孝变了心肠，某亲拿这牧羊子走一遭去。"（关汉卿《调风月》第二折亦有"老阿者使将来服侍你"）总而言之，《哭存孝》中所使用的来自北方少数民族的词语不止这些，还有"莽古歹"（小番）、"赤瓦不剌海"（该死的）之类，不一一列举。

元杂剧中使用外来词语，尤其是用在丑角或反面人物的道白中，往往带有感情色彩，可以表明创作者的道德审美评判，取得奇妙的艺术效果，上述李存信自报家门就是例子。同时，还须看到，元代作家使用外来词语，不仅仅是为了哗众取宠，除了根据故事背景和人物身份的需要为之涂染上特定的民族色彩外，有时候也有意识地从中挖戏，使之成为推动剧情发展的关键，从而产生不可取代的审美效果。《哭存孝》第二折，写李存信二人跑到荆州，诈传李克用之令，要李存孝改称原来的名字安敬思。接着又到李克用面前造谣，诬蔑存孝心怀怨恨改了姓名，要领兵杀来。刘夫人不信，前往查明真相并带存孝来见李克用，欲当面拆穿谣言。狡诈的李存信怕事情败露，谎报刘夫人亲子落马受伤，骗开了刘夫人。然后，乘着李克用酒醉之际，这两个蛇蝎心肠的家伙曲解"阿妈"的醉语，将存孝车裂而死。请看下面这段描写（见《元曲选外编》）：

（刘夫人同李存孝上）（刘夫人云）孩儿来到了也。小校报复去，道有阿者来了也。

（李克用云）阿者来了，请过来饮几杯。……

（刘夫人见科，云）李克用，你又醉了也！不是我去呵，险些儿送了孩儿也!

（李存信报科，云）阿者，哑子哥哥打围去，围场中落马也!

（刘夫人慌科，云）似这般如之奈何？我索看我孩儿去也!……

（李存信把盏科，云）阿妈满饮一杯。（李克用醉科，云）我醉了也。

（康君立云）阿妈，有存孝在于门首，他背义忘恩。

（李克用云）我五裂篾迭。（下）

（李存信云）哥哥，阿妈道"五裂篾迭"，醉了也。怎生是了？阿妈明日酒醒呵，则说道："你着我五裂了来。"

（康君立云）兄弟说的是，若不杀了存孝，明日阿妈酒醒，阿者说了，咱两个也是个死。小校与我拿将存孝来者!

（李存孝云）康君立、李存信，将俺那里去？

（李存信云）阿妈的言语：为你背义负恩，五车争了你哩!

（李存孝云）阿妈，你好哏也！我有什么罪过？将我五裂了！我死不争，邓夫人在家中岂知我死也？两个兄弟来，安休休、薛阿滩，将我虎皮袍、虎磕脑、铁燕挝与邓夫人，就是见我一般也。……

（李存信云）今日将存孝五裂了也，明日阿妈问俺，自有话说，咱去来。金风为动蝉先觉，暗送无常死不知。

读懂这段戏文的关键在于搞清楚"五裂篾迭"。此语又见于第四折，酒醒后李克用听说存孝被"五裂"了，心如刀绞，连声大叫:"都是这两个送了我那孩儿也!我说道'五裂箆迭',我醉了也,他怎生将孩儿五裂了!把这两个无徒拿到邓家庄上杀坏了,剖腹剜心,与俺孩儿报了冤仇也!"此处"五裂箆迭",属于汉语译音,乃是蒙古语"五裂"和"箆迭"的连用。前者又作"兀禄",据《元朝秘史》译释,意为"不";后者亦作"箆颠",据《卢龙塞略》解释,意为"知"。方龄贵结合《元朝秘史》《卢龙塞略》《华夷译语》等文献细作考释后云:"蒙古语'五裂箆迭'犹言不知道或不管,剧文中李克用喝醉了酒,乃作此语。"[1] 瞧瞧,按照剧情叙述,李克用本无杀人之意,一个喝得昏天黑地的醉酒汉,不过是随口用胡语(少数民族语言)咕哝了句醉话"五裂箆迭"(我不晓得),在此谈不上有何确指的含义。可是,竟然被身边阴险的小人钻了空子,后者卑鄙地借该词发音并割裂字眼,将李克用的半句醉话曲解成了汉语的"五裂"(车裂,五马分尸),从而莫须有地制造出一桩天大的杀人冤案,实在是太可怕了。关汉卿不愧是大戏剧家,他熟悉各阶层的生活,也熟悉各阶层的语言。他的《哭存孝》一剧,今人似乎关注不多,其实值得仔细读读。

综上所述,其他民族词汇进入汉语写作文本,这是多民族中国多元文化融合的积极成果。此外,若单单从艺术创作角度看,用汉语写作的古典戏曲借用非汉语的外来词汇,犹如今天在某些场合说话时夹入一两句洋文或土话,旨在塑造人物、推进剧情乃至彰显某种民俗色彩、营造某种文化情境、达到某种审美效果。

---

[1] 方龄贵:《古典戏曲外来语考释词典》,汉语大词典出版社、云南大学出版社2001年版,第44页。

第十八章 从多民族贡献看戏曲艺术

长城内外，大江南北，生活在此土地上的不同族群相互接触、交流、互嵌、融合，你中有我，我中有你，多元互补地构成了中华民族，创造了中华文化。过去，尽管在中原强势话语主导下，作为族别"他者"的少数民族文学及美学在关于中国文艺及美学的历史书写中有被边缘化之嫌，但仍须看到，古往今来少数民族文学家、艺术家、理论家作为生命个体的实际在场，以及他们对中华文艺及美学的实际贡献，是抹不去的客观事实。就剧种看，中华戏剧艺术既包括昆曲、京剧、汉剧、豫剧、粤剧等汉族戏曲，也包括藏戏、侗戏、彝剧、羌戏、傣剧、壮剧、布依戏、蒙古剧、维吾尔剧等少数民族戏剧，此为理所当然。本章不拟就此作论，而是以华夏传统戏曲艺术为主要对象，在多民族视野中就少数民族文艺家的贡献加以指说，从而为深入认识中华文艺及美学的多民族建构提供参考。

第一节　从《西游记》剧作者说起

"以歌舞演故事"的古典戏曲之成熟时期，通常指宋元时期。元继宋兴，是蒙古族入主中原的朝代，也是历史上多民族大融合的时期。沈从文将河南焦作金元墓乐舞俑与山西洪洞广胜寺演剧壁画（大行散乐忠都秀在此做场）对读，从人物相貌及装束特征发现"这种'大行散乐'到处流动的戏剧班子，可能是一种汉蒙混合组织"，并通过历史分析后肯定"杂剧演出有蒙古艺人参加，实不足为奇"[1]。当时，不只是"冲州撞府"跑江湖的戏班子里有蒙古艺人（亦有女真等民族艺人，见下文），在元杂剧作家群体中还有被称为"蒙古族第一个剧作家"[2]的杨景贤。据孙楷第考证，杨景贤是杂剧《西游记》的作者[3]。杨景贤，一字景言，名暹，后改名讷，号汝斋。因从姐夫杨镇抚流落到钱塘（今浙江杭州），或以为他是钱塘人（《西湖游览志余》即云"永乐初，钱塘杨景言以善谜名，成祖时重语禁，召景言入直，以备顾问"）。这位剧作家大约出生在元顺帝继位之初（1333年后），明永乐年间死于金陵（今江苏南京），实乃元明之际作家。杨景贤曾创作杂剧18部，今存《西游记》和《刘行首》，散曲有《怨别》《咏虼蚤》等，《录鬼簿续编》说他"善琵琶，好戏谑，乐府出人头地，绵阵花营，悠悠乐志"，是一个富有艺术才华的文人。

历史上，吴承恩的长篇小说《西游记》知名度甚高。据李福清考述，"《西游记》早在18世纪便译成了蒙文，蒙古民间有许多手抄本蒙译《西游记》题为《唐僧喇嘛》。……内蒙古及东蒙古说书人（hurchi）也讲唱《唐僧喇嘛》"[4]。清康熙时期蒙古族翻译家、评点家阿尔纳甚至将此小说与大藏经并提，曰："读《西游记》，若不解其意必当笑话。略举一例，在本回中神奇之事

---

[1] 沈从文编著：《中国古代服饰研究》，商务印书馆2011年版，第608页。
[2] 谢启晃、胡起望、莫俊卿编著：《中国少数民族历史人物志》，民族出版社1983年版，第108页。
[3] 或以为此剧作者是吴昌龄，隋树森"据孙楷第考证为杨景贤作"，见《元曲选外编》目录题记，中华书局1959年版。
[4] 李福清著，李明滨编选：《古典小说与传说——李福清汉学论集》，中华书局2003年版，第222—223页。

甚多，如解其意，胜于通读一部《甘珠尔》。"[1] 较之定型的长篇小说，唐僧师徒去西天取经的故事很早就在民间流传，并且借助美术、诗歌、话本、戏曲等多种艺术形式广泛传播，如有论者指出："唐僧取经故事，在五代后晋天福七年（942）所凿杭州将台山的摩崖龛像中，已有唐僧和孙悟空、沙悟净、猪悟能等，还有白马一匹在后跟随取经故事的浮雕。北宋时，还留存周世宗（954）以前的玄奘取经的壁画。《清平山堂话本》中的《陈巡检梅岭失妻记》是宋代作品，已有'齐天大圣，神通广大，变化多端'的描写，后来孙悟空之所以被称为齐天大圣，与此不无关系。刘后村亦有'取经烦猴行者，吟诗输鹤阿师'的诗句。可见取经故事在南宋以前民间已极流行。"[2] 宋代有《大唐三藏取经诗话》，元代亦有《唐三藏取经记》。有元一代，"西游戏"出现在杂剧中，有的串演取经故事始末（如杨景贤的《西游记》），有的仅搬演取经故事片段（如无名氏的《二郎神锁齐天大圣》），不一而足。不可否认，长篇小说《西游记》也受到金院本和元杂剧中取经故事的影响。

杨景贤的《西游记》，剧本见《元曲选外编》，乃据日本复排之明刊本。对读可知，杂剧《西游记》跟小说《西游记》也有不

---

[1]《中国少数民族古代美学思想资料初编》，四川民族出版社1989年版，第98页。1721年，阿尔纳将小说《西游记》全部翻译成蒙古文，并且撰写了序言和每回的回批。如学界指出，阿尔纳的《〈西游记〉回批》是迄今所见少数民族文论家评点古典小说名著的最早著作（比哈斯宝评点《红楼梦》早120多年）。此处所引，见他对《西游记》第一回"灵根育孕源流出 心性修持大道生"的批语。

[2] 胡士莹：《话本小说概论》上册，中华书局1980年版，第199页。

同之处。就拿众所周知的"火焰山"来说吧，唐僧师徒过火焰山向铁扇公主借芭蕉扇的故事，是小说、戏曲中以"三调芭蕉扇"传名的脍炙人口篇章。杂剧《西游记》中，铁扇公主的那把扇子乃是重一千多斤的铁扇子，不叫芭蕉扇，也不曾被孙悟空借去。尽管杨景贤杂剧中此段的题目正名也说"孙行者借扇子，唐僧过火焰山"，但实际上，他们师徒是靠了观音菩萨派遣雷公、电母等众神降水灭火才得以通过火焰山的，且看剧中所写："（观音上，云）老僧观世音是也。唐僧过不得火焰山，孙悟空来告。我差雷公、电母、风伯、雨师、箕水豹、壁水貐、参水猿等水部神通。水能灭火，就除此火山之害，免使后人受苦。"较之小说《西游记》，杂剧《西游记》依据的民间传说当有不同来源，后者的价值亦非前者所能覆盖，这是从异文研究西游故事时须注意的。关于该剧，庄一拂写道："本事出《大唐三藏取经诗话》而加以发展，幻出种种魔怪，皆归观世音菩萨救护。据《佛法统纪》云：'唐法师玄奘，贞观二年上表游西竺，过沙河逢恶鬼异类，出没前后，一心念观世音菩萨及《般若心经》，倏忽散退。'作者大意本此。此剧与小说《西游记》有异同，元阙名有《北西游》，即此本，杨氏作也。"[1] 杂剧《西游记》，为六本，每本四折，总共二十四折。从体制和篇幅上看，有如王实甫的《西厢记》，杨景贤的《西游记》亦未循守"一本四折"的通例，属于元杂剧中的"破格"之作，这样的作品在元杂剧作家笔下实不多见。因此，明万历年间弥伽弟子在《西游记小引》中将杨氏此剧

---

[1] 庄一拂编著：《古典戏曲存目汇考》上编，上海古籍出版社1982年版，第364页。

和《西厢记》并提，评曰："自《西厢》而外，长套者绝少。后得是本，乃与之颉颃。嗟乎！多钱善贾，长袖善舞。非元人大手笔，曷克臻此耶！"此外，转换角度看，作为少数民族作家，杨景贤的杂剧创作对于蒙古族文学也未必不是一种贡献，如民族文学关系史研究者指出，"是他第一次把杂剧这种艺术形式引入蒙古族文学史，为蒙古族文学宝库中增添了一种新的文学样式"[1]。

着眼史论研究，包括散曲和剧曲的元曲中，有涉及当时戏剧的演艺内容。其中，杜仁杰的【般涉调·耍孩儿】《庄家不识勾栏》散套最有名。从曲中可知，当时城里的勾栏即剧场已有完整建筑物，中央是高耸如钟楼的戏台，四周是梯形的观众席；场面上，乐手们敲锣又打鼓；演出的剧目，有《调风月》《刘耍和》。再看台上演员，脚色有生有旦有丑，表演有说有唱；从妆扮看，那个戴黑巾、上插长簪、身穿花布长袍、开着黑白相间脸谱的"央（殃）人货"，显然是个丑角；一出戏末尾，还有插科打诨，等等。元杂剧的演出自明代中叶后绝迹，幸好有这套曲子，将彼时勾栏演戏情景记录下来。杜仁杰散曲写的是城市剧场演出，在少数民族剧作家笔下，我们又能看到乡村社火这一古老的民间演艺，如杨景贤的《西游记》。按照农历，立春是正月里首个节气，对于"以农立国"的华夏来说，迎春是汉地农耕区域十分看重的风俗。届时，官民都要参与，与民同乐。迎春仪式中，除了鞭春牛等习俗（元杂剧《刘晨阮肇误入桃园》第三折有民间春日"赛

---

[1] 云峰：《蒙汉文学关系史》，新疆人民出版社1997年版，第98页。

牛王社"的描写,其本身在某种程度上亦可谓是仪式性戏剧)外,还有人物身着戏装进行各种戏剧故事的表演,民间谓之"社火"。名列"四大年画"的四川绵竹年画中,前人所绘地方风俗长卷《迎春图》即反映着这种古老的民俗。图中,表演队伍以桌为单位,每桌由四名健壮男子抬着,其上皆有戏装人物演故事。有一桌上是一手持船桨的白发老翁和一身着道袍的年轻女子,这在后来蜀地舞台上可以找到对应的折子戏《陈姑赶潘》(《秋江》),此外,可对号入座的还有《踏伞》等剧目。关于民间艺人扮社火、"百般打扮千般戏"的热热闹闹场面,元杂剧《西游记》第二本第六出中通过村姑之口有生动描述,其中有"做院本的",有踩高跷的,有"粉擦白面皮"的脸谱化装,有"线儿提着木头雕的小人儿"的傀儡唱戏,有"几个回回,舞着面旌旗"的角色装扮,有"笑一声打一棒槌,跳一跳高似田地"的丑角表演,有"咿咿呜呜吹竹管,扑扑通通打牛皮"的乐器伴奏,等等。所谓"院本",即行院艺人做戏用的脚本。"金有杂剧、院本、诸宫调;杂剧、院本,其实一也。"(《辍耕录·院本名目》)蒙古族作家杨景贤杂剧的这番描写,跟以上所述汉族作家杜仁杰的散曲正相呼应,二者从不同角度为后人研究古代中国演剧史提供了不可多得的资料。其他少数民族剧作家笔下,石君宝的《诸宫调风月紫云庭》则为我们提供了那个时代"冲州撞府"、勾栏"做场"谋生计的"路歧人"(民间艺人)的信息。

元杂剧是用北曲演唱的,后者多源于唐宋大曲、宋词、诸宫调等传统音乐,同时也吸收了金元时期北地民间音乐和少数民族音乐。检视戏曲音乐,诸如【阿纳忽】【唐兀歹】【袄神儿】【忽都白】【胡十八】之类,其"胡乐"特征一望即知。金元时期少数民族入主中原,其音乐也随之而来,传播日广,对元曲形成产生了重要影响。王国维指出:"北曲黄钟宫之【者剌古】,双调之【阿纳忽】【古都白】【唐兀歹】【阿忽令】,越调之【拙鲁速】,商调之【浪里来】,皆非中原之语,亦当为女真或蒙古之曲也。"[1]女真曲调在元曲中多见运用,尤其是在剧作家描写女真故事时,明代何良俊《曲论》对于元人编剧以女真之曲演述女真之事就颇为赞赏。如有论者指出,有元一代,"在市井民间,各族居民汇聚,各种文化元素交融,女真音乐广泛流行,也被元曲直接吸收。如《风流体》《鹧鸪曲》都是街市风靡的歌舞之曲。据元代周德清所言:'女真【风流体】等乐章,皆以女真人音声歌之,虽字有舛讹,不伤音律者,不为害也。'【风流体】以女真语言与音调歌唱,旋律清新美听,被元曲直接吸纳,归入双调宫调,成为套曲联套之常用曲调。女真歌舞音乐【鹧鸪天】,传入南宋之后,便迅速在都城临安风靡",这首乐曲"因模仿鹧鸪叫声而具有热烈欢快、清新明快的特点,伴着鹧鸪曲踏歌而舞,极具律动性和参与性。尽管一度遭到南宋官方的明令禁止,但始终受到民间世俗大众的钟爱,一直在民间流传,直至元代,仍然大行于时。关汉卿在《调风月》杂剧中有描写:'悠悠的品着《鹧鸪》,雁行般但举手都能舞。'不少艺人还以擅舞《鹧鸪》而闻名当时,如魏道道'勾栏内独舞【鹧鸪】四片打散,自国初以来,无能继者。'可见,女真音乐盛行,在不断传唱的过程中,已被不同民

---

[1] 王国维:《宋元戏曲史》,上海古籍出版社1998年版,第131—132页。

族认同与接受"[1]。至于【唐兀歹】，熟悉历史者知道，"唐兀"实为蒙古语称呼西夏的汉字译音（又作"倘兀歹"等），且看《新元史》卷二九《氏族表》所载："唐兀氏，古西夏国。太祖平其地，称其部众曰'唐兀氏'。仕官次蒙古一等，其俗以旧羌为蕃河西，陷没人为汉河西。"今有研究者亦云："倘兀歹或唐兀歹都是Tang'udai的对音，来源于Tang'ut，蒙古语指的是河西或西夏。"[2] 元曲中以"唐兀"为名的曲调，自然是来自西夏的少数民族音乐。纵观古典戏曲，像这种从他族异方吸收艺术养分的例子并不鲜见，来自多民族的乐舞元素也推助着中华戏曲的形成和发展。

第二节　元杂剧中的女真族作家

在元朝当政者划分的四类人中，"汉人"这概念实指当年金国所在地区的人，既包括汉族人，也包括女真人。历史上，女真人建立与南宋政权对峙的金国后，几次南迁，进入中原的人数达几十万，从而在汉族文化较多影响女真民族的同时，也使汉族地区深受女真人的影响。多民族文化交融的元代，有女真族戏剧家，李直夫和石君宝便是业绩突出的佼佼者。

人称"蒲察李五大金族"的李直夫，本姓蒲察，汉姓李，女

---

[1] 张婷婷：《元曲中的北方少数民族曲乐及其特征》，载《梅兰芳与戏曲文献学术研讨会论文集》，2019年10月。

[2] 方龄贵：《古典戏曲外来语考释词典》，汉语大词典出版社、云南大学出版社2001年版，第334页。

直（女真族）人，其事迹《录鬼簿》有载，约元世祖至元末前后在世，久居德兴府（今河北涿鹿），曾官湖南肃政廉访使。和杨景贤一样，李直夫也是个多产的作家，《太和正音谱》评其风格"如梅边月影"，所作杂剧有12种，可惜的是，今仅存《便宜行事虎头牌》，以及《邓伯道弃子留侄》残曲。《虎头牌》故事，据何良俊言："是武元皇帝事。金武元皇帝未正位时，其叔钱之出镇。"（《曲论》）武元皇帝即金太祖完颜阿骨打。关于该剧创作时间，郑振铎推测："此剧叙的都是金代之事，也许其著作的年代乃在元代灭金之前。"[1] 该剧讲述女真族大将"金牌上千户"、兵马大元帅完颜山寿马不徇私情、执法严明的故事，剧作家以女真人身份写女真人生活，笔墨真切地反映了该民族风土人情和礼节习俗；剧中采用的【阿那忽】【也不罗】【风流体】等，亦多为女真曲调，能"以女真人音声歌之"（《中原音韵》）。因此，全剧带有浓郁的北地民族风味，是元杂剧中颇具特色之作。明代何良俊《曲论》云："李直夫《虎头牌》杂剧十七换头，关汉卿散套二十换头，王实甫《歌舞丽春堂》十二换头，在双调中别是一调，排名如【阿那忽】【相公爱】【也不罗】【醉也摩挲】【忽都白】【唐兀歹】之类，皆是胡语，此其证也。三套中惟十七换头其调尤叶，盖李是女真人也。十三换头【一锭银】内'他将【阿那忽】腔儿来合唱'，《丽春堂》亦是金人之事，则知金人于双调内惯填此调，关汉卿、王实甫因用之也。"通过作家之间的比较，肯定了李直夫作为少数民族曲家的优势及成就。何氏还称赞《虎

---

[1] 郑振铎：《插图本中国文学史》上册，北京出版社1999年版，第678页。

头牌》十七换头【落梅风】词"情真语切,正当行家也",并认同友人以之跟《木兰诗》相比。从民族语言运用看,《虎头牌》中女真语不时有见。第二折写老千户银住马前往镇守夹山口子,哥哥金住马前来为之饯行并唱道:"我可也不想今朝,常记的往年,到处里追陪下些亲眷。我也曾吹弹那管弦,快活了万千,可便是大拜门撒敦家的筵宴。"末句之"撒敦",近世张福成编《女真释语》释义为"亲戚",许政扬认为进而释为"亲家"更贴切。[1] 大拜门是女真人的婚俗礼节(与关汉卿同属"本色派"的元大都剧作家杨显之有《蒲鲁忽刘屠大拜门》,该剧已佚,见载于《录鬼簿》。从剧名"蒲鲁忽"推断,"可知此剧写的是金人故事,并有'大拜门'的热闹场面"[2]。又,元代曲调名有【大拜门】【小拜门】,见载于《中原音韵》;元明间人贾仲明杂剧《金童玉女》第四折演唱的女真歌舞,亦有【大拜门】),"撒敦家的筵宴"则指亲戚家的宴席。又,《虎头牌》第三折写老千户"恋酒贪杯,透漏贼兵,失误军期",按军法处置被责打一百军棍。元帅山寿马问打了多少棍时说:"才打到三十,赤瓦不刺海,你也忒官不威牙爪威。"所谓"赤瓦不刺海",根据有关解释:"赤"指"你","瓦不刺海"或作"洼勃辣骇"指"杀"。[3] 这句话是骂人该挨打、该杀的意思,即"该死的""该杀的"。诸如

---

[1] 许政扬:《许政扬文存》,中华书局1984年版,第156页。

[2] 徐沁君:《元杂剧作家丛考》(一),《扬州师院学报》(社会科学版)1990年第4期。

[3] 方龄贵:《古典戏曲外来语考释词典》,汉语大词典出版社、云南大学出版社2001年版,第151—152、452—453页。

此类作品中，少数民族语言是表现少数民族的性格、生活、习俗等的重要元素，而双语夹杂在剧中使用，又可以制造剧场效果，给观众带来新奇感。在多民族的中国，正因有了少数民族作家以及题材、音乐、语言等元素的介入，才为以汉字书写文本传世的元代戏剧文学增添了多元文化的斑斓色彩。

同为元代前期作家的石君宝，是平阳（今山西临汾）人，一说盖州（今属辽宁）人。据孙楷第《元曲家考略》，其为女真人，姓石琖，名德玉，字君宝，去世于元世祖至元十三年（1276），享年85岁。他是由金入元之人，金贞祐初从军，官至武德将军，金亡后居燕，所作杂剧10种，《录鬼簿》列之入"前辈已死名公才人有所编传奇行于世者"，贾仲明为他作挽词云"共吴昌龄么末相齐"（石、吴二人都作有杂剧10种），赞其剧作"佳句美"。今存《鲁大夫秋胡戏妻》（以下简称《秋胡戏妻》）、《李亚仙诗酒曲江池》（以下简称《曲江池》）、《诸宫调风月紫云庭》（以下简称《紫云庭》）3种，皆为旦本戏。其中，尤以《秋胡戏妻》为代表作，该剧歌颂了底层妇女勤劳、善良，敢于同恶势力作斗争的美好品格，多方面地反映了社会生活。《秋胡戏妻》中的梅英，是作者精心塑造的一个不同寻常的劳动妇女形象。她在生活中屡遭变故，新婚三日，丈夫秋胡即被勾军，继而大户逼婚，父母贪财，这女子好不容易"挨尽凄凉，熬尽情肠"，等到丈夫发迹归家，后者竟荒唐地闹出一幕把自己妻子误当别家女子加以调戏的丑剧。作者塑造梅英的艺术形象时，是充满着同情与崇敬的，有明显的替"第二性"鸣不平的意识。剧中，这个民间女子不肯屈从环境压迫的泼辣勇敢个性，给整部作品染上了明朗、乐观的色调。在与媒婆、父母、婆婆、李大户等的斗争中，无论对象是谁，她都锋芒毕露，却也恰如其分。尤其是第三、四两折戏里，梅英严拒和怒斥秋胡调戏妇女的恶劣行径，一番责骂淋漓尽致，大快人心。这个女子，一反男尊女卑传统，公然提出"要整顿我妻纲"，要跟荒唐的丈夫离异，连连高声叫后者"将休书来！将休书来"，更可谓是惊世骇俗，非同凡响。最后，婆婆见媳妇坚决要跟儿子离婚，便以寻死来威胁她，此时此刻，梅英只好放弃了抗争，答应与丈夫和好。是呵，在以"三纲五常"为主流的社会中，在宗法家长制的权威下，一个小女子又怎能敌得过"不孝"这天大的罪名呢？在此，剧作者又写出了过去时代争取自身权利的女性最终不得不受制于社会现实的无奈。对底层女子命运的注视又见于《曲江池》，该剧中也塑造了一个受损害却敢与黑暗势力抗争的形象。这两部剧作，尽管取材于前朝流行故事，但都体现了剧作者匠心别具的创造，是中华戏剧史上的名篇。《紫云庭》描写女真贵族子弟完颜灵春马与江湖女伶韩楚兰"二意谐和"的恋爱故事，肯定了这对民族身份不同、门第等级有别的青年男女争取爱情自主的行为，也是元代为数不多的反映少数民族生活的好作品之一。从罗梅英到李亚仙再到韩楚兰，构成了石君宝笔下有声有色的"第二性"形象系列，反映出剧作家对底层女性命运的关注，折射出他同情弱者的民主思想。石君宝的戏剧作品，人物形象鲜明，语言泼辣，富有生活气息，脍炙人口，流传古今，确证着女真族剧作家的不凡成就。

"灵春马适意误功名，韩楚兰守志待前程"，《紫云庭》题目正名即为该剧点题。跟杂剧《紫云庭》同题材之作，尚有南戏

《宦门子弟错立身》,其剧本传世,作者署名"古杭才人"。这部南戏,见于1920年叶恭绰在英国伦敦古玩店发现的明嘉靖重写本《永乐大典》收录戏文的最后一卷(还收有两个戏文《张协状元》和《小孙屠》),这是仅存的最早的南戏剧本,为学界所重视。除了该剧故事本身外,谭正璧在《话本与古剧》中提醒"有许多失传了的戏文名字靠着它流传下来"[1],并就其中提及的戏文《秋胡戏妻》等剧目进行了考证。据《录鬼簿》记载,女真作家李直夫有同名作品(已佚),如贾仲明吊词云:"蒲察李五大金族,《邓伯道》《夕阳楼》《劝丈夫》《虎头牌》《错立身》《怕媳妇》……"关于南戏《宦门子弟错立身》,庄一拂在《古典戏曲存目汇考》中指出:"此戏原题'元古杭才人新编'。今收入《古本戏曲丛刊初集》。按元李直夫、赵文敬亦各有同名之杂剧,赵注为次本,当为继李之作,此戏似为杂剧之翻作。本事来源不详,亦似元中叶后作品。"[2]南戏《宦门子弟错立身》的作者是谁,其时代是宋还是元,戏曲学界有不同看法。钱南扬《永乐大典戏文三种校注·前言》认为此乃南宋之作,因剧本中提及花李郎、关汉卿等金元间作家而时代不会过早,也就是作于"金亡之后,宋亡之前"[3]。有研究者持见不同,认为"剧中故事发生在金朝,而且有不少歌颂金朝皇帝的曲词,南宋与金对峙的时代,南宋民间不太可能有歌颂金朝皇帝的剧作。剧中还提到元代杂剧

---

[1] 谭正璧著,谭寻补正:《话本与古剧》(重订本),上海古籍出版社1985年版,第251页。
[2] 庄一拂编著:《古典戏曲存目汇考》上编,上海古籍出版社1982年版,第43页。
[3] 钱南扬校注:《永乐大典戏文三种校注》,中华书局1979年版,第231—232页。

的一些名目,更可证《错立身》是元人所作"[1];也有研究者考证剧中曲牌和剧目后指出,"南戏《错立身》系元朝统一后,由北杂剧同名剧目改编而来,其中由于改编的技术原因而照录了一些北杂剧曲牌,开'南北调合腔'的先河。第五出【那吒令】【鹊踏枝】两支曲牌中所含11种传奇名目为北杂剧剧目"[2]。结合文献考证,纵观各方面因素,从南戏《宦门子弟错立身》是"古杭才人新编"之标示来看,庄一拂推断该戏文实为"继李之作"也就是"杂剧之翻作",当不无道理。

无论是《紫云庭》还是《宦门子弟错立身》,都写的是女真贵族子弟不顾父母反对,打破门第观念和身份界限去追求与己相爱的下层女伶,甚至"冷落了读书院","把功名懒惰",抛弃荣华富贵,"改换家门"与之私奔,甘愿同心上人一起过江湖艺人那种"冲州撞府"的"锣板声中"的生活,图的就是"携手儿相将,举步儿通行","满心儿快活"。这个故事的原型,似乎是发生在金朝的一桩真人真事,从民族心理认同看,女真作家石君宝、李直夫对之感兴趣,正不无缘故。不过,他们以此写剧,又不单单是因为作家的民族身份与作品的民族题材天然亲近。古代中国,身份低贱的优伶是受歧视的群体,主流社会限制他们的服饰,不准他们参加科考,还禁止他们跟平民人家通婚(官宦府第更不用说了)。对此,元朝统治者曾几番下旨,曰:"乐人每的女

---

[1] 周育德编著:《中国戏曲文化》,中国友谊出版公司1995年版,第252页。
[2] 廖奔:《南戏〈宦门子弟错立身〉源出北杂剧推考》,《文学遗产》1987年第2期。

孩儿，别个百姓根底休聘于者。"又云："乐人只教嫁乐人，咱每根底近行的人并官人每，其余的人每，若娶乐人做媳妇啊，要了罪过，听离了者。"（《元典章·户部·婚姻·乐人婚》）现实生活中，连娶了女伶做妻也要按规定离婚，戒律不可谓不森严。但在《紫云庭》等剧作中，贵家子弟为了同心爱的人结合而成天跟江湖上艺人为伍，到最后身居相位的公公也从"暴雷急雨"不赞成转向"和气春风"接纳之，主动认可了这对私奔的"象板银锣可意娘，玉鞭娇马画眉郎"。剧作家明显在此流露出跟当政者不合拍的思想。而剧中人的唱词"那秀才凭学艺，他却也男儿当自强。他如今难当，日写在招子上，相公试参详，这的唤功名纸半张"（第四折），既以秀才勾栏学艺为"男儿当自强"，又以日写海报卖艺为"功名纸半张"，不无调侃的口吻一方面透露出当时文人士子混迹于勾栏乃至习艺唱戏的状况（关汉卿即以"浪子班头"自居，《元曲选》序二也说他"躬践排场，面傅粉墨，以为我家生活偶倡优而不辞"），另一方面又流露出他们对功名仕途的整体性社会情绪。不管从哪方面看，这类写爱情又不限于爱情的剧作都值得我们关注。

第三节　其他作家、艺术家

除了蒙古、女真外，回族文化对中华戏曲的贡献亦突出，这从元杂剧及昆曲中有"回回曲"（如《缀白裘》卷九《慈悲愿·

回回》和昆曲《牧羊记·望乡》）可窥豹。[1] 创作方面，若论戏曲史上少数民族文艺家的成就，有堪称"中国戏曲女作家第一人"的回族女子马守真。[2] 此外，回族文艺家的贡献也反映在戏曲批评及戏曲理论上，这方面首推明代文艺家、思想家李贽，他是当时进步美学思潮的"中心人物"[3]。这位以《焚书》《藏书》等传世的文坛"异端"，原名载贽，字卓吾，号宏甫，别署温陵居士，福建泉州人，生于航海世家，祖上多与异域交往。泉州别称"温陵"，一种传说讲理学家朱熹来此地见冬天暖和，赞扬这里"山陵独温"，后来泉州便有此名。2013 年走访泉州时，笔者看见开元寺附近新打造的仿古街牌坊上写着"滨海邹鲁"。1527 年出生在泉州南门外的李贽，26 岁中举后奔波宦海 20 余载，终于在 55 岁辞掉官职，从此潜心著述讲学，去做一个"不蹈故袭，不践往迹"的"狂者"（《焚书》卷一《与耿司寇告别》）。他研读王阳明著作，并师事泰州学派创始人王艮之子王襞。受左派王学影响，李贽高扬人的主体精神，否弃"存天理，灭人欲"的陋见，否弃装模作样的假道学，大胆非议六经、《论语》、《孟子》是"道学之口实，假人之渊薮"（《焚书》卷三《童心说》），认为"人外无道，道外无人"（《道古录》卷下）、"穿衣吃饭即是人伦物理"（《焚书》卷一《答邓石阳》）、"非情性之外复有礼义可止也"（《焚书》卷三《读律肤说》）。在他看来，历来之政、刑、德、礼，皆是少数人强天下使从己，唯有让天下之民各遂其

---

[1] 马冬雅：《元代北曲中的回回元素及其风味》，《回族研究》2014 年第 2 期。
[2] 李祥林：《中国戏曲女作家第一人马守真》，《民族文学研究》2015 年第 1 期。
[3] 李泽厚：《美的历程》，文物出版社 1981 年版，第 194 页。

生，各获其所愿有，好恶从民之欲而非己之欲，方可谓之"礼"（《道古录》卷上）。对李卓吾推崇有加的《牡丹亭》作者称其为"畸人"（《汤显祖集》卷十四《寄石楚阳苏州》），与之交往的意大利传教士利玛窦说他是"儒家的叛道者"[1]。在东洋日本，思想异端的李贽对明治维新时代人士也有影响。

影响泉州这座城市的，有来自中原地区的传统文化，也有来自港口海上的多元文化。生在"滨海邹鲁"却偏偏不顺从迂腐道学的李贽对人性自我高度看重，他认为文艺创作的关键在于表达真实自我，提出了著名的"童心说"和"化工说"。在他看来，"夫童心者，真心也"。就人而言，"若失却童心，便失却真心；失却真心，便失却真人"；就文而言，"天下之至文，未有不出于童心焉者"。童心作为"绝假纯真，最初一念之本心"，是未受世俗社会污染之心，其与从所谓"多读书识义理"而来的"道理闻见"格格不入，因为在后者的遮蔽下，只会是"以假人言假言，而事假事文假文"。以童心为标准，他把作为后起之新兴文体的小说、戏曲列为"古今至文"，跟"圣人之道"、正统文学并提，断言只要"童心常存"，便"无时不文，无人不文，无一样创制体格文字而非文者"，可以"为院本，为杂剧，为《西厢》曲，为《水浒传》"，不一而足。读《童心说》可知，李贽有感于泰州学派人士颜山农谈《西厢》时说"知者勿谓我尚有童心可也"一语，洋洋洒洒地发挥出了他独见灼灼的"童心说"。在《焚书》

---

[1] 利玛窦、金尼阁：《利玛窦中国札记》，何高济、王遵仲、李申译，广西师范大学出版社2001年版，第253页。

卷三《杂说》中，李贽将杂剧《西厢记》等跟戏文《琵琶记》对比分析，阐述了对华夏美学有深远影响的"化工说"，其曰："《拜月》《西厢》，化工也；《琵琶》，画工也。夫所谓画工者，以其能夺天地之化工"，造化无工，如风行水上，自然成文，"决不在于一字一句之奇"，也非"寻行数墨之士"可为；相反，《琵琶》"作者穷巧极工"，人工用力太过，结果是吃力不讨好，"语尽而意亦尽，词竭而味索然"，不免要落入匠气的"画工"之第二义。准其所见，"画工"之弊在于"似真非真，所以入人之心者不深"，而"《西厢》《拜月》，乃不如是"，其发乎情性由乎自然，实堪称"天下之至文"。从"童心"出发，到"化工"作结，一"真"字贯穿始终。李贽表达的这些真知灼见，他所张扬的这种思想意识，乃是中华美学史上公认的闪亮成果。

中原传统诗学向来以诗文为正统而词曲属小道，及至近世，遂有王国维在《宋元戏曲考》中替元曲力争文学史上的地位。王国维替戏曲的辩护在学界有口皆碑，其实，在王氏之前，乾嘉时期的铁保（满族）在《选元人百种曲序》中即高度评价元曲"音节古雅，局度天成"，誉之"如读史汉文，如对李杜诗"，直视为"曲家正宗，今人不相及也"，并且以诗味理论阐发之："如食天人粮，淡然无味；如嚼橄榄，有味外味。"他还肯定戏曲可以"或感发其善心，或惩创其佚志"，宣称被人目为"小道"的"戏也，非戏也"，[1]显示出少数民族作家不受迂腐礼教束缚的美学

---

[1] 买买提·祖农、王弋丁、王佑夫主编：《中国历代少数民族文论选》，新疆人民出版社1987年版，第218—219页。

见解，难能可贵。一般说来，写作是作家之事，表演乃演员之职。元明清三代，文人涉足剧本创作者不乏其人，但演员中而能写作的，则是凤毛麟角。京剧界，有被称为"伶人编剧第一人"的汪笑侬。他是满族，原名德克金，号仰天，清同治十三年（1874）入八旗官学，诗赋文章冠名乡里，光绪五年（1879）考中举人，曾在河南太康当过"县知事"。家世不错又天资聪颖、博学多才的他，偏偏淡泊功名，常常出入于茶楼戏园，跟戏班艺人交往多多。尽管其父曾给他捐了个县官，后来他却因得罪地方豪绅而被参革职。从此，他专心投身戏曲，下海唱戏，习老生，成为职业京剧演员。"他根据自己嗓音特点，吸收了汪桂芬、孙菊仙的唱法，另创新腔，自成一派，史称'汪派'。"[1] 甲午战争后，受改良思潮影响，他拿起笔开始改编老本，撰写新戏，颇有社会影响。《清稗类钞·优伶类》云"旧剧伶人，编演新剧最早者，厥惟汪笑侬"，称赞他"富有思想，兼善词章"，还说"笑侬所演之剧，皆自撰，即演旧有之戏，穿场唱白，亦与常伶不同"。他赞助创办《二十世纪大舞台》，积极鼓吹戏曲改良，在该刊上自题肖像有"手挽颓风大改良""一处歌台一老汪"之句。他一生创作、改编的剧本有40多部，主要有《立宪镜》《博浪椎》《党人碑》《煤山恨》《献地图》《哭祖庙》《受禅台》《喜封侯》《将相和》《洗耳记》《战蚩尤》《骂阎罗》《骂毛延寿》《马前泼水》《左慈戏曹》《刀劈三关》《瓜种兰因》等。身为艺人兼作

---

[1] 谢启晃、胡起望、莫俊卿编著：《中国少数民族历史人物志》，民族出版社1983年版，第201页。

家，他立足现实，说古道今，把对朝廷腐败、社会黑暗的愤懑都写入剧本中，在当时即有"改良新剧"之称。时人《题汪笑侬〈哭祖庙〉脚本》诗云："益都片瓦已无存，蜀道谁寻杜鹃魂。付与当筵作歌哭，可知优孟亦王孙。"观其创作，"在艺术形式上他注重传统，而又不拘泥于陈旧的模式。在原有七字句、十字句唱词格式的基础上创用了六字句、八字句、九字句等形式，丰富了京剧的艺术表现力。他的剧本在结构安排、人物刻画、矛盾处理等方面都很精致讲究，常有独到之处。在语言运用方面，他将优美的文辞与大众化的语言有机地结合在一起，通俗易懂，雅俗共赏"[1]。鉴于其成就，1957年中国戏剧出版社出版了《汪笑侬戏曲集》。

京剧"四大名旦"之一的程砚秋出身旗门，他勤敏好学，博采泛汲，有深厚的艺术修养。"他从唐诗宋词铿锵优美的韵律中，培养锻炼了自己的四呼五音与听觉功能，陶冶了自己的音乐情趣与节奏和谐感，从而为他创造风靡艺坛的'程腔'奠定了良好的基础"，他尤其擅长"以声腔艺术表现人物，传达感情，塑造性格，几乎无人可以望其项背"[2]。当年，他在戏剧观方面发表的见解也值得重视。1931年，程砚秋在中华戏曲专科学校作《我之戏剧观》的讲演，对那种仅仅视戏剧为"开心取乐"的玩艺儿之见很不以为然，他指出："大凡一个够得上称为编剧家的人，他绝不是像神仙一样，坐在绝无人迹的深山洞府里面，偶然心血来

---

[1] 周传家、秦华生主编：《北京戏剧通史·明清卷》，北京燕山出版社2001年版，第390页。

[2] 刘东升：《菊部赏花记》，民族出版社2002年版，第425页。

潮，就提起笔来写"，其剧本"必是在人山人海当中，看见了许多不平的事"之后心有所感并有话要说而作，"希望观众能够观今鉴古。所以每个剧总当有它的意义；算起总帐来，就是一切戏剧都有要求提高人类生活目标的意义，绝不是把来开心取乐的，绝不是玩艺儿"。[1] 戏剧是聚焦人生的艺术，从肯定戏剧是"正经事"这种戏剧观中，透露出程砚秋关注现实、心系人生的社会良知。1932年，程砚秋为了完善自己的唱念表演艺术，自费赴欧洲考察戏剧和音乐，历时一年多，回国后将所见所闻做了详细记述，撰写出《赴欧考察戏曲音乐报告书》。游学异邦，在看到东西方文化差异的同时，这位京剧艺术家以拿来主义态度对待西方戏剧，时时在思考着如何"使中国戏剧与西方戏剧能够沟通"，以推动中国戏剧向前发展。立足世界交流的大文化观，程砚秋以可贵的美学比较眼光，理性地审视了作为民族的、传统的本土戏剧艺术，从而针对导演、音乐、剧场等舞台方面实际提出了19项建设性意见。他的基本观点是，不同民族有不同民族的经济、政治和文化，戏剧反映着民族特性；作为民族特性的体现，中西方戏剧各有优长也各有短处，可以相互学习，取长补短。有论者认为，程氏"这篇文章是戏剧比较美学的一篇重要论文，对20世纪30年代以及其后的中国戏剧发生了很重大的影响"[2]，其意义不应低估。此外，这位京剧艺术家还曾发表《话剧导演管

---

[1] 彭书麟、于乃昌、冯育柱主编：《中国少数民族文艺理论集成》，北京大学出版社2005年版，第667页。

[2] 彭书麟、于乃昌、冯育柱主编：《中国少数民族文艺理论集成》，北京大学出版社2005年版，第671页。

窥》，较系统地论述了现代戏剧导演的职能、修养、作用等问题，被研究者认为是中国话剧导演理论建设上"一篇不可多得的奠基之作"[1]。

---

[1] 焦尚志：《中国现代戏剧美学思想发展史》，东方出版社1995年版，第226页。

第十九章 中华傩文化之多民族巡礼

作为扎根民俗土壤的审美事象,"傩"在中国源远流长,其分布具有跨地域和跨族群的广泛性。"傩"之本义,按古书解释,指"击鼓大呼似见鬼而逐之"(《说文通训定声》),其属于人类祛邪纳吉求平安的巫仪活动,很早就见于文字书写的历史。积淀深厚的中国傩文化蕴含着有关本土审美意识及艺术形态的丰富信息,值得留意。当年,李泽厚先生在《美的历程》中曾从"有意味的形式"切入讨论远古彩陶的"巫术礼仪的图腾含义",并追溯了"青铜饕餮"的"狞厉的美",[1] 所论给人启迪。不过,其关注重心在文物考古,至于活态的田野事象尚未被纳入其视野。事实上,古往今来,由傩歌、傩乐、傩舞、傩戏、傩文学、傩美术等组成的本土傩文化体系,其身影不单单见于历史及文献,更存活在民间并显形为现实,庞杂丰富,缤纷多彩,是研究中华审美文化不应忽视的。[2] 立足审美人类学,从跨地域、跨族群角度切入,追溯历史,观照现实,结合起源、流布、习俗就傩文化进行考察和论述,有助于我们从底层的、民间的、世俗的非主流层面加深对既多元一体又一体多元的中华美学及艺术的把握和认识。

第一节 "傩源"多面观

着眼黄河流域中原大地,"傩"起源古老并跟先民的原始信

---

[1] 李泽厚:《美的历程》,文物出版社1981年版,第18、32页。
[2] 关于傩戏,李祥林《中国戏曲的多维审视和当代思考》(巴蜀书社2010年版)第六章第三节"傩戏的价值发现"有专题论述,可供读者参考。此处转换角度,从多民族出发在文化融合语境中就中国傩事象进行考察。

仰有关,至殷商有了成套的巫术仪礼,用来驱鬼逐疫、祓除不祥。周代称之为"傩"并载入文献,如《周礼》中"帅百隶而时傩"的"方相氏"等。先秦时期,既有行于宫廷的"大傩",也有见于民间的"乡人傩"。《礼记·月令》:"季冬之月……天子居玄堂右个,乘玄路,驾铁骊,载玄旗,衣黑衣,服玄玉,食黍与彘,其器闳以奄,命有司大傩,旁磔,出土牛以送寒气。"陈澔释曰:"季春惟国家之傩,仲秋惟天子之傩,此则下及庶人,又以阴气极盛,故云大傩也。"(《礼记集说》)《论语·乡党》有孔子观看"乡人傩"的记载:"乡人傩,朝服而立于阼阶。"汉代大傩,见于《后汉书·礼仪志》。行傩的核心人物,即是巫师或祭司性质的"方相氏",他身披熊皮,头戴四目金面具,一手执戈,一手扬盾,率领戴着面具、披毛顶角的"十二兽"(或称"十二神";至今流传在川、甘二省交界处白马人中的"跳十二相"中也有戴着动物头套的仪式性表演,值得研究)及一百二十"侲子"(侲子即童子,由少儿扮演,古时特指驱鬼所用者)到宫室各处跳跃呼号,诵唱着充满巫术气息的祭歌,以驱逐"疫鬼"、清洁厅堂、保佑平安。此外,当这种仪式在丧葬中使用时,旨在驱逐墓圹内的恶鬼,防止其侵害死者,用意跟保护生者并无二致。傩仪中这位通神驱鬼的"方相氏",正是经过由人而神的仪式化角色扮演来实现人、神或人、鬼之间交往的。在此活动中,从原始信仰可见古老的巫仪,从原始艺术可见乐舞乃至戏剧的元素。从发生学看,"巫"之于文艺的作用不可小视,童恩正说:"大概是从旧石器时代早期就有了最早的音乐舞蹈。不过音乐舞蹈的系统化,正规化,则主要应视为巫师的功绩。古代的巫师,由于通灵的需要，必然是最早的乐师和舞人。"[1]学界有"戏曲肇自古之乡傩"（董康《曲海总目提要·序》）、"后世戏剧，当自巫、优二者出"（王国维《宋元戏曲考》）之说。常任侠视"大傩"为远古流传下来的"原始戏剧"之一，"是一种驱祟的神舞"，据他考证，"舞""巫""無"三字在甲骨文里相通。[2]日本学者白川静释"舞"，亦指出其与"無"通，后者"形示舞蹈者"，而"'無'本指所谓'無雩'的求雨仪式"，对此类仪式的记载多见于甲骨文；后来"無"专门用来表示有无的"無"后，才加上"表示双脚的'舛'（双脚张开之形）构成了'舞'，用来表示跳舞、舞蹈"。[3]陈梦家进而释曰："巫之所事乃舞号以降神求雨，名其舞者曰巫，名其动作曰舞，名其求雨之祭祀行为曰雩。"[4]汉语中"舞"与"巫"古音相同，按照《说文》，后者要义在于"以舞降神"，"像人两褎舞形"。甲骨文中，"巫"之写法有十字形——"✝"；金文"卍"，亦承此而来。类似符号，也出现在马家窑彩陶纹饰中。有人推测"巫"与"卍"有关联，后者的本意是巫师的屈足之舞。如此说法，可供参考。巫傩仪式中的这种舞蹈，涉及后世常说的"禹步"。傩舞即傩仪中的舞蹈，傩戏是在此基础上融入故事情节和人物扮演后发展出的戏剧样式。傩文化对中华歌舞、戏曲等影响甚深，如黄梅戏曲调有"傩神调"，蜀地民间灯戏有"端公调"等。戏曲分生、旦、净、丑

---

[1] 童恩正：《中国古代的巫》，《中国社会科学》1995年第5期。
[2] 常任侠：《东方艺术丛谈》，上海文艺出版社1984年版，第47、48、50页。
[3] 白川静：《常用字解》，苏冰译，九州出版社2010年版，第384—385页。
[4] 陈梦家：《殷墟卜辞综述》，科学出版社1956年版，第600页。

的行当，有学者推论"丑脚源于最早的傩神方相氏"[1]；巴蜀傩戏中，人物角色亦有戴无下巴面具表演的"傩傩"（傪傪），还有民间传说《神奇的傩傩》。总之，"图腾歌舞、巫术礼仪是人类最早的精神文明和符号生产"[2]，这是研究中华美学与艺术之所以关注傩仪、傩俗的缘由所在。

黄河、长江，一北一南，横贯神州大地，是养育中华文化的两条母亲河。长期以来，由于种种原因，考古学对后者的认识晚于前者。随着后者面纱的撩开，"随着长江流域（重点是长江中下游）、太湖流域、华南地区独立的原始文化体系的发现，早先的中华民族文化起源于黄河流域的文化一元论观点，不得不被新冒出来的大量的客观事实所突破了。人们不得不重新更正自己的观念，承认中华民族的文化起源，是丰富多彩的多元论而不是单一的一元论"[3]。面具是傩的显著特征，古籍描述执戈扬盾驱邪的方相氏"黄金四目"，当是头戴面具的，但其究竟是何模样，前人语焉未详，学界有种种猜测，人们常以青铜器上面具式饕餮纹作为参考。此外，也有着眼考古遗址中上古玉器、陶器等人、

---

[1] 康保成：《古剧脚色"丑"与傩神方相氏》，《戏剧艺术》1994年第4期。
[2] 李泽厚：《华夏美学：修订插图本》，天津社会科学院出版社2001年版，第16页。
[3] 冯其庸：《一个持续五千年的文化现象——良渚玉器上神人兽面图形的内涵及其衍变》，《中国文化》1991年第2期。该文谈到良渚文化与中原文化的关系时还写道："现在已经有多位学者指出，良渚玉器的琮，在殷墟已有发现，1976年妇好墓就出土了十四件。大家知道，琮是良渚玉器中特有的，在此之前，良渚文化以外的地区没有出土过琮。殷墟遗址居然有琮出土，这说明良渚文化玉器中的琮，已被吸收入殷商文化中了。不仅如此，更重要也是更普遍的是，良渚玉器上的兽面纹饰，已经普遍地被用到殷商的青铜器上了。而且由商而周而春秋战国，而秦、汉、唐、宋以至于直到今天，这种兽面纹饰的图案，依然在普遍流传。"

神合体的兽面纹样的（如兴隆洼陶器和石刻神人面、庙底沟人面骨雕、石家河神面玉雕等），以之与古书记载相印证。1998—1999年在陕西城固发掘宝山遗址，除了新石器时代的器物外，还有多件殷商青铜人形面具出土，或椭圆或圆形，有的面容造型写实，招风耳，圆眼镂空，咧嘴露齿；有的形象凶恶，"两耳直立，悬鼻突起，透雕獠牙"[1]（这使人想起湘黔傩堂戏的山王面具），大小接近人面，可以戴在脸上。在汉中拜将台侧以"天汉古韵"为名的文物展上，也有介绍称该遗址"提供了新的重要资料，填补了汉水流域殷商考古的空白"[2]。城固、洋县等属汉中市所辖，地处汉水上游，是中原以外集中出土商周青铜器的区域之一。汉水属于长江支流，而在长江流域，上游的三星堆、营盘山等文化遗址不乏美术考古方面可留意的东西，中下游的良渚文化作为新石器时代遗址，今在中华五千年文明史探究中呼声尤高，"良渚古城遗址"于2019年7月被列入世界遗产名录，其也为学界从审美发生层面认识傩提供了重要信息。人们通常根据先秦文献及青铜器来梳理中国傩文化脉络，且主要立足黄河流域中原视角，但是，若不囿于此而把目光投向更广区域，借助美术考古成果探视傩面具由来，当有新的认识。

在长江下游，有浙地学者指出："关于古傩的逐疫之风，学

---

[1] 唐金裕、王寿芝、郭长江：《陕西省城固县出土殷商铜器整理简报》，《考古》1980年第3期。该报告还就汉中与中原的关系作了分析，有如下推断："殷商时，殷人疆域已达陕南地区。当时，汉中应属羌地，是羌方一个部族，是殷代异族方国之一。"这番论析，亦有助于我们从历史文化角度认识以汉中略阳、宁强等为主要区域的陕南端公戏。

[2] 2018年6月，笔者赴洋县参加"中国民间文学大系·民间小戏"研讨会，随后去了汉中，得见此展。

者们根据甲骨文及《周礼》《礼记》等文献,一般只追溯到商周的宫廷傩祭。至于商周宫廷傩祭是何时何地传入的,就不得而知了。或以为滥觞于黄帝时代,孕育于黄河流域,形成于中原一带,却又仅凭传说予以推测,并无任何确据。其实,只要把考察古傩的目光从仅有的几条文献,移向极其丰富的文物尤其是近年出土的文物,并从大量的文物中仔细地寻找、鉴别古傩的遗迹,眼前就会不禁豁然一亮,原来中国的古傩早在距今四千年前新石器时代的良渚文化时期已经诞生哩!一大批从良渚遗址出土的良渚文化玉器上所刻的神人兽面图像即'饕餮纹'就是确凿的证据,因为这种神人和兽面的合体图像就是最早傩面具的图案,傩的最早扮演者方相氏就是套戴刻有这种'饕餮纹'的傩面具表演的。"[1] 1986 年,浙江省文物考古所在余杭县(今为杭州市余杭区)长命乡雉山村发掘了一处大型墓地,从 11 座大墓中出土随葬品 1200 件,其中有玉器 1100 余件,而作为法器的玉琮有 21件,几乎都刻有"饕餮纹"。良渚玉器上神人与兽面的合体图像,上部为神人而下部为兽面,神人与兽面各有一双大眼睛,[2] 眼

---

[1] 徐宏图:《傩戏的起源、流向及其在浙江的遗踪——吴越傩戏文化初探》,《中华戏曲》1996 年第 1 期。

[2] 或以为,"神像头部的这种形态,实际是巫师戴面具的真实记录",而"良渚神像头部所戴面具,是由方而呈尖顶状的羽冠和具有'方相'的脸形组合而成",这以"方形"脸面为特征的"神像既不是普通人,也不是某种兽,而是良渚文化时期巫师的形象"(黄殿祺:《中国戏曲脸谱》,北京工艺美术出版社 2002 年版,第 21、22、36 页)。杨伯达在《玉傩面考》(《中原文物》2004 年第 3 期)中,亦认为玉器上部这方形人面是一个假面具,也就是巫师扮作神灵时使用的道具。此处所言当是反山遗址出土的通常称为"神徽"的玉面,头部为羽冠方形圆眼阔嘴人脸,胸部是有大大的旋纹双目的神兽面具,这人、兽结合的神性玉器的确让人联想到《周礼》记载的"黄金四目"的方相氏。

睛构图为对称的同心圆，形如太阳；神人与兽面均刻在展翅的飞鸟身上，飞鸟的头、身、翼均变形夸张。这太阳和飞鸟以及整个兽面应是良渚人崇拜的图腾，奇异的造型充溢着神秘的审美光辉。"从整个神人兽面的造型尤其是两对突出的大眼来看，已和至今尚在民间流传的方相氏傩面具的形象相去无几。这就活生生地证实，早在四千年前，良渚人确实已在古越大地首创了傩祭和傩面具，古越是中国傩戏的发源地。"也就是说，远在先秦文献及青铜器之前，新石器时代长江流域的良渚先民便"首创了傩祭及傩祭时所用的饕餮纹傩面具"，甚至影响他方。[1] 见于良渚玉器的面具纹饰，不是偶见的，而是数量较多的，今天我们从审美发生角度研究中华艺术史上的面具文化，对此不可不重视。[2] 中国历史上，在过去时代帝国叙事中，相对于雄踞天下之"中"的王朝，对吴、越等属于正统眼中的周边"蛮夷"之地的文化关注度向来较弱。尽管从静态的傩面纹样到动态的行傩活动，其中关联还有诸多环节需要更具体的论证、打通，但该论立足于文字产生前南部中国的实物图像并结合古史传说，通过追溯傩面纹样的原始发生而在流行说法之外提出别说，为我们转换视角把握中华傩文化提供了有益建议。关于"傩"是否起源于良渚可以再作

---

[1] 徐宏图：《傩戏的起源、流向及其在浙江的遗踪——吴越傩戏文化初探》，《中华戏曲》1996年第1期。对此观点，有学者响应并指出把中华傩的起源仅仅锁定在黄河流域实乃"历史的误会"，而"寻本溯源，巫傩的起源不是单元而是多元"。（曲六乙：《"三块瓦"集》，中国戏剧出版社2001年版，第223页）

[2] 从考古切入中国历史的日本学者也推测："如果说见于商周青铜彝器之上的饕餮纹的原形就是玉琮的兽面纹的话，二里头、二里岗文化的包括祭祀活动在内的祭祀统治权的原形也许就来自良渚文化。"（宫本一夫：《从神话到历史：神话时代夏王朝》，吴菲译，广西师范大学出版社2014年版，第159页）

讨论，但南、北方诸多考古遗址出土的远古石、玉、陶、骨等神面或兽面造型[1]，恰恰为我们以"满天星斗"的通达观结合双边地域探讨中华傩文化的源头及分布提供了物证。

在长江中游，近年来随着湖南澧县优周岗遗址的发掘，又有"6000年前的带有傩面性质的木雕人面像"出土的消息传来。2011年，据《湖南日报》记者报道，"优周岗遗址位于澧阳平原偏西部，遗址总面积达12万平方米，在建的东常高速公路从遗址西侧穿过。为配合公路建设，省文物考古研究所组织考古队于2009年冬季开始对遗址进行抢救性考古发掘。……去年10月在遗址西南部的祭坛出土了一个6000年前的带有傩面性质的木雕人面像，这个'傩面'由一根整木雕刻而成，长约60厘米，宽约30厘米，人面鼻子以下已残没不见，但仍能清楚看见隆起的鼻子及圆形镂空的双眼。人面像两侧有两个角，顶部正中间有一木柱"，该像被遗址发掘者初步判断为"带有傩面性质"。[2] 通常称之为"木雕人面"，笔者认为以"木雕神人面"相称更合适，因其超现实特征明显，不像真人写实。对此木雕神人面的考识在进行中，湘地傩文化研究者也在积极跟进。湘地学者孙文辉推测该木雕神人面乃驱傩仪式中的神兽"狮面"，这种被今人称为

---

[1] 以长江流域为视点，从下游的崧泽文化到良渚文化，再到中游的石家河文化，再到上游的三星堆和金沙遗址，屡屡出土的玉雕神人面和青铜及黄金面具，为我们研究中华面具文化提供了早期实物证据。

[2] 李国斌：《澧县出土6000年前"傩面" 数月后博物馆能看到》，《湖南日报》2011年8月27日。又据湖南考古部门透露，从该遗址已发掘部分来看，其年代在距今7000—5000年之间［陈利文《"十一五"以来湖南考古成果辑要（一）》］，属于新石器时代。

"傩面狮舞"的表演形式流传在湖南涟源、安化、新化、临武等地,其著《蛮野寻根》对此有所言说。流传在临武偏远山区油湾村的傩戏,相传是明成化年间该村先祖外出学艺后创造并传下来的,俗称"神狮子",剧目亦有《打狮子》。优周岗遗址出土的木雕神人面不见下巴,考古发掘者推测是因年代久远损坏了,但笔者认为未必是"残没不见",或许原本就无下巴。证诸田野事象,无下巴恰恰是傩面具造型特征之一,如《中国傩神谱》列举的"傩傩"(四川雅安,汉族)、"统兵元帅郭三郎"(云南昭通,汉族)、"苗老三"(云南镇雄,苗族)、"麒麟将军"(云南昭通,汉族)、"探路郎君"(湖南湘西,土家族)、"黑垮大将军"(云南昭通,彝族)等。[1] 初见这个双目圆睁、头部有三尖的面具,让笔者联想到在湘、黔等地访傩时所见的山王、开山的面具造型,那是民间驱傩仪式的主角。南方民族多奉蚩尤,湖南新化、安化等地民间傩戏的剧目有《搬开山》,或以为其中行傩主神"开山"代表的即是梅山祖先蚩尤的形象。2016年7月在新化举办的傩文化国际学术研讨会,地点就在为展示梅山傩而建的"蚩尤屋场"[2],11日举行开幕式,台上亦大字书写"蚩尤故里,傩祖梅山"。据当地学者介绍,梅山傩戏正以"上古九黎部族的首领、

---

[1] 参见余大喜编著《中国傩神谱》,广西民族出版社2000年版。
[2] 据介绍,在新化大熊山脚下曾发现刻有"蚩尤屋场"的石碑,当地居民的族谱中也有关于"蚩尤屋场"的记载。新化地处湖南中部,是梅山文化的核心区域,有浓厚的蚩尤崇拜氛围,如今当地为"旅游兴县""文化强县"而建立"蚩尤屋场"、谋划"蚩尤文化园"也不是空穴来风。"梅山"是一个历史地理概念,《新唐书·邓处讷传》有"召梅山十峒獠"的记载,《宋史·西南溪峒诸蛮下》载其区域"东接潭,南接邵,其西则辰,其北则鼎、澧",也就是王逸在《楚辞章句》中说的"沅、湘之间"。

梅山蛮族的先祖蚩尤"为主傩神,"不论是在世的还是去世的巫傩师,均以代表蚩尤的饕餮纹为头饰,称之为'头匝'"。[1]这次会议期间,优周岗遗址出土的木雕神人面图像曾在"蚩尤屋场"的蚩尤殿展示,标明距今6400年,对比殿内头上有角的蚩尤塑像,给人的感觉是头部三尖造型的面具与之相近[2],值得研究。

通常认为傩起源于中原,但也有人提出傩祭源头在洞庭湖一带[3],认为炎黄之战后,蚩尤被杀,其九黎余族南逃江汉、洞庭,与以女娲为人祖的三苗结成"九黎—三苗"集团。黄帝派颛顼清剿蚩尤遗族,颛顼的三个儿子死后变成"疫鬼",动辄作祟。蚩尤遗族为免其害,便戴着蚩尤像的金属面具驱疫,同时口中发出"傩、傩"之声,这便是傩祭的由来。在该论者看来,《周礼》之所以记载傩事不提南蛮之地,盖在中原中心观使然。关于傩之起源,不排除还有其他说法,但不管怎么说,抛开往日的"中心—边缘"成见,有一点是今人共识的:蚩尤如同伏羲、女娲、黄帝、炎帝一样,都是中华民族的先祖;上古时期的他们分属不同部落集团,彼此之间有冲突也有交往,他们都为中华文化的形成和发展做出了不可磨灭的贡献。

---

[1] 李新吾:《上梅山傩戏概述》,载刘祯、朱前民主编《梅山傩祭——中国湖南新化傩文化国际学术研讨会论文集》,北京时代华文书局2017年版,第1—2页。
[2] 据梁代任昉《述异记》,"秦汉间说蚩尤氏耳鬓如剑戟,头有角,与轩辕斗,以角抵人,人不能向。今冀州有乐名'蚩尤戏',其民两两三三,头戴牛角而相抵。汉造'角抵戏',盖其遗制也"。有关蚩尤神话的该戏,或许起初源于蚩尤和黄帝之战的模拟性表演,后来成为汉代百戏中的有名种类。对于角觝戏,学界论述较多(如廖奔等《中国戏曲发展史》),此不赘言。
[3] 胡健国:《洞庭湖是傩祭的源头》,《艺海》2009年第9期。

第二节　从南到北说"傩艺"

纵观中华审美文化史，从宫廷到民间，傩俗脉流不断。民间的傩仪及傩神，从《荆楚岁时记》中记载腊日"村人并击细腰鼓，戴胡头，及作金刚力士以逐疫"等可见其击鼓乐扮角色的世俗表演性及文化多元性。该书反映南方长江流域的历史和风俗，著者宗懔是南阳人，关于其生活时代有南朝梁、北朝周等说法。在此乡村傩队中，有两点应注意：其一，具有多神及多元文化杂糅的特征，行傩逐疫的神灵不仅仅是本土的方相氏，还有"金刚力士，世谓佛家之神"；其二，"胡头"之"头"是"戏头"（假头、面具）而"胡"即胡人，此指"胡人的头饰，一种假面具"，[1] 透露出西北少数民族元素与内地民俗的融合。至于官方行傩，北朝宫廷大傩用侲子二百四十人（《隋书·礼仪志》），唐朝宫廷驱傩用"侲子五百，小儿为之，衣朱褶素襦，戴面具"（《乐府杂录》）。及至北宋，宫廷傩舞中已不见方相氏、十二兽、侲子等，人物角色发生演变，出现了由教坊伶人或贫丐者装扮的将军、门神、判官、钟馗、小妹、城隍、土地、灶君、六丁、六甲等"驱傩"人物（见《东京梦华录》《梦粱录》等），敲锣打鼓沿街而行，戏剧化扮演色彩更浓；从角色搭配看，其表演可能已赋予一定的情节，并且呈现出大众狂欢气息，朝着娱人方向发展。始于驱邪禳灾的傩仪，随着岁月推移，越来越演变为迎神赛

---

[1] 宗懔著，谭麟译注：《荆楚岁时记译注》，湖北人民出版社1985年版，第133—134页。

会的大众娱乐性节庆活动。结合民众生活,从信仰习俗看,"'傩'是一种以禳鬼和酬神为基本内容,以假面模拟表演(歌舞或戏剧)为主要形式的巫术活动",据调查,"在我国有一个很大的傩文化分布区,它东起苏、皖、赣,中经两湖两广,西至川、黔、滇三省,其中心为贵州和川、黔、湘交界地带。此外,它在北方的陕、晋、冀和内蒙也有少量遗存",[1] 分布广而形态杂。如在岭南地区,据李调元《南越笔记》卷四所载:"南越[2]人好巫。叶石洞为惠安宰,淫祠尽废,分违师巫充社夫,遇水旱疠疫,使行禳礼。又遵洪武礼制,每里一百户立坛一所,祭无祀鬼神。祭日皆行傩礼。寻常有病,则以酒食置竹箕上,当门巷而祭,曰'设鬼',亦曰'抛撒'。或作纸船、纸人燔之。纸人以代病者,是曰'代人'。人以鬼代,鬼以纸代……"尽管"好巫"是地方习俗,但此处明言越地"遵洪武礼制"而"祭日行傩礼",也受到来自内地王朝的文化影响。在多民族中国,着眼族际交流与文化互动,"傩"系统具有开放性和容他性。从多民族看傩戏形态及内容,既有同一种傩戏由多民族演出,也有同一种傩戏含多民族元素;从多民族看傩戏信仰及民俗,既有儒道佛及多民族

---

[1] 郭净:《试论傩仪的历史演变》,载贵州省民族事务委员会文教处主编《中国傩文化论文选》,贵州民族出版社1989年版,第61页。
[2] "越"与"粤"通,广东据《史记》称"南越"而《汉书》称"南粤",泛指岭南一带。"越"又是古族称,秦汉以后,部分逐渐融入汉族,部分与今壮、黎、傣等民族有密切的渊源关系。有关情况,请参阅李祥林《李调元笔下的南越女性习俗及女神信仰》,载《李调元研究》第二辑,四川人民出版社2015年版。

神灵杂糅，也有汉族与其他民族神灵杂糅。[1]

傩戏也见于土家族，如贵州德江、湖南沅陵等地乡村。"据调查，在土家族中间，治病、消灾、求子、保寿都要请土老师施法"，土老师在唱念咒语颂词时，"把歌、舞、诗融为一体。在黔东德江县流传的土家族傩堂戏中最为集中地表现了这个特点。傩堂戏不仅脱胎于傩祭，而且二者几乎是互为依存的。有人概括为'祭中有戏，戏中有祭'"。[2] 德江土家族民间戏论即称"古往今来，我们土家人最喜爱傩堂戏"[3]，老人祝寿，家有灾病，都会请来"祭傩神"的戏班，或招祥纳福，或除祟禳灾。尽管当地也有关于傩堂戏由来的地方化传说，但深究可知，贵州德江、思南等地的傩堂戏实际上融汇着土家、仡佬以及中原文化的元素。此外，苗族古歌有《傩公傩母》篇，"苗族的《傩公傩母》以及还傩愿和相关神话故事、傩公傩母歌都有一个共同的母题，那就是伏羲女娲神话。如果将苗族和汉族此类神话作一比较，就会发现彼此交流、相互影响的痕迹"[4]。又如，在西南黔地，"傩堂

---

[1] 以中国民间傩神敬奉为例，视傩公、傩母为伏羲、女娲的信仰见于多民族傩坛，对此的论述请参阅李祥林《女娲神话及信仰的考察和研究》第六章，巴蜀书社2018年版。

[2] 刘锡诚：《傩祭与艺术》，《民间文学论坛》1989年第3期。"土老师"是当地对傩法师的称呼。

[3] 彭书麟、于乃昌、冯育柱主编：《中国少数民族文艺理论集成》，北京大学出版社2005年版，第745页。

[4] 庹修明：《叩响古代巫风傩俗之门》，贵州民族出版社2007年版，第20页。闻一多在《伏羲考》中说苗族"近代奉伏羲女娲为傩公傩母"，袁珂《中国神话史》引此后亦云"我们觉得他的论断是可以成立的"，并指出"《山海经》所写的南方苗民之神延维，即后世伏羲女娲兄妹结婚再造人类神话的雏形"。（北京联合出版公司2015年版，第378页）

戏面具虽然流布于不同民族和不同地域，但追本溯源，它正是由中原传入贵州的，因此大部分角色及造型上都有规定的模式，如仙锋小姐发冠上刻着一只凤鸟，开山莽将头上长着一对尖角，地盘和尚没有下巴，秦童歪嘴暴牙扯眼睛"，但源于中原傩并不等于仅仅是其翻版，傩堂戏面具在地方性知识熏染下也会出现种种地方化特例，"如沿河县客田区的仙锋小姐面具，发冠上便没有凤鸟，沿河县官舟区的秦童面具，嘴巴既不歪眼睛也不扯。这种同中有异的现象，对研究傩堂戏的发展和传播具有重要意义"[1]。就跨地域言，在中国西部横断山脉六江流域藏羌彝民族走廊上，"端公戏"这种古老的民俗艺术从陕西汉中到四川广元，再到云南昭通，分布及影响都很宽泛，其间不无脉络可寻。说到"傩文化研究的多民族观"，一方面要正视族群与族群之间有交融，一方面要防止族群与族群之间趋同化，务必在二者之间把握好中国傩戏的地方个案研究。既"同中有异"又"异中有同"，既"各美其美"又"美美与共"，这正体现着既"一体多元"又"多元一体"的中华文化精神。对于学界来说，在通观与个案结合中深化研究，乃是必然。

傩文化在中华大地具有跨区域、多民族分布的特点。1987年在京城举行的中国戏曲国际学术研讨会上，有学者指出"在全国五十六个民族中，汉、壮、侗、苗、土家、彝、仡佬、藏、门巴、蒙古等族都有自己的傩戏"，在其看来，"我国傩戏系统是一个迥别于世界其他民族的具有独特而丰富、复杂内容的戏剧'家

---

[1] 顾朴光：《贵州傩戏面具的历史渊源和艺术特色》，载贵州省民族事务委员会文教处主编《中国傩文化论文选》，贵州民族出版社1989年版，第174页。

族',它积淀着中华民族漫长的历史文化"[1],包括审美和艺术。作为起源古老的民俗事象,"傩"及其衍生的傩艺品种多姿多彩。以巴山蜀水为例,从"傩"之驱邪逐祟的广义看,相关种类便有师道戏、儒坛戏、佛坛戏、梓潼阳戏、芦山庆坛、成都端公戏、泸州秧苗戏、射箭提阳戏,还有德格藏戏、嘉绒藏戏、羌族释比戏等,相关信息参见汇集田野调查资料编纂的《四川傩戏志》(2004年)。2018年12月在陕西省宁强县青木川举办的傩技傩艺大赛上,除了陕南端公戏表演以外,也有来自白马人的"池哥昼"(甘肃文县)和"跳曹盖"(四川平武)、来自岷江上游的羌族释比特技表演等。嘉绒是藏族支系之一,分布在川西北,有自己的民间戏剧(嘉绒话译音谓之"陆嘎尔"),20世纪80年代编纂十大文艺集成志期间,调查者发现了四川特有的这一藏戏种类。为了明确对此剧种的认识,1992年岁末在《中国戏曲志·四川卷》编辑部主持下邀请文艺界、民族学界人士就此进行了慎重讨论。会上,主持人从历史、剧目、表演、音乐等入手对以嘉绒方言演唱的该剧种给予肯定,指出近年通过田野调查"把这沉睡多年的戏剧明珠发掘出来,为四川藏戏乃至整个藏戏、藏文化的研究增添了一份宝贵丰富的资料"[2];有学者撰文认为,"嘉绒戏不仅是个剧种,而且也是一种典型的傩戏",在其看来,"嘉绒

---

[1] 曲六乙:《中国各民族傩戏的分类、特征及其"活化石"价值》,载贵州省民族事务委员会文教处主编《中国傩文化论文选》,贵州民族出版社1989年版,第2—3、12页。

[2] 于一:《藏戏研究的新发现——嘉绒藏戏概述》,载四川省民族事务委员会、《中国戏曲志·四川卷》编辑部编印《四川省嘉绒地区藏戏问题研讨会资料汇编》,1993年8月,第93页。

戏剧目多数是比较典型的藏族早期原始的傩戏和亚傩戏，它们保留着更多的原始傩文化的特征和信息，是藏族原始文化的一种'活化石'"。[1] 后面这位论者所言不无某种道理，但以"傩戏"直称藏族戏剧未必贴切，因此我们编纂《四川傩戏志》时采用的剧种名称仍是"嘉绒藏戏"。又如，流传在川西北的释比戏作为羌族民间戏剧，也具备这种逐祟驱邪的仪式功能。尽管笔者不赞同将释比戏直接定名为有汉化色彩的"羌族傩戏"，但是，在多民族中国文化互动语境中，"从民俗艺术角度将尔玛人的释比戏纳入傩文化研究视野，盖在其原本属于仪式戏剧范畴。释比是羌族民间社会中沟通人、神、鬼关系的民间宗教人士……释比主持的仪式多有较强的傩戏色彩，如旧时汶川绵虒正月间'迎春'，县衙要请释比来大堂、二堂、三堂跳皮鼓，撵'傲门儿'（用木雕成鬼头），将其从大堂撵到一里之外的三官庙，撕去'傲门儿'的衣衫，表示捉住了鬼，再将衣衫拿回县衙交给县官，后者要奖赏释比。'撵傲门儿'这仪式，便有'捉鬼看戏'之意"[2]。至于傩坛祈雨戏《斗旱魃》，其自汉而羌的传播也是民俗事实。[3] 释比戏从羌族释比唱经衍生，如今已列入四川省非物质文化遗产名录，有其本民族根基，但也不排除受到周边文化影响。近年

---

[1] 刘志群：《嘉绒藏戏》，载四川省民族事务委员会、《中国戏曲志·四川卷》编辑部编印《四川省嘉绒地区藏戏问题研讨会资料汇编》，1993 年 8 月，第 47、53—54 页。

[2] 李祥林：《川西北尔玛人祭神驱邪的民间仪式戏剧》，《民族艺术研究》2012 年第 5 期。

[3] 李祥林：《傩戏学视野中的羌区"斗旱魃"》，《贵州大学学报》（艺术版）2018 年第 2 期。

来,理县高山羌寨在老释比传授下恢复了民间仪式戏剧《刮浦日》(用羌语演出),那祈吉驱邪色彩贯穿始终的表演也给人留下深刻印象。这出羌戏还引起邻国兴趣,韩国 EBS(Educational Broadcasting System)电视台曾来羌族山寨拍摄。

作为中外文化交通要道,"丝绸之路"串联着丰富的多民族文化遗产,古老的"傩"俗也见于敦煌文献。1899年,敦煌发现了藏经洞,清理出大量古代遗卷,其中涉及傩事的有《儿郎伟》和《还京乐》,前者歌词如"驱傩岁暮,送故迎新","除夜驱傩之法,出自轩辕"等。这些文献,记录了唐宋时期西北边陲多姿多彩的傩事活动,如《儿郎伟》之《驱傩词》有17卷36首,属于傩仪唱词,大致可分为都督府和州县官府傩、归义军和州县地方军队傩、百姓傩(分社区傩和丐傩)、寺庙傩(包括佛寺傩以及祆教徒傩队)四大类。祆教又称拜火教,为西域粟特人所信奉。"西亚三种新宗教传入中国,以火祆教为最早"且"盛于长安",据史家考证,"当在北魏神龟中,即公元后五一八至五一九年之间"[1]。从敦煌地区到内地长安,老早便有粟特居民,他们长于经商,活跃在丝绸之路上。P.2569《驱傩儿郎伟》第二首或为信奉祆教的粟特傩队所唱傩歌,词云:"今夜驱傩队仗,部领安城大祆。以次三危圣者,搜罗内外戈铤,趁却旧年精魅,迎取蓬莱七贤。屏(并)及南山四皓,今秋(祆)五色红莲。从此敦煌无事,城煌(隍)千秋万年。"浩浩荡荡的行傩方阵中,这支粟特傩队由"安城大祆"率领,而"安城"是入华的粟特人所建

---

[1] 向达:《唐代长安与西域文明》,生活·读书·新知三联书店1957年版,第89页。另外两种宗教是景教和摩尼教。

城堡（距敦煌城不远，粟特昭武九姓有安国），城内有祆庙。粟特傩队歌词表明，"敦煌岁暮驱傩的风习，也影响了祆教信徒，他们同样组织了驱傩队加入当地驱傩活动"[1]。P.3929《敦煌廿咏》中有一首《安城祆咏》，诗曰："版筑安城日，神祠与此兴。一州祈景祚，万类仰休徵。萍藻采无乏，精灵若有凭。更看雩祭处，朝夕酒如渑。"敦煌属干旱地区，"雩祭"是中国古代以舞求雨的祭祀，由来已久，《周礼·春官·宗伯下》："司巫，掌群巫之政令，若国大旱，则帅巫而舞雩。"从《安城祆咏》结句看，敦煌地区的粟特人举行"雩祭"当有自家特色。[2]较之内地，敦煌驱傩总体上的在地性特点有二：一是"变内地驱傩队伍中领队的'方相氏'，为五道将军一人，夜叉、敕使各若干人"；一是"驱傩时的唱词，不是袭用东汉时的古驱傩词，而是每年都由都督府、州、县以及城镇、街道坊巷的各支驱傩队自编新词"[3]。检视敦煌文献，唐宋以来进入傩神行列的钟馗作为民间尊奉的驱邪大神，"在敦煌写本中，伯三五五二、伯四九七六、斯二〇五五诸卷都曾提到"[4]，如斯二〇五五《除夕钟馗驱傩文》描绘其形象"钢头银额"，"身着豹皮"，有熊罴的硬爪，全身以朱砂染红，"亲主岁领十万"，"捉取江游浪鬼"，这模样及行头很容易使

---

[1] 李正宇：《敦煌傩散论》，《敦煌研究》1993年第2期。

[2] 信奉祆教的粟特人求雨是用酒祭雨神"得悉神"，《安城祆咏》末联所言应涉及的是此俗。有学者曾将天水出土的隋画像石中胡人祆祭场面与此诗对比考析（姜伯勤：《天水隋石屏风墓胡人"酒如绳"祆祭画像石图像研究》，《敦煌研究》2003年第1期），可供参阅。

[3] 《中国戏曲志·甘肃卷》，中国ISBN中心1995年版，第10页。

[4] 高国藩：《敦煌古俗与民俗流变：中国民俗探微》，河海大学出版社1989年版，第330页。

人联想到上古时期那位"黄金四目,蒙熊皮,玄衣朱裳、执戈扬盾"驱傩的方相氏。着眼地域分布,中国傩可划分为六大文化圈:北方萨满文化圈、中原傩文化圈、巴楚巫文化圈、百越巫文化圈、青藏苯佛文化圈、西域傩文化圈;[1]各大区域文化圈内部又可有更细致的子系统划分,如敦煌傩、辰州傩等。总之,神奇的"傩"在中国历史上绵延不绝,有多样化仪式性的艺术呈现,衍生出林林总总的审美形态,如根据服务对象、演出对象以及演出场所亦可划分为"民间傩""宫廷傩""军傩""寺院傩"等类型[2],其中民间傩又包括社傩、族傩、愿傩、游傩等。着眼人文地理和性质功用的分类,有助于我们从整体、多元的视角把握与中华艺术、审美有千丝万缕联系的中国傩文化。

在多民族中国,一方面是傩俗傩艺从汉族地区向其他民族地区传播,一方面有其他民族内容融入傩俗傩艺。布依戏流行于黔西南,其起源跟傩仪、傩戏有关[3],其形成受到其他民族影响,如布依戏的剧目或取材于本民族故事或移植汉族剧目,后者演出在报名、表白、介绍身分等时"多用汉语,唱词用布依语"[4]。在甘肃,"七月跳会"是永靖傩舞的当地称呼,属于乡村在丰收时节举行的兼有军傩和社傩特征的民俗活动,已被列入第三批国

---

[1] 曲六乙:《漫话巫傩文化圈的分布与傩戏的生态环境》,见张子伟主编《中国傩》,湖南师范大学出版社1994年版,第11—27页。
[2] 曲六乙:《建立傩戏学引言》,载《傩戏论文选》,贵州民族出版社1987年版,第2页。
[3] 《中国戏曲志贵州卷·黔西南州布依戏志》:"布依傩戏的演出发展,为布依戏文化的发展、成型奠定了基础。"(黔西南州文化局1993年编印,第534页)
[4] 《布依族简史》,贵州人民出版社1984年版,第135页。

家级非物质文化遗产名录。据永靖地方志书记载和民间传说，古时候黄河永靖段以南地区气候温凉，无夏粮。每当河之北麦熟时，河之南的吐蕃人就趁着天黑渡河来抢收麦子。当地人便戴上牛头马面的面具来吓唬他们，吐蕃人以为是神兵天将相助，从此不敢来。当地人在收获时节戴面具跳会之俗便由此而来。永靖傩舞流传在乡村，尤其是西部山区的杨塔、红泉、王台等地，民间有"上七庙，下六庙，川里还有十八庙"之说。跳会时，村民们在法师带领下祭祀关帝庙、二郎庙等，抬着神像到各村驱鬼逐疫。从表演看，永靖傩舞大多为哑剧，一举一动全听锣鼓点和笛音指挥，武戏用锣鼓伴奏，文戏以笛子伴奏。傩的本义是指假面跳神，其与面具表演有密切关系，永靖民间称傩舞中的面具为"脸子"。从面具看，角色有刘备、关羽、张飞、周仓、曹操、蔡阳、吕布、貂蝉、三眼二郎、李存孝、笑和尚、唐僧、悟空、阴阳、娘子、老虎、猴子、牛、马以及红、绿二鬼等。从剧目看，跳会中演出的傩舞戏有歌颂关羽的《三英战吕布》《斩貂蝉》，有歌颂二郎神的《变化赶鬼》（"变化"是二郎神的当地称呼）、《单鬼抽肠子》，还有《杀虎将》《锄田佬》等20多个。诸剧目中有一出《三回回》是涉及少数民族题材的，出场角色有五：老回回（着白袍）、二回回（着黄袍）、三回回（着黑袍）以及红、绿二鬼。"永靖'七月跳会'的形成，应归功于明代驻军统帅、陕西都指挥刘昭"，是来自戍边部队的军傩与来自当地村民的社火结合的产物，而据学界研究，"永靖'七月跳会'的《三回回》，理应是12—13世纪徙居永靖、河州的胡人改为信仰伊斯兰教之前就已出现的作品。所以剧中不但有喝酒情节，还出现了红鬼、绿鬼充当把守关口的角色。这在唐宋及其以前时期描写胡人节目中是司空见惯的"。[1] 通过"七月跳会"存留下来的该作，为我们透视历史上中国西部少数民族文化的演变提供了宝贵的信息。又，陕西佳县、米脂等地有"赛戏"，见于迎神赛会，民间又称"龟兹扬把子"，盖因龟兹"指表演赛戏的民间艺人吹奏的唢呐，系汉武帝时龟兹国传入的乐器"[2]，把子则指刀、戈、戟、鞭等表演道具。民间俗称，保留着有异域色彩的古名。

第三节 从"傩俗"看多元融合

实事求是地讲，既有纵向历史传承又有横向社会流布的傩艺不单单是一种艺术，它也是杂糅口头文学、民间艺术、世俗信仰、伦理教化、精神娱乐等的审美综合体。行走江湖的傩艺班子，又有种种涉及演艺及班规的行业习俗，如傩神信仰。说到傩神崇拜，最普遍的是"傩公"和"傩母"。究其由来，"傩公""傩母"之称在晚唐李淖《秦中岁时记》有载，曰："岁除日逐傩，皆作鬼神之状，内二老儿傩翁傩母。"或以为，"傩公傩母的出现，是唐代傩仪世俗化的表现"。[3] 此处记述的是秦地长安风俗。若问"傩公""傩母"是谁，流行说法是伏羲、女娲。纵观中华大地，以伏羲、女娲为傩神的信仰见于四面八方，有深厚的

---

[1] 曲六乙编著：《中国少数民族戏剧通史》上卷，中国民族艺术摄影出版社2014年版，第182—183页。

[2] 《中国戏曲志·陕西卷》，中国ISBN中心1995年版，第130页。

[3] 萧放：《春节习俗与岁时通过仪式》，《北京师范大学学报》（社会科学版）2006年第6期。

民间基础。读沈从文小说《边城》，"傩送"其人其名给读者留下印象，那是小说中一个年轻后生，他的哥哥叫"天保"，两兄弟的名字颇有意思。取名"傩送"，正透露出这后生的身世跟当地"傩"坛求子习俗有瓜葛。去了湘西便知，"傩"的习俗在那里的山山水水间有厚厚的遗存。沈从文的母亲是土家族，列入国家级非遗代表作名录的"毛古斯"是土家族的祭祖仪式剧，流传于湘鄂川黔四省边界地区。从表演形式不难看出，这种民间艺术具有浓郁的原始生殖崇拜气息，表达着祈求种族繁衍昌盛的愿望。历史上，"天灾、兽害、人祸一直是土家先民人种蕃衍的最大威胁。为求生存，延续族类，旺盛的生殖力是先民们日益增长的强烈的欲望，也是毛谷斯所借重的永恒主题。在土家族先民的心目中，祖神即生殖神。他们敬奉雍尼、八部，因为雍尼（汉民谓之傩母、女娲）一胎发百姓、八部大神的母亲一胎生九子（八男一女）。取悦了她们，就会获得恩赐，生育更多子女"[1]。作为民间审美和民俗艺术的综合体，湘西土家族"还傩愿"是将歌唱、器乐、舞蹈、戏剧等元素融为一体的大型祭仪活动。伏羲、女娲在中华神话体系里被尊为"人祖"，在湘西民间，土家族傩戏供奉的神灵为传说中的伏羲兄妹，尊为傩公傩婆。

在贵州地区，傩堂戏（又称傩坛戏、傩愿戏）流传于黔东、黔南、黔北的土家族、布依族、仡佬族、苗族、侗族和汉族中，所供傩公、傩母，有与伏羲、女娲有关的传说。湘、鄂、川、黔交界地带是土家族、苗族等杂居区，称傩公、傩婆为伏羲、女娲

---

[1] 张子伟：《湘西毛古斯研究》，《文艺研究》1999年第1期。

亦见于巴蜀傩戏,有研究者认为此信仰中或有苗族因素。[1]巴蜀地区师道戏有梁平正一派虚皇坛,尊奉太虚玉皇和三宝天尊,奉张天师为祖师,其坛场布置的总真图(神案)最上层是"三清"居中,左右是伏羲、女娲。[2]在藏羌彝走廊上,崇敬女娲也见于持奉多神信仰的白马藏人,四川平武木座子寨有白马人的观音庙,该庙相传在中华人民共和国成立前就已存在,庙里供奉着五尊神灵,"从左到右依次是:药王真人、女娲圣母、普贤菩萨、观音菩萨和文殊菩萨",而在其仪式活动中迎请的诸神中,也有"华夏始母女娲神"[3]。贵州道真是仡佬族苗族自治县,当地傩坛所奉神灵以"东山圣公(伏羲)"和"南山圣母(女娲)"为首,其傩仪文书中也有"女娲申""山王申""土主申"等。[4]有苗族学人指出,"'傩'在黔东北地区的苗语中是'始祖神'的意思,苗语称男女配偶型始祖神为'Ned nuox、Bad nuox',汉语音译为'奶傩、巴傩',意即'始祖母、始祖公'",而"在黔、湘、鄂、渝等省市的广大地区,苗、土家、仡佬、瑶、侗等民族以伏羲女娲为傩神"。[5]有湘西苗族文化研究者亦指出:"'傩公傩母',湘西东部方言苗语称为'奶傩芭傩'(译音),'奶'苗语意为母,'芭'意为公,'傩'意为神圣,全译意

---

[1] 李绍明:《巴蜀傩戏中的少数民族神祇》,《云南社会科学》1997年第6期。
[2] 严福昌主编:《四川傩戏志》,四川文艺出版社2004年版,第63页。
[3] 任跃章主编:《中国白马人文化书系·信仰卷》,甘肃人民出版社2015年版,上册第73页、下册第170页。
[4] 《道真人文——中国贵州道真首届仡佬族傩文化艺术节暨国际傩文化学术研讨会会议手册》,组委会2014年9月编印,第90页。
[5] 吴国瑜:《傩的解析》,中国戏剧出版社2011年版,第6、18页。

为'圣公圣母'。傩公傩母就是人类洪荒时期繁衍人类的兄妹。也就是伏羲女娲。苗族对始祖神'傩公傩母'的崇拜，是苗族社会一种极为普遍的现象。大都在每年的秋后农历九、十月举行祭祀活动。"[1] 不同地域、不同族群的傩公、傩母崇拜[2]，各有特色又彼此相通，整合在中华傩文化体系里。

傩坛是众神汇集之所，也呈现出多元融合色彩。如陇南白马人的驱瘟祛病咒章有道："天是佛天，地是佛地，诸神到此，百鬼消除。今请奉请吾奉，太上老君，急急如律令。"[3] 既言"佛天""佛地"，又讲"太上老君"，佛、道一堂了。壮族傩仪以师公舞为主，象州地区的面具有三十六神七十二相，其神可分二类："一类是道教诸神，如三元祖师、雷部元帅"，而"另一类是壮族传说中的神灵"如莫一大王，白马姑娘、五谷灵娘等。[4] 本土神灵和外来神灵和睦相处，各行其职，都在奉祀之列。再看坛场设置，傩戏是仪式戏剧，神案是行傩时悬挂和使用的神像画轴，又称"案子"，常见有"总真图""三清图""桥案"等。仡佬族傩戏的"总真图"上绘有老君、佛主、孔子三位主神，以及五岳大帝、炳灵侯王、五明皇后、解结斗姆等上百个神灵，悬挂在堂屋正中；其"师阁图"上绘有启教先师、掌坛先师行傩画

---

[1] 陆群：《湘西原始宗教艺术研究》，民族出版社2012年版，第307页。
[2] 关于傩公、傩母，请参阅李祥林《女娲神话传说与中国傩戏神灵崇拜》，《民间文化论坛》2019年第2期。
[3] 任跃章主编：《中国白马人文化丛书·信仰卷》下册，甘肃人民出版社2015年版，第105页。
[4] 郭净：《试论傩仪的历史演变》，载贵州省民族事务委员会文教处主编《中国傩文化论文选》，贵州民族出版社1989年版，第73页。

面,下方是历代祖师的传承谱系表,一般挂在堂屋右上角;"桥案"系长两丈左右的画轴,上面绘有二地君王、三元法祖、四值功曹等数十个神祇,用于"迎兵接圣"仪式。又如巴蜀傩戏,其神案上"多数供奉道教神系,如'三清'神图、老君神图、玄武神图以及在神图主奉道教诸神,从而构成了一个道教神系为坛神的神像图谱。其次,为'三教坛',神图中供奉儒、释、道三教的尊神。在佛坛道场中,供奉以佛祖释迦牟尼为主神的神图案子,是理所当然的。但由于傩戏剧种中,并不都是宗教的教派戏剧。更多是民间流传的戏剧形态,加之端公,虽主要为信奉道家学说,与道教关系也较为密切,但它不属于道教,不受道教教义、教规、教法的约束。这种自称是'巫教'的端公坛班,它起源于原始宗教,已演化为民间宗教的程度,或可以说,是一种泛宗教的派系。所以端公班所挂神图,可以是道教'三清',也可以是'三教',不少剧种则供奉民间英雄、伟人为信奉之神"。换句话来说,"巴蜀傩戏的神图挂像中,有道教神系为主的'三清'坛神,有儒、释、道三教合一的'三教'坛神,有佛教尊神(佛祖、地藏王),也有不少民间尊神"。[1] 诸神同在,携手并肩,驱傩逐疫,保佑平安。

关于"三教合一",不像文人说得那样深奥,"小传统"社会的傩戏班自有质朴的理解,并形成别致的民间表述。譬如,川北傩戏班的老端公便说:"三教合一坛是有来源的,过去儒、释、道三教在各自区域内降妖伏魔,但是疫鬼十分狡猾,道教驱赶

---

[1] 于一:《巴蜀傩戏》,大众文艺出版社1996年版,第266—267页。

它，便跑到佛教或儒教辖地躲藏；佛教捉它，便跑到道教或儒教辖地躲藏。后来，三教主会商，协同扫魔，共镇坛场，致使妖邪无处躲藏。于是，便有了'三教合一'的坛场。"[1] 请来三教神灵共镇坛场，无非是为了使祛邪法力更加强大。旺苍端公戏于2021年被列入国家级非物质文化遗产代表作名录，在该县三江乡下挂着"旺苍端公戏传习所"牌子的何元礼（旺苍端公戏省级代表性传承人）家中，堂屋内正面一字排开所供神灵中三清道祖居中，有对联云"九州洪范承天锡，一炷清香告日为"，而道祖两侧及上方还供有大大小小20多尊神灵，有倒立的张五郎，有慈祥的观世音，有文昌帝君，有送子娘娘，等等，可谓诸神共在，信仰宽泛。旺苍端公戏开场《请神》亦云："伏以神通浩浩，圣德昭昭，神不乱请，香不乱烧……端请主家顶敬家龛会上，荤净福神，桂花园内，七曲文昌，梓潼帝君，南无南海观世音菩萨，云中跑马禾火二仙，天期会上牛王、马王二大菩萨……"[2] 与旺苍相邻的剑阁有阳戏，属"三教坛"性质，供奉儒、释、道三教教主，每演阳戏必挂总真图，其上层是三教教主，中层是文昌、观

---

[1] 严福昌主编：《四川傩戏志》，四川文艺出版社2004年版，第77页。不拘门派地借诸教之力祛邪魔，同类叙事也见于羌族，释比经文《费伢由狩猎变农耕》讲阿巴费伢白手起家，开垦荒地，却被鬼王和毒王认为是占了鬼王的地盘，于是费伢请来羌族释比作法，同时也请来藏族喇嘛和汉族道士念经，战胜了邪恶，"从此划定了人地、鬼地和神地"（四川省少数民族古籍整理办公室主编：《羌族释比经典》下卷，四川民族出版社2008年版，第2182页）。这种协调诸教也借助诸教神力以祈福、驱祟、保平安为宗旨的民俗事象，可谓"不同而和"，其在中国民间社会处处可见。

[2] 杨厚德编：《旺苍端公戏》，旺苍县文化广播影视新闻出版局2016年12月印刷，第1页。

音和老君，下层是土主、川主和药王。巴蜀傩戏中有"佛坛戏"，又称崇善坛，属于佛教醮坛，坛班由皈依弟子组成，流传在雅安地区的芦山、天全、宝兴一带民间，其常驻地是芦山飞仙关二郎庙，主奉神灵为二郎（川主）和观音，每逢川主神诞（六月二十四）和观音圣诞（二月十九、六月十九、九月十九）要举行法会。其坛场陈设是在正面墙上悬挂五轴神像，这五轴神明通常有两种："第一种是从左至右依次挂青狮、左佛、中佛、右佛、白象；第二种是从左至右依次挂观音、孔子、释迦牟尼、老君、文殊、普贤。"[1] 虽名佛坛，所供神灵依然是三教之神，殊为有趣。

"肥套"是毛南族民间傩艺，"这种舞蹈主要是神职人员在进行祭祀活动时表演的，有原始巫术的痕迹。每到'分龙节'庙祭或是在筹办'黄筵''红筵'时的'还愿'仪式上，鬼师们头戴木刻的诸神面具，扮演各种神的形象跳起舞蹈，全村的男女老少聚集围观，场面既庄重肃穆又激越热烈。所以毛南人又把傩舞称为'还愿舞'（毛南话叫'肥套'）"[2]。毛南族"肥套"有成套的唱本、服装和道具，其36个代表神灵的傩面具也体现出多民族色彩，其中既有毛南族的"三娘""欧官""家先"，又有壮族的"莫一大王""太师六官"，还有瑶族的"瑶王""瑶婆"，等等。之所以如此，盖因毛南族除了信奉本族的神灵外，亦受壮族影响较大，如"三界是毛南族最崇敬的神祇之一，源于壮

---

[1] 严福昌主编：《四川傩戏志》，四川文艺出版社2004年版，第303页。
[2] 毛公宁主编：《中国少数民族风俗志》，民族出版社2006年版，第1315页。

族"[1]。有趣的是，毛南族的师公应附近壮族、瑶族的邀请赴其家里主持还愿仪式，"到壮家所敬的神中，三界公爷这个角色就换上莫一大王，而删掉太师六官、三娘、土地和九官（覃三久）这个角色；到瑶家（白裤瑶）时则少了瑶王这个角色，其他表演程式和角色基本照搬"[2]。除了傩坛上诸神杂糅外，来自汉族的神灵也不乏在跨族群传播中打上少数民族烙印的，如"咚咚推"奉祀关老爷。"咚咚推"是侗族傩戏，流传在湖南新晃的侗家村屯，如今亦列入了国家级非物质文化遗产名录。一般认为，侗族源于古代百越的一支，主要分布在今湘、黔、桂交界区域。侗族现居之地，春秋战国时期属于楚国商於（越）地，秦时属于黔中郡和桂林郡，汉代属于武陵郡和郁林郡。魏晋南北朝至隋代被称为"五溪之地"，唐宋时期被称为"溪峒"。清顾炎武《天下郡国利病书》云："峒僚者，岭表溪峒之民，古称山越，唐宋以来，开拓浸广。"把侗、僚、越几种称呼都串连起来了。古往今来，这里是少数民族活动区域。查阅历代文献可知，从春秋到秦汉，活动在此地带上的有"越人""武陵蛮""黔中蛮"；魏晋南北朝至唐宋，这里的少数民族被称为"五溪蛮"或"蛮僚"，唐宋时又称"溪峒州蛮"。古代越人是一庞大的族群，其内部分若干支系，到了南北朝时被称为"僚"。唐宋时期，僚人进而分化出包括侗族在内的若干少数民族。湖南侗族主要分布在湘西南，如新晃侗族自治县、靖州苗族侗族自治县等。

---

[1] 吕大吉、何耀华总主编，李绍明等主编：《中国各民族原始宗教资料集成：土家族卷·瑶族卷·壮族卷·黎族卷》，中国社会科学出版社1998年版，第635页。

[2] 覃奕：《物与语境：解析毛南族傩面具》，《民间文化论坛》2018年第1期。

融入多元文化的辰州傩戏（湖南沅陵七甲坪，笔者拍摄）

中国各地的傩文化事象十分丰富，为印证中华文化共同体提供着生动的田野案例。在距新晃县城60公里的贡溪乡天井寨，当地人以侗语演唱的"咚咚推"之20多出剧目中多有取材于《三国演义》，"几乎达到了喧宾夺主的地步"，如《桃园结义》《关公教子》《古城会》《过五关》《关公捉貂蝉》等，而且侗族民间也格外敬奉关老爷，"每出戏里都突出了关羽的形象"。[1]一方面，取材于三国故事的这些剧目，其戏剧情节根据侗家人的生活体验作了改动，如《云长养伤》中关公受伤，《关公教子》中关平生病，都是请香婆（巫婆）来看香（跳神），看香无效又请侗老司来冲傩，戏剧故事及人物都侗化了；一方面，"咚咚推"的所有三国戏中都有关羽并以之为主角。涉及关公的这些剧目是很地方化的，如《开四门》为傩舞表演，主要展示关公盖世无双的刀法，包括上马、磨刀、摆刀、刀钻胯、刀过头、砍刀、舞刀七个环节。在当地傩戏中，大凡有关公为主角的剧目，必演这充满着祛邪除祟气

---

[1] 李怀荪：《侗族傩戏"咚咚推"的文化内涵》，《贵州傩文化》2018年第2期。

息的《开四门》，威风凛凛的关公在此无疑带上了傩神特征。《捉貂蝉》中，有二小鬼护卫貂蝉，处处阻挠关公，于是关公便像巫师那样施法术，制服了小鬼。不仅如此，"'咚咚推'里的关羽，除了剧中角色以外还有一个特殊使命：若逢天旱，为祈雨而搬演'咚咚推'时，开锣之前，必由关羽登场舞刀，合寨人围聚祈祷。舞刀者要舞到天边出现乌云，才能罢手"[1]，正气凛然的关老爷被侗家人更明确地视为替村寨驱赶旱魔的傩神。这个关公，是来自汉族地区的关公，也是侗族民众心目中的关公，在此艺术形象上，既可看见来自中心区域文本的影响，也可看到族群趣味的混杂及融合，积淀着多民族文化元素，体现出不同寻常的审美意味。

---

[1] 李怀荪：《侗族傩戏"咚咚推"的文化内涵》，《贵州傩文化》2018年第2期。

参考文献

阿坝州文化局编. 阿坝藏族羌族自治州文化艺术志. 成都：巴蜀书社，1992.

阿尔伯特·贝茨·洛德. 故事的歌手. 尹虎彬，译. 北京：中华书局，2004.

巴莫曲布嫫. 鹰灵与诗魂：彝族古代经籍诗学研究. 北京：社会科学文献出版社，2000.

北京大学哲学系美学教研室编. 中国美学史资料选编. 北京：中华书局，1981.

本尼迪克特·安德森. 想象的共同体：民族主义的起源与散布. 吴叡人，译. 上海：上海人民出版社，2005.

常任侠. 东方艺术丛谈. 上海：上海文艺出版社，1984.

陈玉屏主编. 中国古代民族融合问题研究. 成都：四川民族出版社，2003.

成复旺主编. 中国美学范畴辞典. 北京：中国人民大学出版社，1995.

丁山. 古代神话与民族. 影印本. 北京：商务印书馆，2005.

丁山. 中国古代宗教与神话考. 上海：上海文艺出版社，1988.

方豪. 中西交通史. 上海：上海人民出版社，2015.

方龄贵. 古典戏曲外来语考释词典. 上海：汉语大词典出版社，昆明：云南大学出版社，2001.

费孝通主编. 中华民族多元一体格局. 北京：中央民族大学出版社，2018.

冯育柱，于乃昌，彭书麟主编. 中国少数民族审美意识史纲. 西宁：青海人民出版社，1994.

高国藩. 敦煌古俗与民俗流变：中国民俗探微. 南京：河海大学出版社，1989.

高亨. 周易古经今注. 北京：中华书局，1984.

贵州省民族事务委员会文教处主编. 中国傩文化论文选. 贵阳：贵州民族出版社，1989.

郭扬. 易经求正解. 南宁：广西人民出版社，1990.

国家教委高校社会科学发展研究中心组织编写. 中外历史问题八人谈. 北京：中共中央党校出版社，1998.

过伟. 中国女神. 南宁：广西教育出版社，2000.

黄烈. 中国古代民族史研究. 北京：人民出版社，1987.

霍巍. 青藏高原考古研究. 北京：北京师范大学出版社，2016.

姜伯勤. 敦煌艺术宗教与礼乐文明：敦煌心史散论. 北京：中国社会科学出版社，1996.

举奢哲，阿买妮，等. 彝族诗文论. 康健，王子尧，王冶新，等翻译、整理. 贵阳：贵州人民出版社，1988.

克利福德·格尔茨. 文化的解释. 韩莉译. 南京：译林出版社，2008.

克利福德·吉尔兹. 地方性知识：阐释人类学论文集. 王海龙，张家瑄，译. 北京：中央编译出版社，2000.

李伯谦，陈星灿主编. 中国考古学经典精读. 北京：高等教育出版社，2019.

李福清著，李明滨编选. 古典小说与传说：李福清汉学论集. 北京：中华书局，2003.

李国文. 东巴文化与纳西哲学. 昆明：云南人民出版社，1991.

李镜池. 周易通义. 北京：中华书局，1981.

李零. 我们的中国. 北京：生活·读书·新知三联书店，2016.

李祥林. 民俗事象与族群生活：人类学视野中羌族民间文化研究. 北京：中国社会科学出版社，2018.

李祥林. 女娲神话及信仰的考察和研究. 成都：巴蜀书社，2018.

李祥林. 神话·民俗·性别·美学：中国文化的多面考察与深层识读. 北京：中国社会科学出版社，2015.

李星星. 归程：藏彝走廊尔苏藏族的神话民族志. 北京：民族出版社，2017.

凉山州集成编委会编. 凉山民间文学集成. 成都：西南交通大学出版社，1993.

梁一儒. 民族审美心理学概论. 西宁：青海人民出版社，1994.

林耀华主编. 民族学通论. 修订本. 北京：中央民族大学出版社，1997.

刘守华，陈建宪主编. 民间文学教程. 武汉：华中师范大学出版社，2002.

刘尧汉. 中国文明源头新探：道家与彝族虎宇宙观. 昆明：云南人民出版社，1985.

刘一沾主编. 民族艺术与审美. 西宁：青海人民出版社，1994.

罗伯特·芮德菲尔德. 农民社会与文化：人类学对文明的一种诠释. 王莹，译. 北京：中国社会科学出版社，2013.

吕大吉，何耀华总主编. 中国原始宗教资料丛编. 上海：上海人民出版社，1993.

吕思勉. 中华民族源流史. 北京：九州出版社，2009.

马学良，梁庭望，李云忠主编. 中国少数民族文学比较研究. 北京：中央民族大学出版社，1997.

买买提·祖农，王弋丁，王佑夫主编. 中国历代少数民族文论选. 乌鲁木齐：新疆人民出版社，1987.

麦克斯·缪勒. 比较神话学. 金泽，译. 上海：上海文艺出版社，1989.

毛公宁主编. 中国少数民族风俗志. 北京：民族出版社，2006.

米歇尔·福柯. 知识考古学. 3版. 谢强，马月，译. 北京：生活·读书·新知三联书店，2007.

彭书麟，于乃昌，冯育柱主编. 中国少数民族文艺理论集成. 北京：北京大学出版社，2005.

祁庆富，史晖，等. 清代少数民族图册研究. 北京：中央民族大学出版社，2012.

屈小强，李殿元，段渝主编. 三星堆文化. 成都：四川人民出版社，1993.

曲六乙，钱茀. 东方傩文化概论. 太原：山西教育出版社，2006.

曲六乙编著. 中国少数民族戏剧通史. 北京：中国民族摄影艺术出版社，2014.

荣新江，朱玉麒主编. 丝绸之路新探索：考古、文献与学术史. 南京：凤凰出版社，2019.

沈从文编著. 中国古代服饰研究. 北京：商务印书馆，2011.

石泰安. 西藏史诗和说唱艺人. 2版. 耿昇，译. 北京：中国藏学出版社，2012.

四川省甘孜州文化局，甘孜州格萨尔办公室编. 史诗的家园：格萨尔故里文化遗产撷珍. 北京：中国文史出版社，2007.

苏秉琦. 中国文明起源新探. 北京：生活·读书·新知三联书店，2019.

孙新周. 中国原始艺术符号的文化破译. 北京：中央民族大学出版社，1998.

汤用彤. 汉魏两晋南北朝佛教史. 北京：中华书局，1983.

陶思炎等. 民俗艺术学. 南京：南京出版社，2013.

田继周等. 少数民族与中华文化. 上海：上海人民出版社，1996.

佟德富. 中国少数民族哲学概论. 北京：中央民族大学出版社，1997.

万建中. 民间文学引论. 北京：北京大学出版社，2006.

汪裕雄. 意象探源. 合肥：安徽教育出版社，1996.

王明居. 叩寂寞而求音：《周易》符号美学. 合肥：安徽大学出版社，1999.

王明珂. 羌在汉藏之间：川西羌族的历史人类学研究. 北京：中华书局，2008.

王仁湘. 凡世与神界：中国早期信仰的考古学观察. 上海：上海古籍出版社，2018.

王文章主编. 非物质文化遗产概论. 北京：教育科学出版社，2008.

王文章主编. 中国少数民族戏曲剧种发展史. 北京：学苑出版社，2007.

王宪昭. 中国少数民族人类起源神话研究. 北京：中国社会科学出版社，2012.

王政，杜芳琴主编. 社会性别研究选译. 北京：生活·读书·新知三联书店，1998.

威廉·A. 哈维兰. 文化人类学. 10版. 翟铁鹏，张钰，译. 上海：上海社会科学院出版社，2006.

《文史知识》编辑部编. 儒、佛、道与传统文化. 北京：中华书局，1990.

文物出版社编辑部编. 文物与考古论集. 北京：文物出版社，1986.

向达. 唐代长安与西域文明. 北京：生活·读书·新知三联书店，1957.

向云驹. 中国少数民族原始艺术. 西宁：青海人民出版社，1994.

谢弗. 唐代的外来文明. 吴玉贵，译. 北京：中国社会科学出版社，1995.

谢启晃，胡起望，莫俊卿编著. 中国少数民族历史人物志. 北京：民族出版社，1983.

徐杰舜. 汉民族发展史. 成都：四川民族出版社，1992.

徐中舒主编. 甲骨文字典. 成都：四川辞书出版社，1989.

严福昌主编. 四川傩戏志. 成都：四川文艺出版社，2003.

杨成寅，成立，黄岳杰编. 中华美学命题概论. 上海：上海三联书店，2015.

杨富学，陈爱峰. 西夏与周边关系研究. 兰州：甘肃民族出版社，2012.

杨义. 重绘中国文学地图通释. 北京：当代中国出版社，2007.

于民. 春秋前审美观念的发展. 北京：中华书局，1984.

于乃昌，夏敏. 初民的宗教与审美迷狂. 西宁：青海人民出版社，1994.

袁珂. 中国神话史. 北京：北京联合出版公司，2015.

袁珂编. 中国神话大词典. 成都：四川辞书出版社，1998.

张岱年，方克立主编. 中国文化概论. 修订版. 北京：北京师范大学出版社，2004.

张曼涛主编. 佛教与中国文化. 影印版. 上海：上海书店，1987.

中国科学院自然科学史研究所，中国科学院传统工艺与文物科技研究中心编. 鉴古证今：传统工艺与科技考古文萃. 合肥：安徽科学技术出版社，2014.

中国民族民间舞蹈集成编辑部编. 中国民族民间舞蹈集成. 北京：中国ISBN中心，1993.

中国少数民族古代美学思想资料初编编写组. 中国少数民族古代美学思想资料初编. 成都：四川民族出版社，1989.

中国艺术人类学学会编. 艺术人类学的理论与田野. 上海：上海音乐学院出版社，2008.

周锡银主编. 藏族原始宗教资料丛编. 四川藏学研究所编,1991.

周星主编. 中国艺术人类学基础读本. 北京:学苑出版社,2011.

周星主编. 民俗学的历史、理论与方法. 北京:商务印书馆,2006.

朱谦之. 老子校释. 北京:中华书局,1984.

朱文旭. 彝族原始宗教与文化. 北京:中央民族大学出版社,2002.

庄孔韶主编. 人类学通论. 太原:山西教育出版社,2002.

宗白华. 美学散步. 上海:上海人民出版社,1981.

后 记

作为国家社科基金艺术学课题，本书写作始于数年前。从 2016 年底到 2020 年初，课题书稿基本成型，提交结项。全书篇章，有学科思考，有田野考察，因前者而走向田野面向实际对象，因后者而立足学科深化理论思考，这是必然的。整体言之，本书着眼本土，尊重国情，把学术关怀投向中华多民族美学及艺术，既关注多元构成中的一体又关注一体格局下的多元，自始至终在"一体多元"和"多元一体"的双向观照中展开论述和完成研究。

对于笔者，研究多民族中华美学及艺术，并非是从接手上述课题开始的。1999 年 7 月 8 日，沪上的《社会科学报》曾登载笔者撰写的《谈当代少数民族美学研究》。一篇千多字的短文，也许是涉及的问题重要，中国人民大学复印报刊资料《美学》同年第 8 期将其转载了。早于此文，有 5000 字左右的《少数民族文论及美学渐掀热潮》刊发于《四川社科界》，只不过这是省社科联的内部刊物（同年的人大复印报刊资料《美学》在"索引"中收录了此文篇名），知者不多。后来，《社会科学报》2001 年 1 月 11 日第 4 版又刊发《当代少数民族美学反思》，文中再次表达了笔者对这方面问题的看法。可以说，笔者对多民族中华美学的研究，是从学科反思起步的。历年来，相关见解也常常在学术会议上表露和交流，如 2009、2010 接连两年去大凉山参加彝族文化国际学术研讨会，提交的论文是《彝族诗学与中国文论》，发言的题目为"江源文明与中国美学研究";2021年5月,在新乡河南师大举行的"传统文化的现代转化学术研讨会"上,笔者作大会发言并提交的论文也是《中国"两河流域"及文化多元融合》,论述了长江、黄河两大流域对构建中华文化共同体的重要地位及作用。在中国艺术人类学学会和中国傩戏学研究会年年举办的研讨会以及神话学、民俗学、非遗保护等会议上,也屡有笔者这方面声音,如提交的论文有《藏羌彝走廊上的非物质文化遗产》《尔玛族群认同中的姜原神话》,等等。身在四川大学,给本科生讲授了十多年《中华文化》,也给研究生开设民俗学、文化人类学方面的课程,结合田野经历对多民族文化的展示始终是笔者授课的重点;所带研究生,他们的毕业论文选题也多在民俗学、少数民族文学和文学人类学方面。世纪之交,非物质文化遗产保护在本土兴起,笔者又逐渐参与其中工作,直到今天。从联合国教科文组织到中国政府,这项工作起初叫民族民间文化保护(至今仍有人习惯这称呼),从名称即不难看出其性质、趋向和特点。自然而然,去少数民族地区走访越来越多,对中华多民族美学及艺术的兴趣越来越浓,随着视野拓展和见闻增加,相关思考也不断深入。

"美学"这门学科之于笔者,若从1980年前后在嘉陵江畔、缙云山麓听苏鸿昌先生讲授美学概论算起,迄今已有四十多个年头。20世纪80年代赴江南求学,在赭山下、镜湖畔做研究生时,笔者的专业是文艺美学,毕业论文选题在中华古典美学方向。那时,在导师汪裕雄、王明居以及祖保泉诸位先生指点下,借图书馆之利潜心于文献研读,从先秦老庄、孔孟、易学、文学到后世玄学、佛学、文论、诗学、画学、书学等，有细读，有浏览，做笔记，写心得，度过了三年时光。随后，在中国美术学院教授杨成寅先生推荐和指点下，对顾恺之、徐渭、齐白石有过专题研读，分别就三位艺术家所撰书籍均由中国人民大学出版社出版。书名虽在画学，实际上研读三位艺术家的视角在美学，如谈到有作品有理论的顾恺之："顾氏画论的价值，可从三方面指说：其一，像他这样既作画又论画、兼具创作者和理论家双重身份的人，此前是不曾有过的。他的理论，来自又升华于他的创作；他的创作，实践又印证着他的理论。晋以后绘画理论之所以比汉以前诸子论画更深入、具体、实在，就因为同论画者本人有亲身实践体会分不开。其二，这是顾恺之个人丰富艺术经验的总结，也是华夏美学史上最早的系统性绘画理论著作。他率先明确提出并具体阐述了'传神'的重要性，他所提出的'以形写神'理论是富有民族特色的中国美学形神论创立的标志。他的'点睛'论、'迁想'说和'布势'观，迄今仍让我们常读常新。其三，他的艺术美学思想对后世影响深刻又广泛，远远超出了美术领域。唐宋以降，文学家讲'意得神传，笔精形似'（张九龄），戏剧家说'凡文以意趣神色为主'（汤显祖），诗歌评论家称'两间生物之妙，正以形神合一，得神于形'（王夫之），小说评点家道'描画鲁智深，千古若活，真是传神写照妙手'（叶昼），凡此种种，都跟顾恺之美学有着直接、显在的血缘瓜葛。总之，顾氏传世画论的文字虽不算多，但包涵其中的美学内蕴是相当丰厚的。"（《中国书画名家画语图解·顾恺之》前言）

　　研究生毕业后回到家乡四川，因工作之便又用力于戏剧学和民俗学，进剧场，走田野，对多民族中华文学、艺术、美学、文化的关注持续至今，历年来有文章见于《民族文学研究》《民族艺术研究》《西南民族学院学报》《中外文化与文论》《西藏大学学报》《贵州大学学报》《广西民族研究》《民族艺术》《民俗研究》《中国俗文化研究》《文化遗产》《宗教学研究》《东南大学学报》《江西师范大学学报》《内蒙古艺术学院学报》《百色学院学报》《神话研究集刊》《民间文化论坛》《文学与文化》《南开学报》《四川大学学报》等刊。研究羌族文化如今在笔者用力较多，尤其是2008年"5·12"汶川大地震以来。除了见于各种刊物的论文以及面向不同听众群的讲座，也出版了《城镇村寨和民俗符号——羌文化走访笔记》（2014年）、《民俗事象与族群生活——人类学视野中羌族民间文化研究》（2018年）等书。目前，由笔者承担并已结项的还有教育部人文社科基金课题"作为文化遗产和民俗艺术的羌戏研究"（项目编号：17YJA850004），该话题也是少有人留意但在中华学术殿堂里不应该缺席。此外，所著《女娲神话及信仰的考察和研究》（2018年）中亦有篇章涉及女娲神话的跨地域和跨族群传播，如"女娲神话及信仰在海峡对岸及其他"等。另有《元曲索隐》出版于2003年，因研究对象的特性使然，从作家、作品、语言、民俗等切入对多民族的关注更少不了。历年来，从学校到社会，个人经历较曲折，工作部门多次转换，但对学术研究始终兴趣未改。回顾治学历程，笔者与"多民族研究"可谓有缘，也获益甚丰。若论心得，当受益于三：一是学院派的读文献，二是实践中的走田野，三是视野及方法上的跨学科。对治学者来说，文献研读能保证学术底气，田野考察有利于丰富审美体验，学科融通能使人不拘成见、避免偏狭。如今，三者融汇，便有了《中华多民族美学研究》这本书。

当年，沈从文著《中国古代服饰研究》时在引言结尾处写道："据个人私见，这部门工作实值得有更多专家学者来从事，万壑争流，齐头并进，必然会取得'百花齐放'的崭新记录突破。至于我个人进行的工作，可能到达的目标，始终不会超过一个探路打前站的小卒所能完成的任务"。同样道理，多民族中华美学研究也期待更多学界同仁介入，而借用沈先生此语，本书作为中华多民族美学研究的个人成果，对于学界也只能算是一次"探路打前站"。不过，有机会"探路"，能做此"小卒"，笔者也感到荣幸。

李祥林

2022年春节于锦城西淡然居